한양
학술총서
001

포스트-옴 시대
일본 사회의 향방과
'스피리추얼리티'

옴 사건·일본교·네오-내셔널리즘

한양
학술총서
001

포스트-옴 시대 일본 사회의 향방과 '스피리추얼리티'

옴 사건·일본교·네오-내셔널리즘

박규태 지음

한양대학교 출판부

머리말 • 새로움이란 무엇인가

일본 사회는 아베 정권의 보수 우경화 현상이 가속화하는 한편 일각에서는 이른바 '헤이트 스피치'(hate speech)와 같은 극단적인 인종차별적 언행이 난무하는 가운데 2015년, 종전 70주년을 맞이하고 있다. 이 책에서는 현대 일본의 이와 같은 정치적·사회적 보수 우경화 현상의 배경으로서 '종교 문제'에 주목하고 있다. 확실히 종교를 둘러싼 물음과 종교적인 것의 현상은 현대 일본 사회에 특징적인 요소 중 하나임에 틀림없다. 이런 관점에서 이 책은 1995년의 충격적인 〈옴 진리교〉 사건(이하 옴 사건)을 전후하여 일본 사회의 표면에 돌출하기 시작한 문화적·종교적 네오-내셔널리즘의 다양한 표상들을 '스피리추얼리티'라는 키워드를 중심으로 일본인론이라든가 '일본교' 담론 등과 결부해 분석한 것이다. 이 스피리추얼리티라는 말은 현대 일본 사회의 새로운 트렌드를 표상하는 대표적인 키워드 중의 하나이다. 이 말은 일본 내외에서 사람들의 시선을 종교 문제로 향하게 만든 옴 사건 이후 2000년대를 지나면서 종교계와 학계뿐 아니라 대중문화·의료·간호(care)·윤리·교육 등 일본 사회 각 분야에서 폭발적으로 널리 보급되어 사용되고 있다.

현재는 어느 정도 일단락된 듯한 감이 있지만, 이른바 스피리추얼리티 붐으로 불리는 이 광범위한 현상 및 그것에 관한 다양한 스피리추얼리티 담론은 "현대 일본의 총체적인 문화적·지적 풍경과 밀접하게 관련되어 있다."[1] 그럼에도 한국 학계에서 이에 대한 이해와 학문적 설명은 거의 다루어지지 않은 채 미지의 영역으로 남아 있다. 이런 인식이 이 책을 집필하게 된 기본 동기라 할 수 있다. 일본 학계에서는 1970년대 후반부터 1990년대 전반기의 신종교 연구 붐, 1990년대 중엽의 '정신세계' 및 뉴에이지 연구 붐, 이어 2000년을 전후하여 현대종교 연구의 제3파로서 신영성운동 혹은 스피리추얼리티에 관한 연구 붐이 일어났다. 이 책은 이런 연구의 주요한 성과들을 수렴하면서, 스피리추얼리티 붐과 스피리추얼리티 담론이 종교 붐, 정신세계, 신신종교, 신영성운동 등 현대 일본 사회의 종교 지형을 조감하는 데 불가결한 요소들과 밀접하게 연결되어 있다는 점, 나아가 그것이 보수 우경화 현상과 맞물려 있는 네오-내셔널리즘의 분출과 거의 동시기에 나타났다는 점에 유념하고자 한다. 이와 같은 스피리추얼리티 개념을 축으로 하여 옴 사건, 일본교, 정신세계, 신신종교, 신영성운동 등 현대 일본 종교의 문제를 창구삼아 일본 사회의 새로운 트렌드와 변용 양상을 추적하고자 하는 이 책의 문제의식은 궁극적으로 2011년 3·11 동일본대진재 이후 일본 사회의 정신적 향방을 진단하려는 시도를 포함하고 있다.

---

1 リゼット・ゲーパルト(2013),『現代日本のスピリチュアリティ』, 35쪽.

이와 같은 작업은 특히 다음 두 측면에서 현대 한국의 새로운 종교 현상을 이해하는 데도 유의미한 참조점을 제시해 줄 것으로 기대된다. 첫째, 일본의 사례는 전후 체제의 재편 및 천재(天災)와 인재(人災) 등으로 인해 삶의 불확실성과 불안정성이 증가되는 사회적 조건하에서 종교 붐, 정신세계, 스피리추얼리티 붐의 담지자들과 같은 새로운 사회문화운동의 주체가 등장하고 있음을 확인시켜 줌으로써, 여러 면에서 일본 사회와 유사한 변화 양상을 보이는 한국 사회의 향후 전망에 있어 하나의 준거점이 될 만하다. 가령 한국 사회에서도 1980년대 이후 뉴에이지적인 현상 및 주술-종교적인 대중문화가 꾸준히 확산되어 왔는데, 거기에는 고도 소비사회 및 첨단 정보사회로의 이행 과정과 맞물린 새로운 종교의식이 맹아적 형태로 내포되어 있다.[2] 바로 이러한 새로운 종교의식의 내용과 의미를 천착하는 데 일본의 사례는 매우 유익한 비교의 시점을 제공해 줄 수 있다. 또한 한국의 사회시스템이 급속한 템포로 변화하는 만큼, 일본의 현대 종교에 관한 여러 쟁점들이 머지않아 한국의 현대 종교에 관한 담론에서도 하나의 시금석으로서 유사한 형태로 나타나리라고 예상된다. 예컨대 후술하듯이 정보화·소비화 사회의 특성과 밀접하게 연관되어 발생한 옴 사건은 지극히 일본적인 종교적·사회문화적 맥락을 보여줌과 동시에 현대 사회가 공통적으로 직면하고 있는 '종교와 폭력의 문제'[3]를 극단적으로 노출시킨 사건이었다. 따라서 그것과 유사한 사건

2 박규태(1999), "새천년은 신종교의 세기인가?", 122~128쪽 참조. 또한 한국 사회에서의 뉴에이지에 관한 대표적인 연구로, 전명수(2009), 『뉴에이지 운동과 한국의 대중문화』; Hai-Ran, Woo(2009), "New Age in South Korea" 참조.

3 옴 사건과 관련된 '종교와 폭력'의 문제에 관해서는 대표적으로, 島薗進(1997), 『現代宗教の可能性』; Reader(2000), *Religious Violence in Contemporary Japan*; 박규태(2000), "현대 정보화사회에서의

이 서구 선진제국이나 한국 사회에서 일어나지 않으리라는 보장은 누구도 자신할 수 없는 일이다. 이와 관련하여 이 책에서 주목하는 현대 일본의 정신세계, 신영성운동, 신신종교 담론이 향후 한국의 현대 종교 담론에 시사해 주는 바가 적지 않을 것이다.[4]

두 번째 참조점은 '종교'라는 기존 관념의 재편과 관련이 있다. 인간관계의 양상 및 개개인의 사고방식에 급격한 변화를 초래하는 현대 사회에는 그만큼 더 많은 불안과 무력한 권태감과 파괴적인 욕망들이 무한대로 팽창된다. 그와 더불어 새롭게 대두되는 수많은 문제군들에 대해 기존 종교들이 유연하게 대처하는 데는 한계가 있을 수밖에 없다. 게다가 자폐적이고 자족적인 개인주의의 확산과 더불어 현대 사회의 '익명의 대중들'은 자신의 실존적인 문제를 해결함에 있어 어떤 조직이나 집단에 귀속되기를 꺼려하는 경향이 늘어나고 있다. 요컨대 현대인은 전통적인 경성종교(hard religion) 대신 자유로운 연성종교(soft religion)로서의 '영성'(spirituality)을 추구하는 듯이 보인다. 이와 같은 영성의 추구는 기존의 '종교'와 마찬가지로 미디어의 상업주의에 의해 판매되고 소비되는 측면을 내포하면서도, 분명 현대인의 자기 형성에서 중요한 통로로 기능하고 있다. 이와 관련하여 힐러스는 자기계발이라든가 자기실현을 통한 자기변형을 최대의 목표로 내세우는 뉴에이지를 '자기 종교'(self religion)라고

종교와 폭력" 참조.

4 종교 붐, 신신종교, 정신세계, 신영성운동 등의 개념에 관한 국문 연구로는, 박규태(2000), "일본의 현대 종교에 관한 몇 가지 쟁점"; 아시다 데쓰로(2004), "신신종교로부터 정신세계로", 178~194쪽 참조.

규정하기도 한다.[5] 이처럼 영성이라든가 자기 종교라는 개념은 종교라는 통념의 재편이 불가피하다는 인식을 수반하고 있다. 현대 일본 종교에 관한 담론의 배후에서도 우리는 이와 같은 인식의 전형을 만나게 될 것이다.

현대 일본 종교란 말 그대로 우리가 살고 있는 당대(contemporary)의 새로운 일본 종교를 지칭한다. 그런데 여기서 '새로움'이란 과연 무엇을 의미하는지, 그리고 '일본 종교'란 무엇을 지칭하는지에 대해 짚고 넘어갈 필요가 있다. 먼저 새로움이란 일반적으로 신종교라든가 신신종교에서처럼 종교의 새로운 형태나 종교적 상상력의 새로운 지평 또는 그것들과 연관된 새로운 특징을 지칭하는 것으로 이해될 수 있겠다. 나아가 그것은 '종교'라는 용어 사용의 부적절성에 대한 인식을 수반하는 뉴에이지 운동이라든가 정신세계 또는 신영성운동의 경우처럼 새로운 시대(new age)에 대한 비전, 새로운 세계관을 반영하는 새로운 정신성, 종교를 대체하는 영성에 대한 새로운 감수성 등과 관련된 것일 수도 있다. 하지만 "해 아래 새로운 것은 없다"(전도서 1:9)는 코헬렛의 탄식은 모든 새로움을 당연시하는 데 익숙해져 있는 우리로 하여금 인식론적인 물음을 되묻도록 자극한다.

어쩌면 새로운 것이란 존재하지 않는 허상일지도 모른다. 그것은 다

---

5 Heelas(1992), "The Sacralization of the Self and New Age Capitalism", p.146. 힐러스는 뉴에이지의 담지자들을 "자기 내면 및 자연질서 안에 숨겨져 있는 내적인 영성이야말로 인간의 잘못된 모든 것을 올바르게 바꾸어 줄 열쇠라고 주장하는 사람들"이라고 규정하면서, '자기 영성'(self spirituality)에서 뉴에이지의 키워드를 보았다. 이런 이해를 바탕으로 힐러스는 뉴에이지의 사상적 본질을 "사회와 문화에 의해 억압되고 상실된 본래의 자기를 명상과 수행 등의 치료요법을 통해 회복시키는 것"에 있다고 주장한다. Heelas(1996), *The New Age Movement*, pp.16~20.

만 우리가 새롭다고 인정하는 한에서만 존재할 수 있는 인식론적 가상으로서 끊임없는 자리바꿈만이 있을 뿐, 모든 '새로운 것'은 '오래된 것' 혹은 '낡은 것'과 마찬가지로 철저히 시간에 의해 구속받는 수인(囚人)에 다름 아니기 때문이다. 다시 말해 그것은 우리가 어떤 것을 새롭다고 인식하는 순간에만 존재하는 찰나의 빛에 불과하다. 그러니까 "새 술은 새 부대에 담아야 한다"(마가복음2:22)는 선각자의 외침이라든가 '새 하늘과 새 땅'(요한계시록21:1)과 같은 유토피아적 구호는 어디까지나 시대적 요청성에 부응하고자 하는 의지의 도구로서만 의미를 가질 뿐이지 그것 자체가 어떤 자명한 진리를 나타내는 것은 아니라는 말이다. 그리하여 사회학자 미타 무네스케(見田宗介)는 새로운 것과 오래된 것 모두를 '신화'의 자리에서 바라보면서 다음과 같이 일본사의 맹점을 암시적으로 요약하고 있다.

> "전근대 문명이 '오래된 것'이라는 가치에 기형적으로 고집함으로써 역사 날조까지 서슴지 않은 것과 마찬가지로, 근대 문명은 '새로운 것'의 가치에 기형적으로 고집함으로써 역시 역사를 날조하고 있다. 전근대 문명의 세련된 막다른 골목인 봉건사회가 '오래된 것'의 신화로 공동체 구성원들을 질식시킨 것과 마찬가지로, 근대 문명의 세련된 막다른 골목인 현대 사회는 '새로운 것'의 신화로써 시민사회의 구성원들을 질식시킨다."[6]

그렇다면 '신화'로서의 '새로움'을 여기서 새삼스레 문제 삼는 이유는

6 見田宗介(1995), 『現代日本の感覺と思想』, 59쪽.

어디에 있을까? 이와 관련하여 미타는 계속해서 "항상 보다 '새로운 것' 이지 않으면 안 된다는 강박관념을 벗어던질 때 우리는 또 하나의 거대한 자유를 손에 넣게 될 것"[7] 이라고 말한다. 하지만 일본 정신사의 흐름 속에는 늘 이런 기대를 가로막는 크고 작은 장벽들이 빽빽이 들어차 있다. 예컨대 현대 일본 사상계의 거장 마루야마 마사오(丸山眞男)에 따르면 일본에서는 '새로운 것', 즉 본래 이질적인 것들이 '오래된 것', 다시 말해 전통이나 과거와의 충분한 대결 없이 차례차례 섭취되어 지질학적 지층 같은 것을 형성하기 때문에 새로운 것의 승리는 놀랄 정도로 빠르다. 이때 "과거는 과거로서 자각적으로 현재와 마주서지 않고 옆으로 밀려나거나 아래로 내려가 의식에서 사라져 '망각'되므로, 그것은 때로 갑작스럽게 '생각남'으로써 분출하게 된다."[8] 마루야마는 이런 사유 경향을 '무구조의 전통' 혹은 '정신적 잡거성'이라고 불렀다.

그런데 후기 마루야마는 『고사기』 서두에 나오는 개벽신화에서 힌트를 얻어 '고층'(古層)이라는 개념을 통해 일본적 정신성의 구조를 시사하고 있다. 이때 그는 오래된 것의 원형이라 할 수 있는 이 고층의 기저범주로 '되다'(なる), '이어가다'(つぎ), '시세'(時勢, いきほい)의 세 가지를 들면서, 그런 고층이 "오랫동안 일본의 역사 서술 및 역사적 사건에의 접근방식의 기저에서 때로는 조용히 때로는 큰 소리로 메아리쳐 온 집요한 지속저음(basso ostinato)으로 작용해 왔다"[9] 고 주장한다. 역으로 이런 작용의 궤적을 더듬어 올라가 고대에 이르면 거기서 고층을 확인할 수 있다는

7 같은 책, 60쪽.

8 마루야마 마사오(1998), 『일본의 사상』, 63쪽.

9 丸山眞男(1972), "歴史意識の「古層」", 7쪽.

것이다. 그러면서 "일본 역사의식의 고층에서 영원자의 위치를 점해 온 것은 계보적 연속에 있어 무궁성이며, 거기서 일본형의 '영원의 지금'이 구성되었다"[10] 고 말한다. 이때의 '계보적 연속'이 이른바 만세일계(萬世一系)의 황통이라는 국체 관념을 가리킴은 말할 나위 없다. 이에 대해 스에키 후미히코(末木文美士)는 마루야마가 말하는 고층이 여전히 일본의 현재를 제약하고 있다는 점을 부정하지는 않지만, 그 고층은 불변적인 것도 또는 선험적인 것도 아니며 "그 자체가 역사적으로 형성되어 온 것"[11] 이라고 비판하면서 다음과 같이 지적하고 있다.

> "마루야마는 비판적인 입장에서 '고층'을 내세웠지만, 역사를 통해 불변적인 무언가를 설정하는 태도는 오히려 그 불변적인 것을 긍정적으로 보는 논자들 사이에서 많이 찾아볼 수 있다. 일본 정신이라든가 신도 정신을 고래로부터의 불변적인 것으로 보는 입장은 전전 일본주의의 상투적 주장인데, 그것이 오늘날에도 형태를 바꾸어 계속 반복되고 있다. 예컨대 일본적 사유방식의 원형이 조몬 시대라든가 야요이 시대에 결정되었다고 주장하는 논자들이 많이 있다. 또한 애니미즘에서

---

10 같은 책, 63쪽.

11 末木文美士(2006),『日本宗教史』, 2쪽. 한편 야규 마코토 또한 마루야마의 고층론이 결국 일본인의 사고범주가 신화 시대에 이미 결정되어 있다고 본 점을 비판하고 있다. 모토오리 노리나가의 '고도'(古道)에서 착상을 얻은 고층론의 원래 목적은 일본인의 사고를 규정해 온 모종의 범주와 사고틀을 규명하려는 데 있었지만, 마루야마는 노리나가가 지향한 배타적인 '야마토고코로'론의 문제점에 대한 인식이 부족했다. 요컨대 야규는 일본인의 사유방식에 '고층'이라든가 '집요저음' 혹은 '지속 저음'이 존재한다는 것은 인정하지만, 그런 의식구조가 먼저 존재했다고 보는 마루야마의 입장에는 동의할 수 없다고 지적한다. 야규 마코토(2004), "마루야마 마사오의 'basso ostinato'에 대한 일고찰", 51~52쪽.

일본 고래의 발상법을 볼 수 있다는 주장도 많은 인기를 누리고 있다. 이런 수많은 동향들은 마루야마의 고층론을 응용하거나 활용한 것이다."[12]

이 책에서 다루고 있는 영성적 지식인이라든가 일본교 및 일본인론 담론은 스에키가 말하는 고층론의 다양한 현대적 변주곡을 잘 보여준다. 또한 이것들과 밀접한 관계가 있는 '새로운 스피리추얼리티'에서의 '새로움'이란 지금까지 알려지지 않았던 사회현상이 출현한 것이라서 새로운 것이 아니다. 여기서 새롭다는 것은 이 스피리추얼리티가 가깝게는 1970년대에서 1990년대 일본의 시대사적 상황으로 회귀할 뿐 아니라,[13] 더 나아가 멀게는 상상의 공동체로서의 '모노노아와레 공동체'라든가 '신국 일본' 혹은 존재하지도 않는 고층으로서의 노리나가 국학적 유토피아, 즉 "태초에 일본이 있었다"는 신대(神代)로의 회귀까지 포함하는 복고론적 특징을 가지고 있기 때문에 새로운 것이다. 이와 같은 '일본 회귀'에의 고층론적 강박관념이 '새로운 스피리추얼리티'의 근거일 수 있다는 점은 지극히 역설적이라 아니할 수 없다.

이런 역설적 의미에서 신종교라든가 신신종교 혹은 신영성운동이나 '새로운 스피리추얼리티' 및 네오-내셔널리즘 등에서의 '새로움'이라는 형용어가 비로소 하나의 전략적인 수사학으로 기능할 수 있게 되는 것이다. 이와 관련하여 이 책은 비유컨대 '종교지도'가 아닌 '종교 지형'을 문제

12 末木文美士(2006), 『日本宗教史』, 3쪽.

13 リゼット・ゲーパルト(2013), 『現代日本のスピリチュアリティ』, 271쪽.

삼고 있다. 들뢰즈와 가타리의 표현을 빌리자면, 종교란 '천(千)의 고원'이라 할 수 있다. 고원은 아직 '낡은 것'의 끝이 아니며 '새로운 것'의 시작도 아니다. 고원은 항상 낡은 것과 새로운 것의 사이에 머물면서 자기 자신 위에서 진동하고, 어떤 정점이나 외부의 목적지를 향하지 않으면서 자기 자신을 전개하는 그런 장소이기 때문이다. 그런 고원에는 항상 강렬함이 존재한다.[14] 그리고 이 책에서 다루고자 하는 스피리추얼리티 개념과 옴 사건, 일본교, 네오-내셔널리즘 등이 내포하는 강렬함은 결코 단일한 빛깔이 아니다. 그것들은 오래된 것과 새로운 것 사이에서 형형색색의 다채로운 빛깔과 형태로 모습을 드러내고 있다.

실은 다른 모든 담론들이 그렇듯이 종교 담론 또한 언제나 개념화 혹은 범주화된 하나의 지도일 뿐이다. "특정한 의미론적 지도 안에서 살아가는 이상, 우리는 그 누구도 그러한 지도가 제공하는 범주적 사유로부터 충분히 자유로울 수 없을 것"[15]이다. 하지만 문제는 천의 고원은 어떤 지도에도 나오지 않는다는 점에 있다. 천의 고원으로서의 종교는 '지형'에 속한 것이기 때문이다. 종교학자 조나단 스미스(Jonathan Z. Smith)의 말대로 "우리는 지도 이외에 아무것도 가진 것이 없지만, 지도는 지형이 아니다."[16] 따라서 지도와 실제 지형 사이에는 항상 어긋남과 불일치가 존재할 수밖에 없다. 그런데 이때의 지형은 '영토'와는 다른 것이다. 물론 영어권에서는 지형과 영토 모두를 'territory'로 표현하듯이, 양자는 겉보기에 유사해 보인다. 하지만 하나의 전제와 입구를 가지고 지배하거나

---

14 질 들뢰즈 · 펠릭스 가타리(2001), 『천개의 고원』, 48쪽.

15 임현수(2006), "조나단 스미스의 비교이론과 방법", 56쪽.

16 Smith(1978), *Map is not territory*, p.309.

고정시키는 영토와는 달리, 지형은 천의 고원이 그렇듯이 다양한 입구를 가지고 있으며 열려 있고 모든 차원 안에서 연결 접속될 수 있는가 하면 분해될 수도 있고 찢어지거나 뒤집어지는 등 끝없는 변형을 계속한다.[17]

그러니까 '종교지도'가 아니라 '종교 지형'을 문제 삼는다는 것은 낡은 것과 새로운 것의 이분법적 사유에서 비켜선 채 종교의 가변성을 응시해야 한다는 당위성의 표현에 다름 아니다. 이는 새로움 자체를 부정한다기보다는 새로운 것을 자명시하거나 절대시하는 태도를 경계하면서, 새로운 것으로 제시된 개념이란 결국 시간(역사)의 산물로서 항상 가변적이라는 사실을 부단히 상기시키기 위한 것이다. 그럼으로써 우리는 최소한 새로움에 대한 강박관념에서 조금은 자유로워질 것을 기대한다. 후술할 종교 붐, 정신세계 붐, 스피리추얼리티 붐, 이야시(치유) 붐, 자기찾기 붐 등과 같은 무수한 붐에서 엿볼 수 있듯이, 어쩌면 일본인만큼 붐을 좋아하는 민족도 찾기 어려울 것이다. 이런 의미에서 일본 사회는 뿌리 깊은 '붐의 붐' 사회라 할 수 있는데, 그 밑바닥에는 새로운 것에 대한 과잉의 호기심과 강박관념이 깔려 있다. 그런 강박관념의 결과 '새로운 것'은 끊임없이 오래된 것과 낡은 것 위에 겹겹이 지층을 이루면서 또 다른 새로운 것으로 대체되어 간다.

혹 '일본 종교'란 이처럼 '오래된 것을 포함하는 새로운 것'들의 지층을 가리키는 범주가 아닐까? 이런 과감한(?) 물음과 관련하여 종교학자 이소마에 준이치(磯前順一)는 흥미로운 관점을 제시하고 있다. 이소마에에 따르면 일본 종교(Japanese Religion)라는 관념이 나타난 것은 아네사키

17 질 들뢰즈 · 펠릭스 가타리(2001), 『천개의 고원』, 30쪽.

마사하루의 저작에서 찾아볼 수 있듯이 메이지 말기 이후부터이다. 먼저 '종교' 및 '일본'이라는 말이 일본 사회에 정착한 후 양자가 결합된 '일본 종교'라는 말이 출현하게 되었다. 이때 '일본'이라는 말은 국민국가의 한 형태를 나타내는 말로 재편된 것이다. 이에 비해 '종교'라는 말은 릴리전(religion)의 번역어로서 원래 기독교 세계에서 비롯된 말이며, 그것이 점차 서양 낭만주의의 영향하에 무한한 것에 대한 동경을 의미하는 심리적 태도로 새롭게 차정됨으로써 불교, 이슬람, 신도 등의 비기독교 전통도 동일한 범주 안에 포섭되기에 이르렀다. 그러니까 일본 종교라는 술어는 국민국가적 관념인 일본과 보편적 관념인 종교라는 말이 결합한 것으로, 양자 사이에는 긴장관계가 존재하지 않을 수 없었다. 그 결과 일본 종교라는 말은 성립 당초부터 '일본 고유의 종교'와 '일본에 존재하는 여러 종교'라는 이중의 의미를 함축하게 되었다. 이 가운데 일본 고유의 종교로서의 일본 종교 개념은 일본 종교를 초역사적인 실체로서 차정하고 있으며, 그 배후에는 '일본적'이라는 통일적인 관념이 존재한다. 거기서는 본래 종교라는 개념 속에 내포된 국민국가를 넘어서는 측면이 '일본적'이라는 실체적인 고유성 안에 동화되어 버린다. 한편 '일본에 존재하는 여러 종교'로서의 일본 종교는 신도, 불교, 기독교 등 일본의 다양한 종교들이 병존하는 상황을 함의하며, 이때 일본 사회는 다양한 종교가 등장하여 상호 영향을 주고받는 혼종성의 장으로 상정된다. 아네사키가 말하는 일본 종교란 바로 이와 같은 이중적 의미에 입각하면서 특히 일본 고유의 종교라는 의미가 전면에 내세워진 개념이다. 하지만 전후 일본의 종교 연구자들은 일본 고유의 종교로서의 일본 종교라는 말은 내셔널리즘적

성향을 내포한다고 보아 이를 경계해 왔다는 것이다.[18]

그런데 이처럼 종교학자들이 회피해 온 내셔널리즘적 성향을 띤 '일본 종교'적인 것이 '일본적 영성'이라든가 심층 문화론을 설하는 '영성적 지식인'과 일본인론 논자들 및 〈행복의 과학〉을 비롯한 여러 신신종교에 의해 현대 일본 사회에서 재생산되고 있다. 이 중 전자, 즉 영성적 지식인들의 담론과 일본인론을 포괄하는 범주로서 본고가 주목하는 것이 바로 '일본교'라는 개념이다. 이때의 일본교는 물론 '일본 종교'와는 다른 개념이다. 이 책은 경우에 따라 일본교를 일본 종교보다 상위 개념으로 이해하기도 한다. 하지만 일본교는 어디까지나 종교의 일종으로 다루어질 것이다. 잘 알려져 있듯이 뒤르켐은 "종교는 곧 사회"[19] 라고 규정한 바 있다. 풀어 말하자면 종교란 "집단 구성원들이 집단 자체에 관한 이상적 감각에 대해 상징적으로 말하는 것"[20]에 다름 아닌데, 이런 종교 이해는 이 책의 일본교 개념과도 상통하는 구석이 있어 보인다. 즉 이 책은 일본교라는 말을 일본이라는 최상위 집단을 이상화 혹은 절대화하는 일본인의 태도와 결부시켜 사용하고 있는데, 아마도 뒤르켐이라면 이런 일본교를 종교의 일종으로 인정할 것임에 틀림없다.

이와 아울러 이 책의 가장 핵심적인 키워드라 할 수 있는 '스피리추얼리티'라는 말에 관해 몇 가지 부연하지 않을 수 없다. 이 책에서는 제목 중 스피리추얼리티를 특화시켜 따옴표 안에 넣고 있는데, 거기에는 스피리추얼리티의 다중적 혹은 다층적 측면을 드러내기 위한 의도가 담겨 있다.

---

18 磯前順一(2012), 『宗教概念あるいは宗教學の死』, 147~152쪽 참조.

19 Durkheim(2005), *Suicide*, p.125.

20 러셀 T. 맥커천(2015), 『종교 연구 길잡이』, 246쪽.

사실 스피리추얼리티라는 개념은 포착하기 쉽지 않은 개념이다. 따라서 이 책에서는 이를 현대 사회에 있어 새로운 종교 이해의 형식 혹은 종교적인 것과의 새로운 연관방식을 나타내는 서술 범주로 사용하면서, 그때그때의 다양한 문맥 안에서 스피리추얼리티라는 말을 사용하고자 한다.

가령 이 책에서 말하는 스피리추얼리티는 한편으로 현대 일본인의 "스피리추얼한 멘탈리티"[21] 혹은 현대 일본 사회 시스템에 내장된 구조적 멘탈리티의 측면을 가리킨다. 이는 이 책의 기본적인 서술 관점이 현대 일본과 일본인의 정신성을 규명하는 데 있음을 시사한다. 다른 한편 이 책에서 말하는 스피리추얼리티는 '종교'를 대체하는 포스트모던적 용어를 가리키기도 한다. 클리포드 기어츠의 개념을 빌려 말하자면,[22] 현대 일본인은 '먼-경험'(experience-distant)으로서의 '종교' 대신 보다 '가까운 경험'(experience-near)으로서의 스피리추얼리티 혹은 '영성'이라는 말을 더 선호한다고 할 수 있겠다. 나아가 스피리추얼리티는 1970년대 말 이래 일본 사회에 새롭게 등장한 주술-종교적 현상 가령 정신세계라든가 신영성운동 또는 90년대 이후 대중문화와 학계에까지 깊이 침투한 스피리추얼리티 붐 등의 현상적 측면을 가리키는 용어이기도 하다.

1960년대 서구의 세속화 담론을 주도했던 종교사회학자 피터 버거는 근래 "우리가 세속화된 세계에서 살고 있다는 가정은 잘못된 것이다. 몇몇 예외가 있긴 하지만, 오늘날 세계는 과거 어느 때보다도 지독하게 종교적이다. 어떤 지역은 가장 종교적이기도 하다. 이는 역사가들과 사회과

---

21 リゼット・ゲーパルト(2013), 『現代日本のスピリチュアリティ』, 4쪽.

22 Geertz(1983), *Local Knowledge*, p.57.

학자들이 느슨하게 '세속화론'(secularization theory)이라고 명명한 담론 전체가 본질적으로 오류였음을 의미한다"[23] 고 말하면서 현대 사회를 바라보는 새로운 사유틀이 필요함을 시사하고 있다. 확실히 "오늘날 우리는 종교의 쇠퇴는커녕 재성화(resacralization)를 목도하고 있다."[24] 이 책이 주목하는 스피리추얼리티 개념은 크게 볼 때 이와 같은 범지구적인 재성화 흐름의 한가운데서 형성되고 유포된 것이다. 이 점에서 이 책은 일본의 스피리추얼리티 담론을 보다 정확히 이해하기 위해서는 반드시 서구에서의 스피리추얼리티 담론을 참조점으로 삼아야 한다는 입장이다.

현대의 스피리추얼리티는 서구의 경우 '전통 너머의 스피리추얼리티'(post-traditional spirituality) 또는 '뉴에이지 스피리추얼리티'(New Age spirituality)라고 불리기도 한다. 그런데 웡에 따르면 이와 같은 스피리추얼리티 개념을 당연시해서는 안 된다. 가령 제5장에서 다루고 있는 "스피리추얼하지만 종교적은 아니다"(spiritual-but-not-religious)라는 SBNR담론은 유럽 기독교적인 자민족중심주의와 개인주의 그리고 식민주의적 타자화(colonial othering)의 관행을 재생산하기 때문이다. 이때의 '식민주의적 타자화'란 스스로를 '종교적'이라고 표상하는 인종집단의 주변화 과정을 가리킨다.[25]

사실 스피리추얼리티라는 말은 종교(religion)라는 말이 그렇듯이 원래 서구 기독교 문명권에서 사용되던 말이므로, 그것을 선진제국의 현상으로 한정하는 논의에는 이데올로기적 권력관계가 보이지 않는 형태로

23 Berger(1999), "The Desecularization of the World", p.2.

24 Houtman(2007), "The Spiritual Turn and the Decline of Tradition", p.315.

25 Wong(2009), "Speaking from the Margins", 특히 p.1345 참조.

내면화되어 있는지도 모른다. 반면에 후술할 신영성운동 개념은 일본의 정신세계 붐과 스피리추얼리티 붐을 선진제국에서 동시다발적으로 일어난 글로벌한 현상으로 파악함으로써 세속화론 및 재성화론 이후의 현대사회에 있어 종교적 변용을 말하는 담론으로서의 유용성을 보여주지만, 일면 글로벌한 보편성이 일본적 특수성을 안 보이게 만드는 효과가 있다는 사실에 대해서도 유념할 필요가 있을 것이다.

이때 일본의 스피리추얼리티 붐이 서구의 그것과 결정적인 차이가 있다는 점도 간과해서는 안 될 것이다. 가령 유일신교적 기독교 전통을 배경으로 가진 서구에 반해, 일본에는 그런 유일신교적 전통이 뿌리를 내리지 못했다. 오히려 일본에는 유일신교적 전통에 대한 뿌리 깊은 불신과 두려움 혹은 경계심이 존재한다. 또한 서구에 비해 일본의 경우는 종교와 스피리추얼리티의 긴장구도가 그리 선명하지 않다. 나아가 서구와 달리 일본의 스피리추얼리티 담론은 내셔널리즘과 연동하는 측면이 존재한다. 예컨대 일본의 스피리추얼리티 붐에는 제6장에서 상술할 영성적 지식인 담론이 중요한 부분을 차지하는데, 그 담론은 일본인론이라든가 일본교 담론과 중첩되면서 네오-내셔널리즘 담론으로 이어지고 있기 때문이다.

또한 일본의 문화연구에는 아직도 "타자와 자신이 본질적으로 다르다고 하는 감각을 창출하는 광범위한 전략에 의해 자기 우월감을 강화하는 오리엔탈리즘"[26]의 잔재가 많이 남아 있다. 특히 종교 연구에서는 '일본적 영성'처럼 '스피리추얼한 일본'이라는 표상이 지금도 여러 형태로

26 러셀 T. 맥커천(2015), 『종교 연구 길잡이』, 200쪽.

재생되고 있다. 가령 영성적 지식인 담론이나 일본인론 담론은 특히 유희적인 '자기 오리엔탈리즘' 혹은 '역오리엔탈리즘'의 형태를 띠는 경우가 많다. 이 책은 이와 같은 자기 오리엔탈리즘적 표상이 네오-내셔널리즘과 결부되어 나타나는 현대 일본 사회의 제 징후에 대한 추적을 포함하고 있다.

이상과 같은 연구목적과 문제의식 및 연구범위와 관점에 입각한 이 책은 총 12장으로 구성되어 있다. 각 장은 독립적인 주제와 관점을 포함하면서도 다중적인 스피리추얼리티 개념을 축으로 하여 상호 연결되어 있다. 제1장(현대 일본 사회의 종교 지형: 종교 붐·'정신세계'·신영성운동·신신종교)에서는 이 책의 기본적인 범주들을 규정하면서 현대 일본 사회를 심층적으로 이해하기 위해 종교에 주목해야 하는 이유와 의의를 밝히고 있다. 제2장(〈옴 진리교〉 사건과 '내 안의 옴 진리교')과 제3장('옴 문제'와 무라카미 하루키의 『1Q84』)는 1995년이라는 시대적 전환점에 발생한 옴 사건의 전말과 그 의의를 개관하면서, 거기에 내포된 현대 일본의 모순된 멘탈리티 구조를 '옴 문제'로 개념화하는 한편 이를 무라카미 하루키의 소설 『1Q84』 분석을 통해 재구성하고 있다. 제4장(프레-스피리추얼리티: 일본적 영성)은 현대 일본에서의 스피리추얼리티 개념이 전통적인 '일본적 영성' 개념과 어떤 공유점을 가지며 또한 어떻게 다른지를 확인하기 위해 마련되었다. 아울러 거기서는 주요한 일본 문화론적 개념들과 '영성'에 대한 비교분석이 시도되고 있다. 이런 작업에 바탕하여 제5장(스피리추얼리티란 무엇인가)에서는 스피리추얼리티 붐의 배경과 원인, 스피리추얼리티라는 용어의 맥락과 정의 문제, 종교와 스피리추얼리티의 비교 관점 및 '스피리추얼하지만 비종교적'(SBNR)이라는 담론과 새로운 스피리추얼리티의 범주 확장 등의 문제를 검토하면서, 서구적 담론과 일본적 담론의 교차 혹은 비교분석을 수행하고 있다. 또한 제6장(영성적 지식인과 스피리추얼리티)과 제7장(스피리추얼리티 담론과 종교 담론)에서는 스피리추얼리티 및 종교에 대한 엘리트 지식인들의 다양한 담론을, 그리고 제8장(대중문화와 스피리추얼리티)에서는 주술-종교적 대중문화 속의 스피리추얼리티 붐과 일본 애니메이션의 스피리추얼리티를 다루면서 마음·치유·자기찾기라는 키워드를 중심으로 그 내적 의미를 추적하고 있다.

한편 제9장('일본교'와 스피리추얼리티: "모든 일본인은 일본교도이다?!")은 이상에서 서술한 스피리추얼리티 개념을 일본교 개념과 접목시키고 있다. 나아가 제10장(네오-내셔널리즘과 신신종교: 보수 우경화 현상의 종교적 밑그림)은 앞의 논의들을 수렴하면서, 현대 일본 사회에 정치적 내셔널리즘과 종교적 내셔널리즘이 결합된 새로운 형태의 네오-내셔널리즘이 등장했으며 그것과 새로운 스피리추얼리티 담론의 확장이 동시대적 현상임에 주목하고 있다. 이어서 제11장(〈행복의 과학〉과 네오-내셔널리즘)에서는 신신종교 가운데서도 새로운 형태의 네오-내셔널리즘을 노정하는 〈행복의 과학〉 교단의 사례를 집중적으로 분석하고 있다. 끝으로 이와 같은 네오-내셔널리즘의 향방이 3·11 이후 일본 사회의 향방과 밀접한 관계가 있으리라고 예상하면서 '이노치'의 사상과 '이노치의 축제' 및 히피 문화 등을 중심으로 한 탈원전 운동과 공공성 담론의 향방을 진단하는 제12장(희망의 스피리추얼리티: 종교·탈원전·공공성)에서는 '자기 오리엔탈리즘'을 극복하려는 노력과 좌절의 양상을 주로 탈원전 운동의 다양한 표출 속에서 찾아보는 한편, 일본 사회의 미래와 관련하여 '희망'의 의미를 묻고 있다. 이때 특히 소노 시온(園子温)이라는 개성적인 영화감독의 작품 〈두더지〉와 〈희망의 나라〉에 대한 해석을 통해 결론적으로 '희망 없음의 희망'이야말로 3·11 이후의 일본 사회가 회복해야 할 '희망의 스피리추얼리티'임을 시사하고자 한다. 이상의 논의를 통해 이 책은 맺음말에서 다시 한 번 3·11 이후 일본 사회와 종교 지형의 향방에 대한 진단을 시도할 것이다. 그럼 이제 위와 같은 동선을 따라 현대 일본의 스피리추얼리티에의 여로를 출발하기로 하자. 하지만 아직 지형 속으로 들어갈 준비가 되어 있지 않은 우리에게 임현수는 다음과 같이 적절한 안내문을 제공해 준다.

> "지형 안으로 직접적으로 다가설 수 없는 상황이라면 비록 허점투성이라도 기존의 지도를 가지고 여행을 떠날 수밖에 없다. 여행은 우리에게 수많은 불일치와 차이가 존재한다고 하는 사실을 알려 줄 것이다. 하지만 여행의 목적이 좀 더 정확하고 정교한 지도를 제작하는 데 있는 것인지는 불명확하다. 중요한 것은 불일치와 차이를 지각하는 나의 지성을 늘 살아 있게 만드는 일이다."[27]

---

27 임현수(2006), "조나단 스미스의 비교이론과 방법", 55~56쪽.

차례

제1장

현대 일본 사회의 종교 지형

: 종교붐·'정신세계'·신영성운동·신신종교

1. 종교 붐

종교 붐에 대해 말하기에 앞서 먼저 현대 일본의 종교지도를 스케치해 볼 필요가 있다. 과연 우리는 주술-종교적 사고로부터 얼마만큼 자유로울 수 있을까? 인간이란 본래 주술적인 존재가 아닐까? 이런 이해는 주술로부터 종교와 과학이 분리되어 독자적인 길을 걸어왔다는 초기 인류학자들의 진화론적 가설에 대해 무수한 논란과 검증이 가해진 현대 사회에서도 여전히 효용성을 잃지 않고 있다. 사실 현대인이라 해도 종교생활은 물론이고 과학적 이성의 구사에서조차 알게 모르게 주술적 사유의 실타래에 의해 얽히고설킨 채 살아가고 있는 듯이 보인다. 이 점은 특히 첨단과학기술과 제도적·관료적인 합리적 근대성으로 무장한 일본 사회에서 더욱 대비적인 방식으로 확인된다.

가령 일본 경찰청 통계에 따르면 2009년 정초 사흘 동안 전국 신사와 사찰을 찾은 이른바 하쓰모우데(初詣) 인파의 총수는 역대 최대인

9939만 명에 이른다고 한다.[1] 이것만 본다면 일본인들은 대단히 종교적이라는 인상을 받기 십상이다. 사실 일본을 돌아다니다 보면 발 닿는 곳마다 신사와 사찰이 있고, 거기서 수많은 일본인들이 진지한 모습으로 신불(神佛)에게 기원 드리는 모습을 흔히 볼 수 있다. 게다가 〈창가학회〉라든가 〈입정교성회〉 등 현대 일본 종교를 대표하는 신종교 여러 교단의 신자들은 한국의 기독교 신자들 못지않게 종교인으로서의 확고한 아이덴티티와 신앙심을 가지고 열성적으로 종교생활을 영위하고 있다.[2] 이와 같은 일본인들의 기원과 의례적 실천 내용은 공통적으로 지극히 현세 중심적이며 기복적이고 주술적인 것들이 대부분이다. 이런 특성은 후술할 '정신세계' 및 그것과 밀접하게 연동하는 주술-종교적 대중문화에서도 농후하게 엿볼 수 있다.

그런데 근현대 일본의 신도 및 불교전통에 대해서는 때때로 '신앙 없는 종교'[3]라는 수식어가 따라붙기도 하는 만큼 그 종교성의 규정에 충분한 주의가 필요하다. 또한 많은 일본인들은 스스로를 흔히 '무(無)종교'[4]적이라고 역설하기도 하는데, 이는 일본인이 가지고 있는 특이한 종교 개

---

1 1위는 도쿄의 메이지 신궁(明治神宮, 319만), 2위는 치바현의 나리타상(成田山新勝寺, 298만), 3위는 가나가와현의 가와사키 대사(川崎大師, 296만)로 집계되었다. 渡邊直樹編(2010), 『宗教と現代がわかる本 2010』, 253쪽.

2 2012년 12월 말 현재 종교법인으로 등록된 것만 해도 전국적으로 신도 신사는 8만 5000여 개소, 불교 사찰은 7만 7000여 개소에 이른다. 文化廳編(2013), 『宗教年鑑』, 1쪽. 일본 종교의 역사와 현황에 관해서는, 박규태(2007), "일본의 종교와 종교정책", 136~153쪽 참조.

3 柳川啓一(1991), 『現代日本人の宗教』, 10~13쪽.

4 일본인이 말하는 '무종교'란 그들이 '종교가 없음'을 뜻하지도 않고 또는 서구인이 말하는 '무신론'을 뜻하지도 않는다. 그것은 일차적으로 일본인이 특정한 '교단 종교'의 신자가 아니라는 것을 의미하며, 실제로는 애니미즘적이고 샤머니즘적인 주술-종교적 신앙과 관행으로 구성된 '자연종교'의 측면이 강하다. 아마 도시마로(2000), 『일본인은 왜 종교가 없다고 말하는가』 참조.

념에서 비롯된 것으로 여겨진다. 이런 무종교적 종교 관념은 종교라는 말 대신 스피리추얼리티(영성)라는 용어를 보다 선호하면서 제도 종교 대신 느슨한 네트워크에 입각한 개인주의적 종교운동인 정신세계라든가 신영성운동에 더 친화적인 현대 일본의 종교 풍토를 구성하는 중요한 밑그림이라 할 수 있다.

전후 일본 사회의 종교 붐은 이와 같은 정신세계 혹은 신영성운동의 대두를 비롯하여 새로운 면모를 보여주는 신종교 여러 교단의 발생 및 주술-종교적 대중문화의 확산 등으로 특징지워진다. 문부성 및 NHK 등의 통계조사에 따르면 1970년대 초부터 종교인의 비율이 증가 추세로 돌아섰는데, 이를 두고 학계와 매스컴에서는 '종교 회귀' 또는 '종교 붐'이라는 표현을 쓰기 시작했다. 이 중 종교 회귀란 말은 점차 쓰이게 않게 되었으나 종교 붐이라는 표현은 특히 종교(사회)학자들 사이에서 유용한 개념으로 꾸준히 사용되고 있다.[5] 요컨대 1970년대 초의 종교 붐은 곧 신종교 붐이었다. 제도 종교의 측면에서 현대 일본 종교의 주류를 점하는 것은 불교, 신도, 기독교 등의 기존 전통 교단보다는 신종교라 할 수 있다.

그렇다면 신종교란 무엇인가? 종교 정의의 문제가 일정한 합의점에 도달하기 어렵듯이, 신종교의 정의 문제 또한 간단치 않다. 신종교라는 용어 외에도 신흥종교·민중종교·민족종교·주변종교 및 심지어는 유사종교라든가 사이비종교라는 말까지 뒤섞여 사용되어 온 요즈음의 사정은 신종교 정의의 어려움을 잘 보여준다. 사실 이런 어려움은 비단 종교라든가 신종교 개념에만 해당되는 것은 아니다. 모든 개념 정의는 이른바

5 井上順孝(1992), 『新宗教の解讀』, 208쪽.

'작업가설적' 성격을 띨 수밖에 없기 때문이다. 이런 작업가설적 의미에서 신종교는 "근대 이래 시대적 변화에 따라 새롭게 대두된 문제들을 해결하기 위해, 제도화된 기존 전통종교와는 다른 새로운 문제의식과 세계관을 들고 나온 종교"로 규정할 수 있겠다. 이와 더불어 많은 연구자들은 "19세기 이래 세계 각지에서 동시다발적으로 발생한 일군의 새로운 종교운동"을 가리켜 신종교라 칭하는 데 별다른 이의를 제기하지 않는다. 어쨌거나 이상의 두 가지 정의는 신종교 담론이 (1) 새로움 혹은 혁신적인 요소, (2) 글로벌한 시점, (3) 모더니티(근대성)의 세 가지 측면을 주된 기축으로 삼고 있음을 시사한다. 이 세 가지 측면은 현대 종교, 즉 포스트모던적인 20세기 후반의 일본 사회에서 특히 옴 사건을 전후하여 나타난 새로운 종교현상들, 가령 신신종교라든가 신영성운동 등에 대해서도 그대로 적용될 수 있다.

이 책에서 특히 주목하는 〈옴 진리교〉를 비롯하여 〈진여원〉, 〈숭교진광〉, 〈세계진광문명교단〉, 〈통일교회〉, 〈여호와의 증인〉, 〈산안회〉, 〈백광진굉회〉, 〈GLA종합본부〉, 〈아함종〉 등은 1970년대 이후에 창시되어 급속하게 발전한 군소 신종교 교단들이다. 일부 연구자들은 현세 이탈적인 교의를 내세우는 이들 교단을 현세 중심적인 종래의 신종교와 구별하여 '신신종교'라고 부르기도 한다. 엄밀히 말하자면 이 신신종교들이 1970년대 종교 붐의 핵심적인 주체들이었다. 여기서 1970년대는 통상 제4차 종교 붐의 기점으로 말해진다. 사실상 근현대 일본에서 종교 붐이 없었던 시대는 거의 없었지만,[6] 일반적으로 신종교와 관련하여 제1차 종교 붐은

6 大塚英志(1992), "ぼくたち自身の中に未だ克服しがたいものとしてある〈少女まんが〉的な元型をめぐって", 135쪽.

막말 유신기, 즉 초기 신종교(여래교, 천리교, 금광교, 본문불립강 등)의 발생에, 제2차 종교 붐은 메이지기 말에서 다이쇼기를 지나 쇼와 초기에 성립하고 발전한 신종교(대본교, 히토노미치 교단, 생장의 가 등)에 대해, 제3차 종교 붐은 패전 직후에 급성장한 신종교(영우회, PL교단, 창가학회, 입정교성회 등)에 대해, 그리고 제4차 종교 붐은 방금 언급했듯이 1970년대 이후에 성립하여 급속한 발전을 이룬 교단들에 대해 말해진다.[7] 여기서 중요한 것은 그것이 몇 차 종교 붐이냐 하는 문제가 아니라 1970년대라고 하는 기점의 특성에 있다.

우선 신종교에 국한해서 보자면, 현재 일본의 대표적인 대형 신종교 교단 중 대부분이 1920년에서 1950년 사이에 성립하여 1970년경까지 급성장했다는 점, 그러나 1970년경 이후부터 교세의 정체 내지는 감소현상이 일어났다는 점을 들 수 있다. 또한 1970년대 이전까지 수차례 있었던 종교 붐에서 주역은 분명 신종교였으나, 1970년대 이후의 종교 붐은 성격이 좀 다르다는 점도 간과할 수 없다. 물론 1970년대 이후에 급속한 성장을 보인 신종교 교단들이 다수 있는데, 전술했듯이 이것들은 종종 신신종교라 불리기도 한다. 하지만 이 신신종교를 포함한 신종교의 전체 세력은 그다지 증대하지 않았다고 보인다. 기성 신종교가 쇠퇴하는 대신, 신신종교가 그 공백을 메운 것에 불과할 수도 있기 때문이다. 다시 말하자면, 신신종교의 화려한 데뷔는 신종교 내부의 세력교체라고 보는 편이

---

7 종교 붐의 시기구분에 관해서는, 시마조노 스스무(1997), 『현대 일본 종교문화의 이해』, 209~210쪽 및 268~269쪽 ; 島薗進(1992), 『新新宗教と宗教ブーム』, 5~9쪽 ; 大村英昭 · 西山茂編(1988), 『現代人の宗教』, 12~16쪽 참조.

옳을 것이다.[8] 게다가 종교 붐에는 단지 신종교의 요소만 있는 것이 아니다. 기성종교(불교, 신도)에도 속하지 않고 신종교에도 속하지 않지만, 종교현상이라고 볼 만한 요소를 지닌 문화적 현상들, 가령 후술할 정신세계라든가 혹은 주술적, 종교적 색채를 지닌 대중문화가 종교 붐의 일부로 말해지기도 한다. 다시 말해 심령 공포영화, 초능력이나 심령현상을 다룬 TV 프로, 신화적·종교적 소재를 다룬 만화·애니메이션·게임, 소년소녀 취향의 오컬트 잡지, 점술 등 주술-종교적 대중문화의 확산 및 그것과 밀접하게 결합된 정신세계의 대두 또한 1970년대 이후 일어난 종교 붐의 중요한 측면을 구성한다는 말이다.

한편 1970년대 이후의 일본 사회는 고도 소비사회의 단계로 접어들면서 풍요로운 사회를 실현함에 따라 개인주의가 확대되고 사람들 사이의 유대가 현저히 약화되었다. 또한 1970년대는 이른바 '이상의 시대'에서 '허구의 시대'[9]로 넘어가는 일대 전환점으로 말해지기도 한다. 사실 1970년대 이후의 종교 붐은 이와 같은 시대적 전환과 맞물려 있다. 그리고 이상의 시대에서 허구의 시대로의 이행은 현세 이익적인 (구)신종교로부터 현세 이탈적인 신신종교로의 이행과 축을 같이 한다. 물질의 풍요를 추구하던 이상의 시대에서 (구)신종교의 입신 동기는 주로 가난과 질병과 갈등(貧·病·爭)으로부터의 자유를 추구하는 현세 이익적인 것이었다. 이에 비해 강렬하게 이상을 달성하려는 시대에는 반드시 그 이상으로부

---

8 시마조노 스스무(1997), 『현대 일본 종교문화의 이해』, 269~270쪽.

9 미타 무네스케는 현대 일본의 정치·경제·사회적 주요지표들을 기준으로 이상의 시대(1945~1960년, 前고도경제성장기), 꿈의 시대(1960~1970년대 전반, 고도경제성장기), 허구의 시대(1970년대 후반~1990년, 포스트 고도경제성장기)로의 이행을 상정하고 있다. 見田宗介(1995), 『現代日本の感覺と思想』, 12~36쪽 참조.

터 소외되는 사람들이 나오기 마련이다. 일본의 경우 그런 사람들이 대거 신신종교로 몰려들었다.

그런데 1970년대 이후의 종교 붐에 대해 종교 붐이란 용어 대신 '종교 정보 붐'이라는 표현을 써야 한다는 주장이 있다. 가령 종교학자 이노우에 노부타카(井上順孝)에 따르면 종교 붐이란 "실제로 종교에 대한 높은 관심을 가지고 종교에 관여하는 사람 수가 증가하는 현상"을 가리키며 이에 비해 종교 정보 붐이란 "종교에 관한 화제 자체가 대량으로 소비되는 현상"을 지칭한다. 이때 일반적으로 종교 자체에 대한 일반의 관심이 높아지면 자연히 종교 정보 붐이 일어나게 마련이지만, 현대와 같은 정보화사회에서는 그것이 역전된다든지 혹은 종교에 대한 일반의 관심과는 무관하게 종교 정보 붐이 일어날 수도 있다.[10] 말하자면 양자는 상호 관련성을 가지지만 학술적 관점에서는 엄밀하게 구분해서 써야 한다는 것이다. 요컨대 이른바 종교 붐이라고 말해지는 현상에 있어 신종교가 실제로 사람들을 사로잡았다기보다는 어디까지나 정보 차원에서 화제가 된 것에 불과한 것이므로, 그것은 종교 정보 붐이라고 해야 타당하다는 말이다. 환원하자면 현대 일본의 신종교는 매스미디어에 의해 스캔들의 성격을 지닌 다량의 정보가 유포됨으로써 화젯거리가 되어 왔으며, 끊임없이 새로운 종교 교단에 대한 화제가 발굴되고 또 금방 잊혀지는 형태로 소비된다는 것이 이노우에의 관점이다. 현대 일본에는 〈창가학회〉, 〈통일교회〉, 〈예수의 방주〉, 〈행복의 과학〉, 〈옴 진리교〉 등 실제로 그런 사례들이 많이 있다.

---

10 井上順孝(1992), 『新宗教の解讀』, 208~209쪽.

이는 신종교가 일본 사회 내에서 주로 흥미 위주의 정보 차원에서 인식되고 있다는 사실을 시사한다. 그런 의미에서 종교 정보 붐이라는 표현은 상당한 설득력을 가진다고 보여진다. 하지만 그렇다고 해서 이는 종교 붐이라는 표현이 불필요하다는 것을 의미하지 않는다. 예컨대 1970년대 이후에 널리 퍼진 주술-종교적 대중문화는 현대의 미디어를 통해 확산된다는 점에서 확실히 종교 정보 붐과 무관하지 않다. 즉 주술적·종교적인 대중문화는 매스미디어를 통해 정보로서 판매되고 소비되며 곧 망각되는 경향이 있다. 그러나 어떤 사람들이 주술-종교적 대중문화에 관심을 가지는가 하는 점을 생각해 볼 필요가 있다. 그들 가운데는 종교라는 용어에 부정적인 사람들이 적지 않다. 현대에는 종교라는 말에서 폐쇄적이고 구속적인 뉘앙스를 느끼는 사람들이 증가하고 있는 듯이 보인다. 이들은 특정 종교의 교단 조직에 귀속되기를 싫어하면서도 대단히 종교적인 심성과 주파수를 가지고 있는 경우가 많다. 다시 말해 자기 자신의 의식을 보다 높은 차원으로 끌어올려 '우주 의식'과의 일치를 달성하는 데 깊은 관심을 가지고 있는 것이다. 이런 이들이 형성하는 종교문화는 일본에서 통상 '정신세계'라고 불려지며, 1970년대 이후 도시의 대형 서점에 등장한 '정신세계'라는 코너와 관계가 깊다. 종교 서적 코너와 별도로 설치되어 있는 정신세계 코너에는 동서의 신비 사상·매클린·슈타이너·카스타네다 등의 책, 신과학·트랜스퍼스널 심리학·샤머니즘·채널링·기공·동양의학·사후세계와 임사체험 등에 관한 책들이 가득 진열되어 있다. 이런 책들이 대중들에게 꾸준히 인기를 누리며 읽혀져 온 것이다. 이 정신세계 현상은 종교라는 말 대신 보다 개방적인 '영성'이라는 말을 선호한다는 점에서 '신영성운동'이라 불리는 현상과 연동하기도 한다. 다음에는 이런 정신세계와 신영성운동 및 신신종교에 관해 좀 더 살펴보기로 하자.

2. 뉴에이지와 '정신세계': 그 연속성과 불연속성

정신세계란 말은 주로 1980년대 이후 종교라는 말의 유사어로서 일반인들 사이에 널리 사용되기 시작했다. 하지만 당초 이 정신세계란 용어는 명확한 정의 없이 막연한 유행현상의 하나로 간주되어 연구 대상으로 인식되는 일이 거의 없었다. 종교학자 시마조노 스스무(島薗進)의 『정신세계의 행방』[11] 은 이런 연구 풍토를 깨뜨리고 일본 학계에서 정신세계에 대한 학술적 연구의 서막을 열어 주었다. 시마조노는 정신세계를 기본적으로 신신종교의 대두 및 주술-종교적 대중문화의 융성과 더불어 1970년대 이후 종교 붐의 한 현상으로 언급하면서, 그것을 일종의 일본판 '뉴에이지'로서 이해한다.

그렇다면 정신세계의 구체적인 내용은 무엇인가? 시마조노에 따르면 일본에서 처음 정신세계란 말이 쓰이게 된 것은 1977년에 『정신세계의 책 베스트 100』과 『정신세계의 레코드 베스트 100』이 나오면서부터이다. 다음해인 1978년에는 전술했듯이 일본 대형 서점에 정신세계라는 코너가 생겨났다. 이 명칭은 번역어가 아니라 일본에서 만들어진 신조어이다. 종교와 관련성이 많지만 종교와는 달리 현대인의 지성과 감성이 합치되는 어떤 것이 '정신세계'라는 말로 표현된 것이다. 거기에는 자기 억제력을 상실한 욕망 추구 및 폐쇄적인 합리성을 초래한 근대 문명 후에 도래할 새로운 문명에의 희망이 담겨져 있었다. 이와 같은 정신세계가 일본 사회에 등장한 1970년대에는 젊은이들의 관심이 점차 정치로부터 종

11 島薗進(1996),『精神世界のゆくえ』.

교로 이동하면서, 명상과 신체를 사용한 각종 힐링 요법 및 심리요법에 의한 자기변용을 추구하는 경향이 점차 두드러지게 나타났다. 이런 정신세계의 범위는 가장 일상적인 삶의 영역에서부터 초일상적인 오컬티즘, 영적 현상, UFO, 점성술, ETI(외계 생명체), 잃어버린 대륙(문명), 꿈, 초능력, 전생 등에 이르기까지, 그리고 종교와 철학에서 과학과 예술 및 대중문화에 이르기까지 그 파장이 매우 넓다. 한마디로 정신세계에는 삶의 신비에 대한 총체적인 관심이 집약적으로 표현되어 있다고 말할 수 있으며, 이 점에서 그것은 서구의 뉴에이지와 상당 부분 중첩된다.

뉴에이지라든가 뉴에이지 운동(New Age Movement)이라는 말은 서구의 다양한 현상을 포괄적으로 지칭하는 용어이다. 뉴에이지에 앞서 뉴에이지 운동이라는 용어가 서구에서 처음으로 대중들 사이에 널리 각인되기 시작한 것은 퍼거슨(Marilyn Ferguson)의 『물병자리 시대의 공모』(The Aquarian Conspiracy, 1980)[12]를 통해서이다. 이 용어들은 비교적 최근의 현상으로 해당 사회에서 '비전통적', '비공식적'으로 인지되는 모든 의미체계와 실천방식 및 조직을 가리킨다. 흔히 뉴에이지와 뉴에이지 운동은 동의어로 쓰이기도 하지만, 뉴에이지는 운동으로 불릴만한 특징을 가지고 있지 않기 때문에 뉴에이지 운동이라는 용어의 사용이 부적절하다고 주장하는 학자들도 있다. 또한 뉴에이지는 다양한 형태를 포괄하며, 또한 이들이 추구하는 목표나 사고체계가 다양할 뿐 아니라 서로 상반되는 경우도 드물지 않기 때문에, 뉴에이지를 하나의 단일한 운동으로 개

12 국역본은 매릴린 퍼거슨(1995), 『뉴에이지 혁명』.

념화하는 것은 적절치 않다는 지적도 있다.[13] 다시 말해 뉴에이지라는 용어는 어떤 통일된 정의 없이 매우 광범위하고 다양한 동시대의 종교문화적 흐름을 지칭하는 데 사용되어 왔다. 가령 뉴에이지는 '영적인 나적 자각운동', '전체론적 영성', '대안적 영성', '영성적 대안', '자기 영성'(self-spirituality), '영성 시장'(spiritual marketplace) 등과 같이 다양한 방식으로 말해져 왔다. 이 뉴에이지에 대한 대표적인 학문적 정의로는 가령 "이교도적 종교, 동양의 철학, 오컬트 심령현상의 혼합체"(M. York), "자기영성을 강조하는 인본주의의 매우 낙관적이고 축제적이며 유토피아적이자 영성적인 한 형태"(P. Heelas), "'컬트적 환경'과 동의어로서, 기존 상징체계의 개인적인 조작을 통해 새로운 종교적 혹은 영성적 합성물이 끊임없이 만들어지는 취사선택된 개인적인 상징"(W. Hanegraaff), "극단적으로 개인화된 종교의 모습"(포세메이), "개인적 변형의 경험을 강조하는 광범위한 영적 서브컬처"(J.R. Lewis, J.G. Melton) 등을 들 수 있다.[14]

학문적 담론에서 뉴에이지는 종종 신종교·신종교 운동·컬트의 범주에서 다루어지거나 이것과 동의어로 사용되기도 하며, '신이교도주의'(neo-paganism)라든가 '오컬티즘'(occultism, 비결신행) 등의 용어와 교체되기도 한다. 이와 같은 함의를 지닌 뉴에이지라는 용어는 서구에서 이미 1930년대부터 1960년대에 걸쳐 주로 종말론적 상징어로 사용되었는데, 그것이 하나의 주요한 문화현상으로서 대중적으로 인식되기 시작한 것은 1980년대부터이다. 즉 뉴에이지는 1960년대에 미국에서 처음 형

13 Sutcliffe(2003), "Category Formation and the History of 'New Age'", p.9

14 우혜란(2004), "서구의 '뉴에이지' 연구동향", 176~178쪽.

성된 후 영국, 유럽, 호주, 뉴질랜드 등으로 퍼졌다. 그 배경에는 가령 〈스웨덴보르그주의〉, 〈메스메리즘〉, 〈초월주의〉, 〈스피리추얼리즘〉, 〈크리스천 사이언스〉, 〈뉴소트〉, 〈신지학〉 및 그 계통에 속하는 군소집단들, 초심리학, 동양 사상에 대한 관심의 고조, 그리고 1960~70년대의 대항문화(counter culture)적인 선행 형태들이 있었는데, 그것이 하나의 전체적인 윤곽을 가지고 명확한 종교적·사회적 운동으로 등장한 것은 전술했듯이 1980년대부터라 할 수 있다. 그 후 확산되어 온 뉴에이지는 주변문화가 아니라는 점에서, 또한 대중문화에서 주요한 코드로 작용한다는 점에서 그 전신인 1960~70년대의 대항문화와는 다른 성격을 보여준다. 이와 같은 뉴에이지에 대한 서구에서의 학문적 연구는 1990년대 초반에서야 비로소 시작되었다.

뉴에이지는 체계적인 교의 및 의례 체계, 교조 숭배, 위계적인 교단 조직 등과 전혀 무관한 '느슨한 네트워크'를 선호한다는 점에서 신종교와는 근본적으로 구별된다.[15] 그러나 우리는 현대 종교 혹은 현대의 새로운 종교현상이라는 관점에서 뉴에이지와 신종교의 관계에 대해 관심을 가질 필요가 있다. 사실 조직성이라는 측면에서는 신종교와 뚜렷이 구별되면서도 뉴에이지는 앞서 말한 신종교 담론의 세 가지 측면 모두에 밀접하게 관련되어 있다는 점에서 현대의 신종교를 논할 때 빠뜨릴 수 없는 부분이라 할 수 있다. 가령 전술했듯이 뉴에이지의 신봉자들(new ager)은 자신들이 새로운 시대를 위한 새로운 사고의 대표자라는 자각을 가지고 있다. 그들의 표현을 빌리자면 자신들은 '의식의 양자적 도약'을 통한

---

15 물론 라즈니쉬 운동이라든가 크리슈나무르티 운동처럼 신종교 교단에 가까운 조직성을 지닌 뉴에이지도 있다.

'패러다임의 전환'을 위해 '물병자리 시대의 공모'[16]에 참여한다는 것이다. 이런 관념은 분명 새롭고 혁신적인 종교적 의식을 내포하고 있다. 이때 말하는 새로운 시대란 거시적인 우주적 차원에서부터 미시적인 생활사 차원까지 포괄한다. 종교학자 엘리아데의 표현을 빌리자면, 이는 현대사회에 있어 '갱신의 희망'[17]에 해당된다. 거기에는 개인의 갱신이 사회나 우주의 갱신과 연동된다는 관념이 깔려 있다. 뉴에이지적 언어로 바꿔 말하자면, 인간의 잠재능력을 개인적·집합적으로 발전시킴으로써 대규모적이고 보편적인 변화를 초래할 수 있다는 것이다. 이는 일종의 종말론적 발상이라 할 수 있다.[18] 또한 뉴에이지는 1960년대에 미국에서 형성된 후 영국을 위시한 유럽과 호주, 뉴질랜드 및 일본과 한국 등 세계 각지로 확산되어 나갔다는 점에서 글로벌한 요소를 지니고 있다. 나아가 뉴에이지는 합리성을 추구하는 모더니티의 한계에 대한 자각 및 그에 대한 대안으로서 포스트모던적인 새로운 사유형식을 추구한다는 측면에서 모더니티와 밀접한 연관성을 지닌다.

이와 같은 뉴에이지에서 특히 유념할 것은 그 원천을 1960년대 학생운동 및 의식혁명에서 찾을 수 있다는 점이다. 서구의 뉴에이지는 소비주의라는 비판을 받기도 하지만, 다른 한편으로 그것은 대항문화적 성격, 즉 사회비판적 측면을 보여주기도 한다. 1960년대 말에서 1970년대 중반 무렵에 이르기까지 미국 사회의 문화사적 경향으로 오컬티즘, 마약문

16 매릴린 퍼거슨(1995), 『뉴에이지 혁명』, 19~44쪽 참조.

17 Eliade(1976), *Occultism, Witchcraft, and Cultural Fashions*, pp.63~65.

18 그러나 뉴에이지적 종말론은 단순히 수동적인 전환이 아니라 인간 측의 자조노력이 요청된다는 점에서 기독교의 수동적 종말론인 '전(前) 천년왕국주의'와는 구별된다.

화(대항문화론), 카리스마운동(성령운동), 학생운동 등을 들 수 있는데, 이런 시대 조류 속에서 젊은이들은 주어진 정치경제(자본주의)와 주어진 종교(기독교) 이외의 것(동양 종교, 신종교, 오컬티즘, 신비주의 등)을 추구했다. 이와 관련하여 19세기 이래 서구 사회에서 주기적으로 발생한 오컬트 붐과 사회주의의 관련성에 주목할 필요가 있다. 예컨대 신지학운동의 창시자인 애니 베산트(Annie Besant, 1847~1933)를 비롯하여 오컬트 붐의 지도자들은 대부분 사회주의자였다.[19] 그뿐 아니라 학생운동에 참여했던 자들의 대다수가 그 후 '참된 자기'를 탐구하면서 히피화하거나 혹은 뉴에이지 신봉가가 되기도 했다. 또한 1960년대 중엽 미국의 정치운동 안에 종교적 측면이 내재되어 있었다는 점도 간과할 수 없다. 가령 베트남 반전운동에서는 사회제도의 정치적 변혁과 더불어 인간적 변혁 또한 달성해야 할 문화적 혁명으로 인식되었다. 더 나아가 혹자는 현실의 모순된 사회구조와 정치제도의 변혁에 앞서 의식과 문화의 혁명을 우선시하는 일종의 정신주의로 나아가기도 했다.

이와 같은 서구의 뉴에이지가 일본에 상륙한 1970년대 당시 많은 일본인들에게 그것은 세상을 변화시키고자 했던 대항문화적인 것으로 받아들여진 측면이 있었다. 1970년대 정신세계의 주된 담지자였던 일본의 20대(후반) 젊은이들은 이른바 '전공투'(全共闘)[20] 좌절세대에 해당되기

---

19 가령 스피리추얼리즘 운동의 원조인 알랑 카르덕, 앤드류 잭슨 데이빗, 그 스피리추얼리즘을 신봉한 오웬 부자, 오컬티즘이라는 용어를 처음 사용한 엘리퍼스 레비, 프리에주의자들은 모두 사회주의자들이었으며, 1960년대 진보적 학생들과 지식인들 사이에서도 구르제프라든가 슈타이너 등이 창시한 오컬트 사상이 널리 신봉되었다.

20 1960년 일미안보조약 반대투쟁의 패배 이후 전국 대학연합조직으로 결성된 '전학공투회의'(全學共鬪會議)를 가리키는 말.

때문이다. 일본 사회를 구조적으로 변혁하고자 꿈꾸었던 이들 전공투 세대에게 정신세계가 하나의 대항문화적 탈출구로 받아들여졌으리라는 점을 상상하기란 그리 어렵지 않을 것이다. 현재 널리 알려진 기공보급운동가로 NHK 기공프로그램 강사라든가 기공전문잡지 편집주간 등으로 활동하는 쓰무라 교(津村喬)의 사례[21]는 이 점을 잘 보여준다. 와세다대 전공투로 활약했던 그는 운동이 실패로 끝난 이후 1980년을 전후하여 뉴에이지 사상에 심취했다. 심지어 그는 퍼거슨의 『물병자리 시대의 공모』를 읽고 이를 '새로운 공산당선언'이라고 여기기까지 했다. 이를 통해 그는 사회에 의해 조작되고 강요받은 '자기'를 부정하고 본래적인 '참된 자기'를 찾자는 자기변혁의 과제에 눈뜨게 된다. 이와 같은 '자기변혁'은 실은 전공투 운동의 정신적 축이었던 '자기부정'[22]의 변용된 형태라 할 수도 있겠다.

이와 같은 정신세계와 뉴에이지라는 용어법 및 분류는 아직 충분히 해명되지 않은 채로 있다. 서구에서든 일본에서든 뉴에이지는 다면적인 현상을 나타낸다. 그것은 대중문화, 학문세계, 문학 등 여러 영역에 걸쳐 현대 일본 문화의 구성요소로서 나타나고 있다. 신종교의 일부도 뉴에이지에 포함되는 부분이 있다. 유령, UFO, 임사체험, 사후세계 등 오컬트적인 것에 대한 관심, 애니미즘적이고 샤머니즘적인 스피리추얼리티 표상 등도 뉴에이지에 포함된다. 정신세계의 에콜로지적·테라피적 방향성, 이야기, 자기계발, 자기찾기, 심리통어기법 등도 뉴에이지와 중첩되는 부분

---

21 前川理子(1998), "ニューエイジ類似運動の出現をめぐって", 86~92쪽 참조.

22 가령 도쿄대 전공투의 '제국대학 해체'운동에서 엿볼 수 있는 일본(제국주의) 부정을 들 수 있겠다.

이 많다.[23] 이처럼 뉴에이지와 정신세계는 신영성운동이라는 범주에 묶을 수 있을 만한 유사한 현상이기는 하지만, 엄밀히 말하자면 구별된다. 일본에서 뉴에이지라는 말은 거의 쓰이지 않고 대신 정신세계라는 말이 널리 유통되고 있다는 사실은 이 점을 뒷받침해 준다.

그러나 양자의 차이와 관련하여 가장 주목할 것은, 정신세계에 관련된 관심영역이 뉴에이지와 상당 부분 겹침에도 불구하고 정신세계는 어디까지나 일본 혹은 아시아 전통에 기반을 두고 있다는 점이다. 이때 특히 오늘날 일본에서 새롭게 나타나고 있는 관념들에 유념하지 않으면 안 된다. 이때 새롭게 나타난 관념의 전형적인 사례로 시마조노가 들고 있는 것이 덴카와 신사 붐이다. 덴카와 신사의 정식명칭은 덴카와벤자이텐사(天河大弁財天社)로 일본 정신세계의 메카라 불려진다. 그것은 고대 일본의 중심지인 야마토 지역의 산중(나라현 요시노산)에 위치하고 있다. 슈겐도(修験道) 개조인 엔노오즈누(役小角)에 의해 세워졌다고 전해지는 유서 깊은 이 신사에는 덴무(天武) 천황이라든가 구카이(空海) 등 역사적으로 중요한 인물들이 밀접하게 관련되어 있다. 이 신사는 메이지유신 이후 쇠퇴했다가 1980년대에 정신세계의 성지로서 다시금 주목을 받게 되었다. 즉 1985년에 이르러 덴카와 신사는 '정신세계의 롯본기'로 불리게 되었다. 이 무렵 음악평론가 유카와 레이코(湯川れい子)가 뉴에이지계의 대부인 셜리 맥클레인을 덴카와 신앙에 끌어들인 것은 잘 알려진 사실이다. 오늘날까지도 특히 고전 예능의 봉납으로 유명한 이 덴카와 신사는 1980년대 후반부터 1990년대 초에 걸쳐 호소노 하루오미(細野晴臣), 기

---

23 リゼット・ゲーパルト(2013), 『現代日本のスピリチュアリティ』, 25~26쪽.

타로(喜多郎), 사카모토 류이치(坂本龍一) 등의 뮤지션들에게 널리 신봉되었다. 가수 나가부치 쓰요시(長渕剛)와 시호미 에쓰코(志穂美悦子) 부부는 이 신사에서 결혼식을 올렸다. 이윽고 덴카와 붐은 가령 나카자와 신이치, 우에시마 게이지(植島啓司), 가마타 도지(鎌田東二) 등의 종교학자들을 비롯하여 소녀만화가 미노우치 스즈에(美内すずえ), 출판업자이자 영화감독인 가도카와 하루키(角川春樹)와 그 누나인 저술가 헨미 준(辺見じゅん), 추리작가 우치다 야스오(内田康夫) 등 문화인들 사이에까지 널리 확산되기에 이른다.[24]

확실히 뉴에이지와 정신세계는 그 초창기의 담지자가 사회변혁적 학생운동의 후계자라는 점에서 공통적이다. 하지만 이와 동시에 뉴에이지와 정신세계는 다음 세 가지 측면에서 불연속성과 단절을 보여주기도 한다. 첫째, 서구에서 뉴에이지는 문자 그대로 '새로운 것'으로 받아들여졌다. 뉴에이지가 제창하는 우주와의 일체감, 개체의 소멸, 궁극적 실재에 있어서의 유일신의 부정은 서구의 유대-기독교적 전통에 반하는 전

24 신도학자 가마타 도지는 덴카와 신사의 재흥을 다음 세 단계로 고찰하고 있다. (1) 1950년대에서 70년대에 걸쳐 영적 매개의 힘에 매력을 느낀 사람들 혹은 신종교와 민속종교에 열정적으로 흥미를 가진 사람들이 덴카와 신사를 영적 매개의 힘을 가진 장소로 '재발견'하게 된 단계, (2) 전술한 호소노와 미노우치를 비롯하여 음악가 미야시타 후미오와 영화감독 다쓰무라 히토시 등 80년대의 정신세계에 심취한 예술가들이 자신의 창조 작업에 영감을 얻고자 이에 반응하게 된 단계, (3) 90년대에 들어와 일부 〈덴카와전설 살인사건〉이라는 영화에 영향을 받은 젊은이들이 개인적인 아이덴티티 추구라든가 특별한 체험을 기대하고 덴카와 신사에 몰려드는 단계가 그것이다. 하지만 1990년대에 들어서면 덴카와 신사는 궁사 가키사카 미키노스케(柿坂神酒之祐)의 방만한 운영으로 10억 엔의 빚을 지었고 그것을 갚지 못해 경내와 신사 소유 산림이 경매에 붙여지게 되었다. 이런 돈 문제가 계속되는 가운데, 유명한 신자들은 점차 멀어져 갔다. 그럼에도 이런 덴카와 붐의 의의를 시마조노는 일본 전통을 강조하는 정신세계의 흐름을 잘 보여주고 있다는 점에서 찾고 있다. Susumu(1999), "'New Age Movement' or 'New Spirituality Movements and Culture'?", pp.122~124.

혀 새로운 발상이었기 때문이다.[25] 이에 비해 정신세계의 경우는 일본인들에게 특별히 새로운 것으로서 인식되지 않는다. 일본인들은 이미 오래전부터 전체론적(holistic)인 우주관이라든가 깨달음에 의한 자아의 소멸 등 동양 종교적인 에토스에 친숙해 있기 때문이다.[26] 다시 말해 정신세계의 경우는 일본의 지배적인 종교전통을 많은 부분 계승하고 있으며 기존의 문화적 권위에 대해 그다지 도전적인 느낌을 주지 않는 것이 사실이다. 그런 만큼 일본에서는 정신세계와 일반적인 지적 문화 사이에 뚜렷한 연속성이 발견된다. 예컨대 이 책의 제6장에서 '영성적 지식인'과 관련하여 상술하듯이, 1970년대 이후 일본의 많은 학자와 지식인들은 자국의 문화적 전통과 현대 사회의 사상적 과제를 결부시켜 말하면서 자주 종교와 영성에 깊은 관심을 표명해 왔다.

둘째, 운동의 계승 양상에서도 양자는 불연속성을 노정한다. 미국의 뉴에이지는 베트남전쟁, 환경파괴, 인간소외 등 현대 사회의 병리에 대한 심각한 자각적 반성이 중요한 동기인 데 비해, 일본의 현대 종교 상황에는 이런 심각성이 결여되어 있다. 물론 전술했듯이 1970년대 정신세계의 담지자들은 아직 자각적인 사회변혁적 지향성에서 그리 멀리 떨어져 있지 않았다. 하지만 1980년대의 소비문화적 정신세계와 후술하듯이 90년대 이후의 신영성운동으로 진행되면서 그런 변혁적 요소가 현저하게 약화되었다. 그리하여 오늘날 일반적으로 정신세계(또는 신영성운동)

---

25 그러면서도 개인의 성성(聖性)에 대한 뉴에이지의 강조는 신과 개인과의 직접적인 일대일의 관계를 주장하는 프로테스탄티즘과 통하는 구석이 있다. 특히 개인주의적인 현대 미국에서는 이런 뉴에이지 사상이 적합하다는 평가도 내릴 수 있다. 伊藤雅之(1997), "ニューエイジと精神世界", 27쪽.

26 다른 한편 정신세계의 개인주의적 종교성은 집단주의(가족주의)적인 일본의 전통적 세계관과 긴장관계에 있기도 하다.

하면 주로 패키지화된 다양한 소비문화적 뉴에이지(서적, 세미나, 이벤트 등) 현상을 가리키는 것으로 상업화되고 말았다. 거기서는 정신세계가 성(聖)의 상업화, 즉 피상적인 붐으로서 상품화되고 소비되다가 곧 사라질 수 있는 하나의 유행에 불과한 것으로 여겨지기 십상이다.

셋째, 일본 자체의 문맥에서 1960~70년대 전공투 운동과 대항문화 및 정신세계 사이에도 단절을 말할 수 있다. '사회를 바꾸자'는 전공투 운동과 '개인을 바꾸자'는 정신세계 사이에 대항문화가 끼어들 자리는 어디일까? 미국의 경우 대항문화로서의 뉴에이지를 말할 수 있겠지만 과연 일본에 대해서도 그렇게 말할 수 있을지는 의문이다. 이는 일본의 정신세계가 중첩문화(over-culture)의 한 유형일 뿐이라는, 그러니까 기존 사회의 중핵적 가치관 위에 뉴에이지적인 것이 그저 포개진 채 중층성을 이룬 구조일 뿐이라는, 따라서 거기에는 원천적으로 대항문화가 뿌리내릴 틈새가 존재하기 어려운 것 아니냐는 혐의에서 비롯된 의문이다.

이상과 같은 비판적인 회의에도 불구하고 다음 세 가지 측면에서 뉴에이지와 '정신세계'의 연속성을 말할 수 있다. 첫째, 집합적 트라우마의 관점이다. 미국의 뉴에이지는 캘리포니아에서 시작되었다. 그런데 하필이면 왜 캘리포니아일까? 구대륙에서 쫓겨난 자들이 신대륙으로, 그 신대륙의 동부에서 밀려난 자들이 서부로 이동하여(단순한 개척이 아니다!) 원주민들을 학살하면서 정착했고, 그 과정에서 켜켜이 상처 받은 자들의 트라우마가 베트남전쟁을 계기로 폭발하여 대항문화의 주류를 형성했다고 보면 어떨까 싶다. 이렇게 볼 때 신대륙 서부의 중심에 있던 캘리포니아에서 뉴에이지 운동이 발생한 것은 결코 우연이 아닐 수도 있다. 일본의 경우도 이와 마찬가지로 군국주의가 초래한 패전과 피폭의 시대적 좌절, 그것을 넘어서려는 시도로서의 전공투 운동에 실패한 세대의 트라우마가 정신세계를 낳았다고 볼 수도 있겠다.

둘째, 정신세계는 미국의 뉴에이지에 비해 '심각한 현실'을 통과하지 않았으며 오히려 상업적으로 타락했다고 보는 비판적 관점이 가능하다. 하지만 이 점 또한 공리주의적 모티브의 경우와 마찬가지 방식으로 이해될 수 있다. 즉 미국의 뉴에이지가 일본에 건너와 상업화된 것이라기보다는, 이미 미국에서 상업화된 뉴에이지가 일본에 상륙한 것으로 볼 수도 있을 것이다.

셋째, 개인주의와 공리주의가 수용된 방식에 있어 뉴에이지와 정신세계의 연속성을 생각해 볼 수 있다. 미국 뉴에이지에 있어 동양 종교는 미국식 개인주의[27]와 거기에 입각한 공리주의의 기준에 따라 상당한 변용을 거쳐 수용되었다. 그리고 이렇게 변용된 뉴에이지가 일본에 상륙해 정신세계를 구성한 것이다. 예컨대 미국의 뉴에이지 문화는 동서고금의 종교문화를 개개인을 위해 '활용'하는 측면이 많다. 종교든 오컬티즘이든 신비주의든 간에 모든 것을 공리적 도구로 '이용'하는 것이다. 그 결과 뉴에이지는 의료·케어·교육·복지 등 현대 미국 사회의 다양한 공리적 모티브와 결부되었고 그것이 일본의 정신세계에 반영된 측면이 존재한다.

그런데 현실적으로 서구의 뉴에이지는 개인주의적인 측면이 전면에 부각됨으로써 전체론적인 세계관이 간과되기 십상이고, '자기탐구' 혹은 '자기찾기'가 키워드인 일본의 정신세계는 삶의 신비에 대한 총체적인 관심이 집약적으로 표현되어 있으면서도 다른 한편 전체론적인 세계관이 전면에 부각되고 그것이 일본적인 집단주의와 결부됨으로써 종종 내셔

27 '나'를 판단과 인식 및 삶의 방식의 궁극적인 기준이자 근거로 삼는 인식론적 개인주의를 가리킨다.

널리즘으로 흐를 위험성이 상존하고 있다.[28] 시마조노는 이상과 같은 정신세계를 더 나아가 신영성운동의 관점에서 재해석하고 있다.

3. 신영성운동

시마조노는 뉴에이지와 정신세계를 포괄하는 범주로서 '신영성운동'이라는 개념을 제시하면서 그것을 "현대 선진국을 중심으로 전 지구적 규모로 일어나고 있는 새로운 형태의 종교운동으로, 분명한 교의나 조직을 가지지 않으면서 개인의 자유로운 참가와 사적인 실천을 기반으로 한 개인주의적인 영성 추구 운동"[29] 이라고 규정한다. 여기서 먼저 주목할 점은 그것이 '전 지구적 규모'로 확인되는 현상이라는 점이다. 사실상 뉴에이지 현상은 더 이상 영미 문화권만의 특징적 현상으로 간주될 수 없는 세계적 현상으로 관찰되고 있다. 그것은 이탈리아·네덜란드·동유럽 국가들을 포함하는 유럽 전역뿐 아니라 오스트레일리아·뉴질랜드, 브라질, 남아프리카·나이지리아, 인도네시아 등에서도 나타나고 있다. 한국에서도 뉴에이지에 상응하는 일련의 현상이 1980년대부터 뚜렷이 관찰되고 근래에 들어 보다 대중적인 양상을 띠며 확산되는 추세이다. 그러나 한국에서의 뉴에이지 연구는 종래 기독교 측의 신학적 관심에 입각

28 伊藤雅之(1997), "ニューエイジ"と精神世界", 28쪽.

29 島薗進(1996), "新靈性運動·ニューエイジ·精神世界", 167~169쪽.

한 일방적인 연구 외에 아직 본격적인 연구가 시작되지 않은 분야이다. 한편 신영성운동에 대한 위 정의에서 '현대 선진국을 중심으로'라는 표현은 향후 재고될 필요성이 있어 보인다. 뉴에이지 현상은 더 이상 후기 산업사회의 특징적인 문화현상만으로 간주될 수 없기 때문이다.[30]

그럼에도 시마조노의 신영성운동 개념은 여러 면에서 현대 일본의 종교 지형을 고찰함에 있어 많은 유익한 참조점을 제시해준다. 이와 관련하여 시마조노는 그것을 '신영성문화'라고 표현하기도 한다. '운동'하면 공동행동이 수반되기 마련인데, 신영성운동은 개인주의적이고 공동행동이 결핍되어 있다는 점에서, 나아가 문화의 소비라는 측면을 함축하고 있으므로 '운동'이라기보다 '문화'라고 말하는 편이 적절하다고 보았기 때문이다.[31] 이와 같은 신영성운동은 (1) 신종교 교단과 같은 명확한 조직은 가지지 않으나, (2) 주술-종교적 대중문화에 비하면 보다 체계적인 세계관을 내포하며, (3) 자기 자신의 의식을 높은 차원으로 끌어올림으로써 '우주적 의식'과 융합시키는 것을 주된 목표로 삼고, (4) 느슨한 네트워크에 의해 점진적으로 주변에 의식의 변용을 확장시켜 나가는 개인주의적 종교운동이라 할 수 있지만, (5) 기존의 '종교'라는 용어 자체에는 부정적이며 보다 개방적인 '영성'이라는 말을 선호한다.[32]

그 특징을 사상적인 측면에서 보다 구체적으로 부연하자면 다음과 같다. 첫째, 신영성운동은 의식의 변용을 궁극적 실재에 이르는 매우 중요한 지표로 본다. 둘째, 신영성운동은 자연과 인간을 초월한 신이 아닌,

---

30 우혜란(2004), "서구의 '뉴에이지' 연구동향", 170/186/203쪽 참조.

31 島薗進(2007), 『スピリチュアリティの興隆』, 49~50쪽.

32 島薗進(1992), 『新新宗教と宗教ブーム』, 54~55쪽.

자연과 인간 안에 내재하는 신성이나 영성에 주목한다. 셋째, 신영성운동에서는 현대란 인류의 영적 진화에 있어 큰 전환점이며, 개개인의 영적 각성은 이 영적 진화과정의 일부라고 간주된다. 넷째, 신영성운동은 외부의 초자연적 힘과 카리스마적 존재에 의존하는 '종교' 대신, 자율적 개인의 각성에 의한 '영성'의 개발이 필요하다고 설한다. 다섯째, 신영성운동은 과학과 종교(영성)를 서로 대립되는 것이 아닌, 오히려 합치될 만한 것으로 간주한다.[33]

한편 보힝거(Christoph Bochinger)는 신영성운동이라는 말 대신 '새로운 종교 풍경', '새로운 종교운동'이라는 용어를 쓰고 있다. 신영성운동이라는 명칭에 포함된 '영성'이라는 개념은 정의하기 어렵고 너무 광범위한 것이라고 여기기 때문이다.[34] 게다가 뉴에이지 및 정신세계와 신영성운동은 상호 중첩되는 부분이 적지 않다. 그럼에도 굳이 신영성운동이라는 새로운 범주를 만들어 내야 했던 이유는 무엇일까? 시마조노에 따르면 일본의 경우에 개인적인 영성 추구에 높은 관심을 가지고 있지만 정신세계라는 말에는 위화감을 느끼는 사람들이 있으며, 마찬가지로 미국의 경우에도 개인적인 영성 추구에는 관심이 많지만 뉴에이저로 불리는 데는 동의하지 않는 사람들이 적지 않으므로, 그런 사람들을 포괄할 수 있는 보다 넓은 범위의 용어가 필요했다는 것이다.[35] 이는 일본의 정신세계가 뉴에이지의 하위 범주에 분류되는 것을 사전에 차단하면서 역으로 뉴에이지보다 상위의 범주 개념을 설정하려는 야심만만한 기획이라 할 수 있

33 시마조노 스스무(1997), 『현대 일본 종교문화의 이해』, 277~278쪽.

34 リゼット・ゲーパルト(2013), 『現代日本のスピリチュアリティ』, 123쪽 각주58에서 재인용.

35 島薗進(1996), "新靈性運動・ニューエイジ・精神世界", 169~170쪽.

다. 일종의 거대담론이라 할 수 있는 신영성운동의 개념은 "유사한 종교적 사고방식을 가진 사람들의 막연한 집합체"[36]를 가리키는 만큼 실체적 윤곽이 잘 잡히지 않는다는 난점을 안고 있다.

그럼에도 우리는 신영성운동의 범주설정이 지닌 최대의 장점을 시마조노의 '영성적 지식인'론을 통해 확인할 수 있다. 앞서도 언급했듯이, 미국의 신영성운동 즉 뉴에이지는 기존의 유대-기독교적 전통 및 문화적 권위와 적대적인 관계에 있지만, 일본의 신영성운동 즉 정신세계의 경우는 일본의 지배적인 종교전통을 많은 부분 계승하고 있으며 기존의 문화적 권위에 대해 그다지 도전적인 느낌을 주지 않는 것이 사실이다. 그런 만큼 일본에서는 신영성운동과 지식인 문화 사이에 뚜렷한 연속성이 발견된다. 예컨대 1970년대 이후 일본의 많은 학자와 지식인들은 자국의 토착적인 문화적 전통과 현대 사회의 사상적 과제를 결부시켜 말하면서 자주 종교와 영성에 깊은 관심을 표명해 왔다. 이런 지식인들을 시마조노는 '영성적 지식인'이라고 부른 것이다. 그들은 실천적이고 실존적인 관심을 가지면서, 특정 종교의 교학을 넘어서서 종교학 및 종교론 일반에 친숙한 학자나 지식인들이다. 이 '영성적 지식인'에 관해서는 제6장에서 상술할 것이다.

36 시마조노 스스무(1997), 『현대 일본 종교문화의 이해』, 276쪽.

4. 신신종교

현대 일본에는 주지하다시피 신도, 불교, 기독교, 신종교 등 다양한 종교들이 혼재되어 있다. 이 중 신종교의 신자 수를 합치면 전체 일본 인구의 10~20퍼센트에 상당한다고 하는 데도 일본 문화청에서 펴내는 『종교연감』(2013년판)을 보면 신종교는 여전히 '제교'(諸敎)로 분류되어 나온다. 이것은 '신종교'라는 용어가 일본의 공적 사회에서 아직 충분한 시민권을 얻지 못했음을 말해주는 징표이기도 하다. 그러나 일본의 종교(사회)학자들은 대부분이 신종교 연구자라고 말해도 좋을 만큼 일본에서 신종교는 중요한 사회적 관심사가 되어 있다. 이때의 사회적 관심은 대체로 두 가지 측면을 내포하고 있다. 하나는 신종교 교단의 교세 확장(신자 수의 증가 및 교단의 대사회적 영향력의 증대를 포함한)에 대한 학문적 관심이고 다른 하나는 특정 교단의 스캔들과 관련된 흥미 위주(부정적 의미에서)의 저널리즘적 관심이다.

이 중 신종교에 대한 학문적 관심과 관련하여 '신신종교'라 불리는 새로운 종교현상을 간과할 수 없다. 일본에서 신신종교라는 용어가 처음 등장한 것은 종교사회학자 니시야마 시게루(西山茂)에 의해서였다. 그는 "소규모적이면서도 최근 급속하게 교세를 신장시키고 있는 신종교"를 신신종교라 칭하면서 그것을 '종말론적 근본주의를 내거는 섹트적 신신종교'와 '주술적 성격이 농후한 신비주의적, 컬트적 신신종교'의 두 유형으로 분류한 바 있다. 이 후 그는 주로 후자의 의미에 한정시켜 "대담하게 신비와 주술을 강조하고 다양한 요소들을 습합하면서 1970년대 초기 이후에 대두한 전국 규모의 신종교"를 신신종교라고 규정했다. 그런데 이런 특징들이 다이쇼기(제2차 종교 붐)에도 나타난다는 점에 유의하여 차후에는 그것까지 포괄하는 '영술계 신종교'의 범주를 제시하고 그 하위 개념으로서 신신종교를 사용하기에 이른다.[37]

한편 시마조노는 니시야마의 이런 신신종교 개념을 나름대로 수용 발전시켜 보다 적극적인 신신종교론을 전개했다. 그는 일단 "1970~80년대에 현저하게 발전한 신종교 교단으로서 이전의 신종교와 현저하게 다른 특징을 보여주는 교단"을 신신종교 그룹으로 규정한다. 이때 (구)신종교의 특징으로 그가 들고 있는 것은 가난과 생활고로부터의 구제라고 하는 현세 이익적 교의체계, 가령 '고코로나오시'(心なおし, 마음바꾸기)라는 실천기법의 중시에서 잘 엿볼 수 있는 세속 생활과의 연속적인 생활규범, 상호부조의 신앙공동체를 강조하는 등의 세 가지 측면이다. 이에 비해 신신종교는 다음 일곱 가지 특징을 보여준다. (1) '빈병쟁'(貧病争)의 입교동기에서 '허무감'의 동기로의 변화, (2) 현세 지향적 경향에서 현세 이탈적 경향으로의 변화,[38] (3) 고코로나오시의 탈윤리화와 심리통어기법의 증

37 西山茂(1997), "'新新宗教概念の學術的有效性について'へのリプライ", 25~26쪽.

38 이런 경향은 일본 문화나 종교의 일반적인 '현세 중심적 에토스'에 비추어 보건대 매우 특이한 사례라 할 수 있다. 이 점에 관해서는 박규태(1996), "일본 종교의 현세 중심적 에토스" 참조. 현세 이탈적 경향을 가장 전형적으로 보여 주는 신신종교는 〈옴 진리교〉이다. 다음과 같은 교조 아사하라 쇼코의 말을 참고해 보라. "우린 지금 살아 있다고 실감한다. 그런데 그건 환상에 불과한 것이다. (중략) 지금 세상의 가치관이라는 것이 무언가? 고학력에, 일류기업에, 이쁜 여자와 결혼해서 멋진 집에서 살고 돈을 모아 재테크해서 부자가 되고 그런 다음 죽는다는 거, 그게 전부다. 그러나 난 다른 가치관을 말한다. 우리 안에 있는 것, 그걸 아는 게 중요하다. 이 세상은 실은 고통이라는 사실을 아는 게 중요하다. 부자가 되고 예쁜 여자한테 끌리고 하는 것도 다 고통일 뿐이다. 누구도 깨뜨릴 수 없는 절대적 경지에 이르는 것, 그것이 하나의 길이다. 그것은 참된 의미에서 자기 자신을 이해하는 길이다. 나는 그런 가치관을 제공해 주고 싶다. (중략) 사람은 죽는다. 반드시 죽는다. 절대 죽는다. 누구도 죽음을 피할 수는 없다. 죽음을 앞에 두고 연애한들 무언가? 죽음을 앞에 두고 물질이 다 무언가? 죽음을 앞에 두고 부자가 된들 무슨 소용인가? 죽음을 앞에 두고 권력을 쥔들 무슨 의미가 있는가? 모든 것이 다 쓸데없다. 그렇다면 죽음 앞에서 유효한 것은 무엇인가? 그것은 크게 덕을 쌓고 계율을 지키고 오감을 제어하고 심오한 의식상태에 들어가고 죽음을 알고 죽음을 극복하는 일이다." 島薗進

가,[39] (4) 신비현상과 심신변용에 대한 관심의 증대,[40] (5) 자기책임의 강조 및 자기 영혼의 영속성에 대한 의식,[41] (6) 성스러운 우주의 재구성,[42] (7) 천년왕국주의적인 절박한 파국 의식과 메시아니즘의 고양[43]이 그것이다.

(1992), 『新新宗教と宗教ブーム』, 29~31쪽에서 필자에 의한 요약.

39 대체로 신신종교에서는 타자에 대한 윤리로서의 고코로나오시보다는 '자기 마음의 통어법'으로서의 고코로나오시가 설해진다. 가령 이 책의 제11장에서 상술할 〈행복의 과학〉의 교조 오카와 류호(大川隆法)는 이렇게 말한다. "불행에서 벗어나기 위해서는 우선 나 자신 안에 그런 불행의 원인이 있음을 깨달아야 한다. 그러기 위해서는 나 자신보다 더 높은 인생관을 배워야 한다. 그것이 뭐냐 하면 바로 탁월한 마음의 통어법이다." 같은 책, 32쪽.

40 (구)신종교의 경우는 신비현상을 통해 가족의 현세 이익을 추구했다. 그러나 신신종교의 경우는 신비 그 자체에 더 관심이 많다.

41 자기책임에 대한 인식은 신종교 일반의 특성이지만 신신종교의 경우에는 이런 경향이 더욱 강하게 나타난다. 가령 〈GLA〉의 창시자 다카하시 신지(高橋信次)는 "타력에 의해서는 현대인의 마음을 구제할 수 없다. 나의 마음은 무한한 생명과 통해 있는 나 자신의 왕국이다. 누구도 거기에 개입할 수 없다. 신불은 스스로 믿고 노력하는 자에게만 힘을 수여해 준다. (중략) '난 왜 태어난 것일까?' 그 원인을 생각해 보자. 사람들은 흔히 이렇게 말한다. '내가 원해서 태어난 것이 아니다. 부모가 멋대로 날 낳은 거다. 그러니까 날 길러주는 것은 부모의 당연한 의무다'라고. 그러나 이런 생각은 잘못된 것이다. 우리는 신불의 자녀다. 우리는 모두가 자신의 영혼을 수행하고 신의 몸인 이 현상계에 조화로운 유토피아를 건설할 사명을 가지고 태어난 것이다. 이를 위해 신불은 종족 보존의 본능과 더불어, 현세에 적응하는 육체라는 배를 우리에게 부여해 준 것이다. 지위·명예·돈이 많은 부모를 선택하는 것도, 가난한 부모를 선택하는 것도 다 나 자신이 그렇게 정해서 태어나는 것이다"라 하여 결국은 나 자신의 운명은 스스로 선택한 것이며, 나의 영혼은 과거와 미래에 걸쳐 영속된다고 하는 관념을 표명하고 있다. 島薗進(1992), 『新新宗教と宗教ブーム』, 41~42쪽에서 필자에 의한 요약.

42 70년대 이전의 (구)신종교에서 가장 성스러운 우주는 『법화경』의 우주였으나, 신신종교에서 『법화경』은 더 이상 중심적인 의미를 갖지 못한다. 가령 〈대화지궁〉에서는 우주신 '아라'가 최고신이며, 〈진여원〉, 〈GLA〉, 〈행복의 과학〉 등은 불교적 세계관·스피리추얼리즘·신지학적 세계관이 습합되어 있다.

43 (구)신종교에서의 낙관적인 종말론에 비해 신신종교에서는 종종 비관적인 종말론이 설해진다. 가령 〈대화지궁〉의 경우 "이 지구는 더럽혀질 대로 더럽혀졌다. 모든 것이 파멸을 향해 달려가고 있다"는 염세적인 종말관을 피력하고 있다. 이 밖에 〈진광교단〉, 〈아함종〉, 〈행복의 과학〉, 〈통일교회〉, 〈여호와의 증인〉, 〈옴 진리교〉 등도 유사한 종말관을 가지고 있다. 같은 책, 46~50쪽.

이상의 신신종교론에 대해 이노우에 노부타카(井上順孝)는 강한 어조로 문제점을 지적한다. 그때의 주요한 논점을 필자 나름대로 정리하자면 대략 다음 네 가지 정도가 된다. 첫째, 니시야마설에서처럼 1970년대 이후에 대두한 신종교를 전부 신신종교로 부르는 것은 문제가 있다. 둘째, 시마조노설에서처럼 신종교를 (구)신종교와 신신종교의 둘로 나누는 것은 오히려 분류상의 혼란을 초래할 수 있다. 그런 분류가 가능하기 위한 예비적 논의(가령 70년대 이후의 사회변화에 대한 치밀한 논의)가 일본 종교학계에서는 아직 충분히 되어 있지 않다. 셋째, 신신종교론은 미시적 관점과 거시적 관점을 연결하는 연구에 속한 것인데, 이 두 가지 측면 모두 미진한 현금의 상황하에서 신신종교론은 무의미하다. 넷째, 앞으로는 신신신 … 신종교라고 해야 할 것인가? 어법상 신종교 앞에 '신'자를 더 붙이는 것은 어색하다.[44]

이와 같은 비판에 대해 시마조노는 개개의 교단을 (구)신종교나 신신종교로 구분하기란 쉽지 않음을 인정하면서 그러나 신신종교 개념의 유형론적 타당성보다 더 중요한 것은 신신종교의 시기구분과 특징의 타당성을 묻는 데 있다고 반론한다. 시마조노가 제시한 신신종교론의 핵심은 신신종교가 포스트모던적 상황에 관련된 특징을 가진다는 점에 있다. 다시 말해서 시마조노는 탈근대 시대의 종교성, 즉 신신종교의 특징이 근대의 종교성, 즉 (구)신종교의 특징과 다르다는 점을 밝히고 싶어했다. 이노우에는 (구)신종교와 신신종교에 보이는 신앙세계의 차이에 대해서는 별 언급이 없는데, 시마조노가 보기에 신신종교 개념의 유효성은

---

44 井上順孝(1997), "〈新新宗教〉概念の學術的有效性について" 참조.

바로 그런 신앙세계에 현저한 변화가 있는지, 또는 그것이 포스트모던적 상황에 관련되어 있는가라는 점에서 찾아야 한다는 것이다. 요컨대 현대 일본의 종교상황을 분석하는 도구로서 신신종교 개념은 충분히 유효하다는 것이 시마조노의 답변 요지라 할 수 있다.[45] 과연 이노우에의 비판은 신신종교의 실체적 개념을 문제 삼고자 할 때는 설득력을 지닐 수 있을 것이다. 그러나 시마조노의 답변대로 신신종교가 "포스트모던한 새로운 시대의 신종교"라는 의미의 도구적 개념으로 사용되는 한, 이노우에의 비판은 적확한 표적을 잃어버린 화살이 될 수도 있다. 이 책은 〈머리말〉에서 "새로움이란 무엇인가"라는 물음을 던지면서 '새로운 것'을 '오래된 것' 혹은 '낡은 것'과의 대치 개념이 아니라 가변성의 차원에서 볼 것을 제안한 바 있는데, 신신종교라는 도구적 개념 또한 가변성을 전제로 한다는 점에서 나름대로 의의를 지닌다고 보여진다. 다음 장에서는 이런 신신종교의 하나의 전형이라 할 만한 〈옴 진리교〉에 관해 살펴보고자 한다.

45 島薗進(1997), "時代の兆候を讀みとる" 참조.

제2장

〈옴 진리교〉 사건과 '내 안의 옴 진리교'

옴 사건 이후 일본의 언론과 지식인들 및 대중들은 '정신세계'에 새삼 주목하면서 '영성'이라든가 초자연적인 것에 대한 관심의 증대에 대해 비판적 담론들을 쏟아냈다. 가령 제6장에서 후술할 기무라 다쓰오(木村龍夫)의 기사[1]라든가 '오컬트 대국 일본'이라는 표제하에 일본의 오컬트 만연을 비판한 『週刊SPA!』(1995년 8월호) 기사들은 정신세계에 대한 부정적인 평가를 대표하는 극단적인 언론의 사례라 할 수 있다. 또한 평론가 운노 히로시(海野弘)는 옴 사건에 의해 뉴에이지 전체가 불신을 받게 되었다고 탄식하기도 했다. 한편 정신세계를 "다양한 모티브와 의도를 수반하는 복잡한 현상"으로 보는 종교학자 후카사와 히데타카(深澤英隆)는 옴 사건 이후 신종교 단체들이 오타쿠의 종교로 보여지게 되었음을 지적하면서도, "옴 사건은 '정신세계' 현상에 대해 말할 수 없이 큰 타

1 木村龍夫(1998), "マルクス主義退潮の餘波で発生したオカルト文化人の憂うべき跳梁跋扈" 참조.

격을 가했다. 하지만 이는 정신세계가 〈옴 진리교〉와 일선을 그으면서 더욱 발전하는 것을 방해하지는 않았다"고 진단한다.[2] 어쨌든 이하에서는 여러 의미에서 정신세계와 밀접한 관계가 있는 옴 사건의 명암을 들여다봄으로써 그 현재적 의의에 대해 생각해 보기로 하겠다.

1. 옴 사건이란 무엇인가

1995년 1월에 발생한 한신 대지진의 악몽에서 채 깨어나기도 전인 같은 해 3월 20일 아침 출근시간, 도쿄 치요다선·마루노우치선·히비야선 지하철에 〈옴 진리교〉 교조 아사하라 쇼코(麻原彰晃, 1955~현재)의 지시에 의해 사린 독가스가 무차별 살포되어 13명의 사망자와 6300여 명의 부상자가 발생하는 사건이 일어났다. 〈표1〉에서 보듯이 일명 '지하철 사린 사건'이라 불리는 이 사건을 비롯하여 그 이전의 마쓰모토 사린 사건, 창가학회 명예회장 이케다 다이사쿠 살해미수 사건, 사카모토 변호사 일가 살해 사건, 다구치 살해 사건, 마시마 시체유기 사건 등 〈옴 진리교〉 교단에 의해 자행된 일련의 범죄와 테러사건을 가리켜 '옴 사건'이라 한다. 천문학적 분량의 보도와 평론을 낳은 미증유의 이 옴 사건 후 16년이 흐른 지난 2011년 11월 21일, 최고재판소에 의해 엔도 세이이치(遠藤誠一) 피고에 대한 사형판결이 확정됨으로써 체포 구금된 총 189명의 피

2 リゼット・ゲーパルト(2013),『現代日本のスピリチュアリティ』, 106~107쪽 참조.

고인에 대한 재판이 최종 종결되었다. 〈표2〉에서처럼 교조 아사하라 쇼코를 포함한 13명 사형(2015년 현재까지 미집행), 5명 무기징역, 80명 징역, 87명 집행유예, 5명 벌금형, 1명 무죄로 확정되었다. 이후 히라타 마코토(平田信), 기쿠치 나오코(菊地直子), 다카하시 가쓰야(高橋克也) 등 수배 중이던 용의자들이 모두 체포되어 현재 재판 중에 있다.[3] 한편 폐쇄된 〈옴 진리교〉의 후속집단으로 〈아레프〉(Aleph)[4] 와 〈히카리노와〉(ひかりの輪)[5] 가 활동 중이다.

그렇다면 이제 옴 사건은 역사 속으로 사라져 버리고 만 것일까? 옴 교단을 단지 살인집단으로 보고 살인죄에 대한 입증만 하면 된다는, 즉 〈옴 진리교〉는 종교단체가 아니라 테러집단에 불과하다는 것이 검찰과 경찰의 기본입장이다. 하지만 재판이 종결되었다고 해서 옴 사건의 진상이 다 밝혀진 것은 아니다. 가령 사건 후 정확히 20년이 지난 올해 3월 20일에 간행된 책에서 아사하라의 삼녀 마쓰모토 리카는 아사하라가 지하철 사린 사건의 명령을 내렸다는 재판 결과에 대해 의문을 제기하고 있다.[6] 그러나 현 시점에서 이런 세부적인 사실관계보다 더 중요한 것은, 옴 사건이 현대 일본인에게 던진 충격의 의미는 무엇이며 그것이 현대 일본 사회에 어떤 영향을 끼쳤는지에 대한 규명에 있다. 이와 관련하여 그간 수많은 진단들이 있었지만, 이 문제는 어쩌면 이제부터 다시 시작해

---

3 http://www.yomiuri.co.jp/dy/national/T111121005989.htm 참조.

4 현 공동대표는 우에다 다쓰야(上田竜也)와 마쓰시타 고쥬(松下孝寿). 교단 홈페이지 http://www.aleph.to 참조.

5 현 대표는 조유 후미히로(上祐史浩). 교단 홈페이지 http://www.joyus.jp/hikarinowa 참조.

6 松本麗華(2015), 『止まった時計』 참조.

표 1 옴 사건 개요

사건명	일시	사망자	비고
지하철 사린	1995. 3	13인	도쿄 지하철에 사린 독가스를 무차별 살포
가리야 기요시(仮谷清志) 감금치사	1995. 2	1인	시가 2억 7000만 엔 상당의 공증사무소 헌납 강요를 둘러싼 사건
나가오카 히로유키(永岡弘行) 습격	1995. 1		〈옴 진리교 피해자의 모임〉 회장에 대한 신경가스 테러
하마구치(浜口忠仁) 살해	1994. 12	1인	피해자를 스파이로 단정짓고 살해
미즈노 노보루(水野昇) 습격	1994. 12		옴 교단 이탈신자를 숨겨준 회사원에 대한 신경가스 테러
도모다 도시오(富田俊男) 살해	1994. 7	1인	
마쓰모토(松本) 사린 살포	1994. 6	8인	사린가스의 성능 실험 등의 목적으로 나가노현 마쓰모토시에 독가스 살포
다키모토(滝本太郎) 변호사 습격	1994. 5		
오치다(落田耕太郎) 살해	1994. 1	1인	교단부속병원 약사 살해
이케다 다이사쿠(池田大作) 살해 미수	1993. 가을		라이벌으로 간주된 창가학회 대표자에 대한 살해 미수
사카모토(坂本堤) 변호사 일가 살해	1989. 11	3인	옴 교단을 조사하던 변호사 일가 3인 살해
다구치(田口修二) 살해	1989. 2	1인	마지마 사건을 목격한 후 탈회를 희망한 출가신자 살해
마지마(眞島照之) 시체유기	1988. 9		100일 수행 중 사망한 신자의 시체유기
사린공장 건설	1993. 11~ 1994. 12		
자동소총 밀조	1994. 6~ 1995. 3		

표 2 사형판결자 개요(나이는 2015년 현재)

이름(나이)	관련사건	비고
아사하라 쇼코 (麻原彰晃, 60세)	지하철 사린 / 마쓰모토 사린 / 사카모토 변호사 일가 살해	교조. 본명은 마쓰모토 지즈오 (松本智津夫)
니이미 도모미쓰 (新實智光, 51세)	지하철 사린(차량 운전담당) / 마쓰모토 사린 / 사카모토 변호사 일가 살해(실행범)	아이치가쿠인(愛知学院)대학 졸
나카가와 도모마사 (中川智正, 53세)	지하철 사린 / 마쓰모토 사린 / 사카모토 변호사 일가 살해(실행범)	아사하라 쇼코의 주치의 / 중의원 선거에 출마, 낙선
하야시 야스오 (林泰男, 57세)	지하철 사린(실행범) / 마쓰모토 사린	부친이 재일조선인(귀화)
츠치야 마사미 (土谷正実, 50세)	지하철 사린 / 마쓰모토 사린	츠쿠바대학 대학원 화학과 졸 / 사린 제조 담당
엔도 세이이치 (遠藤誠一, 55세)	지하철 사린 / 마쓰모토 사린	교토대학 대학원 의과 박사과정 (바이러스학 전공) 중퇴 / 약물구입 책임자
하시모토 사토루 (端本悟, 49세)	마쓰모토 사린 / 사카모토 변호사 일가 살해(실행범)	와세다대학 법학부 중퇴 / 아사하라 쇼코 경호 담당
요코야마 마사토 (横山真人, 52세)	지하철 사린(실행범)	도카이대학 응용물리학과 졸
도요타 도오루 (豊田亨, 47세)	지하철 사린(실행범)	도쿄대학 물리학과 졸 / 동 대학원 박사과정 중퇴
히로세 겐이치 (広瀬健一, 51세)	지하철 사린(실행범)	와세다대학 응용물리학과 수석 졸업/동 대학원 졸(석사)
이노우에 요시히로 (井上嘉浩, 45세)	지하철 사린	일본 문화대학 법학부 중퇴
오카사키 가즈아키 (岡崎一明, 55세)	마쓰모토 사린 / 사카모토 변호사 일가 살해(실행범)	중의원 선거에 출마, 낙선
하야카와 기요히데 (早川紀代秀, 66세)	마쓰모토 사린 / 사카모토 변호사 일가 살해(실행범)	오사카부립대학 대학원 졸(석사, 녹지계획공학 전공) / 교조의 두터운 신임하에 '배후의 일인자'로 불림

야만 하는 과제일지도 모른다.

가토 슈이치는 『일본 문학사 서설』에서 일본인의 뿌리 깊은 현세 중심주의와 관련하여 "사상적으로 보자면, 일상적 현실을 넘어서는 존재 또는 가치를 인정하지 않는 세계관이 일본 토착 사상의 특징"[7] 이라고 지적한다. 그러나 〈옴 진리교〉는 일본 사상에는 없었던 잡다한 종교와 사상을 끌어들여 철저한 초월성과 피안성을 강조하면서 차안과 세속에 대한 무차별 테러를 감행했다. 그렇다면 과연 옴 사건은 일본인과 일본 사회에 있어 전혀 이질적인 '이방인'이자 이해할 수 없는 '타자'일 뿐이었을까? 〈옴 진리교〉는 일본 사회에 있어 그저 공포스러운 외계인이나 괴물 같은 이물질에 불과한 것이었을까?

야마오리 데쓰오는 "도대체 종교라는 괴물을 어떻게 이해해야 할 것인가?"라고 물으면서 옴 사건에 대해 사회적인 발생 배경을 말하는 것으로 모든 설명이 끝난 것처럼 여겨서는 안 된다는 점을 시사한다. 가령 1970년대 오일쇼크 이후 일본의 산업구조가 급변하여 고도 소비사회가 출현했고 거기에 수반된 가정붕괴, 경쟁사회, 수능 교육의 문제 등을 비롯하여 장래에 대한 불안과 무료한 일상생활이 젊은 세대를 주술이나 신비세계로 내몰았으며 탈냉전구조의 혼돈이 종말론이나 메시아 사상의 환상을 키웠는데, 이런 폐쇄적인 사회상황을 타개하고자 공격적이고 광신적인 컬트 집단이 형성되었다는 식의 해석은 매우 상투적인 설명에 지나지 않는다는 것이다.[8]

---

7 加藤周一(1999), 『日本文學史序說』上, 44쪽.

8 야마오리 데쓰오(2009), 『근대 일본인의 종교의식』, 21~23쪽.

그런 상투성에서 벗어나 옴 사건의 근원적 의미에 접근하기 위해 후지타 쇼이치는 다음 세 가지 관점에서 옴 사건이 일어나게 된 내재적 논리의 규명을 시도하고 있다. 첫째, 신자들은 교조 아사하라의 강렬한 카리스마와 초능력을 믿어 의심치 않았다. 요가, 원시불교, 티베트 밀교, 요한묵시론, 노스트라다무스 예언의 종말론, 각종 컬트 사상, 음모론 등이 모두 아사하라의 초능력을 중심으로 하여 통합되었다. 교단이 성립된 1985년 아사하라는 "그대에게 아비라케쓰노미코토를 위임한다"는 신탁을 받았다고 하는데, 여기서 '아비라케쓰노미코토'는 "신군을 인솔하는 빛" 혹은 "전투의 중심이 되는 자"를 의미하는 신이다. 일종의 성전(聖戰)을 암시하는 이와 같은 신탁을 통해 아사하라가 지향한 것은 시바신이 통치하는 삼발라 왕국이었다. 결국 현실 속에서 이 삼발라 왕국은 옴 교단이었고, 아사하라는 그 왕국의 왕이었으며, 옴 신자들은 그 왕국의 백성이었던 셈이다. 옴 사건의 근본목표인 〈옴 진리교〉 왕국 수립의 연원이 여기에 있다. 그리고 이 세상의 삼발라화는 아사하라와 신자들에게 '구원'을 의미했다.

둘째, 신자들은 포아, 즉 '구제살인'의 교의에 설득당했다. 그들은 교조 아사하라가 사람들의 카르마(karma)를 끝까지 지켜보면서 그것을 스스로 짊어진 채 전생을 볼 뿐 아니라 더 높은 세계로 환생시키는 힘을 가졌다고 믿었다. 이 때문에 교단 내 신자에 대한 살해는 물론이고 교단 바깥의 무고한 사람들에 대한 무차별 테러를 자행할 수 있었던 것이다. 그들은 아사하라의 명령이 떨어지자마자 지체 없이 이른바 '구제살인'을 실행했다. 이런 포아의 교의는 특히 사카모토 변호사 일가 살해 사건을 거쳐 1990년 2월 중의원 총선거 패배 후 그 틀이 확고하게 굳혀졌다. 그리하여 신자들은 마지막 종말의 세상에서 모든 사람들이 악업을 쌓아 삼

악취(三惡趣)의 세계(지옥, 아귀, 축생)로 떨어질 수밖에 없으므로 '바지라야나의 구제', 즉 무차별 대량살인이 불가피하다는 아사하라의 명령에 따라 지하철 사린 사건을 일으키기에 이르렀다. 요컨대 옴 사건의 근저에는 이런 '구제살인'의 동기가 깔려 있었다는 것이다.

셋째, 아사하라가 설하는 세계가 신자들에게는 대단히 현실감 있게 받아들여졌다. 이는 신자들이 혹독한 수행에 의한 각종 신비체험을 실제로 경험했기 때문일 것이다. 그리하여 그들은 아사하라의 말이 무조건 옳다고 확신했다. 신자들은 명상 등에 의한 비전에 의해 자신들이 전생에 아사하라의 제자였으며 이 세상에서 '구제'를 돕기 위해 태어났다고 믿게 되었다. 폐쇄적 환경 속에서 사회적 현실보다도 〈옴 진리교〉의 세계 쪽이 더 리얼하고 진실된 세계임을 강렬하게 실감한 것이다. 이와 같은 〈옴 진리교〉의 종교적인 내면세계, 즉 스피리추얼리티를 간과한다면 옴 사건은 그저 사기꾼 교조와 어리석은 신자들의 광신적인 소행으로만 축소될 것이다.[9]

이와 같은 〈옴 진리교〉의 종교적 내면세계와 관련하여 우메하라 다케시(梅原猛)는 옴 사건 배후에서 '거대한 마음의 흑암'을 보고 그 주된 원인을 과학에 편중된 현대 일본인의 세계관과 교육관의 왜곡된 모습에서 찾고 있다.[10] 사회적 원인에 초점을 맞추는 이런 관점과는 달리, 시마조노는 보다 직접적으로 옴 사건과 일본 종교사와의 연속성을 지적하고 있다. 즉 〈옴 진리교〉는 일본의 종교 풍토와 이질적인 요소를 보여줌과 동시

---

9 藤田庄市(2012), "オウム眞理教「事件」が「歴史」になった日", 220~222쪽.

10 梅原猛(1997), 『癒しとルサンチマン』 참조.

에 일본 종교사의 맥락을 함축한다는 것, 다시 말해 옴 사건의 깊은 뿌리는 실은 일본 종교사에서 찾아볼 수 있다는 것이다. 시마조노는 그런 일본 종교사의 맥락을 다음 여섯 가지로 제시하고 있다. (1) 종교적 신크레티즘의 경향, (2) 지적, 파국적 예언, 살아 있는 신으로 신앙되는 교조 혹은 지도자의 카리스마적 권능, (3) 신자 모집, 헌금, 교세성장에 대한 강조, (4) 비의적 불교에 대한 매혹, (5) 불교교의 및 명상 실천의 선호, (6) 신체적, 정신적 변형을 위한 수단으로서의 오컬티즘 및 심리요법에 대한 관심 등이 그것이다. 일본 종교사에 현저한 이런 특징들이 옴 교단의 내향성 및 폭력성과 결합했다는 점에서, 일본인은 옴 사건을 남의 일처럼 볼 수 없다는 것이다.[11] 이상과 같은 일본 종교사적 맥락을 염두에 두면서 다음에는 특히 종말 예언 및 '마음의 문제'를 중심으로 〈옴 진리교〉의 핵심적인 교의와 수행체계에 관해 생각해 보기로 하자.

2. 아사하라 쇼코의 종말 예언

다음 〈표3〉에서도 확인할 수 있듯이, 아사하라의 종말 예언이 과격한 양상을 띠게 된 것은 1990년 〈진리당〉을 창당하고 중의원 선거에 대거 출마했으나 전원 낙선한 이후부터였다. 아사하라는 이 선거에서의 압승을 믿어 의심치 않았던 신자들의 실망감이 교조의 카리스마적 권위에

11 Susumu(1995), "In the Wake of Aum", pp.410~411.

대한 회의로 이어지지 않도록 하기 위해 무언가 극적인 처방을 하지 않으면 안 된다고 여겼을 법하다. 이때 바야흐로 세기말의 끝자락을 향해 달려가고 있던 시점에서 다가올 파국적인 종말 예언만큼 효과적인 처방은 다시없었을 것이다.

표 3 아사하라 쇼코의 생애와 교단 약력

연도	약력
1955	구마모토(熊本)현 야쓰시로(八代)시에서 다다미 직인의 넷째 아들로 출생
1975	현립맹아학교 졸업
1977	치바(千葉)현 후나바시(船橋)시에서 침술사로 개업/이 무렵부터 종교에 깊은 관심 표명
1978	마쓰모토 도모코(松本知子)와 결혼(1월)/후나바시시에서 〈한방아세아당 약국〉 개업(7월)
1981	건강식품 및 한방 약국 〈BMA약국〉 개업/아함종(阿含宗)의 '천좌행'(千座行)[12] 수행 / 쿤달리니 각성 체험
1982	약사법 위반으로 체포되어 벌금 20만 엔 납부(6월)
1984	도쿄 시부야구에 요가수행도장 개관(2월) / 주식회사 〈옴〉 설립(5월)
1985	공중부유 체험(2월) / 신으로부터 '삼발라 왕국' 건립을 계시 받음(4~5월)
1986	〈옴 신선회〉 창립(4월) / 인도의 히말라야에서 해탈 체험(7월)
1987	『마하야나』지 발간 시작 / 〈옴 진리교〉로 개칭(7월) / 『이니시에이션』 간행 / 제자들 가운데 이른바 '성취자' 속출
1988	『마하야나 수트라』 간행(2월)

12 기리야마 세이유(桐山靖雄)에 의해 1954년에 창시된 〈아함종〉의 대표적인 수행법. 천 일 동안 매일 일정 시간 공양을 올린다.

연도	약력
1989	『멸망의 날』 간행(2월)/중의원 선거출마를 위해 〈진리당〉 설립 / 종교법인 승인(8월) / 『선데이 마이니치』지, 연재 비판 기사 〈옴 진리교의 광기〉 게재 시작 / 〈옴 진리교 피해자의 모임〉 결성(10월) / 요코하마시의 사카모토(坂本堤) 변호사 일가 실종(11월
1990	중의원 선거에 아사하라를 비롯하여 25명이 출마했으나 전원 낙선(2월) / 구마모토현 나미노(波野) 마을주민들과 분쟁, 경찰 강제수사(10월)
1991	아사하라, 〈아침까지 생방송〉에 출연 / 『인류멸망의 진실』 간행(9월) / 『노스트라다무스 비밀의 대예언』 간행(12월)
1992	모스크바 지부 개설(6월) / 전국 각지의 국립다학에서 강연 / ABC병기에 의한 세계 최종 전쟁 예언(10~11월)
1993	1997년의 세계 최종 전쟁 예언 / 『아사하라 쇼코, 전율의 예언』 간행(3월 / 『아사하라 쇼코, 전율의 예언』 속편 간행(7월)
1994	옴 교단에 대한 외부의 독가스 공격 주장(3월) / 마쓰모토(松本) 사린 살포 사건(6월) / 가미구이시키(上九一色) 마을에서의 악취 소동(7월)
1995	요미우리(讀賣)신문, 〈옴 진리교〉의 사린 의혹을 보도(1월1일) / 도쿄의 두 지하철역에서 사린 독가스 살포 사건 발생(3월20일) / 일제 강제수사(3월22일) / 아사하라 체포(5월16일)

그렇다면 아사하라 쇼코에 의한 종말 예언의 구체적인 내용은 무엇일까?[13] 옴 교단은 처음에는 요가 그룹으로 출발했다가 불교 근본주의 운동으로 전환한 다음 다시 티베트 불교의 삼발라[14] 관념 및 기독교의 묵시론적 아마겟돈(세계 최종 전쟁) 관념을 수용하면서 극단적인 종말론적 섹트로 변신했다. 1980년대 말에 나온 교단소개 팸플릿에 따르면 현

13 박규태(2002), "일본신종교와 종말 예언", 230~232쪽 ; 武田道生(1996), "現代の終末豫言宗教・オウム眞理教の終末論研究の意味と課題", 66~68쪽 참조.

14 인도의 전설적인 이상향으로 시바신이 통치하는 왕국이며 오직 우주의 진리를 통달한 자만이 들어갈 수 있는 세계라고 말해진다.

재 일본과 세계정세는 에고의 급속한 확대로 인해 매우 위험한 상태이다. 미일 경제마찰, 방위비 증대, 후지산의 분화, 태평양 플레이트의 이상징후 등도 현실화될 가능성이 많다. 이 상태대로 악의 에너지가 증대되도록 그냥 놓아둔다면 세기말의 핵전쟁을 피하기 어렵게 될 것이다. 그렇기 때문에 일본 삼발라화 계획이 필요하다. 이 계획은 일본 전체에 옴의 성스러운 공간을 확장시킴으로써 일본을 세계구제의 거점으로 삼고자 한다. 이런 계획을 위한 구체적인 안으로 나온 것이 이른바 '로터스 빌리지'의 청사진이었다. 일종의 코뮌공동체인 이 로터스 빌리지에서는 모두가 진리에 입각한 생활을 한다. 그 곳은 의식주에서 수행생활, 의료, 교육, 관혼상제, 고용 등에 이르기까지 필요한 모든 기관이 구비된 이상사회로서의 옴 마을이다.

그 후 1990년을 전후한 시기로부터 급속히 자기폐쇄적인 집단으로 변질되기 시작한 옴 교단은 외부에 대해 공격적인 태도를 취하게 되고, 그러면서 극단적인 종말 예언들을 남발하기 시작했다. 아사하라는 최초의 단계에서 종말의 회피가 가능하다고 보았다. 예컨대 아사하라는 1987년에서 1988년 사이에 후지산이 분화하고 1990년 이후에는 미일 무역마찰이 일어날 것이며, 1993년에 일본이 재군비를 하게 되고 1999년과 2000년 사이에 핵전쟁이 일어나게 될 것이라고 예언했다. 하지만 그는 곧 이런 입장에 변화를 보였다. 즉 아사하라는 핵전쟁의 발생 시기를 2003년으로 연기하는 한편 "성취자가 우주 에너지의 흐름을 바꾸어 대재난을 피할 수 있다"는 입장을 내세웠다.

그런데 1991년경부터 예언의 내용이 보다 상세하게 구체화되는 한편, 종말회피의 가능성에 대한 입장도 바뀌기 시작한다. 가령 일본이 바다 속으로 침몰하게 될 것이고 미국, 러시아, 이슬람, 일본 간에 최첨단 우주병기에 의한 전쟁이 발생할 것임을 예언했으며, 아마겟돈이 임박했음을 명시했다. 그 최종전쟁에서 살아남는 자는 오직 성취자와 해탈자 등의 이른바 '신인류'뿐이다. 그들이 새로운 왕국을 세울 것이다. 그럼에도 아사하라는 다른 한편으로 낙관적인 가능성에 대해서도 여전히 한쪽 문을 열어놓고 있었다. 즉 총체적인 일본 침몰은 피할 수 없지만 부분적인 일본 침몰은 300명의 해탈자만 나오면 피할 수 있다든가, 후지산 분화도 막을 수 있다고 언급했다. 그러니 한 사람이라도 더 많은 성취자를 내어 총체적인 멸망을 피하자는 것이 옴 교단의 주장이었다.

이와 함께 아사하라는 신약성서 『요한계시록』은 실은 아사하라 자신을 종말기의 구세주로 명하기 위해 시바신이 요한으로 하여금 쓰도록 한 것이라는 이색적인 주장을 내세웠다. 시바신은 먼저 천재지변을 통해 악한 카르마를 씻어 낼 것이다. 그것이 잘 안되면 이번에는 최종전쟁으로 악한 카르마를 총체적으로 떨어낼 것이다. 여기서 더 나아가 옴 교단은 종말기의 구세주로서 아사하라가 출현할 것이 이미 노스트라다무스에 의해 예언되었다고 주장하기까지 했다. 그뿐 아니라 아사하라는 '미륵', '재림예수', '헤르메스' 등으로 묘사되기도 했다. 이와 같은 과정을 거쳐 1992년 10월 이후에는 종말 예언들이 극적인 절박성을 띠고 나타나게 된다. 예컨대 1996년에서 1998년 1월에 걸쳐 일본에 대한 핵공격이 행해질 것이며 그 결과 일본의 인구는 십분의 일로 줄어들게 될 것이다. 또한 1997년에 최종전쟁이 시작되어 유대인들이 마인드컨트롤, 지진병기, 독가스 및 세균병기를 이용한 공격을 감행할 것이다.

이와 같은 아사하라의 종말 예언은 시기에 따라 편리하게 수정되고는 했지만, 기본적으로 임박한 경제위기와 디플레이션에 이은 전쟁과 자연재해에 대해 경고하고 있다. 즉 일본은 다국적기업의 지배하에서 세계

정부를 세우려는 일본기업의 이익을 위해 저임금의 다른 아시아 제국과 경쟁하게 되면서 군사산업을 확충함으로써 아시아 제국을 압박할 것이고, 이에 대해 아시아에서의 이익선을 지키려는 미국은 자신이 주도하는 세계정부를 세우기 위해 대일전쟁을 일으킬 것인데, 이 전쟁은 최첨단무기가 동원되는 최종전쟁이 될 것이다. 바로 이런 위협에 맞서 옴 교단은 '영성'의 재생과 첨단무기공학(생물학, 화학, 레이저 무기)을 습득함으로써 세계정부를 세우려는 일본 내 세력들에 대해 먼저 선제공격을 감행해야 한다는 것이다. 심지어 옴 교단은 한신 대지진이 미국 군대가 조종하는 지진기계에 의해 일어났다고 믿었다. 아사하라는 이런 미국과 일본 정부에 대항하는 최종전쟁에 대비하여 무장투쟁을 전개해야 한다고 주장한 것이다.

3. 옴 사건과 마음의 문제 : 마인드컨트롤의 명암

1995년 한신 대지진이 일어났을 때 일본에서는 전국적으로 '마음의 케어'라는 말이 화제가 되었다. 이어 옴 사건이 터지자 이번에는 '마인드컨트롤'이라는 말이 크게 주목받으면서, 매스미디어에는 '마음의 시대'라든가 '마음의 공백' 또는 '마음의 노트' 등 '마음'이라는 말이 넘쳐흘렀다. 이는 옴 사건이 일본인의 마음에 지워지지 않는 트라우마를 남겼기 때문일 것이다. 사실 옴 사건이 일본 사회와 일본인들에게 던진 충격은 그 사건이 현대 일본사의 한 분기점으로 말해질 만큼 너무나 엄청난 것이었다. 그리하여 지금까지도 많은 일본인들은 이렇게 묻는다. "원시불교적 교의와 요가수행에 입각하여 궁극적인 마음의 평화를 지향한다는 종교교단이 어떻게 그런 무차별 폭력을 휘두를 수 있었단 말인가? 도대체 〈옴 진리교〉에서 '마음'은 어떻게 이해된 것일까?" 교조 아사하라의 실존적 고뇌와 종교체험을 말하는 다음 구절은 이런 의문을 더욱 증폭시킨다.

> "산다는 건 참으로 괴로운 일이야, 사업이 잘 안 풀려, 생활이 어려워, 현실 앞에서 꿈이 깨져나가, 실연과 고독과 늙음과 병 그리고 죽음 … 어찌하여 이렇게 괴로움이 많은지, 마치 고통 받기 위해 태어난 것처럼 말이지. 대부분의 사람들은 이렇게 생각할 것임에 틀림없다. 하지만 그런 생각을 한다 한들 고통에서 벗어날 수는 없다. 그냥 괴로움을 짊어진 채 자기 마음을 속이면서 살아가는 것이다."[15]

> "나는 불전을 읽고 명상했다. 그리고 이 세상의 모든 것이 죄임을 깨달았다. 나 자신이 오염된 인간임을 알았을 때 눈물이 나와 멈출 줄 몰랐다. 자기희생의 정신도 배웠다. 그리하여 가치관이 180도 전환된 것 같은 기분이 들었다. 태어나서 처음으로 알게 된 마음, 그 마음의 세계란 얼마나 놀라운지 … 이 감동은 말로 형언할 수 없었다."[16]

자기 마음을 속이며 살아온 삶에서 벗어나 참된 마음의 놀라운 세계를 깨달았다는 아사하라의 마음 이해에 공감하지 않을 이는 아마 없

15 麻原彰晃(1992),『生死を超える』, 1쪽.

16 麻原彰晃(1988),『超能力「秘密の開發法」』, 31쪽.

을 것이다. 그런 구도자로서의 아사하라와 무차별 살인을 명령하는 아사하라, 그리고 지금 감옥소에서 광인을 연출하면서까지 목숨에 연연해하는 아사하라의 이미지 사이에는 넘을 수 없는 심연이 가로놓여져 있는 듯하다. 그 심연에 다리를 놓는 기분으로 옴 교단의 수행체계와 심신개조기법[17]에 대해 살펴보기로 하자.

〈옴 진리교〉의 수행체계는 히나야나, 마하야나, 탄트라야나, 바지라야나의 4단계로 구성되어 있다. 이중 사념처(四念處), 즉 (1) 내 몸은 부정하다(身念處), (2) 감각은 고통이다(受念處), (3) 마음은 무상하다(心念處), (4) 법은 무아(無我)이다(法念處) 등의 네 가지 진리에 대한 명상을 가리키는 히나야나(소승) 단계와, 육바라밀(布施, 持戒, 忍辱, 精進, 禪定) 및 사무량심(四無量心)[18]으로 마음을 성숙시키는 데 초점이 맞추어져 있는 마하야나(대승) 단계는 우리에게 익숙한 불교적 마음의 이해를 그대로 보여준다. 이에 비해 회음부에 위치한 생명에너지(성적 에너지)를 상승시켜 정수리로 올려 보낸다는 쿤달리니 요가가 중심인 탄트라야나(밀교)의 단계는 마음의 윤리와 직접적인 관계가 희박해 보인다. 하지만 마지막 단계인 바지라야나(금강승)의 수행실천에 이르면, "만족할 때까지 가라. 그러면 물릴 것이다. 다음엔 물린 상태에서 벗어나라"는 식의 파격적이고 초윤리적

---

17 이 책에서는 이 용어를 불가분리적인 몸과 마음의 각성과 변용을 지향한다는 의미에서 사용하고 있다. 무라카미 하루키의 다음과 같은 지적은 이 점을 잘 말해준다. "그리고 신체성에 관해서도 여쭙고 싶은데, 예를 들어 요가를 하면 일종의 각성이 일어나긴 합니다. 그런데 그것은 어디까지나 피지컬한 것이죠. 그런데 뉴에이지 전반이라고 할까, 특히 옴 진리교에서는 그 피지컬한 것과 메타피지컬한 것이, 옳고 그름에 관계없이 서로 연결돼버리는 겁니다."(가와이 하야오씨와의 대담) 무라카미 하루키(2010), 『약속된 장소에서』, 314쪽.

18 큰 사랑의 마음, 큰 연민의 마음, 모두가 선을 쌓는 것을 상찬하는 마음, 있는 그대로 보는 마음.

인 마음 이해가 제시된다. 예컨대 〈옴 진리교〉에서 '바지라야나의 참회'라 불리는 수행은 두 단계로 이루어진다. 첫째는 모든 마음의 흔들림과 유혹을 긍정하는 단계이고, 둘째는 그런 흔들림과 유혹으로부터 자유로운 금강심, 즉 절대자유의 마음을 획득하는 단계이다. 그런 금강심은 모든 신체적 감각이 본래 환상임을 깨달아 모든 외적 조건에서 해방된 마음의 상태를 가리킨다. 이와 같은 '바지라야나의 자유'를 성취하기 위한 방법에 대해 교단에서 발행한 『바지라야나코스 교학시스템 교본』은 다음과 같이 적고 있다.

> "바지라야나의 모든 단계는 선도 악도 아니다. 오로지 마음을 깨끗이 하고 진리를 직시하며 수행에 몰두해야만 한다. 이때 신성한 구루의 에너지가 이입될 필요가 있다. 절대적인 구루에게 귀의하고 자기를 텅 비워야 한다. 그렇게 비워진 그릇에 구루의 경험과 구루의 에너지를 채우는 것이다. 요컨대 구루의 클론화, 이것이 바지라야나의 핵심이다."[19]

이처럼 "마음을 텅 비우라"는 아사하라의 설법은 구루와의 직접적인 신체적 만남을 통해서만 가능한 것으로 믿어졌다. 이와 더불어 구루의 '클론화'(복제화)로 표상되는 상기 바지라야나의 재해석은 다양하고 구체적인 심신개조기법을 통해 신도들에게 매우 실현가능한 실천기법으로 받아들여졌다. 실제로 〈옴 진리교〉 신자(특히 출가신자)들은 일반인의 상상을 초월하는 혹독한 수행을 했다. 오사카부립대학 대학원 농학부(환

19 宗教法人オウム眞理教(1994), 『ヴァジラヤーナコース 教學システム教本』, 21~22쪽(필자 요약).

경심리학 연구) 출신의 전도유망한 엘리트 청년이었던 원 〈옴 진리교〉 간부 하야카와 기요히데(早川紀代秀)[20]의 경우를 예로 들어보자. 그는 1988년 집중수행에서 아침부터 밤까지 하루 1회 식사시간과 4시간 수면 및 화장실 외에는 계속 선 채로 6백 시간의 오체투지를 실천했다. 또한 차원 높은 수행자만이 들어갈 수 있는 밀실(빛이 완전히 차단된)에 들어가 잠자지 않고 24시간 명상을 하던 중, 어느 날 밑에서부터 태양과 같은 강렬한 빛이 떠올라 머릿속을 뚫고 정수리까지 올라오는 신비체험을 했다고 한다. 나아가 마하무드라[21] 성취를 위해 인도 히말라야 산록에서 소화도 안 되는 괴로운 지단(地丹)을 매일 다량으로 먹으면서 24시간 명상수행을 1주일간 계속하는가 하면, 1개월에 걸쳐 매일 1시간 정도의 산보와 극소량의 식사 및 화장실 외에는 줄곧 연화좌한 채 테이프로 경전 낭송을 들으면서 수 시간 동안 송창하고 허공을 관상하는 수행을 하기도 했다. 때로는 양 무릎을 벨트로 묶은 채 24시간 일체 잠자지 않고 수일 동안 계속하는 극한적인 방식으로 연화좌 수행이 이루어졌다고 한다.

---

20 아사하라의 깊은 신뢰를 받아 정오사(正悟師)의 위계 및 건설성 장관으로 임명되었는데, 교단 내 출가신도(田口修二) 살해 사건 및 사카모토 변호사 일가 살해 사건 등에 직접 관여한 혐의로 2009년 사형이 확정되었다. 본문에서 하야카와의 수행체험 및 〈옴 진리교〉의 심신개조기법에 관한 기술의 상당 부분은 그가 수감 중에 종교학자 가와무라 구니미쓰와 공동집필한 다음 저서에 의거했다. 早川紀代·川村邦光(2005), 『私にとってオウムとは何だったのか』, 특히 72~75쪽 및 82~85쪽 참조.

21 출가신도들의 고차원적 수행단계를 가리키는 티베트 밀교적 용어. 선정(禪定)으로 자기 마음을 응시하면서 마음의 본질은 개념적 사고로 포착할 수 없다는 점, 마음에 일어나는 상념이나 욕망은 고정적인 실체가 없고 공(空, 무드라)임을 깨닫는 수행이다. 이때 구루에 대한 절대적 귀의가 요청된다. 정대사(正大師) 조유 후미히로(上祐史浩)는 1989년 히말라야에서 명상 수행 시 이 마하무드라를 성취했다고 한다. 당시 그는 성욕이 말끔히 사라지고 강한 에너지가 상승하면서 눈앞이 빛으로 가득 차는 체험을 했다는 것이다. 島薗進(1997), 『現代宗教の可能性』, 105~107쪽.

이와 같은 고도의 초인적인 집중수행 외에도 감로수[22]나 영석[23]에 의한 수행, 샤크파티,[24] 피의 이니시에이션,[25] DNA 이니시에이션,[26] PSI 이니시에이션,[27] 그리스도의 이니시에이션,[28] 온열욕,[29] 투드라차크린 이니시에이션,[30] 바르도 인도 이니시에이션[31] 등의 수행기법이 옴 교단 내에서 널리 행해졌다. 이와 같은 심신개조기법들이 앞에서 바지라야나의 핵심으로 말해진 '구루의 클론화'를 지향한 것임은 말할 나위 없다. 이 구루의 클론화는 구루의 영적 에너지를 직접 주입받는 수행의식을 통해 신도들로 하여금 구루와의 직접적이고 신체적인 만남을 경험케 하므로

---

22 아사하라가 봉으로 휘저어 수법한 물. 이 성스러운 물을 마시는 수행을 통해 아사하라의 에너지를 전수받는다고 믿어졌다.

23 '히히이로카네'라 불리는 돌로서, 사악한 기운을 빨아들인다고 믿어졌다.

24 아사하라가 신자의 미간에 엄지로 신성한 에너지를 주입하여 오염된 에너지(악한 카르마)와 교환하는 수행의식.

25 아사하라의 피를 마시는 수행의식으로 1988년에 한 차례만 시행되었으며, 100만 엔 보시를 한 신자 중에서 선택된 자에게 베풀어졌다고 한다. 이와 함께 아사하라의 구레나룻이나 턱수염을 달여 마시는 수행의식도 행해졌다.

26 아사하라의 DNA를 배양한 것을 마시는 수행의식으로, 1989년부터 피의 이니시에이션 대신 행해졌다.

27 컴퓨터로 복원한 아사하라의 뇌파를 헤드기어를 통해 주입하는 수행의식.

28 LSD를 넣은 용액을 마신 후 실드룸(전자파를 차단한 암실)에 들어가 신체적 감각이 사라지고 마음만 남는 상태의 환각 체험을 하는 수행의식.

29 47도 정도의 열탕에 15분 동안 몸을 담가(4회에서 10회 반복) 체내온도를 상승시키는 수행의식. 이 수행을 하다 사망한 신도들이 여러 명 나왔다고 한다.

30 LSD를 복용시킨 후 2~3인이 북을 친다든가 질문 공세를 하는 등의 물리적, 심리적 기법으로 대상자의 의식을 변용시키는 수행의식.

31 '시체 비디오'로 유명한 세뇌 이니시에이션. 창도 없는 비좁은 독방에 들어가 컴컴한 어둠 속에서 시체라든가 사람이 죽는 순간만을 편집한 비디오를 본다. 동시에 "사람은 죽는다. 반드시 죽는다. 절대 죽는다. 죽음은 피할 수 없다"는 테이프 메시지를 반복적으로 듣고 또 듣는다.

구루에 대한 절대귀의와 절대복종의 마음을 공고하게 만들었다.

그런데 옴 사건과 관련하여 구루의 클론화와 더불어 한 가지 더 바지라야나의 측면에 주목할 필요가 있다. '포아'(phowa)의 가르침이 그것이다. 포아란 원래 "죽음에 임해 그 영혼이 고차적 세계로 옮겨가는 것(전이)"을 의미하는 티베트 불교 용어로, 언제 육체의 죽음이 닥치더라도 흔들림 없도록 마음을 신체와 분리시켜 보다 높은 상태로 바꾸는 일종의 극단적인 심신개조기법이라 할 수 있다. 티베트에서는 밀교 수행자뿐 아니라 일반인도 이런 포아를 널리 학습한다고 한다. 그런데 〈옴 진리교〉에서는 그것이 어떤 사람의 마음과 영혼을 더 높은 세계로 전생(轉生)시키기 위해서라면 그 생명을 빼앗아도 된다는 살인 정당화의 교의로 사용되었다. 이는 후지(富士)도장에서 출가신도 대상으로 아사하라가 행한 설법 중 다음과 같은 언급[32]에서 엿볼 수 있듯이, 선악의 피안에서 작동하는 초인의 윤리라 할 수 있다.

> "가령 이대로라면 지옥에 떨어질 수밖에 없는 자가 있다고 하자. 그래서 그의 카르마를 꿰뚫어본 자가 그를 포아시킴으로써 인간계에 다시 태어나게 하려 했다 하자. 곧 죽였다고 하자. 이건 선업인가 악업인가? 여기서 관념적인 자는 관념적인 선 개념에 사로잡혀 버린다. 그러면 거기서 마음은 멈춰버리고 만다." (1989년 4월 25일)

> "포아를 행한(살인을 저지른_필자) 수행자는 공덕을 쌓은 것일까 아니면

32 早川紀代·川村邦光(2005), 『私にとってオウムとは何だったのか』, 142~143쪽에서 재인용(필자 요약).

악업을 쌓은 것일까? 그의 마음의 움직임은 상대를 죽이고자 하여 죽인 걸까 아니면 죽일 생각 없이 죽인 걸까? 후자이다. 하지만 단순히 마음의 움직임만으로 공덕이 되는 게 아니다. 참된 공덕이란 사물을 올바르게 응시할 줄 아는 힘이다. 여기서 올바름이란 삼세(三世)를 투시하는 힘을 배경으로 하여 올바르게 보는 힘 더하기 마음의 움직임을 말한다. 어쨌거나 마음을 배경으로 수행하는 것이 탄트라야나 혹은 바지라야나의 가르침이다." (1989년 9월 24일)

결국 〈옴 진리교〉에서 바지라야나적 포아의 교의는 종교적(신적) 절대권위에 입각한 구루(아사하라)가 그의 클론(신도)을 비롯한 모든 사람들을 신체뿐 아니라 마음과 영혼까지도, 나아가 실제적인 생명과 죽음까지도 지배하고 조작하는 것을 용납하는 초인의 윤리라 할 수 있다. 이는 일면 신신종교에서의 '탈윤리화된 고코로나오시'가 극단적으로 변형된 한 형태라 할 수 있다. 구루의 클론화와 구루의 절대지배로 요약되는 극단적인 구루 숭배,[33] 이것이 바로 아사하라가 다음과 같이 공공연히 제시한 마인드컨트롤의 토대로 기능한 것이다.

"해탈을 위해서는 암시가 필요하지요. 마인드컨트롤이 필요한 겁니다.

---

33 구루주의는 요가 및 티베트 밀교 전통에 그 뿌리가 있다. 제자 입장에서 보자면 구루주의는 수행과 영적 발전에 필수적인 요소, 즉 에고를 멸하는 데 꼭 필요한 요소로 간주된다. 구루의 지도 없이 에고를 멸하기는 어렵다고 여기기 때문이다. 그러나 이를 극한까지 추구한 〈옴 진리교〉의 폭력적인 궤적을 돌이켜보면서 하야카와는 그것을 구세주 환상(인류의 카르마를 청산한다는 환상)과 구루 환상(아사하라는 환생한 붓다로 세계에서 가장 위대한 구루라는 환상)이 결합하여 낳은 결과라고 말한다. 같은 책, 210~213쪽.

이를테면 날마다 '해탈하는 거야, 이걸 이렇게 하면 편안해진다, 이걸 이렇게 하면 행복해진다, 이걸 이렇게 하면 해탈한다'고, 그런 정보를 머릿속에 집어넣는 겁니다. 이건 일종의 세뇌죠. 정확히 말하자면 마인드컨트롤이지요. 어떤 사람들은 이걸 마이너스 차원에서 사용합니다만, 난 그걸 플러스 차원에서 사용합니다. (중략) 요컨대 이 세상에서 사람들의 행동을 규정하는 것은 데이터입니다. 그 데이터가 입력된 시점에서 그건 이제 세뇌 또는 마인드컨트롤이라 할 수 있는 거지요."[34]

여기서 아사하라는 정보로 사람들을 컨트롤하려는 세상의 악마적 세력과 싸워 진리를 수호하기 위한 '좋은 마인드컨트롤'을 공언하고 있다. 옴 사건 이후 일본에서는 종교법인법이 개정되어 종교집단에 대해 법적으로 일정 부분 규제가 강화되었으나,[35] 종교의 자유가 보장되어야 한다는 의견도 여전히 존재한다. 무라카미 하루키가 〈옴 진리교〉 원신자들을 대상으로 인터뷰한 내용을 펴낸 『약속의 장소에서』에 나오는 아래 원신자의 언급은 1993년경부터 현대 일본 사회에 마인드컨트롤 담론이 널리 유포된 상황을 밑그림으로 하고 있다.

"〈옴 진리교〉 내부에서는 다들 정신적 향상을 첫 번째 목표로 삼고 생활하기 때문에 기본적으로 마음이 잘 맞습니다. (중략) 의문도 없었습니다. 어떤 의문이나 다 대답이 있었죠. 전부 해결되었습니다. 이렇게 하

34 松葉裕子編集責任(1990), 『マハーヤーナ』 31, 28쪽.

35 종교법인법 개정 내용에 관해서는, 박규태(2007), "일본의 종교와 종교정책", 161~166쪽 참조.

면 이렇게 된다는 식으로 말이죠. 어떤 질문을 해도 곧바로 성의 있는 대답이 돌아왔어요. 그래서 완전히 푹 빠져버렸죠(웃음). 대스컴은 그런 사정을 보도하지 않기 때문에 금세 마인드컨트롤로 치부해 버려요. 실제로는 그런 게 아닙니다."[36]

하지만 위 구절대로 원신자가 〈옴 진리교〉는 마인드컨트롤이 아니라고 강변하는 것은 별 의미가 없다. 아사하라 스스로가 이미 〈옴 진리교〉는 마인드컨트롤이라고 공공연히 밝혔기 때문이다. 반대로 〈옴 진리교〉는 마인드컨트롤이라고 비판하는 것 또한 큰 의미가 없다. 비판받는 교단 측에서 "우리는 마인드컨트롤이 아니다, 신자들이 자발적으로 한 것이고 우리는 그들을 도와준 것뿐이다"라고 주장한다면 그런 비판이 의미가 있겠지만, 〈옴 진리교〉 측은 한 번도 그런 반박을 한 적이 없다.

어쨌거나 현대 일본 사회에는 마인드컨트롤을 둘러싸고 상반된 두 가지 입장이 존재한다. 하나는 〈통일교회〉라든가 〈옴 진리교〉 등을 주요 표적으로 하여 이른바 '파괴적인 컬트'를 비판하기 위한 마인드컨트를 담론[37]이고, 다른 하나는 이런 마인드컨트롤론에 의한 종교 비판의 문제점을 지적하는 담론[38]이다. 그렇다면 일본 학계에서는 마인드컨트롤이 어떻게 정의 내려지고 있을까? 한 예로 "어떤 타자가 개인의 의지결정 과정에 있어 특정한 패턴을 채용하도록, 개인의 기억구조(belief)와 오감에 의

36 무라카미 하루키(2010), 『약속된 장소에서』, 45쪽.

37 대표적으로 オウム真理教信徒救済ネットワーク(1995), 『マインドコントロールからの解放』 참조.

38 대표적으로 島薗進(1994), "マインドコントロール考"; 桜井義秀(1996), "オウム真理教現象の記述をめぐる一考察" 참조.

해 외계로부터 받아들이는 정보에 통제를 가하여 개인의 정신과정 및 행동을 완전히 컨트롤하는 것"[39] 이라는 사회심리학적 정의를 들 수 있겠다. 그리고 이와 같은 정의를 좀 더 확대시켜 일반화한다면, 마인드컨트롤이란 "개인의 마음이 타자에 의해 지배당하고 강제되고 조작되는 것"으로 규정할 수 있겠다. 주목할 것은 이때 그 개인은 마치 자신이 자발적으로 행하는 것으로 여기는 경우가 많다는 점이다. 요컨대 마인드컨트롤의 본질은 마음과 행동의 자유를 완전히 빼앗는 데 있다.

그런데 실제로는 자발성과 강제성 사이에 명확한 선을 긋기 어려운 경우가 많다. 일반적으로 무언가를 학습하여 받아들이고 그것을 몸에 익히는 과정에는 일정 부분 타율적인 요소가 포함되기 마련이다. 또한 무엇이 좋은 마인드컨트롤이고 무엇이 나쁜 마인드컨트롤이냐의 구분은 그때그때의 상황에 따라 혹은 누가 정하냐에 따라 달라질 수 있으며, 흔히 이데올로기적인 권력관계가 수반되는 문제라서 일률적으로 규정하기가 쉽지 않다. 가령 가정 교육이나 학교 교육의 현장 혹은 상품광고와 각종 홍보캠페인에서 정치적 선전 및 종교적 교의학습과 의례실천에 이르기까지 우리의 일상생활 전반에 걸쳐 마인드컨트롤적 요소가 존재한다는 사실을 부정하기 어렵다. 특히 오늘날과 같은 정보화 사회에서는 사람들의 정보의존도가 갈수록 높아짐에 따라 정보의 바다 속에서 무엇이 올바른 정보인지를 확정하기가 어려운 불확실성이 증대하기 마련이다. 이에 따라 사람들은 자기 자신의 마음이 정보에 의해 조작되고 있는 것이 아닐까 하는 불안감에 사로잡히기 십상이다. 옴 사건은 이와 같

39 西田公昭(1995), 『マインドコントロールとは何か』, 57쪽.

은 '마음의 불확실성'으로 표상되는 '허구의 시대'의 정점에서 일어난 자각적인 마인드컨트롤의 음화(陰畵 또는 淫畵)였던 것이다.

4. 허구의 시대, 그 이후 : 포스트-옴 시대의 종교 지형

1960년대까지만 해도 일본인들은 사회를 바꿀 수 있으며 이루어야 할 그 무엇(정치적·경제적·문화적 이상)이 있다고 생각했다. 그런데 고도경제성장기가 끝난 1970년대에 들어서면서 고도 소비사회르 치닫던 일본 사회에서는 종교 및 서브컬처의 영역을 비롯하여 일본인론 등의 지적 담론에 있어 이런 관념이 사라지고 이상이 허구화되기 시작했다. 이와 동시에 형성된 종교 붐과 더불어 안(개인)의 인간이 달라져야 바깥(사회)도 바뀔 수 있다는 정신세계적 관념이 표면에 등장하게 되었다. 그런데 '개인이 바뀌면 세계가 바뀐다'는 이런 종교적 이상은 실은 전공투 세대의 사회변혁적 이상이 좌절되면서 나타난 하나의 허구적 굴절, 즉 이상의 허구화에 다름 아니었다. 1989년 쇼와 천황의 죽음이라는 시대적 전환점을 거치면서 이와 같은 경향은 더욱 가속화되었고 마침내 그런 '허구의 시대'의 정점(1995년)에서 옴 사건이 터져 나왔다. 기본적으로 1970년대 종교 붐의 산물이자 정신세계 운동의 적자(赤子)라 할 수 있는 옴 교단에 의해서 말이다.

이상은 어디까지나 현실을 전제로 하여 그 위에 성립된다. 이에 비해 허구는 현실과 관계없이 성립이 가능하다. 하지만 양자 모두 가정법(if)의 세계라는 점에서는 일치한다. 그런데 이상을 철저히 추구하다 보면 자기

부정에 이르고 급기야 허구에 이를 수도 있다. 반면 허구를 철저히 추구하다 보면 혁명적 이상으로 기능할 수도 있으며,[40] 그런 허구성이 극한에 이르면 자기완결적이고 자기충족적인 세계가 만들어지기도 한다. 이는 분명 이상과 허구의 역설이다. 문제는 그런 역설이 옴 사건에 의해 하나의 '역사'(위사로서의)로 실체화되었다는 데 있다. 실제로 옴 교단은 일본이라는 국가 속에 옴이 있는 것이 아니라, 스스로 하나의 자기완결적인 국가를 구상했다.[41]

그뿐 아니라 옴 교단이 내세운 허구적·희화적인 종말관은 일본사에서 매우 특별한 의미를 내포한다. 민속학자 미야타 노보루에 따르면 일본인의 역사의식에서는 '미륵의 세상'이라는 메시아주의적인 유토피아가 현실 역사의 연장선상에 상정된 적이 거의 없으며 따라서 종말관도 희박하다. 그러니까 일본의 미륵신앙이 추구한 것은 어디까지나 완만한 사회변혁일 뿐이며, 이는 일본에 있어 '혁명'의 불가능성을 민속학적으로 입증한 것이라 할 수 있다.[42] 그런데 옴 교단은 이런 '혁명'의 불가능성을 돌파한 하나의 돌연변이였다. 과연 〈옴 진리교〉는 일본의 종교 반란 및 종교적 테러의 역사에서 매우 특이한 위치를 점한다. 지금까지 일본 경제발전의 근저에는 '종교 길들이기'를 전제로 한 국가주의에의 합의가 깔려 있었는데, 〈옴 진리교〉는 퇴폐적 폭력의 분출이라는 형태로 이와 같은 '근

40 大澤眞幸他(1996), "オウム·消費·メディア", 28쪽.

41 〈옴 진리교〉는 신성법황(.) 산하에 국가기관을 방불케 하는 방대한 조직을 구성하여 간부들을 각 부서의 장관으로 지명하였으며, 〈진리국 기본율〉(眞理國基本律)이라는 헌법도 공표할 예정에 있었다.

42 宮田登(1970), 『ミロク思想の研究』 참조.

세와 근대 4백여 년에 걸친 국내 화합에의 합의'의 근본을 두 흔들었기 때문이다.[43] 이런 의미에서 강력한 종말론을 앞세워 자기완결적인 국가를 구상한 옴 교단의 경우는 일본 종교사뿐 아니라 일본사 전체를 통해 매우 특이한 사례라 아니할 수 없다.

어쩌면 옴 사건은 글로벌리즘의 움직임 가운데 세계를 의식했을 때 돌연 일본 문화를 자각하면서 자폐증에 빠진 일본 사회의 뚜렷한 징후였을지도 모른다. 이 점은 후술할 일본인론(일본 문화론)이라 불리는 지식인 담론의 종교화에서도 엿볼 수 있다. 즉 종교화된 일본인론은 서브컬처에서의 문화 내셔널리즘과 구별하여 종교 내셔널리즘이라고 부를 만하다. 옴 교단의 종말 예언이 가장 적나라한 종교 내셔널리즘에 속함은 말할 나위 없다.

그렇다면 옴 사건 이후 일본 사회는 어디로 가고 있는 것일까? 전술했듯이 대체로 옴 사건 이전의 일본 사회를 미디어, 소비사회, 서브컬처, 종말론 등과 결부된 허구의 시대라고 한다면, 옴 사건 이후는 과거 회귀 경향과 결부된 허구의 시대라 이름 붙일 만하다. 가령 1990년경부터 보다 가속화된 종래의 오헨로(お遍路)[44] 붐이라든가 근래의 쇼와(昭和) 시대 붐[45]과 해공선(蟹工船) 붐[46] 등에서 우리는 그런 과거 회귀의 뚜렷한

43 島薗進(1996), 『精神世界のゆくえ』, 2~3쪽.

44 시코쿠(四國) 지역에 있는 구카이(空海) 관련 88개소 불교 명찰을 순례하는 관습.

45 그 대표적인 사례로 쇼와 시대인 1958년 도쿄가 배경인 영화 〈올웨이즈 3번가의 석양〉(Always3丁目の夕日, 2005)의 인기몰이와 잡지 『주간 쇼와타임즈』 발간 등을 들 수 있겠다.

46 1929년에 발표된 고바야시 다키지(小林多喜二)의 프롤레타리아 문학작품. 게잡이 어선에서 착취당하는 노동자들을 그린 작품인데, 2008년에 베스트셀러가 되면서 40여만 부가 팔리고 영화화되기도 했다.

징후를 확인하게 된다. 한편 이 책의 제10장에서 다시 상술하겠지만, 내셔널리즘의 측면에서 옴 사건 이후 현대 일본 사회는 문화적 내셔널리즘과 정치적 내셔널리즘 및 종교적 내셔널리즘이 복잡하게 착종된 네오-내셔널리즘의 양상을 노정하고 있다. 그렇다면 이 책의 기본 관심인 현대 일본 종교 지형의 변용이라는 관점에서 볼 때 포스트-옴 시대의 특징은 어떻게 말할 수 있을까?

시마조노에 따르면 현대 종교의 변용이 보여주는 가장 큰 특징은 초월적 보편성을 지향하는 전통적 '종교'로부터 포스트모던의 '영성'을 지향하는 신영성운동으로의 이행에 있으며, 그런 이행이 전 세계적 차원에서 진행되고 있다. 영성적 지식인을 다루는 제6장에서 언급하듯이, 그중에서도 일본의 경우는 새로운 영성에서 애니미즘의 특징을 보려는 경향이 현저하다. 그런데 이와 같은 변용은 근대의 버팀목이었던 거대담론이 동요하는 과정과 대응을 이루고 있다. 국민이라든가 이성 등의 이념과 더불어 그 거대담론의 한 축을 구성하고 있던 종교 또한 계몽적 교양과 결합된 인문학의 핵심 개념의 하나가 되었다. 거기서 종교학의 출현이 가능했던 것이다. 하지만 1970년대 이후 글로벌리즘이 확산되면서 근대적 이념 모두에 대해 심각한 의문이 제기되기 시작했고 종교 개념의 상대화가 광범위하게 진전되었다. 종교 담론에 관해서는 이 책의 제7장에서 다시 다루겠지만, 일본의 경우는 특히 옴 사건 이후 종교란 무엇인가를 묻는 것이 일본인론의 큰 주제로 부상하게 되었다. 사실 일본인론의 역사상 그렇게 열심히 종교를 논한 적은 없었다. 옴 사건 이후 엄청나게 쏟아져 나온 종교 관련 저작들은 대개 일본인론적인 성격을 띠고 있었던 것이다. 그 가운데는 종교에 대해 부정적인 것도 있고 긍정적인 것도 있지만, 어느 쪽을 지지하든 간에 이제는 종교라는 용어의 사용법이 너무나 다양해져서 그 말을 어떤 의미로 사용하는가가 항상 문제시되는 그런 시대가 되었다. 탈중심화와 탈초월화를 수반하는 이러한 종교 개념의 상대화가 현대 사회의 각 분야에 걸쳐 새롭게 수많은 난제들을 야기하고 있는 것이다.[47]

일본 사회의 향방과 관련하여 옴 사건을 중심으로 현대 일본의 종교 문제를 진단해 본 위 논의들은 아직은 지도에 불과하다. 그리고 지도는 분명 실제 지형(territory)과는 다르므로 항상 어긋남과 불일치가 존재할 수밖에 없다. 가령 미국발 글로벌리즘이 옴 교단에 있어 울트라 내셔널리즘을 초래했지만, 다른 모든 종교교단의 경우가 다 그런 것은 아니다. 또한 뉴에이지의 개인주의는 정신세계에 있어 연속성과 불연속성 도두를 보여준다. 그러니까 향후 일본 사회가 '사람을 행복하게 만들지 못하는 시스템으로서의 일본'[48] 으로 남을지, 아니면 '넘버원으로서의 일본'[49] 이라는 찬사를 회복할지는 간단히 단언할 문제가 아니라는 갈이다. 다찬가지로 "일본인은 서구(미국)와 만날 때 가와바타 야스나리가 되든지 아니면 오에 겐자부로가 되든지 하는 것이 일본 지식인들의 숙명"[50] 이라고 너무 쉽게 말해 버릴 일도 아니다. 그렇기 때문에 우리는 자신이 어디까지나 지도의 탐색자임을 기억하면서 언제든 다시 마음의 문제로 돌아갈 필요가 있다. 마음이야말로 참된 지도의 탐색자이자 그것과 지형의 불일치를 볼 수 있게 해 줄 안내자이므로.

---

47 박규태(2007), "일본 종교학의 전개와 특징", 129~130쪽.

48 カレル・ヴァン・ウォルフレン(2000), 『人間を幸福にしない日本というシステム』 참조.

49 Vogel(1979), *Japan As No.1* 참조.

50 大塚英志(2004), 『「おたく」の精神史』, 144쪽.

5. 다시 '마음'의 문제로 : '내 안의 옴 진리교'

종교의 본질을 근본적으로 '마음의 현상'에서 찾고자 하는 심리(학)적 관점은 일본 종교학사의 뿌리 깊은 발상이다. 이 책에서 다루고 있는 정신세계, 신종교, 신신종교, 신영성운동 등 현대 일본 종교의 신념 체계가 마음의 문제를 중심으로 선회하고 있는 것도 일본인의 종교 관념과 자연스러운 상응성을 보여준다. 일본 신종교의 신념 체계는 전술한 '고코로나오시'(마음고치기)의 통속도덕적 대타윤리와 신심에 입각한 '마음절대주의'를 중심으로, 그리고 신신종교는 '고코로나오시의 탈윤리화'와 심리통어기법을 중심으로 선회하고 있다. 이때 양자 사이에서 타자로부터 자기로의 선회, 마음의 변혁으로부터 혼의 성숙으로의 선회라는 중심축의 미묘한 변화를 감지할 수 있다.

전술했듯이 옴 사건은 신신종교 중에서도 바로 이런 '고코로나오시'의 탈윤리화를 가장 극단적인 형태로 변형시킨 사례라 할 수 있다. 이와 관련하여 앞에서는 〈옴 진리교〉의 각종 심신개조기법 및 바지라야나 교의의 두 축을 구성하는 '구루의 클론화'와 '포아의 초윤리' 등이 철저한 구루 숭배와 결부됨으로써, 심신은 물론 혼과 죽음의 문제까지도 아사하라의 절대지배에 대한 신도들의 자각적인 동의하에 조작이 가능했던 마인드컨트롤의 문제에 초점을 모으고자 했다. 여기서 우리는 이렇게 묻지 않을 수 없다. "마음을 조작하고 지배한다는 것이 어떻게 가능할까? 그 엄연한 사실을 어떻게 받아들여야 할까?"

비단 〈옴 진리교〉의 사례뿐 아니라 신종교 일반의 '고코로나오시'라든가 신신종교의 '심리통어기법' 및 나아가 신영성운동의 '심리-종교복합체'적 심리요법[51] 도 모두 광의의 마인드컨트롤과 관계가 있어 보인다. 마인드컨트롤의 최종적인 주체가 신이냐(고코로나오시), 구루냐(옴 진리교), 아니면 자기냐(신신종교 및 신영성운동) 하는 점에서 뚜렷한 차이가 인정되고 나아가 자발적이냐 타의적이냐 혹은 플러스 방향이냐 마이너스 방향이냐 하는 정도의 차이가 있을지언정, 거기에는 "조작과 지배가 가능한 것으로서의 마음"이라는 '불편한 진실'이 엄연히 상존한다. 이것이야말로 앞에서 제기한 '마음의 문제'라는 아포리아의 궁극적인 물음 내용이었다.

이와 관련하여 끝으로 현대 일본 종교와 마인드컨트롤의 관계에서 주목하고 싶은 문제가 하나 더 있다. 잘 들여다보면 '고코로나오시'와 심리통어기법 및 마인드컨트롤 담론에는 일본적인 특수성을 내포하는 공통점이 존재한다. 많든 적든 모두 '무사'(無私) 또는 '무아'(無我)라든가 '무심'(無心)을 지향한다는 점이 그것이다. 예컨대 "결국 〈옴 진리교〉가 한 일은 번뇌의 근원적 해결을 마련해주기보다는, 자기를 버리고 시키는 대로 순종하는 인간을 만들어 낸 것뿐"[52] 이라는 어느 〈옴 진리교〉 원신자의 자기고백은 지극히 평범하고 상투적인 어법 속에 현대 일본인의 마음 세계가 안고 있는 난제의 핵심을 숨기고 있다. 이쯤 해서 전통적인 일본인의 심관(心觀)을 소개할 때가 된 것 같다.

"사가라 도오루는 일본 근세 유교의 심관을 중심에 놓고, 불교·국학·가

---

51 시마조노는 신영성운동에서의 다양한 심리통어기법이 종교와 심리요법의 접점을 보여준다고 보아 이를 '심리-종교복합체'적이라고 부른다. 박규태(2012), "현대 일본 종교와 '마음'의 문제", 251쪽.

52 무라카미 하루키(2010), 『약속된 장소에서』, 140쪽.

론에 이르기까지 폭넓게 살피면서 통시대적으로 일본적인 심관의 특징을 뽑아낼 수 있다고 주장한다.[53] 그에 따르면 요컨대 일본인에게는 '본래적인 마음'을 대상적으로 파악하는 자세가 결핍되어 있거나 혹은 약하다는 것이다. 이때 그가 '본래적 마음'의 기준으로 삼는 것은 주자학에서 '성즉리'를 말할 때의 성과 일치된 마음 혹은 양명학적 '심즉리'에서의 마음을 가리킨다. 이와 같은 본래적인 마음을 대상적으로 파악한다는 것은 마음을 성(性)이라든가 리(理)와 같은 우주적 질서 원리 혹은 초월적인 무언가로서 보는 것을 의미한다. 이에 비해 일본적 심은 이념적, 보편적인 것보다는 구체적이고 개별적인 것을 통해 체득되면서 자연과 타자와의 교감 속에서 고양된다. 가령 신도에서 강조하는 '정직'이란 자타일체의 경지에 근접한 마음의 상태를 가리킨다. 한편 일본 유교에서는 마코토(誠)가 가장 바람직한 마음으로서 강조되었다. 국학에서 말하는 마고코로(眞心)은 이것의 변형이다. 이때의 마코토는 자기가 처한 자리 특히 인간관계에 있어 순수하게 전심전력하여 관여하는 것, 무사무심(無私無心)의 상태에서 자신을 관계에 귀일시키고자 하는 마음의 상태를 가리킨다."[54]

다소 장황한 인용이 되었지만, 요컨대 일본인은 전통적으로 '무사', '무아', '무심'의 마음 곧 '마코토'의 마음(眞心)을 지향하는 경향이 강한데, 거기에는 치명적인 약점이 있다. 마코토란 원리적인 것을 배제시킨 채

---

53 相良亨(1989), 『日本の思想』, 144~223쪽 참조.

54 박규태(2005), 『상대와 절대로서의 일본』, 329쪽.

자기를 버리고 마음을 비워 주어진 상황에 몰입하는 능력을 가장 높이 평가하는 일종의 탈윤리적 혹은 초윤리적인 일본적 가치이기 때문이다. 따라서 그것은 주어진 상황과 관계에 거역함 없이 순순히 따름으로써 기존 질서와 권위를 절대시하는 경향으로 빠질 위험성에 노출되기 십상이다. 옴 사건과 관련하여 "현대 일본 사회와 문화 속에 이런 종교집단을 배양한 토양과 배경이 있었음을 부정할 수 없다"[55] 는 지적은 바로 이런 일본적 심관이 〈옴 진리교〉에서의 마인드컨트롤을 가능하게 한 밑그림이었음을 부정할 수 없다는 말과 통한다. "집단아가 강한 것을 자아가 강한 것으로 혼동하는 데서 일본인의 심리적 비극이 발생한다"[56] 는 사회심리학자 미나미 히로시(南博)의 지적 또한 이와 유사한 맥락에서 읽혀질 수 있다.

과연 옴 사건은 일본 사회의 엄청난 도덕적 위기를 상징한다. 가령 옴 사건에 엄청난 충격을 받은 우메하라 다케시는 학교와 가정에서 윤리 교육과 종교 교육의 실패를 지적한 바 있다. 즉 도덕 교육과 마음의 교육이 전혀 이루어지 않았다는 것이다. 그러니까 옴 사건은 교단에 들어간 젊은이들의 책임이라기보다는 "비난받아야 할 자는 바로 우리 자신"이기도 하며, 바로 이 점을 깊이 반성해야 한다는 것이다.[57] 이런 태도는 마인드컨트롤의 덫을 풀 수 있는 하나의 열쇠가 될 수도 있을 것이다.

하지만 마인드컨트롤의 덫은 현대 일본 종교와 마음의 문제, 일본인의 마음의 문제에만 걸려있는 것이 결코 아니다. 깨어지기 쉽고 상처 받

---

55 島薗進(1995),『オウム眞理教の軌跡』, 2쪽.

56 미나미 히로시(1996),『일본적 자아』, 31쪽.

57 梅原猛(1995),『心の危機を救え』, 138~142쪽.

기 쉬우며 너무도 간단히 흔들려버리는, 불가시적이고 붙잡을 수 없으며, 알 수 없는 공포와 불안에 빈번히 노출되고, 불가능한 욕망 앞에 늘 굴복하면서도 때로 걷잡을 수 없이 우주 끝까지 팽창하는가 하면, 그러다가 터진 풍선처럼 덧없이 쪼그라들곤 하는 우리 '마음'의 근원적인 취약성을 부정할 수 없는 한, 그 누구도 마인드컨트롤에서 자유로울 수 없기 때문이다. 이런 의미에서 옴 사건은 언제 어디서든 누구에게나 다시 일어날 수 있다고 말해야 할 것이다. 그것은 아직 끝난 사건이 아니며, 지금도 우리 마음의 '상상계'와 '상징계'[58] 안에서 대를 이어 반복되고 있는 '내 안의 옴 진리교'가 아닐까?

---

58 정신분석 이론가 자크 라캉(Jacqes Lacan)은 마인드컨트롤을 언급한 적은 없지만, 그의 상상계, 상징계, 실재계 담론은 마인드컨트롤이 가능한 마음의 메커니즘을 시사한다. 가령 상상계(언어 이전의 영역, 환영과 이미지의 영역)의 거울단계론은 근본적인 오인의 구조에서 발생하는 것이 우리의 자아의식임을 주장한다. 생후 6~18개월 사이의 유아는 거울에 비친 자신의 신체를 하나의 통일적인 총체로 '오인'한다. 이는 환영적 이미지에 의한 최초의 상상적인 자기착각의 순간이자, 마음의 첫 단계로서의 자아가 신체와의 관계를 통해 형성되는 지점이다. 이후 환경에 대한 주체의 지배력은 항상 환영적인 범주를 벗어나지 못하게 된다. 한편 "무의식은 대타자의 담론"이라는 라캉의 유명한 명제에서 우리는 마인드컨트롤 문제가 욕망의 문제와 떼려야 뗄 수 없는 관계에 있음을 읽어 낼 수도 있다. 무의식의 주체는 바로 욕망의 주체인데, 그 주체는 결코 욕망을 완성시킬 수 없는 결여의 주체이다. 욕망(desire)은 대타자로서의 '아버지의 이름'이 지배하는 상징계(언어의 영역, 법과 질서의 영역)에서 주체가 형성되면서 욕구(need)와 요구(demand) 사이에 생겨나는 간극과 틈새를 가리키는 말로, "완전히 충족될 수 없는 어떤 것"을 의미한다. 그 결과 주체는 소외된다. 추측에 불과하지만, 마인드컨트롤이 우리 마음의 현실이 될 수 있는 것은 자아형성에 있어 '오인' 구조 및 주체 형성에 있어 '결여' 또는 '소외' 구조와 무관하지 않아 보인다. 이리하여 마인드컨트롤이 우리의 마음을 '실재계'(주체와 언어 외부에 존재하는 미지의 영역)로 끌고 들어가는 것일지도 모르겠다. 라캉에 관해서는 대표적으로, 슬라보예 지젝(2007), 『How to Read 라캉』; 김석(2007), 『에크리』 참조.

제3장

'옴 문제'와 무라카미 하루키의 『IQ84』

독일의 종교학자 겝하르트는 근래 『현대 일본의 스피리추얼리티: 문학·사상에서 보는 신영성문화』라는 저서에서 엔도 슈사쿠(遠藤周作)라든가 오에 겐자부로(大江健三郎) 등과 같은 근현대 일본 작가들의 문학작품 속에 투영된 신영성문화를 분석하고 있다. 그에 따르면 신종교 고조와 그 카리스마를 묘사한 무라카미 하루키(村上春樹)의 경우를 비롯하여 일본 문학이 종교 붐에 반응하는 것은 지극히 자연스러운 귀결이다.[1] 이 장에서는 '뉴에이지 문학'으로 분류되기도 하는[2] 무라카미 하루키의 소설 『IQ84』(2009~2010)[3]를 앞 장에서 다룬 옴 사건과 관련시켜 분석함으로써 포스트-옴 시대의 현대 일본 사회가 안고 있는 고민들에 대한 문학

1 リゼット・ゲーパルト(2013), 『現代日本のスピリチュアリティ』, 특히 310쪽 참조.

2 海野弘(1998), 『世紀末シンドローム』, 293쪽.

3 村上春樹(2009~2010), 『1Q84』Book1/2/3.(소설 본문인용 출처는 Book 권수와 장수로 표기했으며, 번역본을 참조하여 필요한 경우 일부 수정한 것임)

적 묘사가 어떤 통찰력을 보여주는지를 살펴보고자 한다.

1. 음악·신화·종교

음악과 신화가 공통된 정신구조를 지녔다고 여긴 레비스트로스는 그의 대작 『신화학』 제1권 『날것과 익힌 것』을 음악에 헌정하면서 그 첫 번째 장을 음악론에 할애하고 있다. 기실 이 책의 차례는 서곡, 변주곡, 서창, 소나타, 교향곡, 푸가, 칸타타, 평균율, 윤창곡, 토카타, 반음계, 콘서트 등의 음악 용어로 구성되어 있어 한 편의 오페라를 방불케 한다.[4] 신화에 대해 기술하면서 음악작품의 형식을 차용해야만 했던 어떤 필연성이 그의 내면에 있었던 것일까? 신화가 의미를 결여한 '이미지 과잉'의 언어이듯, 음악 또한 의미를 결여한 '소리 과잉'의 언어라고 보았기 때문일까? 아마도 신화와 음악을 등가물로 본 레비스트로스는 이미지와 소리를 통해 문자에 저항하려 했던 것 같다.[5] 이런 의미에서 음악은 문자처럼 의미를 고정시키는 지도보다는 이미지나 소리처럼 끊임없이 새로운 의미를 환기시키는 지형에 더 근접하는 것일지도 모르겠다.

무라카미 하루키의 작품세계에서 음악이 독특한 위상을 차지하고 있다는 사실은 늘 흥미롭다. 예컨대 『1Q84』는 Book1과 Book2가 각

---

4 Lévi-Strauss(1986), *The Raw and the Cooked*, pp.v~32 참조.

5 이창익(2011), "신화로 그리는 마음의 지도", 134쪽.

각 24장으로 되어 있어 여주인공 아오마메(青豆)의 장(홀수장)과 남주인공 덴고(天吾)의 장(짝수장)이 교차로 전개되는데, 이런 구성은 각각 24개의 장조와 단조로 이루어진 전주곡과 푸가의 모음곡 두 권인 바하의 〈평균율 클라비어곡집〉에서 그 형식을 빌려 온 것이다. 오케스트라 악보를 읽듯이 신화를 읽어야 한다고 생각한 레비스트로스는 대립적인 두 원칙이 결합되면서 마지막 해결이 제시되는 푸가 형식이 실은 무의식적으로 신화 구조를 차용한 것이라고 보았다.[6] 하루키의 도플갱어라 할 만한 덴고는 이런 신화적 구조가 내재된 〈평균율 클라비어곡집〉을 완전한 사이클이 이루어진 신적 음악이라고 생각한다. 그리고 〈평균율 클라비어곡집〉은 실은 제3의 주인공인 후카에리가 제일 좋아하는 음악이기도 했다.(Book1, 제16장) 오직 소리의 세계만을 사는 후카에리에게 신화와 음악은 똑같이 공감주술적이고 성스러운 것이었다.[7] 한편 바하의 다성음악인 〈2성과 3성의 클라비어곡〉 30곡, 즉 〈인벤션〉에 입각한 Book3의 경우는 여기에 우시카와(牛河)의 장이 첨가되어 교차하는 30장에다 '덴고와 아오마메'의 마지막 장이 더해져 총 31장으로 구성되어 있다.

레비스트로스가 그랬듯이 하루키 또한 신화적 존재 양식을 염두에 두고 이런 음악형식을 차용한 것인지는 확인할 길이 없다. 다만 『1Q84』가 '소리의 이야기'[8] 로 읽혀질 수 있다는 점은 『1Q84』의 음악적 구성이

---

6 레비스트로스(2000), 『신화의 의미』 제5장 〈신화와 음악〉, 91~109쪽 참조.

7 월터 옹은 구술문화가 감정이입적 특성을 가지며, 성성(聖性)과 결부되어 있다고 말한다. 월터 J. 옹(1995), 『구술문화와 문자문화』, 74쪽 및 117~118쪽.

8 오자와 에이미, "소리의 이야기, 이야기의 소리", 가토 노리히코 외(2009), 『1Q84 어떻게 읽을 것인가』, 277~288쪽 참조.

단순한 차용이 아님을 시사한다. 이 점에서 우리는 『1Q84』의 신화적 구조에 대해 적극적으로 생각해 볼 필요가 있다. 사실 하루키의 작품세계에는 수호자 역을 맡은 주인공들이 사악한 자의 침입을 저지하는 서사구조가 많이 등장한다. 『1Q84』의 경우 아오마메와 덴고는 '1Q84년'이라는 신화적 무대에서 '리틀피플'로 대변되는 사악한 시스템에 대항하여 투쟁한다.[9] 이와 같은 『1Q84』의 신화적 구조와 관련하여 혹자는 1960년대 전공투의 시대를 사건으로서 신화화하고 그 투쟁을 주술적으로 풀어낸 서사구조[10] 라든가, 리틀피플과 같은 정령이 창궐하는 신화적 코스몰로지와 정치경제적 변혁운동이 겹쳐진 '코스모폴리틱스'의 세계,[11] 또는 메타픽션적인 마술적 리얼리즘(magical realism)의 세계[12] 를 지적하기도 한다.

『1Q84』 Book1은 도쿄 수도고속도로 3호선의 교통정체 속에 갇힌 택시의 FM방송에서 흘러나오는 야나체크의 〈신포니에타〉[13] 부터 시작된다. 택시에 타고 있던 아오마메는 음악에 문외한임에도 불구하고 왠지 그 곡이 〈신포니에타〉임을 알아챈다. 불길한 운명의 서곡이자 심각한 투쟁의 분위기를 표현한 이 〈신포니에타〉는 『1Q84』의 세계에 떠오른 두 개의 달을 볼 줄 아는 아오마메와 덴고의 신화적 투쟁을 암시한다. 이윽고

---

9 우치다 다쓰루, "'아버지'로부터의 이탈의 방향", 같은 책, 166쪽.

10 우에노 도시야, "시작의 1984, 1968이 남긴 것", 같은 책, 352쪽.

11 같은 글, 357쪽.

12 이가라시 다로, "뒤틀어진 도시와 역사 이야기", 같은 책, 241쪽.

13 모라비아 출신의 체코 작곡가 레오시 야나체크(Leoš Janáček, 1854~1928)의 〈신포니에타〉는 1926년 초연된 뒤 13년 후 체코가 나치독일의 지배하에 들어갔다.

아오마메가 택시에서 내려 산겐자야 부근의 비상계단을 내려가자 그곳에는 다른 세계 곧 1Q84년의 세계가 펼쳐진다. 작가 자신의 평이한 표현을 빌리자면 "다른 세계로 간다는 것"이야말로 『1Q84』의 중심 주제인데, 이때 '다른 세계'란 곧 원시적이고 신화적인 세계를 가리킨다.[14]

이와 같은 신화적 주제는 통상 『1Q84』에서 종교의 외피를 입고 나타난다. 『1Q84』의 중요한 밑그림으로 종교 특히 현대 일본의 신종교가 깔려있다는 여러 평자들의 지적은 타당해 보인다. 가령 종교학자 시마다 히로미(島田裕巳)는 "지금까지 이토록 깊게 파고 들어가 종교를 묘사한 소설은 거의 없었다"[15] 고 평가한다. 하루키가 〈요미우리 신문〉 2009년 6월 1일자 인터뷰 기사에서 『1Q84』의 집필에 있어 "옴 진리교 재판이 그 출발점"이라고 밝히고 있듯이, 이 작품 "최대의 주제는 종교"[16] 라고까지 말할 수 있을지도 모르겠다. 예컨대 『1Q84』에 등장하는 신종교 단체인 '증인회'는 〈여호와의 증인〉을, '선구'는 〈산안회〉(山岸会, 야마기시회)[17] 나 〈옴 진리교〉를 연상시킨다.[18] 또한 가끔 언급되는 시나노마치(信濃町)

---

14 무라카미 하루키 롱인터뷰(2010), "하루키, 하루키를 말하다", 496쪽.

15 시마다 히로미, "『1Q84』는 '계란' 쪽 소설일까?", 가토 노리히코 외(2009), 『1Q84 어떻게 읽을 것인가』, 178쪽.

16 구리하라 유이치로, "고탄다를 마세라티째로 바다에서 끌어올려서 아오마메 앞에 갖다 대라", 같은 책, 234쪽.

17 와세다대학 교수로서 마오이스트인 니지마 아쓰요시(新島淳良)에 의해 제창된 후, 1953년 야마기시 미요조(山岸巳代藏)가 교토에 설립한 코뮌 단체. 농업과 목축업을 기반으로 이상사회를 지향했는데, 야마기시 사망 후에는 스기모토 도시하루에 의해 계승되었다. 1960년대 후반 학생운동세대(단카이세대)가 다수 입회했으며, 1970~80년대에 걸쳐 크게 발전했다. 『1Q84』에 나오는 '선구'의 리더는 니지마를 모델로 한 것으로 보인다. 시마다 히로미, "『1Q84』는 '계란' 쪽 소설일까?", 같은 책 174~177쪽 참조.

18 『1Q84』의 배경 혹은 주제를 〈옴 진리교〉 등의 종교와 연관시키는 관점에 대해서는, 같은 책,

라는 지명에서 우리는 〈창가학회〉를 떠올리게 된다.[19] 내용적으로 『1Q84』는 하루키에게 있어 사회참여의 형태를 제시한 『언더그라운드』(1997년)[20]와 『약속의 장소에서: 언더그라운드2』(1998년)[21]의 피를 이어받았다는 지적도 있다. 이 두 편의 논픽션 인터뷰집을 장편소설로 바꾼 것이 『1Q84』이고 이로써 〈옴 진리교〉를 비판했다는 것이다.[22] 하지만 정작 하루키 자신은 『1Q84』와 〈옴 진리교〉의 연관성이 지나치게 확대되는 것을 경계하면서 다음과 같이 말한다.

> "'선구'라는 신흥종교단체가 설정의 중심에 자리잡고 있기에, 〈옴 진리교〉를 염두에 두고 썼을 거라는 저널리스틱하고 표상적인 시각이 겹쳐지는 건 어느 정도 어쩔 수 없다고 생각하지만, 그런 건 소설적인 요소로서는 그렇게 중요한 포인트가 아니죠. 내가 문제 삼은 것은 더욱 내적인, 정신적인 상황입니다. 옴 사건이 야기한, 혹은 그 사건이 초래한 프레-옴, 포스트-옴의 심적 상황, 아마 우리 한 사람 한 사람의 가슴 속에 숨어 있을 그런 어둠 같은 것, 내가 문제로 삼고 싶었던 것은 그런 것입니다."[23]

36/48~49/91~93/153/174~178/361/370쪽 참조.

19 도쿄 신주쿠 시나노마치에 창가학회의 본부가 위치해 있다.

20 지하철 사린 사건의 피해자를 인터뷰한 논픽션 작품. 무라카미 하루키(2010), 『언더그라운드』 참조.

21 〈옴 진리교〉 신자 8명을 인터뷰하고 거기에 가와이 하야오(河合隼雄)와의 대담 두 편을 담은 논픽션 작품. 무라카미 하루키(2010), 『약속의 장소에서』 참조.

22 스즈무라 가즈나리, "닮은 것은 전복시키는 것", 가토 노리히코 외(2009), 『1Q84 어떻게 읽을 것인가』, 92쪽.

23 무라카미 하루키 롱인터뷰(2010), "하루키, 하루키를 말하다", 469쪽.

요컨대 하루키가 『1Q84』에서 문제 삼고자 한 것은 〈옴 진리교〉 자체에 대한 관심보다는 옴 사건을 둘러싼 현대 일본 사회의 정신적 상황에 있다는 말이다. 이하에서는 이런 프레-옴 및 포스트-옴적인 일본 사회의 문제 정황을 '옴 문제'라는 말로 집약시켜 살펴본 후, '시스템'과 '마이너리티'라는 두 가지 키워드를 중심으로 『1Q84』가 시사하는 현대 일본인의 스피리추얼리티를 들여다보기로 하겠다.

2. '옴 문제'란 무엇인가

앞 장에서도 언급했듯이 대량 무차별 독가스 살포, 납치 감금 및 살해, 약물투여, 신도 학대, 대량살육병기의 연구제조, 무장반란계획 등을 실행한 〈옴 진리교〉가 일본 사회와 일본인들에게 던진 충격은 그 사건이 현대 일본사의 한 분기점으로 말해질 만큼 너무나 엄청난 것이었다. 하루키는 "1995년 1월과 3월에 일어난 고베 대지진과 지하철 사린 사건은, 일본의 전후 역사를 구획 짓는, 지극히 중대한 의미를 가지는 두 개의 비극이었다. '그것을 통과하기 전과 통과한 후, 일본인의 의식은 크게 달라졌다'라고 해도 조금도 과장이 아닐 정도로 커다란 사건이다. 그 두 사건은 아마 한 쌍의 대격변으로, 우리의 정신사를 말할 때 무시할 수 없는 커다란 이정표로 남게 될 것이다"라고 언급하면서 옴 사건에 대해 "우리가 사물을 직시하는 것을 피하고, 의식적으로 또는 무의식적으로 현실이라는 국면에서 끊임없이 배제하고 있는 자기 자신의 내적인 그림자 부분

(언더그라운드)이 아닐까"라고 진단한다.[24] 그 충격은 사건 후 17년이나 경과한 현시점에도 사라지기는커녕, 2011년 3·11 동일본대진재의 비극과 겹쳐지면서 더욱더 현대 일본인의 정신세계에 지워지지 않을 트라우마로 깊이 각인되고 있는 듯싶다.

옴 사건 직후 "현대 일본 사회와 문화 속에 이런 종교집단을 배양한 토양과 배경이 있었음을 부정할 수 없다"[25]는 종교학자 시마조노 스스무의 뼈아픈 자기고백이 나왔다. 그 후 3년이 지난 시점에서 융심리학자 가와이 하야오는 옴 사건에 대해 "세계 중 어디에나 있을 법한 소수의 비정상적인 인간에 의한 행위라기보다는, 설사 그런 비정상성을 인정한다 해도, 옴 사건을 낳은 요인이 일본인 전체 안에 잠재해 있다고 생각한다"[26]는 언급을 공표했다. 과거 〈옴 진리교〉에 밀착한 전력으로 인해 옴 사건 이후 학계를 떠날 수밖에 없었던 종교학자 시마다 히로미 또한 2007년 "옴 진리교의 인식회로는 일본인의 정신에 뿌리 깊은 근거를 가지고 있다"[27]고 회고한다. 이런 자기성찰의 이면에서 우리는 첫째 옴 사건이 노출시킨 일본 문화와 사회시스템의 맹점은 무엇이며, 둘째 옴 사건이 "일본 정사의 기록에 남을 만큼 사회시스템 전체를 뿌리째 흔들어버린"[28] 근본적인 원인은 어디에 있는가 하는 의문을 떠올리게 된다.

---

24 무라카미 하루키(2010), "지표 없는 악몽", 『언더그라운드』, 704쪽 및 721쪽.

25 島薗進(1995), 『オウム眞理教の軌跡』, 2쪽.

26 河合隼雄(2002), 『日本人と日本社会のゆくえ』, 133쪽.

27 島田裕巳(2007), 『中沢新一批判, あるいは宗教的テロリズムについて』, 62쪽.

28 이가라시 다로, "뒤틀어진 도시와 역사 이야기", 가토 노리히코 외(2009), 『1Q84 어떻게 읽을 것인가』, 244쪽.

〈옴 진리교〉는 극단적인 방식으로 일본 문화와 사회시스템의 맹점과 문제점을 노출시켰다. 나카무라 유지로의 표현을 빌리자면, 그 맹점 중의 하나가 바로 "악에 대한 일본인의 무감각"[29] 이다. 그렇다고 해서 이는 일본인이 비윤리적 혹은 반윤리적이라는 것을 뜻하지 않는다. 이때 '악에 대한 무감각'이란 '악에 대한 무지'라기보다는 '악에 대한 역설적 감각'에 더 가깝다. 가령 원리적인 것(理)을 배제한 채 주관적 심정의 순수성과 무사(無私)를 추구하는 마코토(誠)의 윤리, 마찬가지로 리(理) 없는 사랑의 보편성을 주장한 이토 진사이(伊藤仁齋, 1627~1705)의 고학(古學) 사상, 악인이야말로 구원받는다고 역설한 정토진종의 개조 신란(親鸞, 1173~1262)의 '악인정기설'(惡人正機說), 신도의 낙관적인 선악관에 입각하여 '선악의 피안'에서 세상을 움직이는 원동력을 추구한 모토오리 노리나가(本居宣長, 1730~1801)의 국학 사상, 절대적인 선도 없고 절대적인 악도 없다는 니시다 기타로(西田幾多郎, 1870~1945)의 일본 철학, 나아가 원래 악이란 존재하지 않는다고 본 신종교의 생명주의적 선악관에 이르기까지, 일본 문화와 사상의 흐름 속에서 일본적 악의 역설을 찾아내기란 그리 어렵지 않다.[30] 옴 진리교는 가장 극적인 형태로 이런 일본적 악의 역설을 현실화한 것이다. 후지(富士)도장에서 출가신도 대상으로 아사하라가 행한 다음 설법[31] 은 악의 역설이 현실화될 수 있었던 배경을 짐작하게 해 준다.

---

29 中村雄二郎(1998), 『日本文化における惡と罪』, 177쪽.

30 朴奎泰(2006), "日本の宗教文化における惡と他者", 98~131쪽 참조.

31 早川紀代·川村邦光(2005), 『私にとってオウムとは何だったのか』, 142~143쪽에서 재인용(필자에 의한 요약).

"가령 이대로라면 지옥에 떨어질 수밖에 없는 자가 있다고 하자. 그래서 그의 카르마를 꿰뚫어 본 자가 그를 포아시킴으로써 인간계에 다시 태어나게 하려 했다 하자. 곧 죽였다고 하자. 이건 선업인가 악업인가? 여기서 관념적인 자는 관념적인 선 개념에 사로잡혀 버린다. 그러면 거기서 마음은 멈춰버리고 만다." (1989년 4월 25일)

말하자면 모든 사람들의 몸과 마음, 나아가 생명과 죽음까지도 지배하고 조작하는 것을 용납하는 초인의 윤리로서 무차별 살인을 '구원'으로 정당화한다는 이른바 바지라야나적 '포아'의 교의가 일본적 악의 역설을 체현시킨 중요한 첫 번째 요인이라 할 수 있다. 악의 역설의 현실화, 그것은 일본 문화의 또 다른 맹점과 이어져 있다. 바로 '자발적 혹은 자각적인 마인드컨트롤'[32]의 위험성이 그것이다. 아사하라는 정보로 사람들을 컨트롤하려는 세상의 악마적 세력과 싸워 진리를 수호하기 위한 이른바 '좋은' 마인드컨트롤을 역설하고 있다. 앞 장에서 언급했듯이, 일반적으로 마인드컨트롤이란 "개인의 마음이 타자에 의해 지배당하고 강제되고 조작되는 것"으로 규정할 수 있겠다. 주목할 것은 이때 그 개인은 강제가 아니라 마치 자신이 자발적으로 행하는 것으로 여기는 경우가 많으며, 일본 문화에는 그와 같은 '자발적인 마인드컨트롤'이 용이하게 먹힐

---

32 한 옴 진리교 출가신자의 다음과 같은 인터뷰 발언은 이런 '자발적 마인드컨트롤'을 시사한다. "옴 진리교 내부에서는 다들 정신적 향상을 첫 번째 목표로 삼고 생활하기 때문에 기본적으로 마음이 잘 맞습니다. (중략)의문도 없었습니다. 어떤 의문이나 다 대답이 있었죠. 전부 해결되었습니다. 이렇게 하면 이렇게 된다는 식으로 말이죠. 어떤 질문을 해도 곧바로 성의 있는 대답이 돌아왔어요. 그래서 완전히 푹 빠져버렸죠(웃음). 매스컴은 그런 사정을 보도하지 않기 때문에 금세 마인드컨트롤로 치부해 버려요. 실제로는 그런 게 아닙니다." 무라카미 하루키(2010), 『약속된 장소에서』, 45쪽.

수 있는 정신적·심리적 메커니즘이 보이지 않는 그물망처럼 곳곳에 드리워져 있다는 점이다. 원리적인 것(理)이 배제된 무사(無私)의 마코토(誠) 윤리를 비롯하여, 모성원리, 장(場)의 원리, 나카마(仲間)의식, 아마에의 심리, 역(役)의 원리, 모노노아와레 등의 일본 문화론적 개념들은 공통적으로 개인보다는 그가 속한 세켄(世間) 공동체를 더 우선시하는 경향이 강하다. 이 때문에 알게 모르게 사(私)의 억압이 억압으로 느껴지지 않을 만큼 일상화됨으로써 옴 사건처럼 극단적인 악의 역설이 현실화될 수 있었던 것인지도 모른다.

옴 사건과 관련하여 특히 유념할 만한 세 번째 일본 문화의 맹점으로 '마이너리티의 피난처 부재'를 들 수 있다. 하루키의 인터뷰에 응한 옴 신자(및 옛 신자)들의 이야기에 귀 기울이다 보면 "마이너리티는 누구인가"라는 물음에 대해 지극히 단순명료한 결론이 나는 듯한 기분에 젖게 된다. 그들은 "사람은 어른이 되어도 전혀 성장하지 않는가보다, 어른 사회에 도무지 익숙해질 수 없었다, 왠지 사회가 굉장히 왜곡되어 있는 것처럼 느껴졌다, 가장 관심이 있는 것들에 관해 마음껏 대화를 나눌 만한 상대를 좀처럼 만날 수 없었다, 만약 내 인생의 결론이 죽음이라면 총리가 되든 노숙자로 죽든 똑같은 게 아닌가, 세상에는 쓸데없는 고통이 너무 많다, 왠지 늘 몸속에 커다란 바람구멍이 뚫려있는 듯한 느낌이 들었다"고 말한다.[33]

거기에는 "나는 이 현실세계에 맞지 않는다"는 확고한 인식이 다양

33 같은 책, 28/30~31/38/93/235~236쪽.

한 소리로 변주되고 있다.[34] 그리하여 하루키는 "옴 신자 중에는 정말로 순수한 마음을 가지고 있지만, 세상의 시스템에 받아들여지지 못한 사람들, 세상과는 어딘가 잘 안 맞는 사람들 혹은 세상에서 배척당한 사람들, 현세에서는 그 무엇에서도 전혀 가치를 발견할 수 없었던 사람들이 많았다"고 술회한다.[35] 어쩌면 이 세상에 태어나 존재하는 것 자체가 왠지 몸에 맞지 않는 옷을 입은 것 같다고 느끼는 이들 '모라토리움 인간'이야말로 마이너리티의 원형일지도 모른다. 문제는 이런 사람들을 받아들일 적절한 네트워크가 일본 사회에는 〈옴 진리교〉밖에 없었다는 데 있다.[36] 마이너리티의 피난처가 부재한다는 것이다. "일본 사회라는 메인시스템에서 벗어난 사람들(특히 젊은층)을 받아들이기 위한 유효하고 정상적인 서브시스템과 안전망이 일본에 존재하지 않는다"[37]는 이런 사실은 모라토리움 인간들이 모여든 〈옴 진리교〉가 지극히 상징적으로 일본 사회의 마이너리티를 대표한다는 점을 시사한다.

일본 문화와 사회시스템의 이런 세 가지 맹점은 일본 사회가 안고 있는 여타 문제들, 예컨대 가족의 해체, 교육의 황폐화, 기존종교의 무력화, 가치관의 붕괴, 문화의 퇴폐, 경제침체, 정치적 빈곤, 정보사회적 요인, 소비사회적 요인, 상업적 요소, 1980년대 오타쿠문화와의 연속성, 종말론적 요소[38] 등과 함께 옴 사건의 주요한 사회문화적 배경을 구성한다. 하

---

34 같은 책, 58쪽.

35 같은 책, 79쪽.

36 같은 책, 145쪽.

37 같은 책, 12~13쪽.

38 특히 울트라 내셔널리즘(테러리즘을 수반하는 내셔널리즘)과 결부된 종말의식이 표출되었다는

지만 정작 옴 사건이 야기한 엄청난 충격의 근본적인 원인은 다른 곳에서 찾아야 한다. 지금까지도 일본 사회가 옴 사건의 충격에서 벗어나지 못하는 정황을 한마디로 요약하자면 앞 장에서 언급한 "내 안의 옴 진리교"라는 표현이 적절해 보인다. 그리하여 하루키는 "그것(옴 진리교적인 것_필자)은 나일 수도 있고 당신일 수도 있다. 우리의 일상생활과 위험성을 내포한 컬트종교 사이에 가로놓인 한 장의 벽은 우리가 상상하는 것보다 훨씬 얇을 지도 모른다"[39] 고 말하는가 하면, 종교학자 가와무라 구니미쓰 또한 "옴은 우리의 이웃이며 우리 자신이기도 하다"[40] 고 적고 있다.

이와 같은 '내 안의 옴 진리교'는 〈옴 진리교〉의 시스템과 전후 일본 사회의 시스템이 다음 세 가지 측면에서 동일한 구조를 보여준다는 점에서도 말할 수 있다. 첫째, 실제로 옴 교단은 일본이라는 국가 속에 옴이 있는 것이 아니라, 신성법황(아사하라 쇼코) 산하의 내각 조직과 육해공군의 조직 및 헌법까지 구비한 하나의 자기완결적인 국가를 구상했다. 이와 관련하여 김홍중은 〈옴 진리교〉의 시스템이 "놀랍게도 자신들이 전복하고자 했던 근대적 네이션 스테이트의 구조와 거의 흡사"하며 "일본 사회의 순수한 축소판"이라는 점에서 "〈옴 진리교〉와 일본 사회 그 자체는 서로 적대적이거나 상이한 시스템이 아니라 어쩌면 동일한 원리와 논리로 구성된 거울상이었을지도 모른다"[41] 고 정확히 요점을 짚고 있다.

점에 주목할 만하다. 이 책의 제11장에서 다룰 〈행복의 과학〉도 이런 울트라 내셔널리즘의 위험성을 보여주고 있다.

39 무라카미 하루키(2010), 『약속된 장소에서』, 332~333쪽.

40 早川紀代·川村邦光(2005), 『私にとってオウムとは何だったのか』, 318쪽.

41 김홍중(2009), "하루키에 대한 몇 가지 단상들", 589쪽.

둘째, 옴 사건 이후 많은 옴 신자들 일반은 "그건 내가 저지른 일이 아니다. 〈옴 진리교〉의 교의는 기본적으로 잘못되지 않았다. 우리도 피해자다"라고 자기방어적 태도를 보였다. 이와 관련하여 다큐멘터리 영화 〈A: 매스컴이 보도하지 않은 옴의 민얼굴〉의 감독 모리 다쓰야(森達也)에 따르면 옴 사건은 불특정 다수를 향한 테러였던 만큼 많은 이들 사이에 피해의식이 확산되었다. 그 반작용으로 정의나 대의 등의 의식이 비대해져 일본 사회에 강력한 안전망을 요구하게 되었고, 이제 일본은 사회 전체가 피해자라는 감각을 공유하기에 이르렀다. 그는 이것이 "포스트-옴적 현상"이라고 말한다.[42] 이는 물론 틀린 말은 아니지만, 보다 엄밀히 말하자면 피해자 의식은 전후 민주주의의 음화로서 늘 존재해 왔던 것이다. 그것이 옴 사건 이후 〈옴 진리교〉라는 공동의 적을 발견함으로써 일본 사회 전체로 확산하면서 이제 양화로서 표면화한 것일 뿐이다. 이는 과거사에 대한 일본 정부의 애매한 태도 및 세계 유일의 피폭국가라는 알리바이와 연동하여 확산되어 온 일본인 전체의 피해의식과 상통한다.

셋째, 옴 사건 이후 일본 사회가 한층 심하게 격동하고 변질되었는데, 무엇보다 미디어에 의한 선악과 옳고 그름의 이원화가 극명하게 촉진되었다.[43] 옴 사건 이후 무차별적으로 〈옴 진리교〉 신자들에게 돌을 던졌던 일본 사회가 어딘가 모르게 점차 〈옴 진리교〉를 닮아가고 있는 것이다.

이상에서 살펴 본 일본 문화와 사회시스템의 맹점 및 〈옴 진리교〉와 일본 사회의 구조적 상동성을 이 책에서는 '옴 문제'라는 말로 지칭하고

42 모리 다쓰야, "상대화된 선악", 가토 노리히코 외(2009), 『1Q84 어떻게 읽을 것인가』, 192쪽.

43 같은 글, 186~188쪽.

자 한다. 이제 이런 옴 문제를 염두에 두면서 '시스템'과 '마이너리티'라는 두 개의 키워드를 중심으로 『1Q84』의 정신세계 속으로 깊이 들어가 보자.

3. 『1Q84』의 세계와 시스템 : 리틀피플은 누구인가

『1Q84』의 여주인공 아오마메는 스포츠 강사 행세를 하는 청부킬러이다. 그녀는 여성을 학대하는 남자들에게 분노하는 한 노부인의 지시에 따라 친딸을 비롯한 소녀들을 강간한 신종교 교단 '선구'의 리더(교주) 후카다 다모쓰를 암살하는 임무를 수행하게 된다. 그러면서 아오마메는 자신이 이전까지의 현실과 미묘하게 다른 세계인 1Q84년의 세계로 들어와 있음을 알게 된다. 그 세계에는 두 개의 달이 떠 있다. 한편 남주인공 덴고는 예비교 학원의 수학강사를 하는 소설가 지망생이다. 그는 신인상을 목표로 소설을 쓰던 중 친해진 한 출판사 편집자로부터 신인응모작 예비선정작업에 관여하게 되고, 그런 인연으로 후카에리(리더의 딸)라는 소녀의 응모작 〈공기번데기〉를 재필하여 자기 이름으로 출판함으로써 베스트셀러가 되는데 결정적인 역할을 한다. 그는 글쓰기를 통해 '고양이 마을'이라는 또 하나의 다른 세계를 넘나들면서 무녀적 존재인 후카에리와의 주술적 교접을 통해 아오마메를 임신시킨다. 그런데 아오마메와 덴고는 실은 초등학교 동급생으로 둘은 20년간 만나지 못했지만 서로 첫사랑의 기억을 하나의 '구원'으로서 기다리고 있었다. 이런 둘의 사랑이 '리틀피플'이라는 신화적 존재를 매개로 이루어지게 되면서 이야기의 막이 내린다.

이와 같은 『1Q84』의 신화적 서사구조에서 핵심적인 부분을 차지하는 리틀피플이란 누구인가? 후카에리와 덴고의 합작품 〈공기번데기〉는 리틀피플을 죽은 산양의 입을 통해 1984년의 세계로 잠입한 난쟁이들로 묘사한다. 그럼으로써 1984년을 1Q84년으로 스위치 전환시킨 이들은 언제나 복수로 존재하며 자유롭게 수를 늘리기도 한다. 또한 이들은 숲의 신비한 권능을 지니고 있으며, 번개나 천둥을 동원하거나 때로 살인까지 마다하지 않는 폭력을 행사하기도 한다. 한편 리틀피플은 '선구'가 급진적 무장투쟁을 통한 혁명을 추구하는 '여명'과의 결별 후 반사회적이고 폐쇄적인 컬트 집단으로 변모하는 데 결정적으로 개입하여 그 리더를 악마적·초월적 존재로 만든 신적 힘이기도 하다.

이 리틀피플의 대리인이라 할 수 있는 리더는 작품 속에서 융(C.G. Jung)을 언급하면서 리틀피플을 '그림자'의 일종으로서 선과 악의 균형을 되찾으려는 반작용으로 세상에 나타난 존재로 규정한다. 그리하여 혹자는 리틀피플에 대해 세상을 뒤에서 움직이고 있는 사악한 존재, 질서 이전의 혼돈으로 가득 찬 소리의 세계를 상징하는 존재, 균형의 매개자 또는 균형의 원리, 태초부터 우주를 관장해 온 어떤 우주적 원리나 동력을 의인화한 존재, 보이지 않는 공포의 구상형[44]이라든가 또는 원시적인 세계나 지하세계에서 온 메신저[45]로 이해하기도 한다.

그런데 작중 인물 중 리더의 옛 동료이자 후카에리의 후견인으로 나

---

44 김청균(2011), "무라카미 하루키의 『1Q84』론", 87~89쪽.

45 무라카미 하루키 롱인터뷰(2010), "하루키, 하루키를 말하다", 488쪽.

오는 문화인류학자 에비스노는 "리틀피플은 눈에 보이지 않는 존재야. 우리는 그것이 선인지 악인지, 실체가 있는지 없는지조차도 알지 못하지. 하지만 그건 분명하게 우리의 발밑을 서서히 무너뜨리고 있어"(Book1, 제18장)라고 말한다. 이는 리틀피플에 대한 다음과 같은 하루키의 입장을 그대로 대변하고 있다. "리틀피플이 어떤 존재이고 그들의 목적이 무엇인지 정확한 것은 작가인 나도 모른다. 그러나 나는 리틀피플의 존재를 분명하게 확신하고 있고 그것이 구체적으로 어떤 것인지는 몰라도 리틀피플이 있는 세계가 어떤 곳인지는 잘 알고 있다."[46]

결국 작가는 리틀피플 해석의 많은 부분을 독자의 몫으로 남겨 놓은 셈이지만, 『1Q84』라는 타이틀 자체가 조지 오웰의 『1984년』을 패러디한 것임이 분명한 이상, 리틀피플이란 『1984년』에 나오는 스탈린적 '빅브라더'와의 대비에서 작고 평범한 이미지의 새로운 지배자로 설정된 캐릭터라고 보아 틀림이 없을 성싶다.[47] 이처럼 절대 권력기구를 표상하는 빅브라더와 대비된다는 점에서 리틀피플은 하루키가 말하는 '시스템'의 은유라고 볼 수 있겠다.[48]

"우리들은 모두 정도의 차이는 있을지라도 높고 견고한 벽에 직면해 있습니다. 그 벽의 이름은 '시스템'입니다. 시스템은 우리를 지켜주는 존재

---

46 같은 글, 506쪽.

47 작품 중에도 에비스노가 덴고에게 리틀피플이 『1984년』의 빅브라더를 대체한 존재라고 직접적으로 언급하는 장면이 등장한다(Book1, 제18장).

48 사이토 다마키, "디스렉시아 무녀는 길랴크인의 꿈을 꾼다?", 가토 노리히코 외(2009). 『1Q84 어떻게 읽을 것인가』, 75쪽.

라고 생각되지만, 때로는 자기증식하여 우리를 죽이고 나아가 우리로 하여금 타자를 냉혹하고도 효과적, 조직적으로 죽이도록 만듭니다. (중략) 국적과 인종과 종교를 넘어서서 우리는 하나의 인간이며 개개의 존재입니다. 시스템이라는 견고한 벽에 직면한 깨지기 쉬운 계란입니다. 아무리 봐도 우리가 이길 가망은 없습니다. (중략) 우리는 모두 실재하는, 살아 있는 정신을 가지고 있습니다. 시스템은 그런 존재가 아닙니다. 시스템이 우리를 먹이로 삼는 걸 허용해서는 안 됩니다. 시스템이 자기증식 하도록 해서는 안 됩니다. 시스템이 우리를 만든 것이 아니라, 우리가 그것을 만든 것입니다. 이것이 제가 하고 싶은 이야기의 전부입니다."[49]

여기서 '시스템'이란 가시적인 권력기구나 제도 및 법체계 같은 것뿐 아니라, 사회규범과 윤리, 문화적 관념과 통념 등을 비롯한 눈에 보이지 않는 근원적인 시스템까지 포함하는 개념이다. 이런 맥락에서 리틀피플을 일본의 사회문화적 시스템과 연관시켜 보는 시도도 가능할 것이다. 가령 리틀피플에게는 '호우호우'라는 귀여운 장단에 맞추어 노래하며 허공의 공기 속에서 하얀 실을 뽑아내어 그것으로 공기번데기를 만드는 노동자의 이미지가 있다. 그러나 그들은 왜 일해야 하는지는 묻지 않는다. 그들에게는 물음(Q)이 없다. 그저 묵묵히 자신에게 주어진 일만 할 뿐이다. 이런 이미지는 "일본적 근대의 강력한 노동윤리를 연상시키는 막연한 성

49 무라카미 하루키(2009), "벽과 알", 599~600쪽.

실성"[50] 을 연상시킨다. 이때의 '막연한 성실성'이란 '무사'(無私)를 지향하는 마코토(誠)의 신도적 윤리를 가리킨다. 따라서 이런 리틀피플에게는 사(私)가 존재하지 않는다. 리틀피플은 사(私) 이전의 신화적·원시적 상태에서 개체로 분리되지 않는 유기적 통일체를 구성하는 존재로 묘사되기 때문이다.[51]

나아가 이들의 언어와 행동과 사유를 지배하는 것은 상투성과 범속성이다. "리틀피플이 입고 있는 옷은 어디에서나 볼 수 있는 평범한 옷 … 그들의 얼굴은 어디에서나 볼 수 있는 평범한 얼굴 … 그들에게는 냄새도 없다."(Book2, 제19장) 이 평범성과 범속성은 무라카미 월드의 전형적 라이트모티브인데, 하루키에게 범속성이란 "집단으로 사고하며, 개체가 아니라 집단으로 책임진다는 것"을 의미한다. 즉 하루키는 평범한 것이 하나의 집합적 악으로 나타날 수 있는 가능성을 리틀피플이라는 캐릭터를 통해 말하고자 한 것일지도 모른다. 다시 말해 평범하고 범속한 자가 역사의 특정 국면에서 괴물로 돌변할 수도 있다는 말이다. 이 대목에서 김홍중은 "일본 군국주의와 파시즘의 진정한 주체들은 누구였는가? 그것은 천황이라는 빅브라더가 아니라, 이름 없고 얼굴 없는 무수한 일본 국민들, 즉 리틀피플이 아니었던가?"라고 되물으면서 『1Q84』를 하루키 버전의 대중독재론으로 읽을 수 있는 지평을 열어 보였다.[52]

---

50 김홍중(2009), "하루키에 대한 몇 가지 단상들", 592쪽.

51 같은 글, 593쪽.

52 같은 글, 593~594쪽. 일본 근대화를 지탱한 내적인 원동력은 대중들에 의한 밑으로부터의 자발적인 복종이었다는 사실을 염두에 두건대, 이와 같은 김홍중의 해석은 어느 정도 설득력이 있어 보인다.

이런 관점을 더 확대시키면 리틀피플에서 NHK를 위시한 매스미디어의 거대권력을 중심으로 그 주변에 서식하는 이른바 'TV 피플'[53]의 이미지를 읽어 낸다든가, 대중의 집단적 무의식이 희화화된 캐릭터[54] 혹은 일본 사회의 집합무의식적인 충동이나 욕망이 반영되어 나타난 여론의 메타포로 보는 것도 가능하다. 실제로 옴 사건 이후 일본 미디어는 일제히 옴 신자들을 마인드컨트롤에 의해 세뇌당한 악의 화신으로 묘사함으로써 공동의 적을 만난 일본 사회는 마치 약속이나 한 듯 스스로 선과 정의의 사도인 양 행세했다. '옴 문제'를 앓고 있는 일본 전체가 리틀피플이 우글우글 나타난 사회, 공중에 거대한 번데기가 형성된 그런 사회가 된 것이다. 다시 말해 옴 사건에 의해 1Q84년의 세계로 통하는 문이 열렸고 리틀피플이 나타나서 위기의식이 고양되었으며, 그 결과 많은 사람들이 악의 철저한 배제를 원하면서 보다 강고한 시스템에 의한 관리와 통치를 바라게 되었다.[55] 이런 상황에서 최근의 극우적 〈재특회〉(재일외국인의 특권을 허락하지 않는 시민의 모임)는 인터넷 공간에서 꿈틀거리다 일장기를 짊어지고 기어 나온 난쟁이들의 집단에 불과하며, 일본은 존재하지도 않는 특권을 배격하려는 이런 난쟁이들의 나라에 지나지 않는다는 자조적인 탄식까지 들려오는 것도 그리 놀랄 일이 아니다.[56]

한편 빅브라더의 지배가 부성적이라면, 리틀피플의 지배는 모성적

---

53 스즈무라 가즈나리, "닮은 것은 전복시키는 것", 가토 노리히코 외(2009), 『1Q84 어떻게 읽을 것인가』, 103쪽.

54 이시하라 지아키, "현시점에서는 '취급주의'", 같은 책, 55쪽.

55 모리 다쓰야, "상대화된 선악", 같은 책, 188~189쪽.

56 히라이 겐, "병행세계와 난쟁이들", 같은 책, 348~349쪽.

지배시스템에 입각해 있다. 작품 속에 설정된 '마더'와 '도터'의 관계는 모성적 지배의 특성을 시사한다. 후카에리는 리틀피플의 도움을 받아 공기번데기를 만들며, 그 번데기 안에서 후카에리의 도터가 태어난다. 이때 도터는 퍼시버로서, 그리고 마더는 리시버로서 기능을 분담한다. 가와이 하야오의 '모성사회'론[57] 이나 도이 다케오의 '아마에'론[58] 등은 이런 모성적 지배시스템의 설정 타당성을 뒷받침해 준다. 여기서 유념할 것은 모성적 지배는 우리 내부에 깊이 침투하여 마치 우리 자신이 그런 지배를 바라는 것 같은 형태로 안쪽에서 우리를 지배한다는 점이다. 그리하여 그것은 언필칭 우리의 자발적인 복종을 유도한다. 일본 사회의 구성원들은 자발적으로 상위 권위에 복종하는 것이 최대의 미덕이라고 간주하는 경향이 많다. 적어도 근세 국학 이래 이와 같은 공동환상이 일본인들을 지배해 왔다고 볼 수 있다. 이와 같은 모성적 지배시스템은 우리 존재에 일시적인 여성성을 덧입힌다. 그것은 사람들이 미묘한 암묵적 정서에 의해 서로 연결되어 있으며, '내용'보다는 '분위기'가, 그리고 '논리'보다는 '감정'이 더 일차적인 중요성을 가지는 모노노아와레 공동체를 배양시킨다.[59]

나아가 리틀피플의 대리인인 리더는 곧 근대적으로 재해석된 천황

57 가와이는 일본적 사회시스템의 특성을 '모성사회'로 규정하면서 그런 모성사회 일본의 병리를 지적하고 있다. 河合隼雄(1976), 『母性社會日本の病理』 참조.

58 도이에 따르면 일본인은 모성과의 심리적인 절대의존관계가 성인이 된 이후에도 충분히 극복되지 못한 채 사회적 관계에 큰 영향을 미친다. 土居健郎(1971), 『「甘え」の構造』 참조.

59 사이토 다마키, "디스렉시아 무녀는 길략크인의 꿈을 꾼다?", 가토 노리히코 외(2009), 『1Q84 어떻게 읽을 것인가』, 84~87쪽 참조.

제라는 시스템 그 자체를 표상한다는 해석도 있다.[60] 그러니까 리더의 모델은 〈옴 진리교〉 교조인 아사하라 쇼코라기보다는 천황일 수도 있다는 말이다. 작품 속에서 리더는 프레이저(J. Frazer)의 『황금가지』[61]를 참조하면서 이렇게 말한다. "그 시대의 왕은 사람들의 대표로서 '목소리를 듣는 자'였어. (중략) 그리고 일정 기간이 지난 후에 그 '목소리를 듣는 자'를 참살하는 것이 공동체의 유지에 필수불가결한 작업이었지."(Book2, 제11장) 한편 민속학자 오리구치 시노부는 "대상제(大嘗祭)의 본의"[62]에서 천황을 '미코토모치'(御言持)라고 정의 내렸는데, 이는 '가미(神)의 말씀을 전달하는 자'라는 뜻이다. 즉 천황 또한 『1Q84』의 리더처럼 가미의 목소리를 듣는 자(리시버)이자 그 가미의 목소리를 상징하는 자라는 말이다.[63]

---

60 안도 레이지, "왕을 살해한 후에", 같은 책, 154~156쪽.

61 이 제목의 배경신화는 다음과 같다. "북이탈리아의 네미 호수 옆에 '디아나의 숲'이라 부르는 신성한 숲과 성소가 있었다. 그 숲 속에는 황금색 가지를 지닌 나무 한 그루가 있었는데, 칼을 든 어떤 남자가 밤낮없이 그 나무를 지키고 있었다. 그는 사제왕이자 동시에 살인자였다. 그는 나무를 지키던 전임자를 살해하고 황금가지를 꺾은 후 비로소 사제왕이 될 수 있었는데, 그 또한 언젠가는 다른 자의 손에 의해 살해당할 운명이었다." 제임스 프레이저(2005), 『황금가지』1/2 참조.

62 折口信夫(1955), "大嘗祭の本義", 174~240쪽 참조.

63 대상제 때 세워지는 신전(大嘗宮) 안에는 '가미쿠라'(神座) 및 '미후스마'(御衾, 이불)와 '사카마쿠라'(坂枕, 베개)가 놓여진다. 오리구치는 이 중 침구의 존재에 주목하면서, 일본 신화에 나오는 천손 니니기가 지상에 강림할 때 몸에 둘렀다는 아기포대기 '마도코오후스마'(眞床覆衾)를 대상제의 '미후스마'와 같은 뜻으로 해석했다. 그래서 오리구치의 학설은 일반적으로 '마도코오후스마론'이라고 불려진다. 『1Q84』에서 실을 자아 짜낸 '공기번데기'는 바로 이 '미후스마' 또는 '마도코오후스마'라는 커다란 천(침구)를 연상케 한다. 어쨌거나 같은 침상과 같은 침구 속에서 선대의 천황과 새로 즉위하는 천황(황태자)이 하룻밤을 함께 지냄으로써 신성한 천황령(言靈)을 계승하여 비로소 새로운 천황으로 즉위하게 된다는 것이다. 이런 황위계승의례를 '도킨'(同衾)이라 한다. 이때 천황이 무녀와 의례적 성교를 나눈다는 설도 있다. 이 설의 진위는 불분명하기 때문에 『1Q84』에서 리더와 후카에리의 교접을 의례적 성교설과 직접 연관시키기는 무리가 있겠지만, 최소한 그것과 '도킨'(同衾)의례의 인접성을 인정할 수는 있다. 히라이 겐, "병행세계와 난쟁이들", 가토 노리히코 외(2009), 『1Q84 어떻게 읽을 것인가』, 349쪽.

4. 『1Q84』의 '신화'와 마이너리티의 정신세계 : 아오마메 · 덴고 · 후카에리

하루키에 따르면 아오마메와 덴고는 이상에서 살펴본 시스템의 세계에서 벗어나고자 시도하는 인물의 전형이라 할 수 있다. 이 둘이 각자 "1Q84의 세계를 어떻게 살아갈지, 시스템 속에서 개인을 관철하는 고독하기 짝이 없는 혹독한 작업을 견디면서 어떻게 마음의 연대를 다시금 손에 넣을지"를 힘겹게 모색하는 흐름의 이야기가 바로 『1Q84』라는 것이다.[64] 한편 〈공기번데기〉는 눈에 보이지 않는 근원적인 시스템으로서의 리틀피플에 대한 항체를 상징한다. 이런 의미에서 협업으로 〈공기번데기〉를 쓴 후카에리와 덴고는 반(反)리틀피플의 대변인이라 할 수 있다.

앞서 "나는 이 현실세계에 맞지 않는다"고 느끼는 옴 신자들이 옴 문제의 전경으로 존재한다는 점을 언급하면서, 그들은 사회 시스템 안에서 잘 살아가지 못하는 자, 세상의 시스템에 받아들여지지 못하는 자, 나아가 시스템의 공포, 즉 구조 자체의 공포 앞에서 현실감각을 잃고 가상현실의 세계로 미끄러져 들어감으로써 현실과 가상의 차이가 무화되어 버린 '다른 세계'를 사는 자로 일본 사회의 음화를 대표하는 종교적 마이너리티임을 시사한 바 있다. 이처럼 시스템에 적응하지 못하는 자를 광의의 마이너리티로 볼 때, 그 이면에서 반(反)시스템적 존재로서의 마이너리티를 상상하기란 그리 어렵지 않을 것이다.

얼굴에 언제나 불투명한 마스크 같은 것이 드리워져 있는 아오마

64 무라카미 하루키 롱인터뷰(2010), "하루키, 하루키를 말하다", 472쪽.

메,[65] 어릴 적부터 그 내면에 동굴을 파고 있던 덴고,[66] 그리고 선천적 '디스렉시아'(난독증)를 앓는 후카에리는 모두 라캉적인 결여 혹은 트라우마를 지니고 있고, 그 결여로 인해 이들 각각은 시스템에 전면적으로 의존하거나 안주하지 않게 된다. 바로 이런 결여의 취약성이야말로 역설적으로 시스템과의 싸움에서 최대의 무기가 될 수 있다. 그래서 정신과 의사 사이토 다마키는 『1Q84』 최대의 테마를 시스템에 대한 아오마메, 덴고, 후카에리의 싸움이라고 지적한 것이다.[67] 이런 의미에서 일단 아오마메, 덴고, 후카에리를 『1Q84』의 마이너리티적 캐릭터로 볼 수 있지 않을까 싶다.

이와 같은 반(反)시스템적 마이너리티에게는 흔히 우리에게 가장 익숙한 '풍경의 전도'가 수반된다. 간노 가쿠묘는 역작 『신도의 역습』[68]에서 시인 하기하라 사쿠타로(萩原朔太郎, 1886~1942)의 유일한 소설 『고양이 마을』(猫町)을 소개하면서 일상(俗)과 비일상(聖)이란 것이 질적으로 다른 무엇이라기보다는 그저 풍경의 안과 밖을 구성하는 것임을 암시한다. 여기서 고양이 마을은 사회시스템적인 일상이 전도되면서 만나게 되는 비일상으로서의 어떤 신적인 것을 상징하고 있다. 이때 만물의 창조자도 아니고 전지전능한 유일신도 아닌 일본의 가미(神)는 "전도된 풍경으로

---

65 "아오마메의 얼굴에는 언제나 불투명한 박피 같은 것이 씌워져 있었다. 그것은 존재의 기척을 지우기 위한 것이었다."(Book1, 제12장)

66 "덴고의 내면에는 원래부터 작은 빈틈과 공백이 있다."(Book1, 제4장)

67 사이토 다마키, "디스렉시아 무녀는 길랴크인의 꿈을 꾼다?", 가토 노리히코 외(2009), 『1Q84 어떻게 읽을 것인가』, 80쪽.

68 菅野覺明(2001), 『神道の逆襲』, 29~38쪽.

서 자신을 드러내는 이면(裏側)의 그 무엇"[69] 으로 규정된다.

한편 『1Q84』에 등장하는 액자소설 〈고양이 마을〉은 어느 독일인 작가의 작품으로 설정되어 있다. 한 청년이 발길 닿는 대로 여행하다 어떤 마을에 들어가 보니 인적이 전혀 없는데, 해가 저물자 무수한 고양이들이 마을로 들어와 밤새 제각기 맡은 일을 하다가 새벽녘에 어디론가 돌아가 버린다. 고양이들에게 청년은 보이지 않는 존재이고, 기차 조한 더 이상 역에 서지 않고 그냥 지나쳐 버린다. 그리하여 청년은 그 고양이 마을이 '자신이 상실되어 버린 어떤 곳'이며 '현실세계에는 존재하지 않는 장소'임을 깨닫게 된다. 부친이 있는 지쿠라 요양소로 향하는 기차 속에서 〈고양이 마을〉을 읽은 덴고는 그것을 의식불명이 된 애증의 대상인 부친에게 몇 번이고 들려준다.

그러는 사이 요양소 공간 자체가 고양이 마을로 치환되고, 덴고는 부친의 병실 침상에서 공기번데기 속에 들어 있는 열 살짜리 아오마메의 모습을 목도한다. 여기서 고양이 마을은 아오마메와 덴고가 치바현 이치카와의 어느 초등학교 교실에서 작은 두 손을 맞잡았던 '이미 지나가버린 시간 속에 존재하는 기억의 공간'으로 변한다. 또한 후카에리와 덴고의 주술적 교접이 그들을 데리고 간 곳도 고양이 마을이며, 거기서 후카에리는 아오마메로 치환된다. 이런 고양이 마을을 하루키는 1Q84년과 동일한 내용의 메타포로 설정하고 있다. "나(아오마메_필자)는 '1Q84년'이라는 이름으로 부르고, 그(덴고_필자)는 '고양이 마을'이라는 이름으로 불렀다. 하지만 가리키는 건 똑같은 한 가지다."(Book3, 제29장)

---

69 같은 책, 33쪽.

"나는 탈현실적인 기묘한 이야기를 즐겨 쓴다"[70] 고 자인하는 하루키는 아오마메, 덴고, 후카에리를 마이너리티적 캐릭터로 설정하면서 고양이 마을 혹은 1Q84년이라는 '다른 세계'의 묘사에 집착하고 있다. 아마도 하루키는 "내가 살아가는 시간과 이 사회에 흘러가는 시간이 전혀 다르다"는 감각을 소유한 '신인류'[71] 로서, 일찍부터 일본 사회 내에서 강한 고립감과 이질감을 느꼈던 모양이다. 그래서인지 그는 해외에 머물면서 소설을 쓰는 경우가 많았다. 다른 한편 그는 자신이 일본에서 정당하게 평가받지 못한다는 의식도 가지고 있었다. 그리하여 그는 에세이집 『슬픈 외국어』(1994)에서 "나는 솔직히 말해서, 젊었을 때 소설을 쓰기 시작하면서 일본이라는 상황에서 조금이라도 더 멀리 도망치고 싶었다"고 술회한다. 자유라든가 오리지널리티 같은 것이 그다지 중시되지 않는 일본 사회에서 자유와 개인을 추구한다는 것이 얼마나 어려운지를 나름대로 소설로 그리고 싶었다는 30대 하루키의 주요 관심은 일본 사회의 강제적 제도에서 탈출하기, 그리고 일본 문학의 강제적 제도에서 벗어나기, 이 두 가지에 있었다고 한다.[72]

그런데 고양이 마을과 1Q84년은 지극히 양가적인 이름이다. 그것은 리틀피플에게서 비롯된 이름이면서 동시에 리틀피플에 대항하기 위한 이름이기도 하다. 그런 고양이 마을 혹은 1Q84년을 매개로 깊이 연루되어 있는 마이너리티로서의 아오마메, 덴고, 후카에리 또한 지극히 양가적인 캐릭터의 속성을 보여준다. 그 양가성은 특히 자신이 가해자의 세계

---

70 村上春樹(2010), 『夢を見るために毎朝僕は目覚めるのです』, 21쪽.

71 大塚英志(2004), 『「おたく」の精神史』, 30쪽.

72 무라카미 하루키 롱인터뷰(2010), "하루키, 하루키를 말하다", 529~531쪽.

에 속해 있지 않다는 환영적 감각으로서의 피해자 의식과 관련하여 극명하게 드러난다. 가령 아오마메는 "태어날 때부터의 피해자"(Book1, 제13장의 타이틀)로 언급된다. 그러나 아오마메는 엄연한 가해자(킬러)이기도 하다. 아오마메는 어릴 때 원리주의적 종교집단인 '증인회'의 피해자이면서도 어른이 되어 다른 사이비단체, 즉 여성에게 폭력을 휘두르는 남성은 살해되어도 어쩔 수 없다는 원리주의적 교의를 가진 집단의 하수인이 된다. 이처럼 자신이 믿는 선을 위해 살인을 해도 좋다는 발상에 있어 아오마메는 지하철 사린 사건의 범인들과 닮았다. 그녀의 안에는 증인회라는 원리주의적 종교단체에 의해 각인된 습성이 지워지지 않는 문신처럼 몸에 배어 있다.

한편 리더는 자신의 딸(의 분신인 도터)을 강간하면서 이는 리틀피플의 의지이므로 거역할 수 없었다고 진술한다. "내가 그것을 원한 게 아니"었다는 것이다. 마찬가지로 덴고 또한 후카에리와 교접할 대 손가락 하나 움직일 수 없었다. "어쩔 수 없었다"는 것이다.[73] 이런 수동적이고 체념적인 피해자 의식을 가진 자는 하루키의 메타포를 빌려 말하자면 모두 시스템에 종속된 '계란'이라 할 수 있겠다. 하루키는 소설을 쓸 때 항상 다음과 같은 생각을 마음속에 담아둔다고 말한다. "높고 단단한 벽과 그것에 부딪쳐 깨지는 계란이 있다면 나는 언제나 계란 쪽에 서겠다."[74] 여기서 벽은 시스템이고 계란은 마이너리티라는 이해는 가장 윤리적이고 상

73 리틀피플이 만들어 낸 '공기번데기'에 의해 후카에리의 실체인 '마더'와 그 복제품인 '도터'가 분열된다. 이때 '마더'는 덴고와 그리고 '도터'는 '선구'의 리더와 교접한다. 결국 덴고와 리더는 리시버로서 둘 다 퍼시버인 후카에리를 필요로 했다.

74 무라카미 하루키(2009), "벽과 알", 599쪽.

식적인 사고의 출발점이다. 하지만 어느 쪽이 벽이고 어느 쪽이 계란인지, 벽과 계란 중 어디가 선이고 어디가 악인지를 결정하기란 간단한 일이 아니다. 하루키의 결연한 선언은 얼핏 마이너리티의 편에 서겠다는 의지의 표현처럼 보이지만, 그것은 일면 지극히 양가적인 『1Q84』의 세계에 반하는 것으로, 그 안을 들여다보면 일종의 마이너리티 의식으로서의 피해자 의식이 옴 문제의 그림자처럼 숨어 있음을 알 수 있다.[75]

하루키의 은유를 한번 가볍게 비틀어보자면, 아오마메는 "그 안에 벽을 품고 있는 계란"이라고 할 수 있겠다. 실은 아오마메가 리더를 살해하는 장면에서 이미 계란(정의)과 벽(악)이라는 단순구도는 무너져 버렸다. 그녀는 리더가 단순한 원리주의적 악이 아님을 인식하는 한편, 스스로의 내부에 있는 원리주의를 자각한다.[76] 아오마메는 결국 리더를 죽이지만, 그것은 자신을 희생함으로써 그녀가 사랑하는 덴고를 지키기 위한 선택이었기 때문이다. 그렇다면 『1Q84』는 결국 『노르웨이의 숲』(1987, 한국어 번역본은 『상실의 시대』)과 크게 다를 바 없는 연애 이야기란 말인가? 특히 제2권 후반부, 즉 "만일 너의 사랑이 없다면"(Book2, 제13장) 이후 서사의 중심축은 아오마메와 덴고의 신비적 교감과 순애로 일관되는 듯이 보인다. 리더는 아오마메에게 믿음과 사랑의 관계를 설파한다. "1984년도

---

75 그렇다고 해서 하루키의 선언을 무의미하다고 말하려는 것은 아니다. 그는 한편으로 피해자 의식에 대해 명료한 입장을 가지고 있다. 그에 따르면 일본의 가장 큰 문제점은 전후 전쟁의 엄청난 폭력을 상대화할 수 없었다는 점에 있으며, 모두가 피해자처럼 되어 "이런 잘못을 두 번 다시 되풀이하지 않겠습니다"라는 매우 애매한 말뿐으로 그 폭력장치에 대한 내적 책임을 지지 않으려 했다는 것이다. 무라카미 하루키·가와이 하야오(2004), 『하루키, 하야오를 만나러 가다』, 136~137쪽.

76 고시카와 요시아키, "'계란과 벽'을 넘어서", 가토 노리히코 외(2009), 『1Q84 어떻게 읽을 것인가』, 386~392쪽.

1Q84년도 근본적으로는 같은 구성요소를 가지고 있어. 자네가 그 세계를 믿지 않는다면, 또한 그곳에 사랑이 없다면, 모든 건 가짜에 지나지 않아."(Book2, 제13장) 그리고 덴고에 대한 사랑을 말할 때 아오마메는 항상 죽음을 떠올린다.

> "그에게 안기면 그 자리에서 당장 죽어도 상관없어 … 그를 만나면 그를 죽이고 싶은 생각이 들지도 몰라. 헤클러&코흐로 그를 우선 쏴 죽인 후에 내 뇌수를 쏴서 뚫어버릴지 몰라 … 하지만 그를 위해 대신 죽을 수도 있어. 그걸로 됐어. 난 웃으면서 죽을 수 있어." (Book2, 제21장)

죽음의식을 수반하는 이런 라캉적 주이상스(Jouissance)의 사랑은 마이너리티의 사랑법이다. 그런 만큼 그것이 〈옴 진리교〉에 있어 '바르도의 인도'라 불리는 세뇌 비디오의 "너는 죽는다. 반드시 죽는다. 절대로 죽는다. 죽음은 절대로 피할 수 없다"는 죽음 담론 혹은 종말 담론을 연상시키는 것도 무리가 아니다.[77] 이리하여 1984년이 1Q84년으로 치환되고 지쿠라 요양소가 고양이 마을로 환원되듯이, 『1Q84』에서 옴 문제는 사랑과 죽음의 담론으로 대체되기에 이른다. 그 담론의 가장 큰 특징은 마이너리티들의 '신화-주술적'인 교감에 있다. 그것을 '1Q84의 신화'로서의 마이너리티의 스피리추얼리티라고 명명해 보자.

---

77 사사키 아타루, "삶에 대한 모멸, 반복되는 '죽음의 이야기'", 같은 책, 68~70쪽.

5. 포스트-옴 시대의 ‘역사’와 ‘이야기’ : ‘신화’의 변주곡

이런 마이너리티 신화에는 내부와 외부의 전환을 수반하는 구조가 내장되어 있다. 이런 구조를 초래하는 것은 마이너리티의 두 얼굴이다. 즉 시스템에 의해 외부로 배제되거나 내부로 동화되는 마이너리티와 바깥쪽에서 시스템에 저항하여 시스템을 안쪽으로 전복시킬 수도 있는 동력으로서의 마이너리티가 그것이다. 거기서는 종종 안과 밖이 뒤틀림으로써 외부는 내부가 되고 내부가 외부로 교체되는 뫼비우스의 띠 혹은 클라인의 병과 같은 신화적 구조가 형성되기 십상이다. 그런 신화적 구조의 골격은 ‘가능한 해답’이 아니라 ‘불가능한 물음’들로 이루어져 있다. 현실 시스템은 우리에게 언제나 가능한 해답을 제시하면서 우리를 설득하고 포섭하고 강요한다. 하지만 마이너리티들은 모든 주어진 해답에 대해 공포를 느끼면서 오히려 해답 없음의 물음, 즉 불가능한 물음에 강박적으로 집착한다.

『1Q84』의 ‘Q’는 단순히 숫자 9의 일본어 발음을 알파벳으로 대체한 말장난에 불과한 것이 아니다. 그것은 물음(Question)과 탐색(Quest)을 통해 끊임없이 반복되는 마이너리티 신화의 부단한 진동(Quake)을 상징하는 표지이기도 한다. 그 신화는 마이너리티의 세계와 현실 속 시스템의 세계 사이에서 끊임없이 흔들리면서, 1984년과 1Q84년 사이, 마더와 도터 사이, 빅브라더와 리틀피플 사이, 소리의 세계와 문자의 세계 사이, 요컨대 두 개의 달 사이에 존재하는 근원적인 모순을 묻는다. 그리고 『1Q84』에 있어 ‘역사’와 ‘이야기’(物語, 모노가타리)는 이런 신화의 변주곡이라 할 수 있다.

그렇다면 하루키는 역사를 무엇이라고 생각했을까? 그는 “70년대 이후 정신적 기둥이 없는 시간을 살아왔다. 앞으로는 무언가 새로운 것을 만들지 않으면 안 되겠다는 생각이 든다. 먼저 역사로부터 배울 생각이다"[78] 라고 하면서, 일본에서 개인을 추구하려면 역사와 더불어 생각할 수밖에 없다는 점을 상기시킨다.[79] 하지만 고모리 요이치가 제기했듯이 『해변의 카프카』(2002)의 반(反)역사성에 대한 의문[80] 을 굳이 들먹이지 않더라도, 하루키가 1995년 한신 대지진 및 도쿄 지하철 사린 사건을 계기로 '디태치먼트'에서 '커미트먼트'로의 문학적 전회를 이루었다고 곧바로 단정하기는 어렵다. 『1Q84』는 기본적으로 그 이전의 주요 작품들과 마찬가지로, 아니 그 어떤 전작보다도 신화적 구조에 철저하며, 거기서 역사의 요소는 종종 "거의 맥락 없이"[81] 기입된 혼성성에 입각하고 있기 때문이다.

그렇다고 해서 이것이 역사에 대한 전적인 무관심을 뜻하는 것은 아니다. 특정한 역사적 사건이나 역사적 연도를 작품 속에 끌고 들어오는

---

78 1995년 9월 19일자 중앙일보와의 인터뷰.

79 무라카미 하루키·가와이 하야오(2004), 『하루키, 하야오를 만나러 가다』, 42쪽.

80 『해변의 카프카』의 주인공 카프카 소년은 스스로의 출생에서 유래한 트라우마를 마치 없었던 일처럼 공백으로 되돌린다. 그 과정에서 카프카 소년은 상상적으로 "아버지를 죽이고 어머니와 누나와 성적 관계를 맺는" 오이디푸스 신화의 세계로 퇴행하지만, 그 모든 것이 어머니한테 버림받았기 때문이며 따라서 어쩔 수 없었던 일이라고 체념한다. 마찬가지로 하루키는 소설 속에서 일본이 수행한 침략전쟁하에서의 폭력을 일순간 상기시키고 곧바로 그것이 어쩔 수 없는 일이었다고 기억에서 지워버림으로써 역사를 소거하고 폭력을 허용했다는 것이 고모리의 관점이다. 고모리 요이치(2007), 『「해변의 카프카」를 정독하다』 참조.

81 "내가 말한 '역사'는 단순한 과거 사실의 나열이나 인용이 아니라 일종의 집합적 기억으로서의 역사입니다. (중략) 내 안에 있는 다양한 기억과 체험과 흥미로웠던 것, 읽은 것, 본 것을 모조리 집어넣습니다. 어떤 경우에는 거의 맥락 없이." 무라카미 하루키 롱인터뷰(2010), "하루키, 하루키를 말하다", 455쪽.

데서도 엿볼 수 있듯이,[82] 역사에 대한 하루키의 관심은 나름대로의 이유가 있어 보인다. 가령 『1973년의 핀볼』(1980)이 전공투의 좌절과 함께 시작된 1973년으로 표상되는 70년대 일본의 정신풍경을 핀볼 게임에 비유했듯이, 『1Q84』는 1984년을 중심으로 80년대 일본의 정신풍경을 패러디하고 있다. 1984년이라는 시점은 학생운동(1968~69년)의 실패와 연합적군사건[83] 이후 급진적 이상주의가 침몰하면서 뉴에이지적인 것이 출현한 시기, 사회적 재편성이 일단락되고 오일쇼크도 통과하고 고도자본주의체제로 진입한 시기, 오타쿠적인 것이 성립한 시기,[84] 말하자면 일본이 막다른 골목을 향해 달리기 시작한 터닝포인트 같은 시기와 겹쳐진다. 좀 더 구체적으로 나열해 보자면, 1984년은 도쿄 디즈니랜드가 개장하고 닌텐도 게임기가 등장한 이듬해, 플라자합의[85] 1년 전, 즉 엔고시대, 소비사회, 정보사회, 거품경제 시대의 전야, 풍요 속에서 종신고용과 연공서열 등 이른바 '일본적 경영'에 대한 회의가 확산되고, 가정붕괴가 서서히 가속화되면서 '자기찾기' 붐이 시작되던 시점이었으며, 특히 〈옴 진리교〉의 모체인 〈옴의 모임〉과 그 요가도장이 도쿄에 개설된 해이기도 하다는 점은 옴 문제와 관련하여 매우 상징적이다. 요컨대 1984년

82 가령 『태엽감는 새』에서의 노몬한 사건, 『해변의 카프카』에서의 필리핀 레이테결전, 『1Q84』에서의 만주 등.

83 1971~72년. 세계동시혁명을 주창하는 적군파와 일국혁명을 주창하는 게이힌 안보공투가 연합한 군사조직인 연합적군이 경찰과 대치한 인질극으로 경찰 2명과 민간인 1명이 사망한 사건.

84 옴 사건 이전의 〈옴 진리교〉 담론은 종종 '오타쿠론'적인 성격을 띠었다. 大塚英志(2004), 『「おたく」の精神史』, 44쪽 및 165쪽.

85 1985년 미국 플라자호텔에서 이루어진 환율에 관한 합의. 이때 엔고 정책이 추진됨으로써 일본 거품경제 가열의 촉매제가 되었다.

이라는 해는 일본 사회에 이런저런 '이야기'(物語)들이 현실화되면서 여러 상징적인 사건들이 다발적으로 발생했던 시기라 할 수 있다.

오웰의 『1984년』에서의 역사는 주인공이 근무하는 '진리성'이 과거의 모든 데이터를 관리하면서 필요하면 깨끗이 지워버리고 마음대로 다시 고쳐 쓸 수 있는 그런 작위적 역사이다. 이에 비해 『1Q84』에서 역사는 이야기와의 관계에서만 존재할 수 있는 상상적 역사라 할 수 있다. 예컨대 우에노 도시야(上野俊哉)에 따르자면, 『1984년』을 패러디한 『1Q84』는 위사(僞史)적 상상력의 산물이다. 하루키는 이를 통해 1960년대의 정신사를 써서 남기고 싶어 했지만,[86] 그런 정신사는 물론 거짓 역사가 될 수밖에 없다는 말이다.[87] 이 책의 관점에서 보자면 여기서 지적된 '위사'를 '이야기적 역사'로 바꿔 말할 수 있겠다. 어디까지나 하루키는 작가이지 역사학자가 아니기 때문이다. 이런 의미에서 『1Q84』에 설정된 '이야기로서의 역사'의 한 장면을 다시 한 번 상기해 보자.

후카에리의 부친 후카다 다모쓰('선구'의 리더)는 전공투 운동의 절정기인 1960년대 말에 과격파 학생들로 구성된 홍위병 같은 부대를 만들고 그들과 함께 다카시마학원에 들어가며, 거기서 3년간 지낸 후 추종자들을 데리고 그곳을 나와 야마나시현에 새로운 코뮌 '선구'를 만든다. 이윽고 이 코뮌은 무장투쟁파 '여명'과 온건파 '선구'로 분열된다. 후카다는 온건파와 함께 '선구'에 남고 이후 종교법인화된 '선구'는 컬트화된다. 한

---

86 덴고와 아오마메는 학생운동 이후 세대로 설정되어 나오는데, 하루키는 한 인터뷰에서 "나는 이런 세대의 시선을 빌려 지금 시대를 바라보고 싶었다"고 토로한 적이 있다. 무라카미 하루키 롱인터뷰(2010), "하루키, 하루키를 말하다", 512쪽.

87 우에노 도시야, "시작의 1984, 1968이 남긴 것", 가토 노리히코 외(2009), 『1Q84 어떻게 읽을 것인가』, 353쪽.

편 '여명'은 산속 모토스 호수 근처에서 경찰부대와 총격전을 벌이다 괴멸한다. 이즈음 후카에리는 코뮌에서 탈출하여 부친의 대학동료이자 절친한 친구인 에비스노에게 몸을 의탁한다.(Book1, 제10장·제12장·제21장)

여기서 '선구'의 모델은 〈산안회〉 혹은 〈옴 진리교〉이고, 리더의 모델은 〈산안회〉 제창자인 니지마 아쓰요시 혹은 〈옴 진리교〉 교조인 아사하라 쇼코라는 점은 전술한 바와 같다. 한편 '여명'은 전술한 연합적군을 상기시킨다. 이리하여 실제 일어났던 역사적 사건은 『1Q84』라는 이야기 안에서 신화-주술적 사건들로 회수되며, 그런 치환 속에서 〈공기번데기〉나 〈고양이 마을〉 같은 또 다른 이야기가 등장한다. 하루키는 덴고의 입을 통해 '이야기'(모노가타리)의 역할은 하나의 문제를 다른 형태로 치환하는 것이라고 말한다. 그럼으로써 자신의 살아 있음을 추인한다는 것이다.[88] 그러니까 『1Q84』에서 '이야기'의 신화-주술적 치환은 이와 같은 자기 존재 확인의 수단이라는 말이다.

하지만 이처럼 신화-주술적으로 치환된 '이야기'는 어디까지나 역사적 현실이 아닌 가상현실일 뿐이다.[89] 달이 두 개 떠 있는 『1Q84』의 세계는 덴고와 후카에리가 만들어 낸 이야기인 〈공기번데기〉에 의해 창조된 가상현실이다. 그런데 그 세계는 "보여 지기 위한 세계/모든 것이 다 만들어진 것/하지만 나를 믿으면 모든 것이 진짜가 되는 그런 세계"이다. 이야기를 들려주면 그것이 진짜 현실이 될 수 있다는 것이다. 여기서 〈공

88 "소설을 쓸 때 나는 언어를 사용하여 내 주위의 풍경을 내게 보다 자연스러운 것으로 치환해. 즉 재구성을 해. 그럼으로써 나라는 인간이 이 세계에 틀림없이 존재하고 있다는 것을 확인해."(Book1, 제9장)

89 '모노가타리 소비론'을 펼친 대중문화 평론가 오쓰카 에이지는 이런 가상현실로서의 모노가타리를 중심으로 80년대 일본 사회를 분석하고 있다. 大塚英志(2004), 『「おたく」の精神史』, 212쪽.

기번데기〉의 이야기는 일종의 현실적인 힘으로 기능하는 백신 같은 것으로 묘사된다. 그것이 사람들에게 리틀피플(시스템)에 대항할 수 있는 항체를 만들어 주기 때문이다.[90] 이 대목에서 우리는 '이야기의 구원론'[91]에 대해 말할 수 있게 된다.

덴고는 이야기를 고쳐씀으로써 현실을 바꾸었고, 아오마메는 역사가 고쳐 씌어진 1Q84년의 세계로 빨려들어 갔다. 그리하여 아오마메가 살아가는 1Q84년의 세계는 덴고가 쓰는 이야기 속의 세계와 겹쳐진다. 이때 '이야기'와 '역사'의 경계에는 애매한 부분이 존재할 수밖에 없다. 〈새역모〉의 역사수정주의에서 말하는 '이야기로서의 역사'는 어쩌면 그런 애매한 영역에서 탄생한 역사관일지도 모른다. 정서적 공감에 입각한 낭만적 공동체의 형성을 꿈꾸는 '이야기로서의 역사' 관념에는 스토리(story 또는 storytelling)라든가 내러티브(narrative)와 미묘한 뉘앙스의 차이를 노정하는 '이야기'(物語, 모노가타리)의 일본적 함의가 깃들어 있다. 문자 그대로 '사물(物)을 말하기'를 뜻하는 '모노가타리'에서의 '모노'란 '모노노아와레'(物哀)에서의 '모노'와 마찬가지로 단순히 사물이나 사건만이 아니라 인간과 인간의 마음까지 포함하는 개념이기 때문이다. 이처럼 일종의 심적 공감능력에 입각한 모노노아와레적 감수성은 "이야기 체험이란 다른 사람의 신발을 신고 걸어 보는 것을 의미"[92] 한다고 말하는 하

90 사이토 다마키, "디스렉시아 무녀는 길랴크인의 꿈을 꾼다?", 가토 노리히코 외(2009), 『1Q84 어떻게 읽을 것인가』, 90쪽.

91 문학도 종교도 변형의 계기를 내포한 물음으로서의 '구원의 이야기'이며, 이런 의미에서 '이야기'(story-telling)는 신화 말하기(myth-telling)이다. 박규태(2000), "엘리 비젤과 '이야기'의 구원론적 의미" 참조.

92 村上春樹(2010), 『夢を見るために毎朝僕は目覚めるのです』, 20쪽.

루키에게서도 포착될 수 있다. 그런 '이야기'의 일본적 함의가 세켄(世間) 공동체에 특이한 역사 관념을 낳은 모체가 아니었을까? 거기서 "역사란 세켄 바깥에서 연출되는 드라마로서 어느 날 갑자기 세켄에 영향을 주기도 하지만, 보통은 세켄 바깥에서 사람들의 생활과 관계없는 사건으로 이해되는 경향이 있다."[93]

'이야기의 구원론'은 이야기와 역사 사이에 존재하는 저 애매한 영역에서 이른바 '이야기의 치유'를 동반함으로써 정점에 이른다. 이 책의 제8장에서 다루는 '치유'(癒し, 이야시)는 1990년대 말 이후 일본 사회에 유행한 키워드 중 하나이다. 그런데 일본인 전체가 치유를 갈구하는 이런 현상의 이면에는 전후 일본의 기원이 된 '역사 문제'가 일본인의 의식구조에 남긴 깊은 트라우마가 깔려 있다. 그것은 글로벌 시대로 진입하는 과정에서 그 역사 문제가 초래한 심리적 음영을 치유하고 그 정신적 무게로부터 도피하고 싶은 욕구가 일본인의 집단적 무의식이 되었다는 사실과 밀접한 관계가 있다. 친깡에 따르면 특히 전술한 『해변의 카프카』는 이런 시대적 배경 속에서 치유를 갈구하는 국민적 테마에 정확히 맞아떨어진 작품이다.[94] 그리고 아오마메와 덴고의 신화(주술적 사랑)에 의한 일종의 구원과 회복(1Q84의 세계로부터의 탈출)을 말하는 『1Q84』 또한 이런 치유 담론 안에 속해 있다. 그것은 여전히 '이야기의 구원론'에 기대면서, 큰 이야기(역사 혹은 아사하라의 종말론)가 붕괴된 후의 세계에서 작은 이야기(소설)가 무엇을 할 수 있을지를 묻고(Question) 탐색하는(Quest) 작업이라 할 수 있다.

---

93 아베 긴야(2005), 『일본인에게 역사란 무엇인가』, 24쪽.

94 친깡(2008), "전후 일본의 왜곡 속의 무라카미 하루키", 18쪽.

6. 『1Q84』의 스피리추얼리티 : 두 개의 달 사이로

이제야 우리는 '두 개의 달'에 대해 말해야 할 지점에 와 있다. 그것은 선과 악의 메타포인가? 물론 그렇다고 볼 수 있는 여지도 충분히 있다. 전술했듯이 〈옴 진리교〉의 포아 교리는 선악의 역설적 관점에 입각해 있는데, 이는 다음 리더의 발언으로 대변되는 『1Q84』의 선악관과 일치한다. "이 세상에는 절대적인 선도 없고 절대적인 악도 없어. (중략) 선악이란 정지하고 고정된 것이 아니라 항상 장소와 입장을 바꿔가는 것이야. (중략) 중요한 것은 유동하는 선과 악의 균형을 유지하는 것이지. 어느 한쪽으로 지나치게 기울면 현실적인 도덕을 유지하기 어렵게 돼. 그래, 균형 그 자체가 선인 게야." (Book2, 제11장)

윌리엄 블레이크(William Blake)의 『천국과 지옥의 결혼』이나 과정신학의 선악관과 유사한 이 '균형'의 선악관은 정확히 말해 '두 개의 달 사이'에 존재하는 완충지대이다. 다른 한편으로 김홍중은 덴고의 걸프렌드가 덴고에게 '루너틱'(lunatic)과 '인세인'(insane)의 차이를 설명하면서 일시적 광기의 원인을 달과 연결시키는 장면(Book1, 제24장)에 비추어 달을 광기의 상징으로 이해한다. 즉 두 개의 달이 떠 있는 1Q84년의 하늘은 서로 닮은꼴의 두 광기가 지배하는 '쌍'의 세계라는 것이다.[95] 예컨대 선과 악의 쌍을 비롯하여, 아오마메와 덴고, 옴 교단과 일본 사회, 가해자와 피해자, 원인과 결과, 지상과 지하, 덴고와 아오마메, 마더와 도터, 시스템과 마이너리티, 픽션과 리얼리티, 상처와 치유, 평범과 비범 등의 (신화적) 이

95 김홍중(2009), "하루키에 대한 몇 가지 단상들", 589~590쪽.

원대립항으로 구성된 쌍의 세계 말이다. 그럴 법한 이해다.

물론 그저 쌍의 세계를 말하는 데만 그친다면 그것은 지극히 상투적일 수밖에 없다. 하지만 『1Q84』에는 1984년과 1Q84년이라는 궁극적인 쌍의 세계가 하나의 구원론적인 천개(天蓋)로 상정됨으로써 그런 상투성을 다소나마 희석시키고 있다. 나아가 그것은 1Q84년이 1984년의 평행세계라기보다는 이 세계가 비껴나간 곳으로 암시됨으로써 더욱더 희석화된다. 하루키의 『세계의 끝과 하드보일드 원더랜드』(1985)는 두 개의 세계가 완전히 별도로 존재하다가 어디선가 연결되어 있다고 설정한다. 그러나 『1Q84』에서는 두 개의 세계가 평행세계로서 앞으로 나아간다기보다는 이미 연결되어 있다.[96] "이곳은 평행세계 같은 게 아니야. 저쪽에 1984년이 있고, 이쪽으로 갈라진 가지에 1Q84년이 있어서 양자가 병렬적으로 나란히 진행하는 게 아니야. 1984년은 이미 어디에도 존재하지 않아. 자네에게도, 나에게도. 지금은 1Q84년이라는 시간 외에는 존재하지 않아." (Book2, 제13장)

『1Q84』는 하루키가 데뷔 30년 만에 처음으로 내놓은 완전한 삼인칭 장편소설인데, 이런 형식의 변화는 곧 정신적 변형을 내포하고 있다. 예컨대 그런 형식의 변화는 〈옴 진리교〉를 비롯한 신신종교를 출현시키고, 포스트-옴 시대의 신영성운동을 확산시킨 일본 사회의 정신적 변화를 반영한다. 그것은 일인칭이나 이인칭이 아닌 삼인칭으로서의 개인이 어떤 존재이어야 하는가 하는 물음과 맞물려 있다. 흔히 하루키 문학이 한국의 젊은이들에게 어필한 이유는 이념적 거대담론(가령 이상주의, 정치

96 가와무라 미나토, "왜 이런 이야기가 전개되어야 했을까?", 가토 노리히코 외(2009), 『1Q84 어떻게 읽을 것인가』, 38쪽.

적 비판, 사회변혁 의지)에서 탈이념적 개인(내면성)으로의 회귀라는 흐름과 관계가 있다고 지적되는데,[97] 일본에서 무라카미 월드의 존재감 또한 이와는 조금 다른 맥락에서 개인과 밀접한 관계가 있어 보인다.

옴 문제에 직면하여 하루키가 발견한 '리틀피플적인 것 혹은 옴 진리교적인 것'은 일본적 근대성의 함정, 즉 개인의 결핍과 근대 국민국가의 과잉이 결합할 때 나타나는 어떤 전체주의적인 것을 암시한다. 그것은 피해의식을 공유하는 대중들에 의한 밑으로부터의 자발적인 추수(追隨)에 입각한 전체주의적 시스템이다. 요컨대 『1Q84』는 이런 시스템의 함정에서 벗어나기 위해서는 마이너리티적 개인(私)의 세계에 있어 "신화-주술적 은유와 환유의 재건축"[98]이 요청된다는 메시지를 발신하고 있다.[99] 예컨대 아오마메와 덴고의 희미한 사적 기억 속에서 연약하게 빛나는 장면, 즉 10세 때 초등학교 교실에서 맞잡은 조그만 두 손의 이미지는 포스트-옴 시대의 일본 사회가 새롭게 구성해야 할 개인과 개인 사이의 공존

---

97 김춘미(2008), "한국에서의 무라카미 하루키", 35쪽.

98 이 장에서 사용해 온 '신화-주술적'이라는 표현은 서두 부분에서 언급한 『1Q84』의 신화적 구조와 프레이저의 주술이론을 전제로 한 것이다. 프레이저에 따르면 주술(공감주술)은 크게 유사의 법칙(은유적인 것)에 입각한 모방주술과 접촉의 법칙(환유적인 것)에 입각한 감염주술로 구분된다. 주술에 관해서는, 제임스 프레이저(2005), 『황금가지』1, 제3장 참조. 『1Q84』의 경우, 서로 비슷하면서도 다른 1984년과 1Q84년의 관계 혹은 리더와 덴고의 관계가 은유적인 신화-주술적 세계에 속한다면, 리더와 후카에리의 교접 또는 덴고와 후카에리의 교접은 환유적인 신화-주술적 세계에 닿아 있다.

99 이와 관련하여 작중 인물인 문화인류학자 에비스노는 다음과 같이 말한다. "문화인류학의 목적 중 한 가지는 사람들이 품은 개별적인 이미지를 상대화하고, 거기서 인간의 보편적인 공통점을 찾아내어 다시 그것을 개인에게 피드백하는 것이야. 그렇게 함으로써 인간은 자립적이면서도 어딘가에 속하는 포지션을 획득할 수 있거든."(Book1, 제12장)

양식을 시사하는 원초적인 신화-주술적 이미지라 할 수 있다.[100] 하지만 그런 이미지는 여전히 '세카이계'[101] 적 서사구조의 틀 안에 머물러 있음을 부인하기 어렵다.

그렇다면 『1Q84』의 메시지가 시스템의 제물이 되기 십상인 마이너리티들에게 과연 얼마만큼 설득력을 가질 수 있을까 하는 의문이 들 수밖에 없다. 시스템으로서의 리틀피플적인 것은 앞서 언급한 세켄(世間) 개념과도 겹쳐진다. 서양사학자 아베 긴야에 따르면 일본 사회에서는 개인이 세켄과 무의식적으로 일체화되어 있다. 이처럼 세켄 속에 유폐되어 있는 개인을 해방시키기 위해서는 세켄으로부터 자립해야 하며 이를 위해 세켄과 투쟁해야 한다. 또는 세켄을 역사로 대상화시켜야 한다.[102] 이런 대안은 시스템과 싸울 각오를 다지는 나쓰메 소세키적 개인을 연상케 한다.[103] 한편 『1Q84』 Book3는 아오마메와 덴고가 1Q84년의 세계를 빠져나와 들어간 곳이 1984년의 세계가 아닌 제3의 세계임을 암시하면서 끝을 맺는다.

여전히 수수께끼와 모순으로 가득 차 있을 그 미지의 세계를 앞에

---

100 김홍중(2009), "하루키에 대한 몇 가지 단상들", 595쪽.

101 특히 일본의 애니메이션이라든가 망가 등에서 유약한 소년 주인공과 강력한 소녀 주인공을 중심으로 한 작은 관계성의 문제가 구체적인 사회적·역사적 중간 항목의 개입 없이 '세계의 위기'나 '종말'과 같은 추상적인 거대담론으로 직결되는 서사구조를 가진 작품군을 가리키는 용어. 아오마메와 덴고가 두 개의 달이 떠 있는 1Q84년의 세계로 빨려 들어가면서 모든 위기 상황이 초래되는 계기에는 직접적인 역사적·사회적 매개가 존재하지 않는다.

102 아베 긴야(2005), 『일본인에게 역사란 무엇인가』, 213~216쪽.

103 "그런 난관들을 다 통과한다 해도 철옹성과 같은 사회가 기다리고 있다. 개인의 자유와 개개인의 사정을 조금도 참작해 주지 않는 기계와도 같은 사회가 있었다. 지금 다이스케에게는 그 사회가 완전히 암흑으로 보였다. 다이스케는 모든 것과 싸울 각오를 했다." 나쓰메 소세키(2003), 『그 후』, 291~292쪽.

두고 아오마메는 결의를 새롭게 한다. "기꺼이 그것을 받아들이자. 나는 이곳에서 이제 어디로도 가지 않는다. 어떤 일이 있어도, 우리는 단 하나뿐인 달을 가진 이 세계에 발을 딛고 머무는 것이다. 덴고와 나와 이 작은 것, 셋이서."(Book3, 제31장) 이 결의가 옴 문제를 안고 있는 일본 사회의 시스템에 대한 저항의지에서 발해진 마이너리티적 개인의 결의인지는 아직 불투명하다. '속물적'이라든가 심지어 '변태적'[104]이라는 오명에서부터 '수동성'(오에 겐자부로)[105] 혹은 '댄디즘'(가라타니 고진)이라는 평가를 거쳐 '교육적'[106]이라는 극찬에 이르기까지 양극단을 달리는 하루키 문학에 대한 평가는 혹 이런 불투명성에서 비롯된 것일까? 그 불투명성은 포스트-옴 시대 일본 사회의 민얼굴이기도 하다. 하루키가 묘사한 '두 개의 달'은 어쩌면 경계가 애매해진 '새 것'과 '낡은 것'의 메타포일지도 모르겠다.

---

104 "속물적"이고 "변태적"인 하루키 문학은 "독자들의 정신적, 인격적 미성숙과 미숙에 의지하고 있으며, 이는 작가 자신의 인간적인 미성숙을 뜻하기도 한다." 다케우치 신, "무라카미 하루키를 둘러싼 피곤한 모험", 가토 노리히사 외(2009), 『1Q84 어떻게 읽을 것인가』, 270쪽.

105 "무라카미 하루키 문학의 특질은 사회에 대해 혹은 개인적 일상과 가장 가까운 환경에 대해서조차 능동적 자세를 취하지 않겠다는 각오 위에 성립되어 있습니다. 이런 각오를 바탕으로 대중적이고 풍속적인 환경으로부터의 영향에 저항하지 않고 수동적으로 받아들이면서 그것을 편안한 BMG 음악을 듣듯이 자신의 내적 몽상의 세계를 무난하게 엮어 내는 것이 그의 방법입니다." 천깡(2008), "전후 일본의 왜곡 속의 무라카미 하루키", 17쪽에서 재인용.

106 김홍중(2009), "하루키에 대한 몇 가지 단상들", 585~586쪽.

제4장

프레-스피리추얼리티

: 일본적 영성

옴 사건이 일어나기 열흘 전인 1995년 3월 10일에 출간된 『현대인의 마음과 신: 일본인의 마음의 루트를 탐색한다』[1]는 MIWA 일본 문화교류회의의 주최하에 학자·기업인·종교 관계자들이 모여 '일본적 사유의 근원'을 탐구하자는 목적으로 개최된 심포지엄의 기록인데, 거기서 논자들은 "일본적 영성이 새천년기 세계에 결정적인 영향을 미칠 것"이라는 주장을 핵심적인 메시지로 내세우고 있다.[2] 이 예언은 곧 이은 옴 사건의 발발로 수면 아래로 가라앉은 듯이 보였지만, 시간이 흐르면서 스피리추얼리티 붐과 함께 다시금 부상하게 된다. 이하에서는 스피리추얼리티의 일본판 전신이라 할 만한 '일본적 영성'에 관해 스즈키 다이세쓰(鈴木大拙, 1870~1966)의 저술을 중심으로 살펴보고자 한다.

1 根本幸夫他編(1995), 『現代人の心と神』.

2 リゼット・ゲーパルト(2013), 『現代日本のスピリチュアリティ』, 255~257쪽 참조.

1. 스즈키 다이세쓰와 『일본적 영성』

앞의 제1장에서 종교 붐, 뉴에이지, 정신세계, 신신종교 등의 개념과 관련하여 신영성운동을 언급한 바 있는데, 일본에서 영성(스피리추얼리티)이라는 말은 가톨릭교회의 용법처럼 특수한 사례를 제외한다면 실은 통상적으로 그다지 쓰이지 않았던 말이다. 일본에서는 일상적으로 원령, 조령, 망령, 영령이라든가 영혼 또는 혼(다마시이) 등이 많이 사용되어 왔다. 그래서 스즈키 다이세쓰는 『일본적 영성』(1944)이라는 고전적인 명저를 펴내면서 "영성이라는 문자는 그다지 쓰이지 않지만, 나는 정신이라든가 흔히 말하는 '마음'(心) 안에 다 포괄되지 않는 것을 영성이라는 말에 담고 싶다"[3] 고 했으며, 그리고 『영성적 일본의 건설』(1946)에서는 "영성은 유령, 원령, 신령, 영령 등을 가리키는 말이 아니다. 또한 우리가 일반적으로 말하는 정신이나 혼 같은 것도 아니"[4] 라고 부연한 것이다. 현재 일본 사회에 널리 유포되어 있는 영성(스피리추얼리티)이라는 용어는 주로 이 스즈키가 사용한 의미로 쓰이고 있으므로,[5] 이하에서는 그가 말하는 '일본적 영성'의 내용을 검토하면서 나아가 그것을 일본 문화론적 개념들과 관련시켜 생각해 보기로 하겠다. 이에 앞서 먼저 스즈키의 생애와 사상에 대해 간단히 언급하고 넘어가기로 하자.

오늘날까지도 많은 서구인들은 불교 하면 먼저 일본의 선(Zen)을 떠올린다. 이는 전적으로 스즈키 다이세쓰의 업적이라 해도 과언이 아니다.

---

3 鈴木大拙(1972), 『日本的靈性』, 16쪽.

4 鈴木大拙(1999), "靈性的日本の建設", 158쪽.

5 高橋和夫(2003), "鈴木大拙の「靈性」の概念について", 17쪽.

스즈키는 메이지 유신 무렵 가나자와(金澤)현에서 4남 1녀 중 막내로 태어났다. 그는 의사로서 당시 서양 의학에도 적지 않은 관심을 갖고 있었던 부친의 영향으로 일찍부터 한문에 대한 깊은 소양을 쌓았고, 청년기에는 영어를 익혀 불교를 세계에 소개하겠다는 뜻을 품게 된다. 하지만 여섯 살 때 아버지를 여의어 형편이 어려워진 탓에 중도에 수업을 포기하고 수년간 소학교에서 영어 교사로 일했다. 그 후 스물한 살이 된 1891년 도쿄로 상경, 도쿄 전문학교(현 와세다대학의 전신)에 특별 학생으로 등록하여 영문학을 수강하다가 다음해에는 고등학교 동창인 니시다 기타로(西田幾多郎)의 권유로 도쿄대학 철학과에 입학한다. 하지만 당시 그는 대학 공부보다는 가마쿠라(鎌倉)의 선사찰인 엔가쿠지(圓覺寺)에 자주 드나들며 선승 샤쿠 소엔(釋宗演, 1856~1919)의 지도하에서 참선 수행하기를 더 즐겼다.[6]

1897년 스즈키는 21세의 나이로 샤쿠 소엔의 추천을 받아 미국으로 건너가 일리노이주 라살에 있는 한 출판사에 입사한 후 노자의 『도덕경』을 영역 출판한다. 이어서 도미한 지 불과 3년 만인 1899년에 『대승기신론』(大乘起信論)을 영역 출판했는데, 이를 계기로 그의 이름이 서구 학계에 널리 알려지게 되었다. 이후 그는 96세에 작고[7] 하기까지 일문 저작

6 샤쿠 소엔은 일찍이 후쿠자와 유키치(福澤諭吉)를 경모하여 게이오(慶應)대학에서 근대 교육을 받은 선승이다. 그는 1893년 시카고에서 개최된 세계종교회의에 일본 대표 가운데 한 사람으로 참석하여 영어로 선불교에 관한 강연을 한 적이 있는데, 그때의 원고를 영역한 사람이 바로 스즈키였다. 샤쿠 소엔과의 만남은 향후 스즈키의 인생에 결정적인 영향을 끼친다. 다이세쓰라는 이름도 샤쿠 소엔이 지어준 거사호(居士號)였다. 스즈키뿐 아니라 니시다 기타로와 나쓰메 소세키도 이 샤쿠 소엔 밑에서 참선을 배웠다.

7 그의 유해는 현재 가마쿠라 도케이지(東慶寺)에 묻혀 있다.

100여 권과 영문 저작 30여 권을 남겼다. 이처럼 방대한 분량의 저술을 펴낸 그는 무엇보다 먼저 선불교를 영어로 번역하여 서구에 소개한 사상가로 기억된다. 그는 선에 대한 서구 지식인들과 일반 대중의 관심을 고양시키는 데 결정적인 공헌을 하였으며, 서구 지성인들과의 대화를 통해 동서양 사상의 가교가 되었다. 그는 또한 마이스터 에카르트나 윌리엄 제임스 및 스웨덴보르그[8] 등에 깊은 관심을 갖고 연구하기도 했다. 역사가 린 화이트는 이런 스즈키를 "서양인들로 하여금 서양의 껍질을 깨고 나와 지구적 관점에서 사물을 볼 수 있도록 도와준 사상가"로 평가한다. 한편 스즈키는 서구 세계에 일본 문화를 널리 알리는 데도 큰 역할을 했다. 가령 영국과 미국의 여러 대학에서 행한 강연 노트를 토대로 하여 영문으로 펴낸 『선과 일본 문화』(Zen and Japanese Culture, 1938)에서 스즈키는 일본 미술, 무사도, 검도, 일본 유교, 다도, 하이쿠(俳句) 등의 일본 문화가 선불교와 밀접한 연관성이 있음을 보여 주었다.

이런 스즈키 사상의 근간은 그가 27세에 내놓은 처녀 저서 『신종교론』(新宗教論, 1896)에 이미 잘 나타나 있다. 여기서 그는 종교의 핵심이 진리에 있으며, 그 진리는 대지(大智)와 대비(大悲)로 구현된다고 말한다. 이때 스즈키는 진리가 어느 특정 교단에만 한정되는 것이 아니라고 주장했는데, 이는 우치무라 간조(内村鑑三)의 무교회주의와 유사한 입장이라 할 수 있다. 스즈키에 따르면 철학은 '진리를 아는 것'이며 종교는 '진리에 거

8 스즈키는 1909년 39세의 나이로 14년의 서구 생활을 정리하고 귀국하여 가쿠슈인(學習院)과 도쿄대학 등에서 영어강사 생활을 하면서 이듬해 스웨덴보르그(E. Swedenborg, 1688~1772)의 주저 『천국과 지옥』을 일역 출판한다. 스즈키는 그에 앞서 1908년에 런던에서 개최된 국제 스웨덴보르그 대회에도 참석한 바 있다.

하는 것'으로, 양자는 하나가 되어야 한다. 또한 그는 종교와 과학을 대립되는 것으로 보지 않고 오히려 과학으로써 종교의 묵은 때를 벗겨낼 때 종교의 참된 아름다움이 드러날 것이라고 생각했다. 나아가 그는 의무를 이행하는 것이 곧 도덕이라고 규정하면서, 이런 도덕의 의무와 종교의 자비 양자 모두를 이행하는 것이 곧 종교적 도덕이라고 말한다. 이와 같은 종교관은 종교 체험에 토대를 둔 다원주의적 종교관에 가깝다. 이처럼 종교 일반에 깊은 이해를 지닌 스즈키의 불교학은 기본적으로 선적 체험에 입각한 것이었지만, 그는 결코 편협한 불교 신자가 아니었다. 오타니대학에서 불교를 강의하면서 본격적으로 전개된 스즈키 불교학의 주요 연구 대상은 크게 여섯 가지로 분류된다. 곧 화엄 사상, 달마돈, 일본 선승인 반케이(盤珪)의 불생선(不生禪) 사상, 무심(無心) 사상, 임제(臨濟)의 인(人) 사상, 그리고 일본적 영성에 관한 관심이 그것이다. 이 가운데 스즈키 불교 사상의 핵심이 최종적으로 집약된 일본적 영성에 관한 연구에 특히 주목할 만하다.

일본이 광적인 군국주의의 막다른 골목으로 치닫고 있던 1944년에 그는 『일본적 영성』을 펴냈다. 여기서 그는 당시의 일본이 국민 조작을 위해 흔히 사용하던 '일본 정신'이라는 말 대신 '영성'이라는 표현을 쓰고 있다. 실은 이 '영성' 개념은 스즈키 불교학의 최종 문제라 할 수 있는데, 그에 따르면 종교의 근본은 영성의 자각에 있고 이때 영성은 정신과 물질의 이원론적 대립을 넘어서서 양자 모두를 포괄하는 것이다. 즉 영성이란 정신세계와 물질세계의 배후에 있는 또 하나의 세계로서의 종교 의식을 가리킨다. 다시 말해 영성은 종교 경험 그 자체와 관련된 것으로, 스즈키는 모든 민족이 각자의 영성을 가지고 있으며 거기에 우열이란 있을 수 없다고 생각했다. 그리고 그중 일본적 영성은 가마쿠라 시대에 이르러 비로소 깨어나기 시작했으며, 특히 선종과 정토진종에서 가장 전형적으로 나타났다고 보았다.

그렇다면 일본적 영성의 구체적인 내용은 무엇인가? 스즈키는 일본적 영성 안에서 선종과 정토진종의 접점을 찾아내고자 했다. 그는 일찍이 전술한 『신종교론』 및 『대승 불교 개론』(Outlines of Mahayana Buddhism, 1907)에서 불교 사상의 가장 핵심적인 두 축이 대지(큰 앎)와 대비(큰 사랑)에 있다고 보았는데, 대지가 자력 구제와 깨달음을 중시하는 선종의 표상이라면 대비는 타력 구제와 신앙을 강조하는 정토진종의 표상이라는 것이다. 그런데 스즈키는 이것들이 결국은 둘이면서 하나라고 말한다. 이는 영성의 세계인 극락(정토)과 감각 및 지성의 세계에 속한 사바(예토)에 대해서도 마찬가지로, 즉 극락과 사바는 상호 모순되면서 동시에 동일한 존재라는 것이다. 극락은 어디까지나 극락이고 사바는 어디까지나 사바로되 극락 없이 사바가 없고 사바 없이 극락이 있을 수 없기 때문이라는 것이다. 이와 같은 부정을 통한 긍정 혹은 상즉상입(相卽相入)의 사유 방식을 스즈키는 '즉비(卽非)의 논리' 또는 친구 니시다 기타로에게 배운 표현으로 '절대 모순의 자기동일'이라고 부르면서 이를 대승 불교의 근본 원리로 보았다. 모순이 모순 그대로 모순이지 않은 것으로 받아들여지는 논리,[9] 혹은 둘이면서 하나인 것, 다르면서 다르지 않은 것을 지칭하는 이런 즉비의 논리는 일상적인 방식으로는 포착하기 어려우며 아미타불의 절대 타력에 대한 진종적 신앙이나 참선을 통하여 이해될 수 있다. 다시 말해 즉비의 논리가 지향하는 곳은 바로 지상 위의 정토이다. 스즈키

9 簗山修道(2010), "鈴木大拙の靈性的自覺の一考察", 191~192쪽.

는 정토란 사바 세계의 바깥에 초연하게 존재하는 것이 결코 아니며, 바로 사바의 한가운데서 정토가 생겨난다고 말한다. 이를 정토종의 교의에 대응시켜 보자면, 범부가 그 번뇌(모순)를 그대로 가지고 정토왕생할 수 있다는 말이 된다.

불교란 어디까지나 사람의 가르침이라고 믿었던 스즈키는 활인(活人)의 학문을 원했다. 그에게 사람으로서의 자각은 곧 영성의 자각이자 종교 경험이었고, 사람이 산다는 것은 자기 자신의 사람다움을 깨닫고 영성 자각을 통하여 산다는 것을 뜻했기 때문이다. 이런 스즈키에게 영성이란 무엇보다 먼저 종교의식 또는 종교경험 그 자체를 가리킨다. 물론 이때의 종교는 다음 인용문에서 잘 나타나듯이 통상적인 의미의 제도 종교가 아닌, 종교의 본질과 이어져 있는 참된 종교성을 함축하고 있다.

> "영성을 종교의식이라 해도 좋다. 하지만 종교라 할 때 보통은 일반적으로 오해하기 십상이다. 일본인은 종교에 대해 그다지 깊은 이해를 갖고 있지 않다. 혹은 종교를 미신의 다른 이름으로 여긴다든지 혹은 종교도 무엇도 아닌 것을 종교적 신앙인 것처럼 가장한다. 그래서 나는 종교의식이라 하지 않고 영성을 말하는 것이다. (중략) 영성에 눈을 뜰 때 비로소 종교를 알게 된다."[10]

> "일반적으로 말하는 종교는 제도화된 것이므로, 거기에는 개인적 종교경험을 토대로 하여 그 위에 집단의식적 공작이 가해졌다. (중략) 종교

10 鈴木大拙(1972), 『日本的靈性』, 17쪽.

사상, 종교의례, 종교적 질서, 종교적 정념의 표상 등이 있다 해도 그것들이 반드시 종교경험 자체는 아니다. 이에 비해 영성이란 바로 종교경험 그 자체를 가리킨다."[11]

그러니까 스즈키의 영성 이해는 일차적으로 본질주의적인 종교 이해에 입각한 것임을 알 수 있다. 그가 영성의 보편성을 주장하는 근거 또한 이와 같은 본질주의적 이해에 토대를 둔 것이었다. "종교의식의 각성은 영성의 각성이며, 그것은 또한 정신 그 자체가 그 근원에 있어 움직이기 시작했다는 것을 의미한다. 그렇기 때문에 영성은 보편성을 가지며 특정 민족에게만 한정된 것은 아님을 알 수 있다."[12] 요컨대 종교의 생명은 어디까지나 영성의 경험, 즉 영성적 자각의 사실에 있다는 것이 스즈키 종교관의 핵심이라 할 수 있다.

여기서 우리는 이와 같은 종교관이 일원론적인 세계관에 의해 뒷받침되고 있다는 점에 유의해야 할 것이다. 종교(스즈키가 부정적으로 보는 일반적인 의미에서의)와 영성은 세계를 이항대립으로 가득 찬 이원론적인 감성적 혹은 지성적 세계로 보느냐, 아니면 일원론적인 영성적 세계로 보느냐에 따라 그 경계선이 획정된다. 이때 스즈키가 영성과 구별되는 영역으로 들고 있는 것은 지성 또는 정신이다. 스즈키에 따르면 "의식과 마음을 두 가지 국면으로 나눈다면, 하나는 지성이고 다른 하나는 영성이라 할 수 있"는데, 이 지성과 영성의 관계는 "영성이 지성을 통솔하고 통어"하며

---

11 같은 책, 19~20쪽.

12 같은 책, 20쪽.

혹은 "지성에서 영성은 나오지 않지만, 영성에서는 지성이 나올"[13] 수 있는 그런 관계에 있다. 따라서 "우리는 지성에서 영성으로 나아가지 않으면 안 된다"[14]는 것이다. 한편 정신과 영성의 관계에 대해 스즈키는 다음과 같이 적고 있다.

> "정신과 물질의 심층에 무언가를 보지 않으면 안 된다. 양자가 대치하는 한, 모순, 투쟁, 상극, 죽임 등을 피할 수 없다. 그래서는 인간은 아무래도 살아갈 수가 없다. 무언가 양자를 포괄하여 양자가 결국은 둘이 아니라 하나이고, 또한 하나이자 그대로 둘임을 보는 어떤 것이 없어서는 안 된다. 이 어떤 것이 바로 영성이다. 종래의 이원적 세계가 상극하여 서로 죽이지 않고 상호 양보하고 교제하여 상즉상입하게 되는 것은 인간 영성의 각성을 기다리는 수밖에 없다. 이른바 정신과 물질세계의 이면에 하나의 세계가 열리고, 전자와 후자가 서로 모순되면서도 영발(映發)하게 되지 않으면 안 된다. 이것은 영성적 직각 혹은 자각에 의해 가능하다."[15]

한마디로 이원적 세계를 대표하는 것이 정신이라면, 영성은 전술한 '즉비의 논리'를 다르게 표현한 '일즉다 다즉일'(一卽多 多卽一)의 일원적 세계를 표상한다. 스즈키는 이와 같은 대비를 윤리적인 분별지와 초월적인 무분별지의 대비를 통해 표현하기도 한다. "정신에는 윤리성이 있지

13 鈴木大拙(1999), "日本の靈性化", 250쪽.

14 鈴木大拙(1999), "靈性的日本の建設", 42쪽.

15 鈴木大拙(1972), 『日本的靈性』, 16~17쪽.

만 영성은 그것을 초월한다. 초월은 부정의 뜻이 아니다. 정신은 분별의식을 기초로 하지만, 영성은 무분별지이다. (중략) 정신의 의지력은 영성에 의해 뒷받침될 때라야 비로소 자아를 초월한 것이 된다." 그리고 "영성은 정신의 심층에 잠재하고 있는 작용으로, 이 영성에 눈을 뜨게 되면 정신의 이원성은 해소된다"[16] 는 것이다. 요컨대 스즈키가 말하는 영성 내지 영성적 자각이란, 무엇이든 절대적으로 섞일 수 없는 모순된 것을 그대로 '절대모순적 자기동일'로서 원융무애하게 있게 할 수 있는, 의식의 근저에 열려진 내재적 초월적 장소의 자각적인 작용을 가리킨다. 이와 같은 영성은 지성과 정신의 근원에 있는 "통일의 원리"[17] 에 다름 아니다. 다시 말해 "지성에는 자유가 없다. 자유의 참된 근원은 영성에 있다"[18] 는 것이다.

2. 대지의 영성

스즈키에 따르면 이처럼 모든 이원성으로부터 자유로운 통일성의 원리인 영성의 자각이 일본에서 일어난 것은 바로 영성이 대지와 접촉함으로써 영성에 함축되어 있던 '대지성'이 드러난 중세 가마쿠라(鎌倉) 시대에 정토진종의 창시자 신란(親鸞, 1173~1262)의 등장과 함께 비로소 가

---

16 같은 책, 17~19쪽.

17 鈴木大拙(1999), "日本の靈性化", 252쪽.

18 같은 글, 256쪽.

능했다고 한다. 신란은 교토로부터 에치고(越後)[19]에 유배당했는데, 이때 그는 "구체적 사실로서의 대지 위에서 그 대지와 함께 살아가는 에치고의 밑바닥 사람들과 더불어 살면서 그들의 대지적 영성에 접했을 때 자신의 개체성을 통해 초개체적인 것을 경험했다."[20] 이로써 모노노아와레의 정서적 차원에 머물러 있던 고대 헤이안(平安) 시대 귀족의 정신적 상태가 극복되고 일본적 영성이 나타났다는 것이다. 그 일본적 영성은 선(禪)으로 대표되는 지적인 일본적 영성과 정토교로 대표되는 정적(감성적)인 일본적 영성으로 대별된다.

이 점에서 일본적 영성의 키워드는 '대지'라 아니할 수 없다. 그리하여 "영성은 대지를 뿌리로 삼아 살아 있다"[21]고 여긴 스즈키에게 있어 그 대지의 심층적 의미는 하늘과의 극명한 대비 속에서 드러난다. 외경의 대상인 두려운 하늘에 비해, 사랑의 대지는 인간을 자비롭게 받아들인다. 그렇기 때문에 "하늘(天日)만으로는 종교의식을 불러 깨우지 못한다. 대지를 통하지 않으면 안 된다. 대지를 통한다는 것은 대지와 인간이 감응하는 것을 가리킨다."[22] 계속해서 스즈키는 다음과 같이 하늘과 땅을 비교한다.

"하늘의 태양은 감사할 뿐이다. 그것 없이 생명은 없다. 생명은 모두 하늘을 가리킨다. 하지만 뿌리는 아무래도 대지에 내리지 않으면 안 된다.

---

19 지금의 니가타현을 가리키는 옛 지명.

20 鈴木大拙(1972), 『日本的靈性』, 90쪽.

21 같은 책, 42쪽.

22 같은 책, 45쪽.

대지와 관계없는 생명은 참된 의미에서 살아 있는 것이 아니다. 하늘은 외경스럽지만 대지는 친숙하고 사랑스럽다. 대지는 아무리 밟아도 두들겨도 화내지 않는다. 생명이 태어나는 것도 대지에서이다. 죽으면 원래의 대지로 되돌아간다. 하늘은 아무래도 우러러보아야만 한다. 우리를 받아주지는 않는다. 하늘은 멀고 땅은 가깝다. 대지는 아무래도 어머니이고 사랑의 대지이다. 이것만큼 구체적인 것은 없다. 종교는 실로 이 구체적인 것에서가 아니면 발생하지 않는다. 영성의 깊은 곳은 실로 대지의 자리에 다름 아니다."[23]

혹 한국과 중국 사상이 하늘을 중시하는 사상인 데 비해 일본 사상은 땅의 사상이라고 말한다면, 그것은 아마도 스즈키가 말하는 위 인용문의 맥락에서 가능할지 모르겠다. 하늘의 보편성에 입각해 있는 한국사상과는 대조적으로 스즈키는 "하늘의 감사함은 보편성을 가질 수 없다. 대지와 함께 그 은총을 받을 때에만 하늘은 이 몸과 이 일개 인간의 바깥에 나와서 그 사랑의 평등성을 긍정하게 된다"[24] 고 생각했다. 인간은 하늘에 대해 "절대 수동적"[25] 일 수 밖에 없다. 왜냐하면 "하늘은 다만 두려울 뿐이고 사랑받거나 사랑할 만한 대상은 아니"기 때문이다. 그래서 인간은 "하늘에 대해 두려운 마음으로 복종(慑服)할 뿐이다. 만일 하늘의 사랑에 친숙해지는 경우가 있다면 그것은 오직 대지를 통해"[26] 서만

23 같은 책, 43쪽.

24 같은 책, 45쪽.

25 같은 책, 44쪽.

26 같은 책, 45쪽.

가능하다.

스즈키의 대지적 영성론은 이 대목에서 "대지의 밑바닥은 내 존재의 밑바닥이다. 대지는 바로 나 자신이다"[27] 라든가 "우리의 사고가 대지로부터 유리되는 방향으로 나아갈 때, 그곳에는 지옥도 극락도 있다. 하지만 우리가 대지 그 자체라는 점에 눈뜨게 되면 그곳이 바로 청정한 세계가 된다. 사유 그 자체가 대지가 되고 대지 그 자체가 사유하는 것이다. (중략) 바로 여기에 일본인의 종교 신앙적 자각이 있다. 이를 일본적 영성의 자각이라 한다"[28] 는, 이를테면 '대지의 존재론'에까지 확장된다. 그것은 "'있음'(ある)이 '있음'이지 않다는 것, 그것이 '있는 그대로'로 되돌아갈 때 그것이 본래의 '있는 그대로의 있음'"이라고 묘사되기도 한다. 이를 스즈키는 일본적 영성의 '초월적 드러남'(超出)이라고 부른다. 이를 통해 스즈키는 절대자의 우주적인 절대사랑을 발견한 듯싶다. "이 절대적 사랑은 그 대상을 향해 어떤 상대적 조건을 붙이지 않은 채 그것을 있는 그대로의 모습으로 받아들인다. 여기에 일본적 영성의 직관적 자각이 있다."[29]

이와 같은 '대지의 존재론'은 대지에 내포된 두 가지 근원적인 특성, 즉 인간과의 관계에 있어 직접성과 신체성에 의해 뒷받침된다. 예컨대 대지는 인간에 대해 매개자가 없는 '상즉상입'(相卽相入)의 관계를 가진다. 스즈키는 대지와의 접촉에 의해 생긴 영성의 자각에 있어 주객, 시공적 위치, 선악, 성속 등의 차이가 상즉상입적이 되는 것을 언급하고 있다. 이

---

27 같은 책, 47쪽.

28 같은 책, 59~60쪽.

29 같은 책, 124~126쪽.

와 더불어 대지는 인간과의 관계에서 신체에 구비된 구체적인 감각기관(오감)에 의해 파악되는 신체성을 가진다. 그런 오감과 신체감각에 의해 파악되는 대지는 한편으로 생활 세계(환경)를, 다른 한편으로는 지면이나 토양을 의미하기도 한다. 그러니까 이런 신체성을 포함하지 않는 추상성은 영성 감각과는 거리가 멀다는 것이다.[30] 과연 "일본적 영성은 대지를 떠나지 않는다."[31]

3. 일본 문화론의 관점에서 본 일본적 영성: 세켄·조상숭배·마코토

스즈키 다이세쓰는 영성을 "정신(마음)과 물질의 상즉상입 상태"라는 포괄적 일원론에서 정의 내리면서 그것을 민족적 형성의 산물로 생각했다. 그런데 이런 스즈키적 영성을 스피리추얼리티와 거의 동일한 개념으로 상정하는 종교학자 가시오 나오키(樫尾直樹)는 대지성과 더불어 일본적 영성의 핵심을 일본인의 '조상숭배'와 '세켄'(世間)이라는 일본 문화론(일본인론)적 관념에서 찾고 있다. 가시오에 따르면 영성(스피리추얼리티)의 핵심은 '자기 초월'에 있다. 그는 이를 의식의 차원, 문화적 차원, 사회적·환경적 차원에서 각각 설명 가능하다고 본다. 가령 스즈키는 영성의 의식차원을 개체성을 자기 초월하는 '초개(超個)의 자각'이라고 부르면서

30 村山保史(2011), "鈴木大拙の「大地」概念", 382쪽.

31 鈴木大拙(1972), 『日本的靈性』, 87쪽.

절대적 존재와의 비이원적 합일의식을 강조했다는 것이다. 스즈키는 이런 의식의 성숙을 정토교의 염불과 선(禪)에서 보았다. 이것이 이른바 '일본적 영성'이다. 가시오가 보기에 전술한 '대지성'은 이런 일본적 영성의 환경적 차원에 속해 있다. 가시오는 여기에 더하여 일본의 전통적인 영성 표출의 문화적 차원을 '조상'으로, 사회적 차원을 '세켄'으로 파악하고 있다.[32]

먼저 일본적 영성과 세켄의 관계에 대해 생각해 보자. '세켄'은 일본인론에서 간과할 수 없는 중요성을 가진 문화적 개념이다 전술한 사회학자 아베 긴야(阿部謹也)에 따르면 세켄이란 서구에는 없는 일본 특유의 생활형태 혹은 사람과 사람을 잇는 유대관계를 가리킨다. 그것은 '사회'(society)와는 뉘앙스가 다르며, 사회보다 더 범위가 좁으면서도 일본인 전체가 깊이 관련되어 있는 인간관계의 틀에 가깝다. 회사·관공서·대학, 취미활동·동아리, 동창회·학회 등 모든 집단과 조직이 이런 세켄을 구성한다. 일본인은 누구나 이런 세켄 속에서 자기 자신보다도 세켄을 중히 여기며 살아가고 있고, 그 세켄 속에서는 눈에 띄지 않게 겸손한 태도로 말과 행동을 조심하는 것이 무엇보다 강조된다. 그래서 일본인은 흔히 전체 의견과 다른 자신의 의견을 표현하는 데는 소극적이 되기 쉽다. 또한 세켄을 사는 사람들은 세켄 바깥의 현상에는 그다지 관심이 없으며, 오로지 그들의 세켄 속에서 오늘을 어떻게 살까 하는 생각이 더 지배적이 된다. 그 결과 일본 사회에서는 한 사람의 개체가 개성적인 개인으로 살아가기가 매우 어렵다. 부모들은 마음이 내키든 안 내키든 세켄의 관습

---

32 樫尾直樹(2010), 『スピリチュアリティ革命』, 116쪽.

에 맞추어 아이를 교육해야만 하며, 모든 인간관계가 이 세켄을 중심으로 형성된다.[33] 미국의 저명한 인류학자 루스 베네딕트(Ruth Benedict)도 일본 문화의 이해에서 세켄이 가지는 중요성을 인정하여 이른바 '세켄의 기리(義理)'에 대해 반복적으로 상술하고 있다.[34] 이때 베네딕트는 세켄에 해당하는 영어로 'the World'(세상)를 선택했는데, 이 영어표현에는 물론 세켄의 미묘한 뉘앙스가 충분히 담겨져 있다고 보이지는 않는다.

그렇다면 스피리추얼리티 연구자인 가시오는 세켄을 어떻게 이해하고 있을까? 그는 일단 세켄을 "일본인과 사회공간의 관계성에 관해 일상언어로 '사회'를 표현하는 말"로 이해하면서 "타자의 시선을 자기 안에 내면화시켜 그 시선이 환기시키는 행위규범으로 자신의 행위를 규제함으로써 형성되는 사회(심리)적 공간"을 가리키는 개념이라고 규정한다. 의무의 측면에서 보자면 세켄은 속박하는 사회공간이다. 그렇기 때문에 정신적으로 피곤하다. 여기서 가시오는 자신의 개인적인 경험을 말하고 있다. 그가 프랑스에 살고 있을 때는 일본 사회의 조밀한 인간관계로부터 해방되어 매우 자유로운 기분이 들었으나, 일본에 귀국하니까 거리를 걷든 사람을 보든 지극히 평범한 행해라도 자신의 자주적인 자유가 속박되어 있는 것 같아 정신적으로 지친다는 느낌이 들었다는 것이다. 외국을 경험한 많은 일본인들이 가시오와 유사한 느낌을 공유하고 있는 것이 사실이다.

그런데 가시오가 보기에 세켄 의식은 바람직한 측면도 있다. 가령 세

---

33 아베는 이런 문제점을 지적하면서 세켄 속에 유폐되어 있던 개인을 해방시켜야 하며 '개인'이 '세켄'에서 자립해야 한다고 주장한다. 세켄 개념에 관해서는 대표적으로, 아베 긴야(2005), 『일본인에게 역사란 무엇인가: '세켄(世間) 개념을 중심으로』; 阿部謹也(1995), 『世間とは何か』 참조.

34 루스 베네딕트(2008), 『국화와 칼』, 특히 제5장 〈과거와 세켄에 빚진 채무자들〉 참조.

켄 사회 일본에서는 타자에 대한 마음씀(思いやり, 오모이야리)과 배려에 의해 인간관계를 원활히 하고 늘 연대와 상호의존을 의식하면서 살고 있기 때문이다. 가시오는 이런 의미에서 '세켄의 영성'을 말하고 싶어 하는 듯싶다. 그래서 그는 인사라든가 예의와 같은 일상생활의 예절에서도 영성을 찾아볼 수 있다고 말한다. 이때 그가 주목하는 것은 일본에는 세켄이라는 사회의식 공간에 있어서의 인사·예의·배려라는 이타적·사회적 행위 속에, 다시 말해 직업의 현장이라든가 일상적 삶의 소소한 장면들과 다양한 인간관계 속에 영성이 하나의 문화로서 베어 있다는 점이다. 거기서는 영성이 단순히 개인의식과 신체성의 문제 또는 순수한 초월성과 초월적 존재와의 관계라는 의식의 차원뿐 아니라 사회차원과 문화차원의 문제로서 존재한다.

이처럼 사회차원과 문화차원에서 세켄의 영성을 바라보는 가시오는 더 나아가 화(和)라든가 '공기' 또는 '간인'(間人) 등과 같은 핵심적인 일본문화론적 개념들을 세켄 의식과 결부시켜 이해하고 있다. 예컨대 일본 사회에서는 인사·예의·배려라는 이타적인 사회적 행위에 의해 타자의 존재와 시선을 의식하고 내면화시킴으로써 화(和)라는 인간관계성의 가치가 육성되고 있다는 것이다.[35] 확실히 배려(気配り, 気遣い)는 일본 사회 특유의 생활 태도라 할 수 있다. 일본 사회에는 타자에 대한 이런 자발적인 배려를 하지 않으면 안 된다는, 또는 예의범절·인사·의식 절차를 지켜야만 한다는 암묵적인 룰이 강력한 규제력을 행사한다.

그뿐 아니라 일본인들 사이에는 주변의 공기(분위기)를 잘 읽고 행동

35 '화'(和)의 문화론적 가치에 관해서는, 長谷川櫂(2010), 『和の思想』 참조.

하는 능력이 사회적으로 가치 있다는 관념이 널리 퍼져 있다. 이런 능력은 타자의 욕망을 사전에 찰지하여 그 타자가 원하는 대로 행동한다는 세켄적 행동양식과 떼려야 뗄 수 없는 관계로 결부되어 있으며,[36] 그것이 일본 사회에서는 하나의 미학으로서 실천되고 있다. 일본 사회는 흔히 자기와 타자의 경계가 애매하다고 말해지는데, 가시오에 따르면 이는 근대적 자아 개념을 전제로 한 것이며 일본 전통사회의 관념과는 무관하다. 오히려 세켄 관념에 입각하여 "타자의 시선을 자기 안에 내면화시킨 주체"로서의 중간적 주체, 즉 '간인'(間人)이야말로 일본인의 전통적인 인간관계를 보다 잘 보여준다.

사실 일본 문화에서는 하나의 섬 혹은 단독자로서의 개인이라든가 주체의 관념이 그다지 발달되지 않았다. 그보다는 집단에 투영된 개인 혹은 집단과의 상호 교섭을 통해 성립되는 주체의 관념이 일본인들에게는 훨씬 더 익숙하다. 사회심리학자 하마구치 에순(濱口惠俊)은 이러한 관여적 주체를 간인(間人)이라고 부른 것이다.[37] 그는 집단이나 개인이라는 개념 대신 간인이라는 새로운 개념을 제시하면서, 이 간인이야말로 일본인의 인간관에서 핵심적인 관념이라고 주장한다. 여기서 간인이란 바꿔 말하면 대인관계 속에 내재화된 인간을 뜻한다. 즉 일본인은 자기와 타자(집단) 사이의 관계를 통해 자기를 규정하는 것이다. 이런 간인은 자신과 친한 친분을 가진 집단의 유지와 충실을 도모하는 일에 큰 의미를 부여하며 심지어 그런 관계성에 일종의 신성성을 부여하기까지 한다. 그 결

---

36 '공기'와 '세켄'의 관계에 대해서는, 鴻上尙史(2009), 『「空氣」と「世間」』 참조.

37 濱口惠俊(1982), 『間人主義の社会日本』 참조.

과 특수한 상호의존주의와 상호신뢰주의가 생겨난다.

이와 같은 간인으로서의 일본인에게는 미리부터 타자의 존재가 자기 내부에 설정되어 있다. 이 때문에 일본인의 사유방식 안에는 존재의 연쇄 안에 자신이 있다는 자각, 타자와의 관계성 안에서 살아지고 있다(生かされる)는 감각, 타자를 배려해야만 한다는 관념이 뿌리 깊게 드리워져 있다. 일본인은 바로 이런 '세켄적 인간'으로서 지금도 여전히 세켄이라는 사회공간 속에서 살고 있는 것이다. 요컨대 세켄의 영성이 '일본적 생활방식의 미학'으로서 여전히 일본 사회의 일상생활과 인간관계 속에 문화적으로 구조화되어 있으며, 또한 무도·예도·직인적 기예의 세계, 나아가 종교라는 사회문화적 장치 속에까지 온존하고 있다는 말이다.

그렇다면 일본적 영성과 조상숭배의 관계는 어떨까? 가시오에 따르면 일본인들은 사자의 영적 세계와 생자의 세계는 서로 연결되어 있으며, 영계와 현계가 상호 영향을 끼친다는 영계 사상을 널리 받아들인다. 따라서 사령들이 영계에서 고통을 받게 되면 영계 질서에 혼란이 야기되고, 그것은 다시 현세 질서의 혼란이 되어 나타나므로 어떻게 해서든 의례를 통해 질서를 회복해야만 한다. 이런 영계 사상이야말로 일본의 전통적인 종교문화에서 가장 기본적인 관념이며, 그것을 대표하는 것이 조상숭배 사상이라는 것이다. 이와 더불어 가시오는 에도 시대에 뿌리내린 이에(家) 관념 및 조상숭배를 기반으로 한 불교와 신도의 습합종교야말로 현대 일본 종교문화의 원류라고 이해한다.[38]

일본인의 신불습합적인 조상숭배 관념에 주목하는 이런 이해는 나

38 樫尾直樹(2010), 『スピリチュアリティ革命』, 122~131쪽.

름대로 설득력이 있어 보인다. 오늘날에도 일본 가정을 들여다보면 불단(仏壇)과 신단(神棚)에 조상의 위패를 모셔놓고 있는 풍경을 흔히 목도할 수 있기 때문이다. 일본인들은 죽은 사람을 '호토케'(佛)라고 부르곤 하는데, 자기 부모가 죽으면 호토케로서 불단에 모셨다가 통상 33주기가 끝난 후부터는 '가미'(神)로서 신단에 모신다. 그러니까 가까운 조상(보통 3대까지)은 불단에 모시고 먼 조상은 신단에 모시는 것이 일본의 일반적인 관습이다.

이처럼 대지·세켄·조상을 일본적 영성의 3대 요소로 간주하는 가시오는 그런 일본적 영성이 현대 일본 사회에서는 점차 사라져 가고 있다고 말한다. 즉 현대 일본 사회는 모더니즘에 의한 의미와 가치의 억압 및 포스트모더니즘에 의한 의미의 자의화에 의해 스피리추얼리티가 점차 약화되고 있다는 것이다. 좀 더 부연하자면 모더니즘이 낳은 개인주의는 형식적 개인주의가 되었고, 이로 인해 세켄의 긍정적 측면인 타자에 대한 배려와 예절에 입각한 인간관계가 서서히 해체되고 있다. 이에 따라 타자의 시선에 의해 자기를 규율화하는 세켄의 부정적 측면이 상대적으로 커지면서 일본은 이전보다 더 억압적이고 폐쇄적인 사회가 되고 있다. 이와 더불어 이에(家) 관념의 해체가 급속히 진행되고 있으며, 조상숭배 관념도 일부 지역을 빼고는 점차 사라지고 있다.

가시오는 바로 현대 일본 사회의 이와 같은 문제점을 극복하는 것이 일본적 영성 담론의 과제이고 그것이 곧 '스피리추얼리티 혁명'이라고 말한다. 모든 면에서 일본인이 다른 국민들보다 스피리추얼리티가 높다고는 말할 수 없다. 세켄적 인간이 곧 영성적 인간은 아니다. 세켄은 분명 일본 사회의 공동성을 유지해 왔고 일본적 영성의 사회문화적 원천으로서 기능해 왔다. 하지만 그것은 일상생활 속에서 반복행위로 행해져 왔을 뿐이다. 이제 일본인의 윤리가 붕괴할 가능성이 높은 이 시점에서 일본적 영성의 윤리적 측면을 회복해야만 한다. 다시 말해 "일본적 영성을 탈구축해야 한다. 좋은 것은 취하고 나쁜 것은 버리고 진화해야만 한다"는 것이다.[39]

한편 가시오는 일본적 영성의 모성적 측면을 '수동성'에서 찾고 있다. 이때의 수동성은 앞에서 인간은 하늘에 대해 "절대 수동적"[40] 이라고 할 때의 그것과는 다른 맥락을 가진다. 즉 모성적 수동성은 대지로 상징되는 위대한 자연을 단순히 정서적으로 보는 것이 아니라 그 대자연에 "일체를 맡긴다"는 의미에서의 수동성을 가리키며, 이런 수동성이야말로 스즈키가 발견한 일본적 영성의 본질이라 할 수 있다. 이와 같은 수동적 의식은 내 힘으로 사는 것이 아니라 모성적 대지에 의해 '살려진다'(生かされている)는 생명주의적 수동성, 그리고 타 종교를 받아들여 습합하는 상대성과 상통하면서 일본 종교문화의 기저로서의 영성을 구성한다.[41]

이로써 조상숭배, 세켄, 간인주의, 화(和)의 사상 등 주요한 일본인론(일본 문화론)적 개념들과 관련하여 일본적 영성에 대해 생각해 보았다. 그러나 가장 중요한 일본 문화론적 개념이 아직 언급되지 않았다. '마코토'(誠)가 그것이다. 이 마코토는 원래 유교적 개념이다. 가령 『중용』은 "성은 하늘의 도이며 이를 행하는 것은 사람의 도"(誠者, 天之道也. 誠之者, 人之道也)라고 적고 있다. 에도 시대의 유학자 야마가 소코(山鹿素行, 1622~1685)는 특히 이 마코토를 축으로 자신의 사상을 전개했는데, 이때

39 같은 책, 131~135쪽.

40 鈴木大拙(1972), 『日本的靈性』, 44쪽.

41 樫尾直樹(2010), 『スピリチュアリティ革命』, 121쪽.

그는 주자학과는 상이한 해석을 취했다. 즉 주자는 『중용』의 성을 리(理)와 하나가 된 상태로서의 "천리의 본연"(天理之本然)이라고 해석했는데, 소코는 리 개념을 배제한 채 천지와 인간의 내적 필연에 따라 순수하게 사는 것 자체가 마코토라고 주장했다. 이토 진사이(伊藤仁齋, 1627~1705) 또한 마코토를 인간관계에서 타자와 자신을 속이지 않는 주관적 심정의 순수함으로 이해했다. 이는 그때그때의 인간관계에 순수하게 전력을 다하여 관여하는 것을 주된 내용으로 삼고 있다. 다시 말해 마코토란 자신을 관계에 귀일시키고자 하는 무사무심(無私無心)의 표현이다. 마코토 하나만 있으면 그것으로 충분하다. '마코토가 있는 사람'으로 인정받는다는 것은 일본 사회에서 가장 큰 영예에 속한다.

이처럼 일본인들 사이에서 중시되어 온 마코토의 윤리를 루스 베네딕트가 놓칠 리 없다. 베네딕트는 〈군인칙유〉에 마코토의 덕목이 강조되어 있는 점에 주목하면서 『국화와 칼』 제10장 〈덕의 딜레마〉에서 마코토에 관해 상세한 설명을 가하고 있다. 예컨대 근대 일본인은 모든 개개의 세계를 지배하는 덕목 한 가지만 들라 하면 통상 마코토(誠, sincerity)를 선택하는 경우가 많았다.[42] 가령 오쿠마 시게노부(大隈重信)[43] 백작은 일본의 윤리에 대해 언급하기를, "마코토야말로 규범 중의 규범이라 할 만한 최고의 가르침이다. 모든 도덕적 교훈의 기초가 이 한 마디 말 속에 들어 있다고 해도 좋을 정도이다. 고대 일본어 가운데 유일하게 윤리적 함의를 담고 있는 어휘가 바로 이 '마코토'라는 말이다"라고 했다. 이 마코

42 베네딕트는 이 마코토 담론이 일본인의 윤리적 등질성을 무엇보다 잘 보여준다고 생각했다. 루스 베네딕트(2000), 『일본인의 행동패턴』, 141쪽.

43 외무장관과 총리를 역임했던 근대 일본의 정치가. 이후에 와세다대학 총장이 되었다.

토의 다양한 의미는 "일본적 윤리의 등질성을 단적으로 보여준다. 즉 이는 인간이란 그저 정해진 법도에 따를 때에만 어떤 실효를 기대할 수 있고 또한 모순이나 갈등을 느끼지 않게 된다는 사실을 반영한다." 요컨대 일본인이 마코토라는 말을 쓸 때의 근본적인 의미는 일본의 도덕률 및 일본 정신에 의해 지도상에 그려진 '길'을 따르는 열성에 있다. 개개의 문맥에서 마코토라는 말이 아무리 특수한 의미를 가진다 해도, 그것은 항상 일반적으로 '일본 정신'이라고 인정되는 어떤 측면에 대한 찬미 혹은 덕성의 지도 위에 세워진 공인된 이정표에 대한 찬미라고 해석하면 틀림이 없다.[44]

우리에게도 '지성이면 감천'이라는 말이 있듯이, 일본인들 또한 마코토(至誠)에 높은 가치를 부여한다. 그러나 일본에서의 마코토 이해는 실은 리(理)의 부정으로서 이해된 것이라는 점에서 우리의 성 이해와는 뉘앙스를 달리 한다. 즉 일본의 마코토는 원리적인 규범성, 객관적인 당위성을 내포하고 있지 않다. 다만 마코토이기만 하면 된다. 대상과의 정서적 교감 또는 공감을 통해 전체성에 자기를 버리고 순수하게 귀일하는 것, 그것이야말로 현세에서의 구원이자 선악과는 무관한 순수성이다.

국학자 모토오리 노리나가(本居宣長)에게 이 마코토에 해당하는 것은 마고코로(眞心)라는 개념인데, 그는 이 마고코로에는 지혜와 어리석음, 세련됨과 졸렬함, 선과 악 등 여러 가지가 함께 나타난다고 말했다. 그것은 인간의 범부성에 대한 철저한 인식을 토대로 집단의 질서에 순종하는 마음을 가리킨다. 윤리학자 사가라 도오루(相良亨)에 따르면 이런 마

---

44 루스 베네딕트(2008), 『국화와 칼』, 283~289쪽.

코토 또는 마고코로가 지향하는 일본적인 주관적 심정의 중시는 주어진 상황에서 순수하게 나를 버리고 주어진 일과 의무에 전력을 다하는 것을 의미한다. 그것은 현실부정의 방향성을 가지지 않는다. 다만 현실의 질서를 추구할 뿐이다. 일본인에게는 어떤 행동이 선이냐 악이냐 하는 형이상학적이고 추상적인 문제보다는 얼마만큼 자신에게 주어진 일을 성실하게 최선을 다했는가 혹은 집단과 집단의 우두머리를 위해 얼마만큼 봉사했느냐가 더 중시되는 경향이 있다. 마코토 자체가 하나의 종교적 궁극성을 내포하는 것이다.

스즈키가 "인간의 힘에 마코토가 없다면 대지는 협력하지 않는다. 마코토가 깊으면 깊을수록 대지는 그를 도와준다. 인간은 대지의 도움을 받느냐 아니냐에 따라 자신의 마코토를 헤아릴 수 있다. 대지는 거짓말한다든지 인간을 속이거나 기만하지 않는다. 다만 인간의 마음을 정직하게 반영하는 거울이 사람의 얼굴을 비추듯이 할 따름이다"[45] 라고 말할 때의 마코토란 이처럼 일본인의 행동양식을 내면으로부터 강력하게 규제하는 일종의 '종교적 궁극성'을 내포한 일본적 영성을 가리키고 있다.

이상에서 살펴본 스즈키의 '일본적 영성' 담론은 인식론적 오류를 내포하고 있다는 비판을 받기도 한다. 가령 우메하라 다케시는 스즈키를 근대 일본 최대의 불교자로 자리매김하면서 일본적 영성 개념에 입각한 그의 일본 정신론이 "당시로써는 다소 대담한 국가주의 비판의 의미

45 鈴木大拙(1972),『日本的靈性』, 44쪽.

를 내포하고 있었다"[46] 고 높이 평가한다. 그러면서도 우메하라는 전후에 스즈키가 "지금에야 분명히 공언할 수 있겠는데, 나는 저 전쟁이 애당초부터 패할 수밖에 없는 것이었다고 생각했다"면서 국가신도를 공공연하게 비판한 것에 대해서는 온당한 발언이 아니라고 지적한다. 그런 생각을 했다면 절대자유의 경지를 설한 불교 사상가로서 패전 전에 자신의 신념을 떳떳하게 밝혔어야 마땅했다는 것이다.[47] 또한 스즈키는 전후에 "패전의 멀고 깊은 원인은 오히려 일본적 영성적인 것을 자각하지 않은 데 잠복해 있다"[48] 는 식의 안일한 인식을 가지고 있었는데, 이런 태도는 어쩌면 "먼저 일본적 영성을 주체에 놓고, 그 위에 불교를 생각하고 싶다. (중략) 최초에 일본 민족 안에 일본적 영성이 존재하고 있으며, 그 영성이 때때로 불교적인 것에 봉착하여 자기 안에서부터 본래 구유되어 있는 것이 드러났다고 생각하고 싶다"[49] 는 본질론적 선험주의의 귀결일 지도 모르겠다. 그럼에도 이 책의 맥락과 관련하여 스즈키가 말한 '영성'이라는 개념에 내포된 프레-스피리추얼리티로서의 의의가 간과되어서는 안 될 것이다.

46 梅原猛(2002), 『美と宗教の発見』, 44~45쪽.

47 梅原猛(2002), 『美と宗教の発見』, 47쪽.

48 和田眞二(2007), "鈴木大拙の'靈性'三部作の意義とその問題点", 275쪽.

49 和田眞二(2004), "鈴木大拙の'日本的靈性なるもの'について", 191쪽.

제5장

스피리추얼리티란 무엇인가

현대 일본 사회에는 1978년 일본 서점에서 '정신세계'라는 섹션이 생겨난 이래 1980년대에 들어서면서 서구 스피리추얼리티 붐의 영향하에 새로운 스피리추얼리티의 조류가 두드러진 문화유행이 되어 소비문화로서 상당한 성공을 거두었는데, 1990년대 이후 이 책의 제8장에서 상술할 이야시(癒し, 치유) 붐 및 에하라(江原) 붐을 거치면서 조금씩 양상이 변화하기 시작한다. 이 변화는 가족의 해체, 버블 경제 붕괴, 옴 사건 등 여러 곤란한 사회적 문제들과 연관성을 가지면서 젊은이들뿐 아니라 중장년층과 여성, 차별받는 자, 고독한 자, 심리적으로 고뇌하는 자 등 다양한 계층과 성향의 사람들이 스피리추얼한 지식과 실천에 폭넓게 참여하고 서로 연대하면서 치유를 모색하게 된 현상과 맞물려 있다. 가령 알코올 중독이라든가 섭식장애에 고통받는 사람들 또는 사별의 슬픔을 가진 자들끼리 네트워크를 만들어 치유를 추구하는 자조(self-help)운동에서

종교적 전통으로부터의 혁신을 강조하는 대체 스피리추얼리티에 이르기까지 다양한 형태의 '스피리추얼리티의 흥륭'이 일어나게 된 것이다. 바로 이 시기 이후 "21세기를 맞이한 현대 종교문화를 이해하는 데 스피리추얼리티는 간과할 수 없는 키워드"[1] 가 될 만큼 일본어 세계에서 스피리추얼리티라는 말이 일반적으로 쓰이게 되었다. 이리하여 오늘날 일본 대중문화와 미디어 및 출판계와 학술계에는 스피리추얼리티라는 말이 넘쳐나고 있다. 이하에서는 이런 '스피리추얼리티'라는 용어가 무엇을 가리키는지 그 의미와 의의에 대해 서구 일반과 일본의 사례를 비교하면서 살펴보고자 한다.

1. 스피리추얼리티라는 용어

스피리추얼리티라는 용어는 신영성운동이라든가 일본적 영성 혹은 제6장에서 살펴볼 '영성적 지식인'이라 할 때의 '영성'이라는 말과 내용적으로 겹치는 부분도 있고 그렇지 않은 부분도 있다. 어쨌거나 제1장에서 언급한 신영성운동은 이런 스피리추얼리티 붐을 배경화면으로 삼아 개념화된 것이다. 전술했듯이 신영성운동이란 미국의 뉴에이지와 일본의 '정신세계'를 포괄하는 범주로 분명한 교의나 조직을 가지지 않으면서 개인의 자유로운 참가와 사적인 실천을 기반으로 한 개인주의적인 영성(스

1 樫尾直樹(2010), 『スピリチュアリティ革命』, 10쪽.

피리추얼리티) 추구 운동을 가리킨다. 이런 신영성운동의 맥락에 한정시켜 보자면, 광의의 종교성과 관련되어 있는 스피리추얼리티라는 말은 체계화된 교의와 조직으로서의 종교가 아니라 특히 개인에게 나타난 종교성을 가리키는 데 사용되어 온 감이 있다.[2]

슈나이더(Sandra M. Shneiders)는 서구 현대 사회에서 스피리추얼리티가 유행하게 된 역사적 배경과 원인을 다음 네 가지로 설명하고 있다. 첫째, 스피리추얼리티 붐은 프로이트에 의해 시작된 정신분석 운동이 최고점에 도달하면서 자연스럽고 필연적으로 찾아온 것이다. 둘째, 그 배경에는 20세기의 제1차·제2차 세계 대전을 통해 진보를 이상으로 여긴 계몽주의에 대한 환멸이 깔려 있다. 셋째, 그런 환멸감의 정점에서 대중들이 인간실존의 의미를 상실하면서 스피리추얼리티 붐이 널리 확산되었다. 넷째, 타 종교 및 비신자에 대해 열려진 다원주의적 입장을 선언한 제2차 바티칸공의회(1962~1965년)의 영향은 이런 경향을 더욱 촉진시켰다.[3] 이와 더불어 터너(R.P. Turner)는 역사적으로 20세기에 들어와 세속주의의 발흥과 더불어 제도 종교가 개인적인 성(聖) 경험을 방해한다고 여긴 대중들이 종교로부터 점차 멀어지게 되면서 스피리추얼리티와 종교성이 분리되기 시작했다는 점을 지적하기도 한다.[4]

그런데 시마조노는 스피리추얼리티 붐의 배경과 관련하여 터너와는 반대 방향에서 세속주의에 주목한다. 19세기부터 20세기 중엽에 걸쳐 서양에서 형성된 국민국가와 근대적 제도가 세계 각지로 급속히 보급

2 島薗進(2007), 『スピリチュアリティの興隆』, 48쪽.

3 Shneiders(1989), "Spirituality in the Academy", p.697.

4 Turner(1995), "Religious or spiritual problem" 참조.

되고 사회주의가 유력한 지도 이념으로 부상하는 가운데 세속주의가 주류가 되었다는 점에는 이론의 여지가 없다. 하지만 20세기 후반에는 환경파괴, 빈부격차, 물질적 욕망의 증대, 고독, 삶의 보람의 상실감의 만연, 사회주의의 패배 등 근대 문명의 부정적 측면이 노출되었고, 이로 인해 세속주의의 위신이 약화되면서 전통종교의 부흥 등 종교적 세계관의 회복을 추구하는 움직임이 대두하기 시작했다.[5] 종교사회학에서는 1970년대까지만 해도 세속화론이 지배적이었다. 대표적으로 브라이언 윌슨 같은 세속화론자들은 근대화의 진전과 함께 사회생활이 합리화되어 감에 따라 종교의 영향력이 후퇴했고 앞으로도 더욱 후퇴할 것이라고 주장하면서 "종교는 항상 죽어가고 있다"[6] 고까지 단언한 바 있다. 그러나 1980~90년대가 되면 이런 세속화론은 점차 사라지게 된다. 근대화의 일정 시기에 종교의 영향력이 후퇴한 것은 사실이지만, 역으로 성(聖)의 회귀가 일어났다는 관점이 유력해지면서 '탈세속화'라든가 '재성화' 혹은 '종교의 부활'이라는 용어가 등장하게 된 것이다.[7] 머리말에서도 언급했듯이, 현대 서구 사회에서 스피리추얼리티의 유행은 바로 이와 같은 탈세속화 및 재성화 움직임의 한 조류라 할 수 있다.

그렇다면 일본의 경우에 한정시켜 보자면 어떨까? 시마조노는 일본에 있어 신영성운동의 시대적 배경과 원인으로 다음 다섯 가지에 주목하고 있다. 첫째, 종래의 '종교'와는 상이한 윤곽을 가지는 '스피리추얼리티'

---

5 島薗進(2007), 『スピリチュアリティの興隆』, 129~130쪽.

6 브라이언 윌슨(1984), 『현대의 종교변용』, 147쪽.

7 Berger(1999), *The Desecularization of the World* ; Demerath Ⅲ(2007), "Secularization and Sacralization Deconstructed and Reconstructed", pp.19~38 참조.

라는 말이 주목을 끌게 된 것은 종교에 대한 위화감이나 거리감이 강화됨과 아울러 사람들이 자신의 아이덴티티를 묻고 궁극적 관심을 분명히 하려는 새로운 태도가 육성되었다. 둘째, 근대적 제도 속에서 과학과 합리주의만으로는 다 커버할 수 없는 영역이 드러나 '종교도 근대과학도 아닌' 새로운 지식과 실천 양태가 필요하다는 자각이 생겨났다. 셋째, 신영성운동이 흥륭하게 된 보다 중요한 시대적 배경으로 방금 언급한 세속주의로부터 종교로의 변화 및 종교로부터 스피리추얼리티로의 축의 변화를 들지 않을 수 없다. 넷째, 이와 같은 추이 속에서 진행된 스피리추얼리티 붐의 보다 직접적인 원인은 호스피스 케어와 생사학 분야에서 '스피리추얼'과 '스피리추얼리티'라는 말이 보급되고 그것이 광범위한 사람들에게 받아들여지게 된 것과 깊은 관계가 있다. 특히 2000년대 이후 종래 영계라든가 심령이라는 말로 관심을 끌었던 영역에도 스피리추얼리티라는 말이 들어가 유행어가 되었다.

끝으로, 여기에 불을 붙인 것이 이른바 에하라 붐이다. 이 에하라 붐을 일으킨 장본인 에하라 히로유키(江原啓之, 1964~현재)는 영국에서 〈스피리추얼리즘〉[8] 을 배운 후 1989년 '스피리추얼 카운슬러'라는 이름을 내걸고 〈스피리추얼리즘 연구소〉를 열었다. 에하라는 자신의 저술에 1990년대까지만 해도 '영학'이라든가 '심령'이란 표현을 주로 썼는데, 2001년에 간행된 책 제목에는 '스피리추얼'이라는 용어를 사용하고 있다

---

8 사자의 영혼이 영매를 통해 생자와 교섭할 수 있다고 믿는 〈스피리추얼리즘〉은 서구 종교사에서 매우 뿌리가 깊고 다양한 흐름을 가지고 있다. 미국의 경우 통상 1848년 뉴욕에서 폭스(Fox) 자매에 의해 시작되었다고 말해지는데, 이것이 일본에 많이 수용되어 '영계' '심령' '영학' 등의 말과 친연관계를 가지게 되었다.

『행복을 끌어당기는 스피리추얼 북』(幸運を引きよせるスピリチュアル・ブック, 2001)이 그것인데, 이 책은 당시 60만 부를 넘는 베스트셀러가 되었다. 이때의 '스피리추얼'이라는 말은 서구 신종교 운동의 하나인 〈스피리추얼리즘〉(Spiritualism)과 관계가 많으므로 스피리추얼리티 붐과는 출처가 다르다. 하지만 에하라가 '스피리추얼 카운슬러'라는 말을 써서 성공한 것은 우연이 아닐 것이다. 왜냐하면 일본에서 스피리추얼이라든가 스피리추얼리티라는 말은 원래 생사학 주변에서 그 기초가 만들어졌지만, 그것을 널리 보급시킨 것은 심리요법과 보디워크 등 심신 치유를 위한 다양한 사상과 기법인 현대 테라피 문화와 에하라 붐을 비롯한 주술-종교적 대중문화였기 때문이다.[9]

이상과 같은 배경을 가지는 스피리추얼리티 붐의 발단은 1990년대부터 WHO(세계보건기구)의 건강에 관한 정의 개정에서 스피리추얼리티라는 말을 넣자는 제안이 나온 것과도 일정 부분 관계가 있다. 이 제안을 실행에 옮기고자 그 준비작업으로 1998년 6월 협의회가 개최되어 여러 종교권을 대표하는 학자들을 초대하여 스피리추얼리티에 관한 국제회의가 진행되었다. 이때 일본에서는 불교권을 대표하여 야마구치 마사야(山口昌哉)가 기조강연에 나섰는데, 여기서 그는 앞 장에서 다룬 스즈키 다이세쓰의 영성 정의를 차용하면서 『일본적 영성』에 나오는 묘코닌(妙好人), 즉 정토진종의 독실한 재가신도인 아사하라 사이치(浅原才市, 1850~1932)의 시를 해설하기도 했다. 어쨌거나 이와 같은 WHO의 움직임이 스피리추얼리티 담론의 확산에 일정 부분 영향을 끼쳤다고 보인

9 島薗進(2007), 『スピリチュアリティの興隆』, 29~33쪽.

다.[10]

하지만 일본의 경우 스피리추얼리티 담론의 역사는 상기 WHO의 제안이 있기 훨씬 이전까지 거슬러 올라간다는 주장도 있다. 즉 일본에서는 1960년대에 있어 이데올로기의 종언, 전공투 운동을 비롯한 학생 운동의 좌절, 개인의 조직 이탈 등과 더불어 1970년대 이후 삶의 보람과 자기탐구를 추구하는 새로운 네트워크가 형성되기 시작했는데, 이대부터 정신세계라든가 신영성운동 등 스피리추얼리티 담론의 범주에 들어갈 만한 여러 새로운 움직임들이 나타나기 시작했다. 요컨대 일본 스피리추얼리티 담론의 출발점은 1960~70년대부터 잡을 수 있다는 말이다.[11]

그렇다면 일본어 가나로 표기한 스피리추얼리티(スピリチュアリティ)의 의미는 무엇일까? 또한 일본에서 '종교적인 것'을 나타내는 말로 '영성'이 아닌 스피리추얼리티라는 가타가나 표기가 널리 퍼지게 된 이유는 무엇일까? 이는 '영'을 상기시키지 않는 가나 표기를 식자들이 선호했기 때문일 수도 있고, 종교적인 비일상성을 언급하면서도 종교로부터 거리를 두고 싶어 했기 때문일 수도 있다. 혹은 '스피리추얼 카운슬러'로서 미디어에 등장한 에하라의 존재 때문이라는 설명도 일반적으로 많이 받아들여지고 있다.[12] 한편 일본에서 스피리추얼리티라는 말의 보급과 관련하여 서적이나 문헌 제목에 사용된 용법을 조사한 종교학자 호리에 노리치카(堀江宗正)에 따르자면, 종래에도 스피리추얼리티라는 말이 일부 전문가나 동호인들 사이에서 사용되기는 했지만 '종교가 아닌 것'으로서의 스피

10 簗山修道(2010), "鈴木大拙の靈性的自覺の一考察", 176~177쪽.

11 土屋博(2010), "作業假說としての「スピリチュアリティ」の可能性と限界", 203쪽.

12 小寺敦之(2011), "「パワースポット」とは何か", 90쪽.

리추얼한 영역에 관심을 가진 사람들이 광범위하게 썼던 표현은 역시 정신세계라든가 영성이라는 말이었다. 그러다가 대략 1995년을 경계로 하여 스피리추얼리티라는 말이 우위를 점하게 되었다는 것이다.[13] 한편 시마조노에 따르면 영성이 아닌 가나 표기의 스피리추얼리티가 화제가 되기 시작한 시점은 1970년대 전반까지 거슬러 올라간다.[14] 물론 그 전조는 전술했듯이 1960년대 이래 미국의 대항문화 및 그것과 연동한 뉴에이지 운동의 영향을 받은 정신세계와 밀접한 관계가 있다. 즉 1977년 이래 일본에서는 정신세계가 정치의 계절을 벗어나 '내면으로부터의 자유의 길을 추구하는 실험'을 여러 방식으로 시도하였고, 그 연장선상에서 2000년대를 넘어서면서 스피리추얼리티라는 일본어가 일반적으로 널리 사용되기에 이른 것이다.

시마조노가 신영성운동이라든가 신영성문화 혹은 '신영성운동·문화'라는 호칭을 제기한 것은 바로 이런 시대적 흐름을 배경으로 한 새로운 현상들을 대상으로 한 작업이었다. 다시 말해 그는 1970년대 이래 일본 사회에 새롭게 퍼져 나간 일련의 종교적 동향을 일종의 문화운동으로 본 것이다. 시마조노가 보기에 거기서 추구되는 것은 단순한 영성이 아니라 '신영성'이라 부를 만한 새로운 어떤 것이다. 하지만 이 운동은 발생도 그 전개과정도 단순한 문화운동이 아니라 어디까지나 종교문화운동이었다. 일본인은 동일한 현상이라도 종교색을 벗어난 표현을 선호하는 경향이 많다. 이 때문에 신영성운동·문화라는 술어는 종교와의 연속성

---

13 堀江宗正(2003), "靈性からスピリチュアリティへ" 참조.

14 島薗進(2007), 『スピリチュアリティの興隆』, 8쪽.

을 함축하는 일본어 스피리추얼리티와 병용하는 편이 바람직하다는 의견도 있다.[15] 시마조노가 2007년에 펴낸 저서의 타이틀을 『스피리추얼리티의 흥륭: 신영성문화와 그 주변』(スピリチュアリティの興隆: 新靈性文化とその周邊)이라 하여 스피리추얼리티와 '신영성문화'라는 표현을 병용한 것은 어쩌면 이 점을 염두에 두었기 때문일지도 모르겠다.

그런데 일본어 스피리추얼리티의 내용이 반드시 영어의 '스피리추얼리티'(spirituality)와 일치하는 것만은 아니다. 이는 기독교 또는 종교 일반과 스피리추얼리티 간의 미묘한 역학관계를 시사한다. 영어 스피리추얼리티는 원래 기독교의 용어였다. 가령 엘리아데가 편찬한 『종교 백과사전』 초판(1987)에서는 스피리추얼리티와 관련하여 "기독교적 스피리추얼리티" 항목밖에 없었는데,[16] 제2판(2005)에서는 "스피리추얼리티"라는 독립적인 항목으로 나온다.[17] 이런 추이는 스피리추얼리티가 원래 기독교 용어였으며 오늘날 스피리추얼리티 담론은 그 틀을 훨씬 넘어서서 전개되고 있음을 시사한다. 이에 비해 『광사원』(広辞苑)이 스피리추얼리티라는 말을 의식하기 시작한 것은 제6판(2008)부터인데, 거기서는 스피리추얼리티를 영성이라는 말과 동일시하면서 그것을 "종교적 의식·정신성. 물질을 넘어선 정신적·영적 차원과 관계하고자 하는 성향"이라고 설명한다. 그러나 이에 앞선 『일본 국어 대사전』 제2판(2001)에는 "영성" 항목 및 "스피리추얼"과 "스피리트"라는 항목은 있지만 "스피리추얼리티" 항목은 나오지 않는다. 다만 "영성" 항목에서는 19세기 이래 야나기타 구니오

15 土屋博(2010), "作業假說としての「スピリチュアリティ」の可能性と限界", 209쪽.

16 Wainwright(1987), "Christian Spirituality", pp.452~460.

17 Mac-Donald(2005), "Spirituality".

(柳田国男)에 이르기까지의 용례가 제시되어 있다.[18] 여기서 우리는 일본어 가나 표기의 스피리추얼리티가 영성이라는 개념과 일정한 연관관계를 가지고 있음을 알 수 있다.

하지만 오늘날 일본 사회에서 널리 쓰이고 있는 스피리추얼리티라는 말의 의미 내용은 반드시 '영성'과 일치하지는 않는다. 예컨대 '영성'이라는 말은 대개 긍정적인 의미로 사용되는 경우가 많은데 비해, 스피리추얼리티는 흔히 상품으로 포장되는 상업화의 경향을 수반하므로 종종 부정적인 의미를 내포하기도 하기 때문이다. 서구의 경우도 뉴에이지와 동일시되는 스피리추얼리티에 대해 '마구잡이로 골라 섞어 만든 종교'(pick-and-mix religion)라든가 '스피리추얼 슈퍼마켓'(spiritual supermarket) 또는 '선호하는 종교소비'(religious consumption à la carte) 등으로 묘사하기도 한다. 요컨대 스피리추얼리티는 무한한 다양성으로 특징지워지는 '종교 슈퍼마켓'과 같다는 것이다.[19]

이와 관련하여 카렛과 킹은 서구의 스피리추얼리티 붐이 종교공동체의 해체를 촉진시키고 테라피적 개인주의와 상업화한 스피리추얼리티를 확산시킴으로써 사회정의를 돌아보지 않는 신자유주의를 정당화하는 역할을 수행한다고 비판한다. 그런 주장에 따르자면, 기독교, 불교, 도교 등 동서의 종교전통은 윤리적 규범에 입각한 공동체를 기반으로 하여 공공적 기능을 수행해 왔는데, 현대의 '새로운 스피리추얼리티'는 그런 전통을 해체하여 상품화함으로써 신자유주의가 지향하는 시장경제의

18 土屋博(2010), "作業假說としての「スピリチュアリティ」の可能性と限界", 203~217쪽 참조.

19 Houtman(2007), "The Spiritual Turn and the Decline of Tradition", p.306.

확대에 부응하면서 그것이 초래하는 개인화에 사람들이 적응하도록 일조한다. 이것이야말로 스피리추얼리티 붐에 내포된 이데올로기적 특징이라는 것이다.[20] 시마조노 또한 스피리추얼리티를 담지하는 신영성문화가 개인주의적 사고방식을 존중하고 전통적인 종교공동체에 대해 부정적인 태도를 견지하면서도 다른 한편으로 상업주의와 소비주의에 영합하는 측면이 있음을 인정한다. 하지만 이와 함께 시마조노는 스피리추얼리티 담론의 상업이데올로기 기능을 주장하는 입장이 전통종교에 대해 다소 미화하는 관점에 입각한 반면 '새로운 스피리추얼리티'에 대해서는 낙관적이고 상업주의적인 경향을 지나치게 과장하여 비판하는 경향이 있다는 점, 또한 기독교와 뉴에이지 운동이 대립하고 있는 서구 상황에 기대어 전자의 입장에서 후자를 비난하는 측면이 내포되어 있다는 점을 지적하고 있다.[21]

어쨌든 현대 서구 사회 및 일본 사회에서 광범위하게 일어나고 있는 스피리추얼리티 붐과 관련하여 일면 스피리추얼리티라는 용어에 대한 부정적인 이미지가 존재하는 것은 사실이다. 이와 같은 스피리추얼리티에 대한 이해와 평가의 문제는 '영성과 스피리추얼리티'의 비교라는 동양적 맥락을 넘어서서 '종교(religion)와 스피리추얼리티'의 비교라는 더 큰 맥락과 밀접한 관계가 있다. 이 점을 살피기에 앞서 먼저 스피리추얼리티를 어떻게 정의 내릴 수 있을지에 대해 생각해 보기로 하자.

---

20 Carrette(2005), *Selling Spirituality*, 특히 pp.134~167 및 p.170.

21 島薗進(2007), 『スピリチュアリティの興隆』, 297~298쪽.

2. 스피리추얼리티의 정의

그런데 스피리추얼리티라는 용어는 종종 너무 느슨해서 "애매한 것들을 마구 포용하는", "경계불분명한"(fuzzy) 개념으로 말해지기도 한다.[22] 오늘날 서구와 일본 학계에서 가장 뜨거운 연구주제 중의 하나로 다루어지고 있음에도 불구하고 정작 스피리추얼리티라는 용어는 종종 어설프게 정의되거나 혹은 너무 광의로 이해되어서 의미가 부재할 정도이다.[23] 이하에서는 이와 같은 정의 문제의 난점을 염두에 두면서 성(聖), 자기 초월, 생명력, 종교성 등을 키워드로 삼아 스피리추얼리티에 대한 다양한 정의들을 검토해 보기로 하겠다.

첫째, 앞서 언급한 WHO는 "자연계에 물질적으로 존재하는 것이 아니라, 인간 마음에서 솟아오르는 관념(특히 기품 있는 관념) 영역에 속한 것"[24]으로 스피리추얼리티를 규정한다. 어떻게 보면 지극히 당연해 보이는 이런 정의는 스피리추얼리티가 물질적인 실체를 가지는 것이 아니며, 인간의 마음 세계와 관련된 것임을 분명히 하고 있다. 예컨대 인간 마음의 세계는 성(聖)을 느끼거나 포착하는 독특한 능력을 내포하고 있다. 스피리추얼리티는 이와 같은 "성에 대한 주관적 경험",[25] 즉 개개인이 성스러운 것을 경험한다든지 성스러운 것과 관계를 맺고 살아가는 것과 밀접

22 B. Spilka, "Spirituality: Problems and directions in operationalizing a fuzzy concept", Zinnbauer(1997), "Religion and Spirituality", p.549에서 재인용.

23 Cour(2012), "Six Understandings of the Word 'Spirituality' in a Secular Country", p.80.

24 築山修道(2010), "鈴木大拙の靈性的自覺の一考察", 177쪽.

25 Vaughan(1991), "Spiritual issues in psychotherapy", p.105.

한 관계가 있다. 이때의 '성'은 신적 존재라든가 힘 혹은 그것과의 합일을 추구하는 고차원의 의식 또는 그 결과로서 체득되는 우주적 의미와 사랑의 체험 등을 포괄하는 개념이다. 이처럼 성스러운 존재나 힘으로부터 자신이 영향을 받는다는 감각을 가진 인간은 살아가면서 겪는 모든 일들 안에서 어떤 성스러운 의미를 찾아내고 나아가 성스러운 우주와의 연결성을 추구한다. 스피리추얼리티를 "영혼이나 신 등의 초자연적 존재와 눈에 보이지 않는 끈으로 연결되어 있다고 여기는 믿음이나 그런 감정에 토대를 둔 사상과 실천의 총칭으로, 특정 종교와 반드시 관계가 있는 것은 아니고 보편성과 공통성을 지향하는 개념"[26] 이라든가 "자신의 존재 범위를 넘어서는 더 큰 어떤 힘에 대한 개인적 경험 혹은 신앙"[27] 으로 규정하는 입장은 이와 같은 '성'의 관점에서 바라본 스피리추얼리티 정의라 할 수 있겠다.

둘째, 이처럼 '성'과의 조우를 통해 체험되는 스피리추얼리티는 무엇보다 개인적인 자기 초월을 지향한다. 참된 스피리추얼리티는 개개인의 자기 안 깊은 곳에서 발견되는 어떤 것이라는 말이다. "스피리추얼한 실천은 명상, 기도, 묵상을 포함하며, 개인의 내면적 삶을 개발하기 위한 것이다. 그런 실천은 보다 큰 실재와 연결되어 있다는 체험으로 종종 우리를 인도한다."[28] 스피리추얼리티는 개인 안에서 태어나 개인 안에서 전개되며, 개인 인생의 모든 국면으로 확장된다.[29] 그것은 한마디로 "의미에 대

26 "スピリチュアリティ", 일본어 위키 참조.

27 Mohr(2006), "Spiritual Issues in Psychiatric Care", p.175.

28 "Spirituality", http://en.wikipedia.org/wiki/Spirituality.

29 http://preventdisease.com/news/10/092910_religion_spiritualty.shtml 참조.

한 개인적 추구"[30] 라고 말할 수 있겠다. 하지만 그것은 결코 개인 안에 갇히지 않는다. 왜냐하면 스피리추얼리티가 추구하는 의미는 "초월적 의미"이기 때문이다. 이는 종교적 실천으로 표현될 수도 있고 혹은 자연, 음악, 예술, 철학적 신념, 우정이나 가족애 등과의 관계로 나타나기도 한다.[31] 이 점에서 스피리추얼리티는 "개인을 넘어선 더 큰 자연과의 일체감 안에서, 영적 존재 등 초월적 존재가 자신에게 어떤 영향을 끼치는 상태 혹은 그런 불가시적인 타자적 존재나 힘과 연결되어 있는 상태"를 가리킨다. 요컨대 어떤 경우든 스피리추얼리티의 핵심은 '자기 초월'에 있다.[32] 달리 표현하자면 스피리추얼리티란 "주체적 자아가 대면하는 모든 영역의 실재에 대한 책임의식 속에서 궁극적 관심의 지평 안으로 그리고 그를 향해서 자기 초월을 통해 인격적 통합을 이루려는 진보적이고 의식적인 전체 행위과정"[33] 이며 "고립이나 자아 열중이 아니라 자기 초월의 관점에서 인간이 인식하는 궁극적 가치를 향하여 자신의 삶을 통합하려고 의식적으로 노력하는 경험"[34] 을 가리킨다.

셋째, 위에서 언급한 것처럼 궁극적이고 비물질적인 실재의 관념을 포괄하면서 우리로 하여금 자신의 존재의 본질을 발견하는 내적 길을 보여주는 스피리추얼리티는 "인간이 그것에 의해 살아가는 가장 깊은 가

---

30 Bown(1993), "Spirituality in Nursing", pp.41~66 참조.

31 Astrow(2001), "Religion, Spirituality, and Health Care", pp.283~287.

32 樫尾直樹(2010), 『スピリチュアリティ革命』, 116쪽 ; 김용해(2008), "현대 영성의 초월철학적 이해", 124쪽.

33 김용해(2008), "현대 영성의 초월철학적 이해", 131쪽 및 142쪽.

34 Shneiders(1986), "Theology and Spirituality", p.266.

치와 의미"[35]에 중점이 주어져 있다. 이 점에서 스피리추얼리티는 "개개인의 생활에 있어 생명의 원동력으로 느껴진다든지 살아갈 힘의 원천으로 여겨지는 경험과 능력"[36]으로 정의 내려질 만하다. 이런 정의는 앞의 제4장에서 언급했듯이 '일본적 영성'의 가장 큰 특징 중 하나인 '살아진다'는 감각과 매우 밀접한 관계가 있다. 다시 말해 스피리추얼리티란 "인생이 어떤 불가시적인 힘이나 초자연적인 존재와 이어져 있고, 그 힘이나 존재에 의해 (내가 살아가는 것이 아니라) 살아진다는 실감"[37]의 다른 표현인 것이다. 이와 같은 정의에서 서구와 일본의 스피리추얼리티가 조우하는 것은 결코 우연이 아니다. 호스피스 케어에 관여해 온 구보테라 도시유키(窪寺俊之)에 따르면 "인간은 원래 스피리추얼한 존재, 즉 '정신적인', '영적인', '탈세속적인', '숭고한', '기품 있는', '신성한', '종교적인' 것에 관심을 가지는 존재"이며 "특히 죽음을 앞둔 인간은 그런 스피리추얼리티에 관심을 보이면서 극한적인 고통을 겪으면서도 포기하지 않고 삶의 근거를 거기서 찾아내고자 한다." 요컨대 인간에게 원래 구비되어 있는 이 스피리추얼리티란 "인생의 위기에 직면하여 살아갈 의지처가 흔들리거나 혹은 상실되었을 때, 그 위기 상황에서 살아갈 힘과 희망을 발견하고자 하여 자기 바깥의 자신보다 큰 어떤 존재에서 새로운 의지처를 추구하는 기능을 가리키며, 또한 위기 속에서 잃어버린 삶의 의미와 목적을 자기 내면에서 새롭게 찾아내고자 하는 기능"[38]이라는 것이다.

---

35 Sheldrake(2007), *A Brief History of Spirituality*, pp.1~2.

36 島薗進(2007), 『スピリチュアリティの興隆』, ⅴ쪽.

37 樫尾直樹(2010), 『スピリチュアリティ革命』, 3쪽 ; 樫尾直樹(2008), "江原啓之と日本の靈性の未来", 211쪽

38 窪寺俊之(2000), 『スピリチュアルケア入門』, 13쪽.

생명력에 입각한 이와 같은 스피리추얼리티 이해는 매우 일본적인 맥락을 함축하고 있다. 이와 관련하여 시마조노는 목숨을 뜻하는 순 일본어 '이노치'(いのち)라는 말에 주목한다. 그에 따르면 일본에서는 1990년대에 이노치라는 말이 종래의 생명이라는 용어보다 더 널리 쓰이게 되었다. 이때 생명이라는 말이 '닫혀진 생명체'와 관련된 용어라면, 이노치는 조상숭배처럼 유한한 생명을 무한한 것으로 간주하려는 전통적 생명관과 깊은 관계가 있다. 스피리추얼리티라는 말과 파장이 맞는 것은 이처럼 새로운 '열려진 연속된 생명'관과 연동하면서 사용되는 이노치라는 말이라는 것이다. 요컨대 이노치라는 말이 쓰이게 된 영역은 생사학이 다루는 영역과 대폭적으로 중첩된다. 이는 스피리추얼리티라는 말이 가리키는 영역과도 밀접한 관계가 있다. 기독교와 서양 문화를 배경으로 가진 스피리추얼리티라는 말과, 일본의 애니미즘적인 색채가 농후한 문화를 연상시키는 이노치라는 말이 때로는 상이하고 때로는 중첩되는 장소에서 흥륭하는 것은 흥미로운 현상이 아닐 수 없다.[39]

넷째, 이와 같은 스피리추얼리티 정의의 세 가지 키워드, 즉 성(聖)·자기 초월·생명력은 모두 종교 또는 종교성과 일정한 연관성을 내포하고 있다. 종교와 스피리추얼리티의 대비에 관해서는 다시 후술할 것이므로, 여기서는 스피리추얼리티 정의와 관련하여 특히 그것이 "종교경험의 개인적 측면"이라는 점에 주목할 필요가 있다. 그런데 이때 뉴에이지 운동도 이런 스피리추얼리티를 추구하지만 전통종교 또한 스피리추얼한 의례와 실천을 행한다는 점이 간과되어서는 안 된다. 물론 스피리추얼리티

---

39 島薗進(2007), 『スピリチュアリティの興隆』, 38~40쪽.

를 중시하는 일부 논자들은 개인의 직접적인 영적 체험을 칭송하면서 신비주의적 종교성이야말로 참된 종교성이며, 교단 같은 관료기구의 발달이 스피리추얼리티를 저해한다고 주장한다. 이런 관점에 따르자면 스피리추얼리티는 초창기 종교가 가진 본래의 내적 각성을 의미하게 된다. 즉 스피리추얼리티는 협의에 있어 "전통종교를 떠난 새로운 영적 추구"를 가리키지만, 광의로는 "모든 종교에 보편적으로 보이는 개인적 종교성의 차원"을 가리키는 말이 된다.[40] 이와 관련하여 일본어 위키 〈스피리추얼리티〉 항목은 스피리추얼리티를 "영혼이나 신은 있다고 생각하지만 종교단체에 소속해서 신앙생활을 할 생각은 없다고 생각하는 사람들의 심적 태도와 실천"이라고 정의 내린다. 이런 의미에서 스피리추얼리티는 "영성이라든가 신비주의라는 개념과 친화성이 있으며, 종교의 기반과 근저를 이루는 것"으로 말해진다. 한편 영어판 위키의 〈스피리추얼하지만 비종교적인〉 항목에 따르면 오늘날에는 종래 '종교적'(religious)이라는 말이 가졌던 맥락에서 그것 대신 '스피리추얼'(spiritual)이라는 표현이 많이 사용되고 있는데,[41] 이처럼 종교와의 관계에 있어 정의되는 스피리추얼리티는 무엇보다 '새로운 종교현상', 즉 '대체종교'(an alternative to religion)[42]로 이해될 수 있다.

이상에서 성·자기 초월·생명·종교라는 네 가지 키워드를 중심으로 스피리추얼리티에 대한 다양한 정의를 살펴보았다. 하지만 그중 무엇이 가장 지배적인 관점인지는 말하기 어렵다. 종교라든가 신화 정의가 그

40 小池靖(2010), "親密圏とスピリチュアリティ", 108~109쪽.

41 "spiritual but not religious", http://en.wikipedia.org/wiki/Spiritual_but_not_religious.

42 Mac-Donald(2005), "Spirituality".

러하듯이, 스피리추얼리티에 대해서도 광범위하게 수용되는 단일한 정의는 존재하지 않기 때문이다.[43] 게다가 가나의 스피리추얼리티라는 용어 자체가 영어의 스피리추얼리티 및 일본어 영성과 반드시 일치하지 않는 측면이 존재하고, 또한 오늘날 스피리추얼리티라 불리는 현상들에 대한 평가 또한 변화하는 현대 사회의 현실 속에서 현재도 유동적으로 전개되고 있으므로 단순한 명제에 의해 스피리추얼리티를 정의 내리기란 그리 쉽지 않다. 이런 연유로 스피리추얼리티 정의는 종종 복합적인 것이 될 수밖에 없다.

가령 심리학자 엘킨스(D.N. Elkins) 등에 따르면 스피리추얼리티는 "초월적 차원의 존재에 대한 자각에 의해 생겨나는 존재 양식 및 경험양식의 일종"으로서, 이는 자기·타자·자연·생명·지고의 존재라고 여겨지는 무언가에 관하여 어떤 판별 가능한 가치관에 의해 특징지워진다. 그리고 이런 정의는 다음과 같은 네 가지 가정을 전제로 한다. 첫째, 인간경험 안에는 스피리추얼리티라고 부를 수밖에 없는 그런 차원이 존재한다. 둘째, 스피리추얼리티는 인간학적 현상이며 잠재적으로 누구에게든 일어날 수 있다. 셋째, 스피리추얼리티는 종교와 동일한 것이 아니다. 넷째, 스피리추얼리티를 정의 내리고 그것을 평가하는 방법을 개발할 수 있다. 이런 전제하에 스피리추얼리티는 다음 아홉 가지 요소로 세분되어 재정의될 수 있다. (1) 초월적 차원의 존재: 초월적 차원, 즉 눈에 보이지 않는 세계의 존재를 믿고 그것과 연결됨으로써 힘을 얻는다고 느낀다. (2) 인생의 의미와 목적: 인생에는 의미가 있고, 존재에는 목적이 있다고 확신하

43 Cobb(2012), *Oxford Textbook of Spirituality in Healthcare*, p.213.

고 있다. (3) 인생의 사명: 생명에 대한 책임감, 천명, 이루어야만 할 사명이 있다고 느낀다. (4) 생명의 신성성: 생명은 신성하다고 느끼어 외포의 마음을 품는다. (5) 물질적 가치: 금전이나 재산을 최대의 만족이라고 생각하지 않는다. (6) 애타주의: 모두가 동일한 인간이라고 생각하고 타인에 대한 애타적 감정을 가지고 있다. (7) 이상주의: 높은 이상을 가지고 그 실현을 위해 노력한다. (8) 비극의 자각: 인간존재의 비극적 현실(고통, 재해, 질병, 죽음, 폭력, 전쟁 등)을 예민하게 자각한다. 이것이 역으로 삶의 기쁨·감사·가치를 고양시킨다. (9) 스피리추얼리티의 효과: 스피리추얼리티는 생활 속에 결실하는 것으로, 자기·타자·자연·생명·무언가 지고한 존재 등과 그 개인 간의 관계에 영향을 미친다.[44]

이런 복합적인 정의는 나름대로 한쪽에 치우치지 않는 장점이 있긴 하지만, 너무 장황해서 정의라기보다는 설명적 서술로 흐르기 십상이다. 그러니까 단순화의 위험성을 감수하면서도 작업가설적인 정의의 유용성 자체를 부정할 수는 없는 노릇이다. 이런 상황에서 우리가 취할 수 있는 대안은 어쩌면 광의의 정의에 의존하는 길에 있는지도 모른다. 물론 광의의 개념이 지나치게 확장되면 좋은 것은 무엇이든지 스피리추얼한 것으로 규정될 위험이 있다. 이런 위험성을 경계하면서 다음에는 종교와 스피리추얼리티의 관계에 대해 좀 더 생각해 보기로 하자. 지난 20~30여 년 동안 스피리추얼리티를 종교(religion) 또는 종교성(religiousness)과 관련시켜 두 용어를 다방면에서 정의 내리려는 관심이 줄곧 증가해 왔기 때문이다.

---

44 Elkins(1988), "Toward a Humanistic Phenomenological Spirituality Definition, Description, and Measurement", pp.10~12.

3. 종교와 스피리추얼리티

가장 상식적인 수준에서 말하자면, 종교는 사회적 차원의 현상이고 스피리추얼리티는 개인적 차원에 속한 것이라고 할 수 있겠다.[45] 하지만 양자의 관계는 실은 그렇게 단순하지도 명확하지도 않다. 예컨대 〈질병 예방〉 웹사이트는 "종교와 스피리추얼리티: 무엇이 다른가"라는 표제하에 종교와 스피리추얼리티의 차이를 다양한 방식으로 표현하고 있다.[46] 그 차이를 중립성과 당파성의 차원으로 나누어 정리해 보자면 다음 〈표 4〉와 같다.

이 가운데 "모든 부정적인 것을 종교에 배치하고 모든 긍정적인 것을 스피리추얼리티에 할당시키는" 당파적 전략은 오늘날 행동과학에서의 일반적인 입장이라 할 수 있는데,[47] 이것이 종교와 스피리추얼리티의 불연속성에 입각한 것이라면, "종교는 스피리추얼하며, 스피리추얼리티 또한 종교적"이라고 보는 중립적 전략은 종교와 스피리추얼리티의 연속성을 주장한다. 이하에서는 이런 연속성과 불연속성의 관점에서 종교와 스피리추얼리티의 관계를 살펴보기로 하자.

가령 양자의 연속성에 주목하면서 불연속성의 함정을 지적하는 피터 힐에 따르면 종교도 스피리추얼리티도 핵심은 성(聖)에 있다. 또한 스피리추얼리티는 원래 종교로부터 분화된 것이며, 종교의 핵심적이고 본

---

45 "spiritual but not religious", http://en.wikipedia.org/wiki/Spiritual_but_not_religious.

46 http://preventdisease.com/news/10/092910_religion_spiritualty.shtml, "Religion vs. Spirituality: What's The Difference" 참조.

47 김성건(2010), "종교, 영성과 건강", 62쪽.

표 4 종교와 스피리추얼리티

중립적 비교	• 종교는 스피리추얼하며, 스피리추얼리티 또한 종교적이다. • 종교는 하나가 아니라 무수히 많다. 하지만 스피리추얼리티는 단 하나의 유형만이 존재한다. • 여러 이유에서 인간이 만든 제도인 종교는 의례와 형식성을 원하는 사람들을 위한 것이다. 스피리추얼리티는 도그마 없이 영적 상승을 추구하는 자들을 위한 것이다. • 종교는 타자의 도움을 필요로 하는 이들을 위한 것이고, 스피리추얼리티는 자신의 내면적 음성에 귀 기울이는 이들을 위한 것이다. • 종교는 신(God)이 아니지만, 스피리추얼리티는 무한한 의식이며 신 그 자체이다. • 종교는 발명하고 스피리추얼리티는 발견한다. • 종교는 성스러운 책의 가르침을 보여준다. 스피리추얼리티는 모든 책들 안에 있는 성스러움을 추구한다. • 종교는 행위(to do)를 담당하고, 스피리추얼리티는 존재(to Be)를 담당한다. • 종교는 현세 부정적이지만, 스피리추얼리티는 현세 긍정적이다. • 종교는 숭배이고, 스피리추얼리티는 명상이다. • 종교는 영광과 낙원을 꿈꾸지만, 스피리추얼리티는 지금 여기를 살게 한다. • 종교는 과거와 미래를 살지만, 스피리추얼리티는 지금 여기의 현재를 산다. • 종교는 영원한 생명을 믿지만, 스피리추얼리티는 모든 있음을 의식하도록 만든다. • 종교는 당신에게 사후의 삶을 약속하지만, 스피리추얼리티는 당신에게 현세의 삶, 지금 여기에서 당신의 내적 자아 안에서 신을 발견하게 하는 빛을 비추어 준다.
당파적 비교	• 종교의 모든 것은 부정적(everything negative)이고, 스피리추얼리티의 모든 것은 긍정적(everything positive)이다. • 스피리추얼리티는 선택이고, 종교는 종종 강요이다. • 종교는 잠들어 있는 이들을 위한 것이고, 스피리추얼리티는 깨어난 자들을 위한 것이다. • 종교는 묻지 말고 다만 따라야 하는 도그마적 규칙을 가지고 있다. 스피리추얼리티는 모든 것에 의문을 제기한다. • 종교는 위협하고 협박한다. 스피리추얼리티는 내적 평화를 가져다 준다. • 종교는 죄와 허물을 말한다. 스피리추얼리티는 "현재를 살아갈 것"을 강조하면서 이미 지나간 일들에 대한 후회나 죄책감을 가지지 말라고 격려한다. • 종교는 분리의 원인이고 스피리추얼리티는 통합의 원인이다. • 종교는 기억 속에 갇혀 있지만, 스피리추얼리티는 인식의 자유를 누린다.

질적인 기능이다. 따라서 스피리추얼리티와 종교성은 동시에 병존할 수 있다. 그런데 오늘날 이런 스피리추얼리티가 개인적 경험을 표현하는 데 더 선호되면서 개인적 초월, 초의식적 감각, 의미 있음 등을 가리키는 말이 된 반면, 종교는 엄격하고 형식적인 종교제도를 의미하게 됨으로써 그 범위가 매우 협소해지고 말았다.[48] 여기서 종교 경험이든 스피리추얼리티 경험이든 중심적인 것은 성의 의미(sense of the sacred)에 있으며, 종교와 스피리추얼리티 연구를 다른 연구와 구별시켜주는 것이 바로 이런 성의 의미라고 본 것은 뒤르켐(Emile Durkheim)류의 사회학적 관점 또는 엘리아데(Mircea Eliade)류의 종교학적 관점과 상통한다. 뒤르켐은 성이 모든 종교현상의 보편적 특징이라고 주장하면서, 어떤 것을 성스럽다고 규정하도록 도와주는 것은 사회이며 따라서 모든 사회는 성스러운 대상을 가지고 있다고 주장했다.[49] 한편 엘리아데에게 종교란 무엇보다 성을 경험하는 방식의 체계로 간주되었다.[50] 이때 성이란 어떤 것에 부여된 초자연적 가치라든가 인간이 대면하는 하나의 힘 또는 그런 대상으로부터 느끼는 초월적인 외경의 경험을 가리킨다. 그런 성이 가리키는 것은 문화에 따라 신, 조상, 경전, 위인, 성직자, 교회, 자연, 도, 의례 등 다양한 대상이 될 수 있다.[51]

이와 동시에 힐은 종교와 스피리추얼리티의 불연속성과 관련하여 오늘날 스피리추얼리티 연구의 취약성과 위험성을 경고한다. 예컨대 "종

---

48 Hill(2001), "Conceptualizing Religion, and Spirituality", p.60 및 p.70.

49 에밀 뒤르켐(1992), 〈종교생활의 원초적 형태〉 참조.

50 멀치아 엘리아데(1998), 『성과 속』 참조.

51 윌리엄 페이든(2005), 『성스러움의 해석』, 132~133쪽.

교는 제도적이고 스피리추얼리티는 개인적"이라든가 "나쁜 것은 종교이고 좋은 것은 스피리추얼리티"라는 식의 이분법적 구도는 위험한 발상이며, 그것은 자칫하면 성(聖)이라는 핵심을 상실할 위기에 빠져 있다는 것이다. 현대 담론에서 스피리추얼이라는 용어는 '만족스러운'(fulfilling), '감동적인'(moving), '중요한' 또는 '가치 있는' 어떤 것을 가리키는 말이다. 그러나 이데올로기, 활동, 라이프스타일 등은 만일 거기에 성성이 내포되어 있지 않다면 스피리추얼하다고 말하지 않는다. 이때의 성은 사람·대상·원리·자아초월적인 개념일 수도 있으며, 특히 종교의 맥락에서 그 내용은 종종 제도적 메커니즘(교회 권위, 성전, 전통 등)을 통해 규정된다.[52]

한편 영어판 위키의 "스피리추얼리티" 항목 또한 종교와 스피리추얼리티의 연속성과 관련하여 "전통적으로 여러 종교는 스피리추얼리티를 종교체험의 불가결한 측면으로 간주해 왔다. 많은 사람들은 오늘날에도 스피리추얼리티와 종교를 동일시한다"[53] 고 적고 있다. 전통종교에 내포되어 있는 스피리추얼한 측면 또한 양자의 연속성을 잘 보여준다. 실제로 오늘날 흥륭하고 있는 것은 '새로운 스피리추얼리티'뿐만이 아니다. 가령 기독교 내부에서 전개되고 있는 스피리추얼리티의 재구성과 재개념화 작업처럼 전통종교의 내부에서도 스피리추얼리티에 관해 말하는 경우가 늘고 있으며, 특정 종교전통에 속하여 신앙생활을 하면서도 그것과는 별도로 스피리추얼리티를 추구하는 사람들 또한 증가 추세에 있다. 그뿐 아니라 일본 가톨릭계에서는 스피리추얼리티 붐 훨씬 이전부터 스피

---

52 Hill(2001), "Conceptualizing Religion, and Spirituality", pp.63~64.

53 http://en.wikipedia.org/wiki/Spirituality.

리추얼리티를 '영성'으로 번역하여 사용해 왔다. 게다가 20세기 중엽 이래 '종교' 개념을 재고하려는 경향이 서구와 일본 학계에 확산되고 있는데, 거기에는 종교 개념에 내포되어 있는 일종의 본질주의에 대한 비판이 깔려 있다. 마찬가지로 스피리추얼리티 담론 또한 본질주의로부터 거리를 두고 있다.[54] 이 점에서 양자는 연속성을 내포한다고 말할 수 있겠다.

그러나 일본의 경우는 특히 종교와 스피리추얼리티의 불연속성이 두드러진다. 일본 사회에서 스피리추얼리티 개념은 통상 어떤 특정 종교에 대한 신앙에 주목하지 않고, 타인과의 개인적 관계라든가, 내면적인 힘 혹은 내면적인 평화에 기초하고 있다.[55] 또한 흔히 '무종교'적이라고 말해지는 일본인들은 암묵적으로 "신앙 없는 종교"[56] 뿐 아니라 "종교 없는 스피리추얼리티"도 높게 평가해 왔다. 그런데 이 책의 제1장에서 종교붐을 다룰 때도 언급했듯이, 아마 도시마로(阿滿利磨)에 따르면 일본인이 말하는 무종교는 서구인이 말하는 무신론을 뜻하지는 않는다. 그것은 교단 종교의 신자가 아니라는 것을 뜻하며, 실제로는 자연종교의 측면이 강하다. 그러니까 무종교는 단순히 '종교 없음'을 말하는 것이 아니라 기존의 종교(religion의 번역어로서의) 개념으로 포착되지 않는 종교를 포괄하며, 나아가 그것은 기존 종교에 대한 공포심에서 비롯된 자기방어의 한 표현이자 낙관적 인생관의 한 표현이기도 하다. 이때 무종교라는 용어가 등장하게 된 배경에 근대 일본의 태동기에서 특히 기독교에 대한 저항의

---

54 土屋博(2010), "作業假說としての「スピリチュアリティ」の可能性と限界", 205~206쪽.

55 김성건(2010), "종교, 영성과 건강", 59쪽.

56 柳川啓一(1991), 『現代日本人の宗教』, 10~13쪽 참조.

식이 전제되어 있었다는 점을 간과해서는 안 될 것이다.[57] 말하자면 일본인이 무종교를 내세울 때, 그들이 서구적 초월 관념이나 주자학적 초월 관념과는 다른 빛깔의 초월 관념을 염두에 두고 있었을 가능성도 배제할 수 없을 것이다. 이런 의미에서 "무종교라고 말해지는 일본인이지간, 실은 광의에 있어 '종교적인 것'과 스피리추얼리티와 통하는 감수성이나 사고방식을 마음속에 품고 있다"[58] 고 말할 수 있을 듯싶다.

시마조노는 기독교적인 뉘앙스로부터의 탈각을 강하게 의식한 뒤르켐과 엘리아데 종교론의 전통에 기대어 종교를 "성스러운 것과의 관계 시스템"으로 정의한다. 이에 대해 스피리추얼리티는 "종교를 인간 측의 특성과 경험에 입각하여 파악하고자 하는 용어"이자 "인간이 통어할 수 있는 범위를 넘어선, 성스러운 것과 관련된 인간의 경험과 자질과 특성을 가리킨다"고 규정된다. 이처럼 종교와 스피리추얼리티는 기본적으로 성스러운 것과 관련된 것이라는 점에서 밀접하게 서로 연관되어 있다. 그럼에도 종교가 "개개인에 관련된 것임과 동시에 외부에 존재하는 시스템을 가리키는 것"이라면, 스피리추얼리티는 "주로 개개인의 내면에 있어 혹은 개개인을 통해서 드러나는 것"이라고 구별 짓는 것도 가능하다.[59] 그리하여 시마조노는 "전통종교 및 교단 종교와 신영성운동은 대립적이면서도 동시에 많은 접점을 가지고 서로 보완적인 관계를 내포한다. 하지만 거시적으로 보자면 전통종교 및 교단 종교와 신영성운동은 상이한 문화 조류를

57 아마 도시마로(2000), 『일본인은 왜 종교가 없다고 말하는가』 참조.

58 島薗進(2007), 『スピリチュアリティの興隆』, 95쪽.

59 島薗進(2012), 『現代宗教とスピリチュアリティ』, 95~96쪽.

구성하고 있으며, 양자가 융합하는 일은 없을 것"[60] 이라고 끊어 말한다.

이상과 같은 양자의 불연속성과 관련하여 일본어판 위키의 "스피리추얼리티" 항목은 "종교는 다친 작은 새를 보호하고 치료한 뒤 새장 안에 가두지만, '스피리추얼리티'는 다친 작은 새를 보호하고 치료한 뒤 새장에서 풀어준다"라든가, "종교는 아프리카 난민에게 식량 원조를 하여 의존하게 만들고, 스피리추얼리티는 아프리카 난민에게 물고기 낚시법이나 곡물 재배법을 가르쳐 자립하게 만든다" 등의 흥미로운 비유를 제시하고 있다. 이는 스피리추얼리티가 지향하는 것이 개인의 자립이라는 점을 잘 보여준다.

4. '스피리추얼하지만 비종교적인 사람들'(SBNR) 담론의 모순

오늘날 서구에서의 스피리추얼리티 연구는 주로 주체의 주관적인 스피리추얼리티 경험에 초점이 맞추어져 있다.[61] 과연 현대 사회에서 스피리추얼리티라는 말은 일반적인 용어가 되어 있다. 이 용어는 종교제도나 조직과는 무관한 맥락에서 '스피리추얼하지만 비종교적인 사람들'(the spiritual-but-not-religious, 이하 SBNR)로의 변형 과정을 뜻하기도 한다. 루프에 따르면 미국에서는 1970년대 중반 이래 특히 베이이 붐 세대를 중

60 島薗進(2007), 『スピリチュアリティの興隆』, 79쪽.

61 Saucier(2006), "Spiritual But Not Religious? Evidence for Two Independent Dispositions", p.1259.

심으로 스피리추얼리티에 대한 관심이 엄청나게 증가했다. 이미 지난 1960년대부터 베이비 붐 세대가 제도 종교로부터 대거 이탈하기 시작했으며, 제도 종교를 넘어서서 직접적인 영적 경험을 강조하는 '신종교'들이 늘어났다. 그런 세대 가운데 루프가 "매우 능동적인 탐구자들"이라고 부른 일군의 베이비 붐 집단은 제도 종교와 전통적인 의례 형식을 거부하는 지극히 개인적인 스피리추얼리티를 받아들였다. 따라서 이 집단은 스스로를 SBNR로 간주한다. 이들은 주로 고등교육을 받고 보다 개인주의적이며 다양한 뉴에이지를 포함하는 신종교와 신비종교에 보다 깊이 관여한다. 또한 이들은 신(God)에 대한 유일신론적 신앙은 좋아하지 않으며, 자신의 신앙을 '영적 여행'(spiritual journey) 혹은 '영적 탐구'(spiritual quest)로 간주하기를 좋아한다.[62]

종교 바깥에서 스피리추얼리티를 말하는 이들 SBNR은 통상 각자 상이한 '스피리추얼한 통로'의 존재를 믿으며 자기만의 개인적인 길을 발견하는 것이 중요하다고 강조한다.[63] 미국인의 20~25퍼센트 정도가, 그리고 영국인의 절반 정도가 이처럼 신적인 것, 성스러운 것과의 연결은 원하지만 전통 종교에 입교하고 싶지는 않은 SBNR이라고 한다. 연령층으로 보자면 중장년층보다는 젊은 층이 더 많다. 어쨌든 오늘날 서구에서는 SBNR이 주류를 점하는 신앙적 경향임에 틀림없다. 이들은 "나는 역사가 필요 없다, 나는 과거가 필요 없다, 나는 과거에 관심이 없다는 점에서 종교적이지 않다. 나는 현재에 관심이 있고 그런 의미에서 스피리추

---

62 가령 Roof(1993), *A Generation of Seekers* 참조.

63 http://en.wikipedia.org/wiki/Spirituality.

열하다"고 생각한다.[64] 자연 안에 신성한 힘이 있음을 믿는 어느 SBNR은 "나는 모든 것이 연결되어 있다고 생각합니다. 나는 자연과 변하는 계절 속에서 큰 감동을 받습니다. 그 느낌은 외경심이라고 말해야 좋을 듯싶군요. 그것은 자연에 대한 깊은 경외심의 감각입니다. 나는 거기서 신성한 존재와 커뮤니케이션을 할 수 있습니다"라고 말한다.[65]

그런데 이와 같은 SBNR에 대한 실증적 연구들은 종종 SBNR 담론의 모순을 지적하곤 한다. 가령 346명의 SBNR을 대상으로 설문 조사 및 인터뷰 조사를 수행한 진바우어 팀의 분석 결과에 따르자면 첫째, 종교성(religiousness)이나 스피리추얼리티라는 용어가 부분적으로 상이한 개념으로 인식되고 있다. 가령 종교성은 권위주의, 종교적 정통성, 고유한 종교성, 부모의 종교, 자기 정당성, 교회 출석 등과 관련되어 있다. 한편 스피리추얼리티는 신비체험, 뉴에이지적 신념과 실천, 고소득, 목사에게 상처 받은 경험 등과 관계가 있다. 또한 그것은 종종 신이라든가 나보다 더 큰 힘에 대한 믿음, 혹은 그런 힘과의 개인적인 관계나 경험의 맥락에서 묘사된다. 이에 비해 종교성의 정의는 신이나 고차적인 힘에 대한 개인적 신앙뿐 아니라 제도적 신념이나 실천(교회 소속, 출석, 봉헌)을 포함하는 것으로 인식되고 있다. 둘째, 이처럼 양자는 기본적으로 상이한 개념으로 인식되지만, 그렇다고 해서 전혀 별개의 독립적인 개념도 아니다. 셋째, 조사 대상자 중 93퍼센트가 자신을 스피리추얼(나는 종교적이고 스피리추얼하다, 나는 스피리추얼하지만 종교적이지는 않다)하다고 인식했으며, 78퍼

---

64 "Examining the Growth of the Spiritual but Not Religious", *New York Times*, 2014.7.18.

65 Castella(2013), "Spiritual, but not religious".

센트가 자신을 종교적이라고 규정했다. 그럼에도 이들의 종교성과 스피리추얼리티 정의는 출신 배경이나 종교적 배경에 따라 제각각이었다.[66]

SBNR 담론에 내포된 이와 같은 모순은 다른 방식으로 지적되기도 한다. 예컨대 스스로 스피리추얼하다고 말하는 SBNR 중에는 실제로는 교회라든가 종교단체는 아니더라도 어떤 공동체적 실천에 관여하는 이들이 많다든가 혹은 모든 것이 다 SBNR적인 것이 될 수도 있다는 위험성에 대한 지적,[67] 스피리추얼한 사람은 통상 종교인, 불가지론자, 무신론자들보다 걱정이 더 많거나 우울증을 앓는 등 정신건강이 더 안 좋다는 연구 결과도 있다는 지적,[68] 또는 SBNR은 십인십색으로 사람에 따라 스피리추얼리티가 각기 다른 것을 의미하며, 그런 혼란은 스피리추얼이라는 말과 종교적이라는 말이 실은 동의어라는 점에서 기인한다는 지적, 즉 양자 모두 나보다 더 큰 힘에 대한 신앙을 의미하며, 양자 모두 그런 힘과 보다 밀접한 관계를 얻고자 하는 욕망을 함축하고, 양자 모두 그런 연결이나 관계를 강화해 주는 제의, 실천, 도덕적인 일상 행위에 대한 관심을 공유한다는 지적[69] 등이 그것이다. 이런 모순 때문에 혹자는 스피리추얼리티와 제도화된 종교는 관계가 있을 수도 있고 없을 수도 있다고 보고 양자를 구분 없이 상호 교차적으로 사용하기도 한다.[70]

다른 한편 SBNR 담론의 모순은 스피리추얼리티에 대한 비판의 실

---

66 Zinnbauer(1997), "Religion and Spirituality", 특히 pp.561~562 참조.

67 "Examining the Growth of the Spiritual but Not Religious", *New York Times*, 2014.7.18.

68 Castella(2013), "Spiritual, but not religious".

69 Fuller(2001), *Spiritual but not Religious*, p.5.

70 Zinnbauer(1997), "Religion and Spirituality", p.550.

마리가 될 수 있다. 가령 예수회 신부 마틴(James Martin)은 SBNR적 삶의 방식을 "평범하고 낡은 게으름"(plain old laziness)이라고 부르면서 "종교 없는 스피리추얼리티는 공동체의 지혜로부터 이탈된 자기중심적인 자기만족이 될 수 있다"고 비판한다.[71] 종교를 포기하는 것에 대한 이와 같은 경고는 주로 기성 종교(기독교) 측에서 많이 나온다. 한편 워너는 오늘날 종교는 스피리추얼리티에 의해 그 존재가 가려져 있음에도 불구하고 그 이론적 가치를 유지하고 있다고 주장한다.[72]

그렇다면 일본의 경우에도 이와 같은 SBNR의 모순이 존재하는지, 또는 그것이 어떤 방식으로 표출되는지가 궁금해진다. 이런 물음과 관련하여 다시금 시마조노의 견해를 참조해 보자. 시마조노에 따르면 종교와 스피리추얼리티는 밀접하게 연관되어 있다. 동일한 현상이라도 시스템에 역점을 두느냐 아니면 개인에 역점을 두느냐에 따라 종교일 수도 있고 스피리추얼리티일 수도 있다. 종교와 스피리추얼리티의 관계는 단순하지 않다. 게다가 종교와 별도로 스피리추얼리티가 실체로서 존재하는 것도 아니다. 종교는 시스템의 측면에서, 그리고 스피리추얼리티는 개인의 경험과 자질과 특성의 측면에서 말할 수 있는 것이기 때문이다. 요컨대 양자 모두 '성스러운 것과의 관계'를 둘러싼 용법이다. 예전에는 시스템의 측면(종교)이 두드러졌지만 지금은 개인성(스피리추얼리티)이 더 두드러지게 나타나는 것일 뿐이다. 그러니까 종교가 있는 곳에 스피리추얼리티가 있고 스피리추얼리티가 있는 곳에 종교가 있다. 따라서 새로운 스피리추

71 "spiritual but not religious", http://en.wikipedia.org/wiki/Spiritual_but_not_religious.

72 Warner(2013), "In Defense of Religion".

얼리티도 종교의 새로운 형태가 나타난 것이라고 보아야 할 것이다.

그런데 20세기 말에 종교와는 독립된 스피리추얼리티가 확산되었다. 미국의 뉴에이지와 일본의 정신세계가 그것인데, 시마조노는 양자를 '새로운 스피리추얼리티'의 대표적 사례로 제시하고 있다. 가령 자신의 죽음에 직면하여 사자와의 심적 교류를 행하는 것에 많은 에너지를 쏟으면서도 내세의 구원 같은 전통종교의 교의에는 납득하지 못하는 사람들이 있다. 그런가 하면 종교가 설해 온 마음의 심층체험은 지금은 심리학이나 심리요법이 보다 잘 파악하고 있다고 여겨, 심리학과 심리요법을 통해 자기 초월의 길을 추구하는 사람들도 있다. 이런 사람들은 전통종교를 멀리하려 한다. "나는 종교에는 별로 관심이 없지만 스피리추얼하다"고 여기기 때문이다.[73]

5. '새로운 스피리추얼리티'의 확장

서구의 경우 1990년대 이후에 나타난 새로운 종교현상들에 관해, 기존의 조직적인 종교와 대치된다는 의미에서 스피리추얼리티라는 말을 사용하여 연구하는 경향이 많아졌다. 예컨대 영국의 종교사회학자 제임스 벡포드(James A. Beckford)는 종교조직뿐 아니라 의료, 교육 등의 분야에도 침투하여 발전하고 있는 이 현상을 '새로운 스피리추얼리티'(new

73 島薗進(2012), 『現代宗教とスピリチュアリティ』, 97쪽.

spirituality)라고 불렀다.[74] 전술했듯이 시마조노는 서구의 뉴에이지와 일본의 '정신세계'를 포괄하는 범주로 신영성운동이라는 개념을 제시하면서 이를 '새로운 스피리추얼리티'라고 불렀다. 아마도 시마조노가 말하는 '새로운 스피리추얼리티'라는 표현은 방금 언급한 벡포드의 용어를 받아들인 것으로 보인다. 이토 마사유키에 따르면 이 '새로운 스피리추얼리티' 문화는 1960년대 이후의 대항문화로부터 하위문화(서브컬처)를 거쳐 1990년대 후반 이후 주류문화로서 발전해 왔다.[75]

주지하다시피 자기변용을 주제로 하는 이 '새로운 스피리추얼리티'는 사람들을 완만한 네트워크로 연결하면서 명상과 호흡법 등의 실천을 중시하는 개인주의적 특징을 보여준다. 이는 종교의 사사화(私事化) 혹은 공공적 공간으로부터 종교의 쇠퇴 방향성을 보여준다는 점에서 세속화론의 내용과 일치한다. 하지만 좀 더 들여다보면, 세속적 원리에 입각한다고 보여지는 의료, 원호, 복지, 테라피, 교육 등 공공제도 안에 전통종교 또는 '새로운 스피리추얼리티'로부터 공급되는 종교적 언설과 어휘 및 동기가 함유되는 경향이 점차 퍼져가는 징후가 보인다. 거기서 우리는 재성화의 낌새를 엿볼 수 있다.[76] 이와 같은 재성화의 흐름 속에서 현대 사회에는 다양한 세속 영역 속에 다양한 형태의 '새로운 스피리추얼리티'가 확산되고 있는 것이다.

이런 확산 추세와 관련하여 『종교 백과사전』 제2판(2005)에서는 스피리추얼리티의 다원성과 다양성을 지적하면서 글로벌한 윤리의 추구,

---

74 島薗進他編(2010), 『宗教學事典』, 21쪽.

75 伊藤雅之(2003), 『現代社會とスピリチュアリティ』, 126쪽.

76 島薗進(2012), 『現代宗教とスピリチュアリティ』, 30쪽.

에콜로지에 대한 관심, 건강의 증진, 페미니즘 지지, 평화의 추구 등을 구체적 내용으로 언급하는 한편 그것들이 종종 종교(religion) 이해와 중첩되고 있음을 시사한다. 이와 아울러 현대의 스피리추얼리티 형태 중에는 종래의 종교에 포함된 긍정적 이미지에서 벗어나 컬트라 불리는 집단에 가까운 것도 있음을 지적한다.[77] 한편 크리스토퍼 패트릿지(Christopher Partridge) 편 『현대 세계종교 사전』에서는 보다 진전된 스피리추얼리티 용법이 제시되고 있다. 거기서는 가령 1950년대 후반 미국 기독교에 있어 번영의 교설에 촉발되어 퍼진 '번영의 스피리추얼리티'(prosperity spirituality)[78] 혹은 "종교적 전통, 공간, 공동체, 신체 등의 틀에 의문을 던지는" '포스트모던 스피리추얼리티'(postmodern spirituality)[79] 등이 거론되고 있다. 그러면서 전자는 물론이고 후자도 "포스트모더니티와 포스트모더니즘에 대한 종교의 반응이자 관여"라고 기술하고 있다. 양자 모두 기성 종교 집단과 무관하지 않다는 것이다. 나아가 이 사전은 "세속 생활 내에 있으면서 무언가 종교적인 것처럼 보이는 현상"에 대해 '암묵적인 종교'라는 명칭을 부여하고 있는데, 이 또한 스피리추얼리티와 내용적으로 중첩된다.[80]

확실히 현대 사회에서 스피리추얼리티는 학계, 환경운동, 사회운동, 시민운동, 웰빙 문화, 소비산업, 대중문화 등의 비종교적 영역에서부터 세속적 여성주의 혹은 마르크스주의 등과 같은 반종교적 현상에 이르기까

77 Mac-Donald(2005), "Spirituality".

78 クリストファー・パートリッジ編著(2009), 『現代世界宗教事典』, 123~132쪽.

79 같은 책, 509~519쪽.

80 같은 책, 563~573쪽.

지 다양한 경험적 실재를 지시하고 있다.[81] 가령 터미널케어(호스피스)에서는 죽음을 앞둔 종교적 물음에 대해 스피리추얼리티 개념이 사용된다. 전술했듯이 1998년 WHO는 건강을 "육체적 · 정신적 · 영적(spiritual) · 사회적으로 완전히 행복한 상태로서, 단순히 질병이 없다거나 허약하다는 것을 의미하는 것이 아니"라는 정의의 필요성을 주창한 바 있다. 나아가 사회운동에도 스피리추얼리티 개념이 사용되고 있다. 가령 이 책의 제12장에서 다룰 '탈원전의 스피리추얼리티'는 그 전형적인 사례라 할 수 있다. 심지어 〈지구공공 평화네트워크〉 대표인 고바야시 마사야(小林正彌) 지바대학 교수는 '공공적 영성'을 사회운동에 도입해야 한다고 주장한다.[82]

종교사회학자 이토 마사유키 또한 홀리스틱한 감성으로 특징지워지는 '새로운 스피리추얼리티'의 확장된 영역에 주목한다. 그것은 전통종교의 틀에 담기지 않는 다양한 스피리추얼리티를 포괄한다. 가령 죽어가는 사람들에 대한 보살핌과 관련된 '케어 스피리추얼리티'라든가 페미니즘운동에서 찾아볼 수 있는 '젠더 스피리추얼리티' 또는 자본주의적 자유경쟁 속에서의 성공을 예찬하는 '시장경제 스피리추얼리티' 등에 이르기까지 매우 광범위하다. 또한 생명윤리, 임사현장, 사생관의 문제, 복지, 테라피, 교육, 에콜로지 등은 말할 것도 없고, 더 나아가 일본 예능이나 무도 등에서의 '도'(道)까지도 스피리추얼리티와 관련된 실증적 연구의 대상으로 끌어들일 필요성까지 강조하고 있다. 요컨대 다도 · 화도(꽃꽂이) · 서도 · 무사도 · 유도 · 검도 따위의 스피리추얼리티를 말할 수 있으며,

81 김용해(2008), "현대 영성의 초월철학적 이해", 127쪽 참조.

82 小池靖(2010), "親密圏とスピリチュアリティ", 109쪽.

심지어 현대 일본 사회의 순애 붐이라든가 연애 붐(네트 연애) 현상까지도 일종의 유사종교로 파악하여 거기서 '연애의 스피리추얼리티'를 찾아볼 수 있다는 것이다.[83] 이와 같은 '새로운 스피리추얼리티'의 확산은 급변하는 현대 사회에서 끝이 없어 보인다. 그중 특히 친밀성, 사사화, 평화 담론과 관련된 스피리추얼리티에 주목할 만하다.

첫째, 전통을 폐기하고 사회적 억압으로부터 해방되어 애정에 입각한 친밀한 인간관계를 이상시하면서 안전하고도 있는 그대로의 개인의 삶을 추구하는 기든스(A. Giddens)의 친밀성(intimacy) 개념[84]은 신성함으로까지 고양된 개인의 삶을 모색하는 장이 된다. 이 점에서 친밀권 담론은 개인적 종교성에 입각한 스피리추얼리티 담론과 중첩되지 않을 수 없다. 이런 친밀성 담론에서 최근 주목할 만한 연구 대상은 더 이상 가족이 아니다. 그보다는 가족을 대신하는 대체공동체, 가령 '익명의 알코올 중독자들'(Alcoholics Anonymous, 약칭 AA) 같은 자조그룹이나 여성의 권리를 추구하는 운동 혹은 동성애자 커뮤니티라든가 코뮌운동 등과 관련된 친밀성 담론은 타자와의 커뮤니케이션을 통해 신성성에까지 고양된 스피리추얼한 의식을 환기시킨다. 다시 말해 근래 주목받는 친밀성 담론은 개인의 능력을 고양시키고 인권에 관한 의식을 높이는 동시에 개인의 약점을 인정하면서 개인이 안고 있는 문제를 공공성에 호소하는 잠재능력을 가지고 있다는 점을 강조하는데, 거기서 개인의 삶은 최대한 존중받으며 '개인생활의 고도민주화'라 할 만한 상태를 추구한다. 이런 친밀성 담

83 伊藤雅之(2003), 『現代社會とスピリチュアリティ』, 131~132쪽.

84 앤소니 기든스(1996), 『현대 사회의 성·사랑·에로티시즘』, 특히 제10장 〈민주주의로서의 친밀성〉 참조.

론에는 근대의 비인간적 시스템 속에서 상실된 본래적 인간성 혹은 생명(이노치)의 상징으로서 스피리추얼리티가 언급될 수 있는 여지가 있다.[85]

둘째, '새로운 스피리추얼리티'의 중요한 측면인 종교의 사사화(私事化)를 상징하는 개인적 치유 및 깨달음과 관련하여 시마조노는 『삶의 보람의 창조: 환생의 과학이 인생을 변화시킨다』[86]를 간행한 경영학자 이이다 후미히코(飯田史彦, 1962~현재)에 주목한다. 현대적인 영적 세계관을 서술한 이 책을 비롯한 그의 〈삶의 보람〉 시리즈는 발간 이래 오늘날까지 일본의 스피리추얼리티 붐을 주도하면서 판매 부수 200만 부를 넘는 대형 베스트셀러가 되었다. 그 내용은 매우 스피리추얼하고 교훈적이다. 예컨대 "인간은 성장하는 존재다. 이를 위해 이 세상에 몇 번이고 태어난다. 영혼이 성장하기 위해서는 여러 가지 것을 배워야만 한다. 인간은 배움이라는 과제를 스스로 선택하여 태어난다. 그 과제는 고난과 핸디캡(능력, 성격, 환경, 장애, 양친의 이혼, 자녀의 죽음, 일 실패, 실연 등)에 다름 아니다. 사후에는 사랑과 빛으로만 가득 찬 세계에서 사별한 사람들과 재회하여 인생을 뒤돌아보고 반성한 후 다시금 새로운 과제를 가지고 이 세상에 태어난다. 이런 환생을 반복하면서 영혼은 점차 성장해 간다. 이리하여 영혼이 완전히 성장하게 되면 더 이상 환생하지 않게 된다"는 식이다. 이와 같은 일종의 영적 세계관을 묘사하는 이이다의 저작과 강연 및 라이브는 고통과 슬픔과 고독으로 고뇌하는 사람들을 치유하는 메시지로 가득 차 있다. 수많은 사람들이 그의 저작 등을 접하고 깊은 감명을 받았다고

---

85 小池靖(2010), "親密圏とスピリチュアリティ", 111~113쪽 및 122쪽.

86 飯田史彦(1996), 『生きがいの創造: 「生まれ変わりの科学」が人生を変える』.

한다.[87] 그리하여 이이다 주변에는 그의 말을 지침삼아 살아가겠다고 생각한 사람들이 모여들어 일종의 신봉자 집단이 형성될 정도이다. 시마조노는 이를 '새로운 스피리추얼리티'가 공공영역과는 무관하게 개인적인 치유와 깨달음의 방향으로 점차 조직성을 띠면서 신종교에 근접해 가는 동향의 좋은 사례로 보고 있다.[88]

셋째, 이와 더불어 시마조노는 '새로운 스피리추얼리티'와 평화주의의 관계에 시선을 모은다. 그는 '새로운 스피리추얼리티'가 의료, 케어, 정치 등 사회 여러 영역에 적극적으로 관여하는 동향을 고찰하는 가운데, 가령 작곡가 사카모토 류이치(坂本龍一)가 편집하여 2002년 1월에 간행한 『비전』(非戰)에 나오는 몇몇 문장을 취하면서 그 메시지에 나타난 20세기 최후 4반세기에 등장한 평화주의의 양태를 검토하고 있다. 이것이 환경주의와 자연과의 조화를 추구하는 스피리추얼리티와 밀접하게 연관되어 있다고 본 시마조노는 이를 '녹색 스피리추얼리티의 평화주의'[89]라고 부른다. 또한 스피리추얼한 평화주의를 환경 문제 이외의 영역에서의 일상생활 실천과 결부시키려는 사람들의 사례로서 가네다 다쿠야(金田卓也)를 들기도 한다. 『평화로운 아이들: 전쟁 · 폭력 · 이지메를 넘

87 하지만 이런 〈삶의 보람론〉은 이이다의 독창적인 생각이 아니라는 비판도 존재한다. 예컨대 그것은 임사체험의 사례집인 레이몬드 A. 무디 Jr.의 『살짝 엿본 사후세계』라든가 퇴행최면에 의해 전생의 기억을 되살릴 수 있다고 주장하는 브라이언 L. 와이스의 『전생요법』등을 벤치마킹한 것에 불과하다. 뉴에이지의 영향을 크게 받은 〈옴 진리교〉나 〈행복의 과학〉 같은 신신종교 교단도 이런 사후관념을 교의에 도입했다. 그러니까 환생론이라든가 삶의 보람론은 컬트에 가까운 종교의 일종으로 과학이라는 옷을 위장하여 사람들로 하여금 현실에 대해 눈을 감게 함으로써 돈벌이를 하고 있다는 것이다.

88 島薗進(2012), 『現代宗教とスピリチュアリティ』, 제2장 참조.

89 같은 책, 67쪽.

어서』의 편자 중 일인으로서 예술을 통한 평화교육의 보급을 추구하는 그의 활동을 시마조노는 '심적 평화의 스피리추얼리티'[90] 의 사례로 제시하고 있다.

그렇다면 이상에서 살펴 본 '새로운 스피리추얼리티'는 향후 어떻게 전개될 것인가? 특히 3·11 이후의 사회적 불안과 위기감 속에서 이런 '새로운 스피리추얼리티'의 향방을 전망하는 작업의 의미는 결코 작지 않을 것이다. 그것은 곧 현대 일본 사회의 향방을 보여주는 중요한 나침반이 되어 줄 것이기 때문이다. 시마조노는 거시적 관점에서 종교와 스피리추얼리티의 정의를 시도하면서 종교의 역사적 형태로서 특히 중요한 '구제종교'[91] 와 관련시켜 '새로운 스피리추얼리티'의 전망을 제시하고 있다. 이른바 "구제로부터 스피리추얼리티로"라는 표어가 그것이다.

현대 세계에서는 세속주의에 의문을 품고 종교로 향하는 경향이 있다. 그러나 구제종교는 받아들이기 어렵다고 느끼는 사람들도 많다. 그런 사람들을 '새로운 스피리추얼리티'가 수용한다는 것이다. 과연 금후 '종교로부터 스피리추얼리티로' 특히 '구제종교로부터 스피리추얼리티 중시의 종교로'라는 전개가 점차 가속화될 것인가? 시마조노는 반드시 그렇지는 않을 것이라고 본다. 왜냐하면 '새로운 스피리추얼리티'에는 그 발전을 저해하는 요소가 많이 있기 때문이다. 구제종교에 비해 '새로운 스피리추얼리티'에 결여된 것은 악과 죽음 등 인간의 궁극적 조건(야스퍼스가

---

90 같은 책, 68쪽.

91 '구제종교'란 시마조노 특유의 개념으로 인류의 구원을 가장 큰 목표로서 추구하는 종교전통을 가리킨다. 세계종교라 일컬어지는 기독교, 이슬람, 불교 등을 비롯하여 신종교는 포함되고 신비주의 전통은 해당되지 않는다.

한계상황이라고 말한)을 정면으로 받아들이는 사상구조와, 견고한 공동체와 신도 육성의 시스템, 이 두 가지이다. '새로운 스피리추얼리티'는 개인주의적 경향을 지니고 완만한 네트워크를 선호하여 조직과 집단에 대해 부정적인 반면, 스피리추얼한 탐구와 자기성장에 관심이 있는데, 이를 위해 지도자와 장기적인 관계를 가지고 견고한 훈련을 쌓는 것은 좋아하지 않는다. 그런 것을 권위주의에 굴복하는 것이라고 느끼기 때문이다. 이 때문에 결국 공동체가 형성되지 않는 대신, 스피리추얼리티의 전수·교육·육성이 상업적 형태로 행해지는 경우가 많게 된다. 하지만 자조(self-help)그룹처럼 비교적 지속적인 공동체적 관계가 유지되기 쉬운 스피리추얼리티 형태도 있다.

시마조노에 따르면 '새로운 스피리추얼리티'의 지지자들에게 있어 종교의 부정적인 특징은 구제종교에 특히 현저하게 나타난다. 기독교, 이슬람, 불교 등의 구제종교는 공통적으로 인간은 극복 곤란한 한계를 지닌 존재라는 점을 자각하게 도와준다. 그러나 이때 상이한 차원의 존재와 힘에 호소하여 그런 곤란한 한계를 극복할 길이 있음을 보여주는 종교가 바로 구제종교라는 것이다. 전술했듯이 구제종교에서는 인간의 한계로서 악과 고통과 죄를 든다. 그러나 다른 측면에서 보자면 구제종교는 사람과 사람 사이를 나누는 위험성을 내포하고 있다. 올바른 가르침에 따르는 자와 그렇지 않은 자 사이에 엄연한 차별을 설정하기 때문이다. 구제종교가 폭력을 초래하거나 혹은 증폭시키는 것은 이런 특성 때문이다. 이런 역사적인 구제종교가 가진 특징, 즉 "인간의 악과 고통을 과도하게 강조"하는 측면에 대해, 또한 그것이 "올바른 가르침을 따르는 자와 그렇지 않은 자 사이에 엄연한 차별을 설정"한다는 점에 대해 현대인은 받아들이기 어렵다고 느낀다. 한편 '새로운 스피리추얼리티'는 악과 죽음 등 인간의 궁극적인 한계를 정면으로 받아들이는 사상 구조를 결여하고 있으며, 또한 구제종교에서는 당연한 전제로 되어 있는 공동체 및 전통이 형성되기 어렵다는 약점이 있다.[92]

92 같은 책, 제4장 특히 100~117쪽 참조.

제6장

영성적 지식인과 스피리추얼리티

종교학자 시마조노 스스무는 앞의 제4장에서 다룬 스즈키 다이세쓰를 "초국가주의와 계몽주의가 주류였던 1930년대에서 1960년대에 걸쳐 근대 일본의 영성적 지식인 전통을 견지하고 발전시킨 인물"[1] 로 자리매김하면서 이른바 '영성적 지식인'이라는 범주를 제시하고 있다. 1970년대 이후 이 영성적 지식인은 종래와는 비교할 수 없을 정도의 존재감을 가지고 태두하였고, 특히 1980년대 후반 이래 정신세계를 포함한 신영성문화와 연동하면서 일본의 담론공간에서 일주역을 담지하게 되었다는 것이다. 이런 흐름 속에서 합리주의적 입장을 취하는 지식인들 중에도 영성적 담론에 근접하는 이들이 증가해 왔다. 본 장에서는 시마조노가 말하는 이런 영성적 지식인의 범주와 정의 및 그 대표적 사례들을 살펴보면서 그 문제점에 대해 생각하고자 한다.

1 島薗進(1996), 『精神世界のゆくえ』, 251쪽.

1. 영성적 지식인의 스피리추얼리티 : 지성에서 영성으로

1) '영성적 지식인'의 정의와 〈국제일본문화연구센터〉

시마조노는 특히 철학자 우메하라 다케시(梅原猛) · 유아사 야스오(湯浅泰雄) · 야마오리 데쓰오(山折哲雄), 심리학자 가와이 하야오(河合隼雄), 종교학자 나카자와 신이치(中沢新一) · 가마타 도지(鎌田東二), 평론가 구리모토 신이치로(栗本慎一郎), 문화인류학자 이와타 게이지(岩田慶治), 사회학자 미타 무네스케(見田宗介) 등 9인을 영성적 지식인의 사례로 들고 있다. 이때 영성적 지식인이란 주류문화를 대표하는 지식인들 가운데 특히 '정신세계'를 비롯하여 현대 일본의 신영성문화에 적극적으로 동조하는 학자와 지식인을 지칭하는 표현이다. 달리 말하자면 영성적 지식인은 스피리추얼리티 담론을 확산시킨 대표적인 엘리트 주체라 할 수 있다. 이들은 학문적 지성과 아울러 여러 종교를 자유롭게 넘나드는 영성을 추구한다는 점에서, 객관적인 학문적 관점과 방법론에 입각하여 종교를 연구하는 아카데미즘의 종교 연구자라든가 특정 종교에 속한 '종교적 지식인'과는 구별된다.[2] 이런 정의에 따르자면 영성적 지식인은 시마조노가 들은 9인 외에도 얼마든지 더 확장될 수 있을 것이다. 그런 영성적 지식인에 대한 평가 또한 보는 각도에 따라 양극단을 달릴 수 있다.

예컨대 영성적 지식인을 '오컬트에 오염된 문화인'이라고 부르면서 신랄하게 비판하는 평론가 기무라 다쓰오(木村龍夫)는 이들이 등장한 정

2 같은 책, 249~267쪽 참조.

신사적 배경과 관련하여 "마르크스주의가 퇴조한 후, 문화인과 언론인들이 자기 위안을 찾아 대거 오컬트와 뉴에이지와 종교로 빠져들고 있는 현 상황은 바람직하지 못한 사회가 되어 버린 일본의 추악함을 단적으로 보여주고 있다"고 진단한다. 그러면서 기무라는 시마조노가 영성적 지식인의 전형으로 제시한 가와이, 나카자와, 구리모토를 비롯하여, 예술가 요코오 다다노리(横尾忠則)·호소노 하루오미(細野晴臣)·기타로(喜多郎), 사카모토 류이치(坂本龍一), 가수 나가부치 쓰요시(長渕剛)와 시호미 에쓰코(志穂美悦子) 부부, 만화가 사쿠라 모모코(さくらももこ)와 미우치 스즈에(美内すずえ), 작가 다카하시 가쓰히코(高橋克彦)·우치다 야스오(内田康夫)·이자와 모토히코(井沢元彦)·이치카와 신이치(市川森一)·하야시 마리코(林真理子)·미야우치 가쓰스케(宮内勝典)·무라카미 류(村上龍)·사토 아이코(佐藤愛子)·가게야마 다미오(景山民夫)·요시모토 바나나(吉本ばなな), 영화감독 오시마 나기사(大島渚)·데즈카 마코토(手塚眞)·하세가와 가즈히코(長谷川和彦)·비토 다케시(ビートたけし), 출판업자이자 영화감독인 가도카와 하루키(角川春樹)와 그 누나인 저술가 헨미 준(辺見じゅん), 배우 이토 세이코(いとうせいこう), 카피라이터 이토이 시게사토(糸井重里), 칼럼니스트 아마노 유키치(天野祐吉)와 아마노 유치키(天野祐吉), 저널리스트 다하라 소이치로(田原総一朗), 평론가 다치바나 다카시(立花隆)·고무로 나오키(小室直樹)·호소카와 류이치로(細川隆一郎)[3] ·유카와 레이코(湯川れい子)뿐 아니라, 더 나아가 종교학자 우에시마 게이지(植島啓司)·누마다 겐야(沼田健哉)·다카하시 가즈오(高橋和夫), 구조인류학자 기타자와 마사

3 통일교회에 밀착한 정치평론가.

쿠니(北沢方邦), 심리학자 와타나베 쓰네오(渡辺恒夫)·나카무라 마사히코(中村雅彦), 고고학자 요시무라 사쿠지(吉村作治), 비교문화학자 칼 벡커, 경영학자 이이다 후미히코(飯田史彦), 교육학자 가리마타 게이죠(狩俣恵常), 헌법학자 고바야시 세쓰(小林節), 신학자 오치아이 히토시(落合仁司) 등에 이르기까지, 내로라하는 예술가·작가·언론인·아카데미즘 및 재야 학자들을 '오컬트에 오염된 문화인'의 리스트에 올리고 있다.[4]

한편 겝하르트는 시마조노가 말하는 영성적 지식인과 기무라가 말하는 오컬트 문화인의 계보를 '스피리추얼 네크워크'라는 범주로 묶어 묘사하고 있다. 그러면서 거기에 무라카미 하루키(村上春樹)를 비롯하여 엔도 슈사쿠(遠藤周作), 오에 겐자부로(大江健三郎), 후루이 요시키치(古井由吉), 나카가미 겐지(中上健次), 히라이 가즈마사(平井和正) 등 문학 분야의 인물 및 옴 사건 이후 학계를 떠날 수밖에 없었던 종교학자 시마다 히로미(島田裕巳), 대도시의 오컬트적이고 스피리추얼한 라이프스타일을 대표하는 아라마타 히로시(荒俣宏), 생명학의 제창자 모리오카 마사히로(森岡正博), 민속학자 고마쓰 가즈히코(小松和彦), 신비주의 철학자 이즈쓰 도시히코(井筒俊彦), 문화인류학자 야마구치 마사오(山口昌男), 평론가 가사이 기요시(笠井潔), 좌익 혁명사상가에서 뉴에이지로 전향한 오타 류(太田竜) 등을 더 추가시키고 있다.[5]

광의의 영성적 지식인에 포함될 만한 이상의 인물들은 대체로 현대 일본에서 사회적 위기감이 확산되는 가운데 새로운 가치정립이 필요하

4 木村龍夫(1998), "マルクス主義退潮の餘波で発生したオカルト文化人の憂うべき跳梁跋扈" 참조.

5 リゼット・ゲーパルト(2013),『現代日本のスピリチュアリティ』, 49~53쪽.

다는 점을 역설하면서, 이를 위해서는 종교가 중요한 참조점의 하나가 될 수 있다고 주장한다. 당연한 말이지만 이들의 구체적인 주장은 내용적으로 상당한 편차를 보여준다. 다음에는 이 점을 염두에 두면서 대표적으로 원시신도적 기층문화론과 숲의 사상 및 생명주의적 종고관을 주창한 우메하라 다케시, 영성의 모성적 측면을 중심으로 일본인의 아이덴티티 확립에 주목하는 가와이 하야오, 일본 가미(神)론과 일본인의 종교의식에 주목하는 야마오리 데쓰오, 기(氣) 담론과 신체론적 종교론을 강조하는 유아사 야스오·나카자와 신이치, 신도적 영성의 복권을 주장하는 가마타 도지와 사에키 쇼이치, 요괴학의 필요성을 주창하는 고마쓰 가즈히코 등의 영성적 지식인 담론에 대해 개별적으로 고찰하고자 한다.

이에 앞서 먼저 〈국제일본문화연구센터〉(国際日本文化研究センター, 이하 일문연)의 발족 및 그 성격에 관해 간략히 짚고 넘어가지 않으면 안 된다. 우메하라가 〈일문연〉의 창설준비실장을 맡아 산파 역할을 수행한 후 초대 소장(1987~1995)을 역임한 이래, 가와이 제2대 소장(1995~2001)과 야마오리 제3대 소장(2001~2005)에 이어 현재의 고마쓰 제6대 소장(2012~현재)에 이르기까지 〈일문연〉은 영성적 지식인 담론의 확산에 중요한 역할을 담당한 국책기관으로 기능해 왔기 때문이다.

일본이 경제대국으로 성장한 1960년대 말부터 전후 일본의 총결산과 새로운 일본의 창조가 최대의 과제로 부상했고, 이런 과제와 관련하여 전통에 뿌리를 둔 일본인의 새로운 아이덴티티를 확립하기 위해 나카소네 야스히로(中曾根康弘) 전 수상은 교토에 1987년 5월 문부과학성 산하조직인 〈일문연〉을 설립하기에 이른다. 제5회 가루이자와(軽井沢) 세미나 강연 "새로운 일본의 주체성"[6]에서 나카소네는 경제대국화한 일본을 고대 야마토조정에 비유하면서 (1) 국제화 시대 일본인의 아이덴티티를 확립하기 위한 제도적 장치로서 〈일문연〉의 설립을 추진할 것, (2) 유럽 근대 민족주의의 국가계약설을 부정하면서 '자연적 공동체국가'로서의 일본적 독자성을 확립할 것, (3) 국민통합의 이데올로기적 원리로서 과학적인 '일본 문화론'과 '일본학'을 정립할 것 등을 제창했다. 이를 위해 나카소네는 정치가들과의 교류에 적극적인 불문학자 구와바라 다케오(桑原武夫), 생태학자 우메사오 다다오(梅棹忠夫), 문화인류학자 이마니시 긴지(今西錦司), 중국사학자 가이즈카 시게키(貝塚茂樹), 철학자 우에야마 순페이(上山春平)와 우메하라 다케시(梅原猛) 등의 '신교토학파'와 결탁했다. 이 신교토학파는 교토대학 인문과학연구소의 전성기에 공동연구 및 학제 간 연구에 관여한 집단이었다. "니시다 기타로와 와쓰지 데쓰로(和辻哲郎) 등 전전의 교토학파는 영성적 지식인의 전통에 이론적, 철학적 차원을 덧붙여 강고한 기반을 확립"[7] 시켰는데, 결과적으로 국가주의에 영합한 이 교토학파와는 달리 신교토학파라 불리는 이들은 전후 일본이 침략적 정신구조를 벗어나 생태학적·미학적·인문주의적인 문화국가로 재생하는 데 일조할 관제 지식담론을 방대하게 생산해 왔다.[8]

본래적인 일본의 전통적 이념세계를 탐구하는 데 집중해 온 〈일문연〉의 등장은 당시 〈뉴욕타임즈 위클리〉 기사의 "나카소네 수상은 히틀러, 우메하라는 히틀러의 유대인 학살이론을 만든 로젠베르크, 〈일문연〉

---

6 中曾根康弘(1988), "新しい日本の主體性".

7 島薗進(1996), 『精神世界のゆくえ』, 251쪽.

8 조관자(2012), "전후 일본의 문화정책과 인문학", 171쪽.

은 국가의 선전기관"이라는 과격한 비난까지 등장할 정도로 일본 내외로부터 많은 비판을 받았다. 어쨌거나 "1980년대 지배이데올로기적 일본문화론의 생산과 전개에 있어 하나의 상징적 사건"[9] 이라 할 만한 〈일문연〉 창립에 즈음하여 세 가지 연구 모토, 즉 '현대·전통·기층'이 내세워졌다. 〈일문연〉에는 초창기 이래 다수의 중국인 연구자들이 참여해 왔는데, 이는 중국 부상에 대응하여 민간차원의 문화교류를 다지는 효과를 높이고 있다. 오늘날 세계적으로 이슬람과 중국 연구가 활발해지는 흐름 속에서 일본 연구의 비중이 갈수록 축소되고 있지만, 오히려 〈일문연〉은 외국 연구자들을 적극 초빙하여 그들의 시선으로 일본 문화연구의 보편화를 꾀하고 있다. 과거 〈일문연〉의 태생적 어용성을 문제삼던 일본인 연구자들도 이제는 〈일문연〉 주최의 학술행사에 기꺼이 참석한다.[10] 이는 〈일문연〉이 일본 사회와 학계에서 명실상부한 지적 시민권을 획득했다는 반증일 것이다. 그 토대를 구축한 인물이 바로 우메하라 다케시라는 걸출한 영성적 지식인이었다.

2) 기층문화의 영성: 우메하라 다케시(梅原猛, 1925~현재)

〈일문연〉의 탄생과 향후 전개에 결정적인 역할을 한 우메하라는 다면적 성격을 내포하는 사상가이다. 『고사기』에 대한 파격적인 재해석가

9 박용구(1999), "일본 문화론의 해체: 우메하라 다케시의 기층문화론의 작위성을 중심으로", 121쪽 및 125쪽.

10 조관자(2012), "전후 일본의 문화정책과 인문학", 174쪽.

11 로도 이름 높은 그는 천황제에 대해서는 적극적인 지지자이다. 이에 반해 배타적인 내셔널리즘, 야스쿠니 문제, 헌법개정 문제, 원전 유지, 학문에의 이데올로기 개입 등에 대해서는 대체로 비판적인 입장을 취해 왔다. 하지만 그는 무엇보다 일신교적인 것을 부정하는 열렬한 다신교 우월주의자라 할 수 있다. 다신교가 일신교보다 본질적으로 더 관용적이고 뛰어나며, 따라서 다신교가 주류인 일본 문화가 유대-기독교 문화보다 더 우월하다는 것이다. 이런 입장이 일본 문화의 우월성을 논하는 수많은 일본인론에 큰 영향을 끼쳤음은 말할 나위 없다.

우메하라는 『일본의 영성』(2004)에서 에치코(越後)와 사도(佐渡)의 조몬문화 흔적을 발굴하는 한편, 종교탄압으로 인해 그곳에 유배당한 신란(親鸞), 니치렌(日蓮), 료칸(良寬),[12] 하쿠인(白隱) 등 대표적인 불교 승려들의 영성을 고찰하고 있다. 여기서 우메하라가 말하는 일본적 영성이란 '일본인의 마음의 기층에 있는 깊은 종교성'을 가리킨다. 그것은 한마디로 '기층문화의 영성'이라 이름 붙일 수 있다.

---

11 우메하라 일본학은 『고사기』 신화에 대한 독특한 해석이 중요한 부분을 차지하고 있다. 가령 우메하라에 따르면 『고사기』 신화는 역사적 사실도 아니고 그렇다고 전적인 허구도 아니며, 후지와라 후히토(藤原不比等)에 의한 율령국가의 이데올로기를 반영하는 것에 다름 아니다. 또한 우메하라는 『고사기』를 송습(誦習)한 히에다노아레(稗田阿礼)가 실은 후지와라 후히토였다고 주장한다. 한편 『고사기』 신화는 니니기가 다카치호(高千穂) 구지후루타케에 천손강림한 후 "이곳은 한국(韓國)을 바라보고 있고 가사사 곶과 바로 통해 있어 아침해가 바로 비치는 나라, 저녁해가 비치는 나라이다. 그러므로 여기는 정말 좋은 곳이다"라고 언급하는 장면에서, "한국을 바라보고"라는 구절에 대해 여타의 연구자들과는 달리 직설적인 해석을 내리고 있다. 예컨대 모토오리 노리나가는 유명한 『고사기전』에서 이 구절을 기리시마 연봉 중 하나인 한국악(韓國岳)을 향해 있는 것으로 해석한다. 그러나 우메하라는 이를 내셔널리즘적 해석이라고 보면서 역시 문자 그대로 한국을 향해 있다는 의미로 읽어야 한다고 주장한다. 그러니까 니니기가 한반도에서 바다를 건너 가사사 곶으로 와서 거기로부터 다카치호로 온 것으로 해석해야만 한다는 것이다. 梅原猛(2000), 『天皇家の"ふるさと"日向をゆく』, 31~32쪽.

12 1758~1831. 에도 시대 조동종 승려.

우메하라는 1980년 이후 아이누, 오키나와, 조몬(縄文) 시대(기원전 1만 년 전)의 종교문화에 관심을 집중하면서 『지옥의 사상: 일본 정신의 일계보』(1967), 『원령과 조몬』(1979), 『일본의 심층: 조몬·에조문화를 탐색한다』(1983), 『일본모험』(1988~89), 『일본인의 저승관』(1989), 『숲의 사상이 인류를 구한다』(1991), 『일본인의 혼』(1992) 등의 저서들을 계속 펴내왔다. 종래 민속학자들은 야나기타 구니오의 견해를 따라 전형적 일본인은 야요이 시대의 도작 농경민이며, 일본 문화와 종교의 주류는 바로 농경문화와 농경적 종교라고 말해져 왔다. 그런데 우메하라는 위 저작들을 통해 일본 문화나 종교의 근저에 숲의 문화로서의 수렵채집적 조몬문화가 있다고 주장했다. 다시 말해 우메하라는 『고사기』와 『일본서기』의 신도신화에 나오는 신대(神代)를 수렵채집문화가 특징인 조몬 시대와 동일시하면서 그런 조몬문화야말로 일본의 기층문화이며, 그 위에 야요이 문화, 고분문화, 율령문화, 왕조문화, 무가문화 등이 층층이 쌓여 있다고 보았다. 이 기층문화가 이후의 일본 문화를 규제하여 독자적인 일본의 농업문화를 낳고 나아가 율령제 이후의 독자적인 정치형태·풍습·종교·문화를 탄생시킨 원동력이 되었다는 것이다. 이처럼 "숲의 문명이라 할 만한 조몬문화가 일본 문화의 기층을 형성하고 있다"[13] 고 말하는 우메하라에 따르면 일본 종교의 뿌리, 즉 일본 고유의 신앙은 외래의 불교나 유교나 도교 혹은 그것들에 영향을 받은 후세의 신도가 아니라 조몬인들의 수렵채집문화에 기반을 둔 애니미즘적 고신도에 다름 아니다. 그는 아이누나 오키나와에 이런 원일본적 문화와 종교가 남아 있다고 믿었다.

---

13 梅原猛(1991), 『〈森の思想〉が人類を救う』, 191쪽.

그러니까 아이누문화와 오키나와문화는 잃어버린 기층문화로서의 조몬문화를 엿볼 수 있는 흔적이라는 말이다.

이런 기층문화론을 중심으로 하는 우메하라 일본학에 대해 시마조노는 신영성운동과의 공통점을 다음과 같은 측면에서 읽어 내고 있다. (1) 애니미즘적 일원론, (2) 임사체험과 사후세계에 대한 관심 및 환생의 신앙, (3) 현세와는 다른 차원의 세계에 대한 친근감 및 그런 세계와의 교류 가능성, (4) 전통종교의 예속적 윤리규범 및 배타성에 대한 비판, (5) 긍정적이고 낙천적인 인생관과 신체관, (6) 자연환경과의 조화를 강조하는 생태학적 관심이 그것이다. 요컨대 우메하라 일본학은 일본이라는 장(場)을 중심으로 현대 세계에 대해 근원적인 세계관의 수립을 주창하는데, 그것이 결과적으로 신영성운동의 사상적 기초를 제공하는 데 중요한 일조를 했다는 것이다.[14]

이를 좀 더 부연하자면 다음과 같이 우메하라 일본학의 다섯 가지 두드러진 특징을 말할 수 있을 것이다. 첫째, 그것은 자연 속의 모든 것에 영이 깃들어 있음을 인정하는 애니미즘적 관념에 입각하고 있다. 일본인은 예로부터 숲을 신성시해 왔다. 농경문화는 자연에 대한 지배의 충동에 의거하지만, 숲을 소중히 하는 수렵채집문화는 자연에 대한 경외심에 토대를 두고 있다. 애니미즘이라든가 그것에 토대를 둔 일본적 영성 혹은 '애니미즘적 영성'에 입각한 우메하라 일본학은 '나무와 숲의 종교'인 일본의 신도 및 불교 사상에 내장된 생명 사상과 일본적 영성이 인류에 침

14 島薗進(1996), "新靈性運動·ニューエイジ·精神世界", 85~93쪽.

투할 때 비로소 인류가 살아남을 가능성이 나올 것이라고 주장한다.[15] 다시 말해 애니미즘적인 '숲의 사상'이 세계를 구원할 수 있으며, 그런 애니미즘적 고신도야말로 미래 인류의 종교라는 것이다. 이와 관련하여 우메하라는 우에야마 순페이의 '심층 문화론'[16]과 마찬가지로 국제화 시대 문명의 원리를 일본 문화 속에서 찾아야 한다든지 혹은 인류문명의 위기를 극복하기 위해 일본 문화를 세계에 수출해야 한다고 말한다. 이런 미래학적 구원론은 생태학적 비전과 밀접하게 맞물려 있다. 그리하여 우메하라는 지구환경 파괴의 문제를 근대 서양문명이 야기한 문제로 파악하면서, 이 문제를 해결하여 새로운 문명을 창조하기 위해서는 동아시아 문명의 원리, 즉 불교·도교·유교의 사유방식을 적극적으로 채용해야만 한다고 주장하기도 한다.[17]

둘째, 우메하라 일본학은 이승과 저승에 큰 차이가 없다고 본다. 천당이나 극락 혹은 지옥을 말하는 종교관, 사후심판, 자기가 믿는 하나의 종교만이 유일한 구원이라는 관념 등은 조몬적 일본인과는 거리가 멀다. 조몬적 세계관에 따르면 저세상에는 조상신이 기다리고 있다. 조상신은 이 세상의 자손들을 지켜보면서 정월, 오봉, 히간(彼岸)[18] 때 자손이 사

---

15 梅原猛(1991), 『〈森の思想〉が人類を救う』, 특히 232~237쪽.

16 우에야마는 일본 국가의 중층구조를 입헌국가의 층(1868년~현재), 율령국가의 층(645~1868년), 전(前) 율령국가의 층(645년 이전의 약 300년간)이라는 삼층구조로 파악한다. 그는 이 중 율령국가의 층이 천황제를 비롯한 현대 일본 국가의 특징에 계속 작용하고 있으며, 심층문화로서의 전율령국가의 층인 조몬문화 또한 현재 일본에서 살아 움직이는 힘을 가지고 있다고 주장한다. 박용구(2002), "국제화 시대 이데올로기로서의 심층 문화론" 참조.

17 梅原猛(1996), "地球と人類を救う東方思想と文明" 참조.

18 춘분이나 추분의 전후 3일간을 합한 7일간에 걸친 불교적 축일.

는 마을의 집으로 돌아온다. 이런 발상은 『선조의 이야기』[19]에 전형적으로 나타나는 야나기타 민속학에서의 고유신앙론을 계승한 것이라 할 수 있다.

셋째, 우메하라 일본학은 불교의 복권을 시사한다. 우메하라에 따르면 일본 종교는 수렵채집문화적 조몬 시대의 종교인 고신도와 농경문화적 도래인의 종교인 불교가 겹쳐 있는 이중구조를 내재하고 있다. 이런 신도와 불교의 관계와 관련하여 우메하라는 국학에 의한 불교 폄하 및 근대기의 신도내셔널리즘을 비판하면서 "일본인은 옛날에는 신도였을지도 모르지만, 쇼토쿠 태자 이래 불교를 받아들임으로써 문화를 발달시켜 왔다. 그렇게 문화를 발전시켜 온 일본인의 정신적 노력을 적극적으로 평가하지 않고서는 일본 문화를 말할 수 없다고 생각한다"[20] 고 하여 불교의 복권을 주창한다. 이때 우메하라는 헤이안 시대 승려 사이초(最澄)의 천태본각론(天台本覺論)에서 일본 불교의 본질을 찾아볼 수 있다고 여겼다. 즉 인간중심의 석가 불교와는 달리 사이초 불교의 특징은 인간뿐 아니라 모든 자연물이 불성을 가지고 있어서 성불할 수 있다(山川草木悉皆成佛)고 주장한 데 있다면서,[21] 이를 조몬 시대 이래 애니미즘적 신도 신앙이 일본 불교를 애니미즘화했다고 해석한다. 그러니까 우메하라가 복권해야 한다고 주장하는 불교란 이렇게 애니미즘화된 불교에 다름 아니다.

넷째, 우메하라 일본학은 모든 생명이 평등하다는 생명 사상을 주

---

19 야나기타 구니오(1989), 『선조의 이야기』 참조.

20 梅原猛(1976), 『日本文化論』, 41~42쪽.

21 梅原猛(1991), 『〈森の思想〉が人類を救う』, 82~84쪽.

창한다. 예컨대 "일본의 기층문화를 형성하는 조몬문화(수렵채집문화)의 정신적 특징은 생명체의 본래적 동일성, 즉 평등의 원리와 그 영원한 순환운동에 있다"[22] 고 보는 우메하라에 따르면 신도와 밀교 사상의 핵심은 생명숭배에 있으며 그런 "생명철학이야말로 일본인의 중심적 세계관"[23] 이라는 것이다. 우메하라는 이런 신도와 밀교의 '생명의 사상'과 더불어 그 반대편에 있는 천태종 및 정토종의 '지옥의 사상' 및 이 양자를 통일적으로 종합하는 유식철학의 '마음의 사상'을 일본 사상의 근저에 흐르는 세 가지 원리로 보았다. 여기서 우메하라는 자기 안의 어두운 그림자를 '지옥의 사상'이라고 부르면서 다음과 같이 적고 있다.

> "어두운 니힐리즘까지도 견뎌내는 생명의 강함, 어두운 삶의 모습까지 직시할 수 있는 생명력의 용기, 나는 여기에 일본 문화의 건강함이 있다고 생각한다. 자기 안에 어둠과 암흑을 가지지 않은 사람을 나는 존경하지 않는다. 그런 사람들에게는 삶의 진상을 볼 용기와 성실성이 결여되어 있다. 나는 자기 안에 강한 생명의 환희에 찬 노래를 구가하지 못하는 사람을 사랑하지 않는다. 그런 사람들에게는 강한 생명의 충동이 결여되어 있다. 일본인은 일면 생명의 철학을 가짐과 동시에 일면 지옥의 철학을 가졌다. 이 양자를 통일하는 것은 마음의 철학이다."[24]

다섯째, 이상과 같은 애니미즘적 숲의 사상, 조몬적 세계관, 불교의

22 같은 책, 195쪽.

23 梅原猛(1967), 『地獄の思想』, 19~20쪽.

24 같은 책, 26쪽.

복권, 생명 사상 등에 입각하여 우메하라는 '근대의 초극'론을 넘어서서 다음과 같이 원시적 사상으로의 회귀를 통한 '현대의 초극'을 제시한다.

> "'근대의 초극'은 근대에만 한정시킬 것이 아니라 인류 역사 그 자체를 보다 근본적으로, 즉 농경문화와 목축문화 발생 이래의 문명을 초극한다는 발상에 입각하지 않으면 안 된다. (중략) 나는 동양 사상을 중시하지만, 이는 인도와 중국의 사상 예컨대 불교와 유교보다는 오히려 아메리카 인디언의 사상이라든가 아이누의 사상과 같은 원주민 사상 쪽에 더 인류 및 미래 문명과 관련된 중요한 시사점이 내포되어 있다고 생각한다."[25]

3) 모성적 중공(中空)구조의 영성: 가와이 하야오(河合隼雄, 1928~2007)

가와이 하야오는 일본인 최초로 융연구소에서 융학파 분석가의 자격을 취득한 후 일본 내 분석심리학의 보급과 실천에 공헌한 인물로, 우메하라에 이어 〈일문연〉 제2대 소장을 맡고 있던 1999년 당시 〈21세기 일본의 구상〉(21世紀日本の構想) 간담회[26] 좌장을 맡는가 하면 문화청 장관(2002~2007)으로 기용되는 등 정계와 밀접한 관계를 지닌 영성적 지

25 吉本隆明他(1995), 『日本人は思想したか』, 231쪽.

26 1999년 3월 오부치(小渕恵三) 수상의 사적 고문기관으로 발족한 간담회로, 2000년 1월 18일에 제출된 최종 보고서는 시민사회에 있어 공과 사의 관계를 재정의함으로서 자립적이고 책임을 질 줄 아는 자유로운 개인의 확립을 중요한 과제로 제시하고 있다.

식인이었다. 그는 『모성사회 일본의 병리』(1976), 『중공구조 일본의 심층』(1982), 『일본인과 아이덴티티』(1984), 『일본인이라는 질병』(1999), 『일본문화의 행방』(2000) 등의 저작을 통해 '모성원리', '장의 윤리', '중공구조' 등과 같은 일본 문화론에 입각하여 일본인의 아이덴티티 문제해결을 위한 심리요법을 모색했다.

'영적인 것'의 복권[27] 을 추구하는 가와이는 세켄적 영성의 부정적 측면을 일찍이 '모성사회 일본의 병리'[28] 라는 말로 압축한 바 있다. 가와이에 따르면 일본 사회는 일차적으로 모성원리의 지배를 받는 사회다. 이때의 모성원리는 전술한 스즈키가 "대지의 무한한 사랑, 그 포용성, 무엇이든지 허용해 주는 모성"을 말하면서 "대지는 어머니이다"[29] 라고 선포했듯이, '포함하는' 기능에 의해 특징지어지는 일종의 '일본적 영성'의 표현이라 할 수 있다. 부성 원리가 모든 것을 구별하고 절단하려 든다면, 모성원리는 좋은 것이든 나쁜 것이든 모든 것을 품어 안는다. 이와 같은 모성원리에 기초한 윤리관은 어머니 슬하의 장(場) 안에 있는 모든 자녀들에게 절대적인 평등성을 부여한다. 이를 '장(場)의 윤리'라고 할 수 있다면, 부성 원리는 개인에게 높은 가치를 부여하는 '개(個)의 원리'라 할 수 있다.[30]

모자일체감에서 생겨난 일본적 정서를 나타내는 정신분석학적 개념인 '아마에'(甘え)와 밀접한 관계를 가지는 모성적인 장의 윤리에서는

---

27 河合隼雄(1984), 『日本人とアイデンティティ』, 49~55쪽.

28 河合隼雄(1976), 『母性社會日本の病理』 참조.

29 鈴木大拙(1972), 『日本的靈性』, 43~44쪽.

30 河合隼雄(1976), 『母性社會日本の病理』, 13쪽.

책임이 구성원 모두에게 균일하게 관련되어 있다고 간주된다. 거기서는 뒤의 제9장에서 '일본교'의 중요한 특징으로 언급될 '저울의 평형', 즉 주어진 장의 평형상태를 유지하는 것이 무엇보다 중요시된다. "일본은 심리적으로는 모성 우위의 나라로, 서구의 부성 우위성과 대조적이라고 말할 수 있다. 개인의 개성과 자기주장을 중요시하기보다는 전체로서의 장의 조화와 평형상태의 유지를 더 중요시하는 것이 일본인의 태도이다."[31] 전쟁책임과 관련하여 일본의 무책임성이 종종 문제시되는데, 이는 일본인이 개인의 책임과 장의 책임을 혼동하는 데서 비롯된 것일지도 모른다. 그 결과 일본에서는 전원이 피해자 의식에 시달리게 되는 경우가 많다. 그리하여 "일본에서는 모두가 장의 권력의 피해자이다. 이 비개성적인 장이 가해자라는 점을 알지 못한 채, 서로 누군가를 가해자인 양 몰아세운다."[32] 장의 윤리에서는 그 장에 속해 있느냐 아니냐가 윤리적 판단의 일차적 기준이 되기 때문이다. 거기서 선악의 문제, 옳고 그름의 문제는 이차적인 문제로 밀려나기 십상이다. 다시 말해 장의 윤리에서 선악은 나누어 말할 수 없다. 오히려 선이기도 하고 또한 엄청난 파괴력이기도 한 것을 동시에 함축하고 있는 것이 영성 또는 신이라고 인식된다.[33] 그러니까 선악의 피안으로서의 일본이라는 장 안에서는 모든 구별과 차이성이 애매해짐으로써 모두가 동료(仲間, 나카마)로서의 감정적 동질성을 공유하는 것이 가능해진다.

31 河合隼雄(1982), 『中空構造日本の深層』, 49쪽.

32 河合隼雄(1976), 『母性社會日本の病理』, 16쪽.

33 이런 선악 윤리 혹은 신관념의 본질은 힘에 대한 외경에 있다. 中沢新一 · 鎌田東二(2007), "對論〈靈〉とは何か", 224쪽.

선악의 피안에 위치한 장의 평형상태를 가장 중시하는 일본 문화는 안이 텅 빈 '중공(中空)구조'를 가지고 있다. 가와이는 아마테라스와 스사노오 사이의 쓰쿠요미, 다카미무스히와 가미무스히 사이의 아메노미나카누시, 호데리와 호오리 사이의 호스세리 등, 대립적인 두 신 사이에서 아무런 역할도 하지 않는 신의 존재가 『고사기』와 『일본서기』 신화에서 반복적으로 등장한다는 점에 착안하여 이를 일본 신화에 나타난 '중공구조'라고 이름 붙였다. 이런 중공구조에는 미묘한 균형이 잡혀 있어서 대립적인 두 신 가운데 어느 쪽도 절대적인 우위성을 지니지 않는다. 말하자면 한쪽은 절대적인 선이고 다른 쪽은 절대적인 악이라는 식으로 상정되지 않는다.[34] 그런 중공의 중심은 대립하는 것들의 중앙에 존재하여 균형을 유지하고 있다. 가와이는 이처럼 균형상태를 가능케 하는 중공구조야말로 통합이 아닌 균형에 의존하는 일본형 모델이라고 규정짓는다. 거기서 "중심은 반드시 권력을 가질 필요가 없다. 다만 중심 위치를 점함으로써 전체의 균형을 유지할 뿐이다."[35]

이런 모성적 중공구조의 영성은 외래적인 것의 일본적 수용 양식에서도 찾아볼 수 있다. 일본에서는 외래적인 것이 곧바로 수입되어 유행하곤 하지만, 그것은 잠시일 뿐이고 유행 사상은 일시적으로 급속히 퍼졌다가 갑자기 하강하여 모습을 감춘다. 그러고는 또 다른 새로운 유행이 생겨난다. 가와이는 이런 일본적 수용 양식을 '영원의 소년'과 결부시키고 있다. 가와이에 따르면 일본 사회는 "모성원리를 기반으로 하는 '영

---

34 박규태(2006), "일본 여신신화의 중층구조", 26쪽.

35 河合隼雄(1982), 『中空構造日本の深層』, 51쪽.

원의 소년'형의 사회"[36]에 다름 아니다. 여기서 '영원의 소년'이란 그리스의 엘레우시스 비의에 나오는 소년의 신 이아코스(Iacchus)[37]를 가리킨다. 죽음과 재생을 반복하는 곡물이 신격화된 이 영원의 소년은 성인이 되는 일이 없이 죽으며, 태모의 자궁 안에서 재생하여 소년으로서 다시금 세상에 나타난다. 그는 영웅으로서 급격한 상승을 시도하지만 일순간 돌연 낙하하여 모성적 대지에 삼켜진다.[38] 마찬가지로 일본에서의 모든 유행은 이런 갑작스러운 상승과 하강을 반복한다. 이와 같은 유행의 가변성에 따라 일본 사회에는 표면상 외래적인 것이 넘쳐나는 듯이 보이지만, 실은 모두가 일본이라는 태모(太母)의 자궁을 빠져나가면서 일본화되어 버린다.[39] 이 책의 제9장에서 상술하겠지만, 야마모토 시치헤이는 이처럼 모든 것을 일본화시킴으로써 장의 평형상태를 유지하려는 일본적 수용 양식을 '일본교'라고 불렀다.

물론 가와이는 모성적 중공구조의 영성에 내포된 위험성에 대해서도 인식하고 있었다. 중공구조는 균형을 유지시킨다는 장점을 가지고 있다. 하지만 그런 중공성이 문자 그대로 '허'(虛) 또는 '무'(無)로 작용할 때는 매우 위험해질 수 있다. 이는 마루야마가 말하는 '무책임의 구조'가 될 수 있는 것이다. 그러니까 "중공의 '텅 빔'이 충만한 에너지로 꽉 차 있을 때, 즉 무이면서 유인 상태로 존재할 때는 장점으로 기능할 수 있다. 하지만 중공이 문자 그대로 '아무것도 없음'(無)이 될 때는 전체 시스템이 매

---

36 河合隼雄(1976), 『母性社会日本の病理』, 24쪽.

37 이아코스는 디오니소스의 호칭이거나 페르세포네 또는 데메테르의 아들로 말해진다.

38 河合隼雄(1976), 『母性社会日本の病理』, 21쪽.

39 같은 책, 23쪽.

우 취약해지고 만다."[40] 가와이가 다음과 같이 '열려진 아이덴티티'를 일본 사회의 대안적 과제로 제시한 것은 바로 이런 취약성을 보완하기 위한 것이었다.

> "자신이 가지고 있는 동양적·일본적·불교적인 뛰어난 것을 소중히 하면서 서양의 좋은 부분을 계속 받아들임으로써 죽을 때까지 자신의 아이덴티티를 만들어 나가야 한다. 나의 아이덴티티나 일본인의 아이덴티티는 이런 것이라든가 혹은 이래야만 한다든가 하는 것이 아니다. 참된 아이덴티티의 핵심은 한 사람 한 사람이 어떻게 살아갈 것인가 하는 문제에 있다. 나는 이것을 '열려진 아이덴티티'라고 말한다."[41]

4) 샤머니즘적 유리혼의 영성: 야마오리 데쓰오(山折哲雄, 1931~현재)

우메하라와 가와이의 뒤를 이어 〈일문연〉 제3대 소장을 역임한 야마오리 데쓰오의 일본 종교론 또한 신영성운동의 확산에 많은 영향을 끼쳤다. 야마오리는 『일본인의 영혼관』(1976), 『일본인의 심정: 그 근저를 탐구하다』(1982), 『가미(神)와 호토케(佛), 일본인의 종교관』(1983), 『근대 일본인의 종교의식』(1996), 『일본인의 종교감각』(1997), 『일본의 마음, 일본인의 마음』(2004) 등 주로 일본인의 신관과 종교관을 중심으로 일본인의

40 河合隼雄(1982), 『中空構造日本の深層』, 51쪽.

41 河合隼雄(2001), "開かれたアイデンティティ", 17~18쪽.

고유한 감각에 초점을 맞추어 그 독자성을 강조하는 저작들을 왕성하게 펴내 왔다. 그에 따르면 오늘날 많은 일본인들의 무종교적 심정은 역사적으로 일종의 종교적(서구 기독교적) 외압에 밀려서 만들어진 자기인식의 산물에 다름 아니다. 즉 일본인에게 "당신의 종교는 무엇인가"라고 묻는 것은 단적으로 서구 기독교 문화에서처럼 "당신의 종교는 일신교인가 다신교인가"라고 묻는 것을 의미하는데, 이런 물음은 일본인에게 전혀 핀트가 맞지 않는다. 일본인의 종교에 대한 전통적 이해는 '이것인가 저것인가'라는 양자택일이 아니라 '이것도 저것도'라는 정신태도에 가깝기 때문이다. 바꿔 말하자면 다신교 혹은 범신론적 경향을 가지는 일본인 사이에서는 신의 존재를 적극적으로 논증하거나 부정하거나 하는 신학적 전통이나 철학적 전통이 세워지지 않았다. 신이 있는지 없는지 모른다고 생각하는 것보다, 신의 존재를 느낄 수 있는지 없는지가 중요한 관건이었기 때문이다.[42] 이는 마루야마 마사오가 『일본의 사상』에서 말한 '실감신앙'을 상기시키는 대목이다.

야마오리는 『근대 일본인의 종교의식』에서 오늘날 거의 표어가 되어 버릴 만큼 일본인에게 익숙해진 "재난은 잊을 만하면 닥쳐온다"라는 말을 남긴 지질학자 데라다 도라히코(寺田寅彦)의 자연관과 종교관에 주목하고 있다. 데라다에 따르면 서구의 과학이 때때로 자연에 대해 공격적이고 정복적이었던 것은 원래 서구의 자연이 안정되어 있기 때문이다. 이에 반해 일본의 자연은 대단히 불안정하고 때때로 예측할 수 없는 위협을 일으킨다. 그런데 바로 이런 경험을 통해 일본인에게는 자연 앞에 순

42 야마오리 데쓰오(2009), 『근대 일본인의 종교의식』, 53~54쪽.

종하며 사는 지혜가 생겨서 자연을 스승 삼아 배우는 겸허한 태도가 배양되었다는 것이다. 이처럼 자연에 순종하고 풍토에 적응하는 일본인의 태도는 불교의 무상관과 상통한다. 즉 일본인은 오랜 세월 동안 지진과 태풍에 의해 수없이 많은 재해와 함께 살면서 자연에 대한 반역 혹은 저항을 단념하고 자연에 순응하기 위한 경험적인 지식을 축적함으로써 자연의 배후에 있는 신의 움직임을 느끼는 '자연 무상'이라는 예민한 감각을 형성해 왔다. 이런 감각이야말로 일본인의 본래적 종교의식이라는 것이다.[43] 예컨대 사막의 나라에서는 일신교가 탄생했지만, 일본처럼 변화무쌍한 자연 풍토를 가진 나라에서는 800만 신들이 등장하는 신도가 태어났다. '천재'로 상징되는 일본의 자연이 일본인의 국민성뿐 아니라 일본인의 정신성에도 지대한 영향을 미친 것이다. 요컨대 자연을 대하는 일본인의 독특한 애니미즘적 감각과 심정이 일본인의 종교관의 모태를 형성했다는 말이다. 야마오리에게 애니미즘이란 '인간과 신 사이의 열려진 경계' 또는 '자연과의 조화'를 의미하는데, 이것이 일본 종교의 가장 중요한 특징으로 간주된다. 야마오리는 이런 애니미즘적 감각을 잘 보존하고 있는 일본이야말로 현대 사회의 문제 해결에 중요한 역할을 할 것이라고 주장한다.[44]

이와 같은 일본 종교론의 정수를 가장 집약적으로 보여주는 것이 그의 샤머니즘적 '유리혼'(遊離魂) 개념이다. 야마오리는 『일본인의 심정: 그 근저를 탐구하다』에서 "일본인에게는 다른 문화권에는 거의 보이지 않는

---

43 같은 책, 18~20쪽 및 73~79쪽 참조.

44 Prohl(2002), "Prophets of salvation coming out of the forests of Japan", p 155.

독자적인 자아감각이 있다. (중략) 그것을 '마음'이라든가 '자기'의 양태에 관한 일본인 고유의 감각이라고 불러도 좋을 것이다"라고 말하면서 그런 일본인 고유의 감각이나 심정을 '유리혼 감각'이라는 말로 개념화시키고 있다.[45] "마음이 신체를 돌파하여 비약하고, 혼이 육신으로부터 유리하여 공간으로 뛰쳐나오는 심신분리의 감각이 일본 문화의 심층에 뿌리 깊게 서식하고 있다."[46] 이때 "일본인에게 있어 자아감각의 희박성이라는 요인은 모든 시대를 관통하는 민족적 특성"[47] 인데, 이런 특성은 유리혼 감각에서 비롯되었다는 것이다. 그러니까 일본인의 마음의 심층에는 유리혼 감각이라는 영성이 존재한다는 말이다.

야마오리는 이와 같은 유리혼 감각의 원형을 『고사기』 및 『일본서기』 신화와 고대에까지 거슬러 올라가 찾으면서, 그 의미를 『만엽집』, 『겐지이야기』, 『일본영이기』, 〈가스가만다라〉(春日曼陀羅) 등의 문헌과 도상 및 구카이(空海), 겐신(源信), 호넨(法然), 도겐(道元), 신란(親鸞), 묘에(明恵),[48] 사이교(西行), 모토오리 노리나가 등 종교 사상가와 가인으로부터 추출하고 있다. 이처럼 고대 이래 일본인의 마음의 심층과 무의식의 세계를 점유한 유리혼 감각이 중세를 지나 근세 노리나가 국학에 이르기까지 이어졌다. 이와 아울러 "일본에서는 영과 혼이 신체로부터 유리되는 생리적, 심리적 기능을 예민하게 자각하고 그것을 최대한 활용한 직능자들이 고대로부터 다양한 분야에서 배출되었다." 가령 신사에 소속된 미코(巫

---

45 山折哲雄(1982), 『日本人の心情』, 3~4쪽.

46 같은 책, 230쪽.

47 같은 책, 224쪽.

48 1173~1232. 가마쿠라 시대 화엄종 승려.

女)라든가 산간에서 활약한 슈겐자(修驗者)들은 몸에 신령이 빙의하여 탁선을 말하는가 하면, 망아 상태로 타계를 편력하면서 그 타계의 영위를 사람들에게 전해 주었다. 그들은 자기 신체 내부의 영과 혼의 활동을 자유롭게 컨트롤하면서 우주 배후에 감추어져 있는 신령과의 교신을 자유자재로 수행할 수 있는 전문가들이었다. 엘리아데를 비롯하여 종래 학계에서는 이런 전문가들을 '샤먼'이라 부르고 그들에게 나타나는 주술-종교적 현상을 '샤머니즘'이라고 칭해 왔다. 동북 지방의 이타코라든가 오키나와의 유타를 비롯하여 신종교 교조 중에도 이런 샤먼이 많다. 그뿐 아니라 야마오리는 오리구치 시노부의 대상제(大嘗祭)론에 기대어 천황의 샤먼성을 시사하기도 한다. 즉 대상제란 천황령을 천황의 신체 내부에 빙의시킴으로써 천황의 부활, 즉 천황령의 소생을 도모하는 진혼의례라는 것이다. 그러니까 천황제의 기초에는 샤머니즘적 메커니즘이 깔려 있다는 말이다.

이처럼 일본인의 민족적 에토스와 심정으로 말해지는 샤머니즘적 유리혼 감각은 일본 사상사에서 상반적인 두 가지 흐름으로 전개되어 왔다. 신도·밀교·음양도·국학의 경우에서처럼 유리혼 감각을 긍정하면서 융합을 통해 그 유리혼 감각을 촉진시키는 논리로 작용해 온 흐름과, 가마쿠라 불교와 근세 유학의 경우에서처럼 유리혼 감각을 억제하는 논리로 작용해 온 흐름이 그것이다. 나아가 야마오리는 일본인론도 이 두 가지 계통으로 구분하고 있다. 즉 첫 번째 흐름을 보여주는 일본인론은 주로 일본 고대를 논의의 출발점으로 삼으면서 신도·밀교·국학을 대개로 혹은 암묵적 전제로 하여 일본인의 민족성을 초역사적인 고찰 대상으로 삼는다. 이에 비해 두 번째 흐름을 보여주는 일본인론은 가마쿠라 불교라든가 근세 유학에 주목하면서 전근대로부터 근대에 걸친 역사 과정을

분석대상으로 삼는다.[49]

5) 기(氣)와 신체의 영성: 유아사 야스오(湯浅泰雄, 1925~2005)

일본 〈인체과학회〉의 설립자로서 뉴사이언스의 세계관을 일본 사회에 소개하는 데 많은 공헌을 한 유아사는 1970년대 이후 『신들의 탄생: 일본 신화의 사상사적 연구』(1972), 『신체: 동양적 심신론의 시도』(1977), 『융과 기독교』(1978), 『고대인의 정신세계』(1980), 『일본인의 종교의식』(1981), 『동양문화의 심층』(1982), 『기·수행·신체』(1986), 『신체론: 동양적 심신론과 현대』(1990), 『기란 무엇인가: 신체가 발하는 에너지』(1991) 등의 저작을 통해, 신체와 마음(정신, 영혼)을 대립적인 것으로 상정하는 서구적 이원론의 한계를 지적하면서 심신상관적인 동양적 사상체계의 구축에 정열을 쏟아 왔다. 이때 그가 주목한 것이 바로 '기'(氣), '신체', '수행'과 같은 개념이었다. 특히 유아사는 기 이론의 현대적 가능성 혹은 기공(氣功)의 과학성을 제시함으로써 신영성운동의 세계관을 확산시키는 데 중요한 일익을 담당한 영성적 지식인이었다.[50]

현대 일본 사회에서 1980년대 이래 널리 퍼진 기공 붐과 관련하여 시마조노는 그것이 신영성운동과 공유하는 측면을 다음 네 가지로 요약하고 있다. (1) 통상적 의식과 오감을 넘어선 차원의 리얼리티에 주목한

49 같은 책, 230~234쪽.

50 島薗進(1996), "新靈性運動·ニューエイジ·精神世界", 193~201쪽.

다는 점, (2) 명상, 호흡법, 보디워크에 의한 심신 변용의 추구 및 특히 치유(이야시)에 대한 강한 관심을 표출한다는 점, (3) 교의 및 윤리보다는 심신 변용의 체험을 통한 성(聖)에의 접근을 선호한다는 점, (4) 영성적 체험, 감성, 과학적 지식의 통합 가능성을 제시한다는 점[51] 이다.

이와 같은 기공 붐과 신영성운동의 친연성을 보다 잘 이해하기 위해서는 일본인의 심신관념에 대해 주목할 필요가 있다. 이하에서는 유아사의 『신체론: 동양적 심신론과 현대』(1990)에 기술된 심신론을 중심으로 기와 신체의 영성에 관해 생각해 보기로 하자. 먼저 이 책의 서두에서 유아사는 자신이 와쓰지 데쓰로 및 니시다 기타로 등 근대 일본 교토학파의 철학을 연구하면서 신체의 문제에 관심을 가지게 되었음을 밝히고 있다. 이 가운데 특히 니시다 철학은 유아사의 신체론 구성에 결정적인 부분을 차지하고 있다. 가령 유아사는 니시다가 말하는 '순수경험'을 "자신이 세계와 상대하는 의식주체로서 자각되기 이전에, 즉 자신이 자아의식의 주체라는 반성적 자각을 수반함이 없이 체험되는 바로서의 직접적 명증성의 경험을 가리키는 것"[52] 으로 이해하는 한편, 능동적 행위와 수동적 직관을 종합한 니시다적 개념인 '행위적 직관'에 대해서는 이런 "순수경험과 장소의 사상을 심신관계론의 견지에서 새롭게 재파악하려는 시도"로 규정하고 있다. 이때 유아사에 따르면 순수경험의 직접적 명증성은 "심리적으로 말하자면 일종의 엑스터시 상태라고도 할 수 있다. 그것은

51 島薗進(1996), 『精神世界のゆくえ』, 262~263쪽.

52 湯浅泰雄(1990), 『身體論』, 74쪽. '순수경험'에 대한 이와 같은 이해는 와쓰지가 말하는 '모노노아와레'의 주객 미분리적 특성과 상통한다.

선(禪) 명상에 있어 삼매경의 체험과 유사하며,"[53] 행위적 직관에 의해 세계 내적 존재로서의 인간 존재 양식을 파악한다는 것은 "신체에 즉하여 인간의 존재 양식을 파악하는 것"[54]에 다름 아니다.

순수경험, 장소의 사상, 행위적 직관 등 니시다 철학의 핵심 개념에 대한 이와 같은 이해와 더불어 유아사 신체론에 결정적인 영향을 끼친 또 하나의 밑그림으로 융의 심층심리학을 들 수 있다. 융심리학에 경도된 유아사는 융이 말하는 그림자론을 원용하여 심신관계의 생리학적, 심리학적 이중구조를 말하고 있다. 사지, 감각-운동회로, 의식으로 구성된 표층구조와 내장, 감정, 어두운 의식으로 구성된 기층구조가 그것이다. 유아사는 이 중 밝은 의식 밑에 감추어져 있는 어두운 의식이야말로 생명기능을 유지하는 부분이자 니시다가 말하는 '창조적 직관'의 원천이라고 주장한다.[55] 이런 이중구조는 융심리학적 발상일 뿐 아니라 실은 행위적 직관에 대해 니시다가 제시한 이중구조를 본 딴 것이기도 하다. 일상적 경험의 장에 근거를 둔 표층구조와 그 근저의 '무(無)의 장소'[56]에 근거를 둔 본래적 자기의 기층구조가 그것이다. 이 가운데 행위적 직관의 기층구조는 무의식 과정의 근저로서 전술한 창조적 직관이 작용하는 무대이며, 바로 거기서부터 '영감'이 솟아 나온다는 것이다.[57]

---

53 같은 책, 76쪽.

54 같은 책, 79~80쪽.

55 같은 책, 252~253쪽.

56 유아사는 이때의 '무'를 불교적 '깨달음'이라든가 '공'(空)체험을 가리키는 말로 보는 한편, 니시다가 말하는 '절대무'를 이런 "무에 관한 궁극적인 경험"으로 이해한다. 같은 책, 14쪽.

57 같은 책, 274쪽.

그렇다면 이처럼 니시다 철학과 융심리학에 입각한 유아사의 신체론이 지향하는 신체란 도대체 어떤 것일까? 유아사가 언급한 요가의 삼신설(三身說)이 이런 물음에 대한 답변을 시사해 줄 것이다. 이때의 세 가지 신체란 (1) 감각에 의해 인지되는 육체(gross body), (2) 미세한 존재 양식을 가진 신체(subtle body), (3) 무언가를 형성하는 원인으로서의 궁극적인 신체(causal body)를 가리킨다. 흥미롭게도 유아사는 이 중 세 번째 신체를 '초월적 신의 신체'로, 그리고 두 번째 신체를 '심층심리학적 신체'라고 부른다.[58] 나아가 유아사는 심층심리학적 신체를 "감각을 넘어서는 비가시적 차원에 있어 외계와의 사이에서 일종의 에너지를 교류하는 조직체계"라고 이해하면서, 그 대표적인 사례로 인도 요가에서 말하는 '나디'(氣道)와 중국 한의학에서 말하는 "외계의 음양의 기가 출입하는 비가시적인 맥관(脈管)체계"로서의 '경락'(經絡)을 들고 있다.[59]

한편 유아사는 융의 지도를 받았던 에르윈 럿셀을 인용하면서 "기(氣)는 생명의 힘이다. 또 '정'(精)은 생식의 힘, 그리고 '신'(神)은 영묘한 힘이라고 할 수 있다. 명상가는 호흡의 훈련과 함께 사념에 집중하여 '기'의 흐름을 다스리고 '정'의 흐름을 승화시켜 그것을 영묘한 '신'의 흐름으로 변화시키는 것"[60] 이라는 명상의 최종적인 목표에 동의하고 있다. 이와 더불어 유아사는 '본래적 자기'의 영역을 창조적 에너지가 잠재하는 영역으로 보면서, 그것이 심신의 자연치유력의 근원이며 그런 본래적 자기의

---

58 같은 책, 304쪽.

59 같은 책, 304~305쪽 및 309쪽.

60 유아사 야스오(1992), "기의 연구와 인체과학", 29쪽.

발견이 곧 '기'를 '신'으로 변화시키는 것과 상응한다고 말한다.[61] 이때의 본래적 자기란 융이 말하는 '개성화'의 도달점으로서의 '자기'(Self)를 가리킨다.

이와 관련하여 유아사는 일본의 사상전통에서 "본래적 자기란 이른바 형이상학적 차원으로부터 하강하여 넘쳐나는 일종의 생명 에너지에 있어 감득되는 것이며, 그런 감득의 장이 수행에 있어 자기의 신체와 마음으로 간주되어 왔다"[62] 고 말한다. 여기서 '생명 에너지'가 '기'를 가리킴은 말할 나위 없다. 유아사에 따르면 니시다 철학뿐 아니라 신체를 중시하는 구카이와 도겐의 사상은 이런 수행적 사고 양식의 전통을 보여주는 전형적인 사례이다. 특히 『대일경』에 나오는 태장계의 원리, 즉 여성적 내지 모성적 원리를 중시한 구카이 사상은 일본적 수행관의 토대를 제공해주었다. 이런 구카이 사상의 기초에는 '모성적인 대지'의 신비한 힘에 경탄한 고대적 인간의 경험이 존재한다. 이는 고신도의 '산령'(産靈, 무스비) 관념과도 상통한다.[63]

이처럼 기를 통해 감득되는 본래적 자기 개념에 입각한 유아사의 신체론이 궁극적으로 지향하는 것은 다음 다섯 가지로 집약될 수 있다. (1) 무의식의 근저에 감추어진 본래적 자기의 본성을 탐구하기. (2) 주체의 내면적 경험으로부터 출발하여 자아의식의 근저의 심오한 메커니즘을 탐구함으로써 심적 현상과 (생물학적) 생명현상을 가로막고 있는 벽을 넘을 수 있을 뿐 아니라, 나아가 생명현상과 생명 없는 물질현상 사이의 벽

61 같은 글, 33~34쪽.

62 湯浅泰雄(1990), 『身體論』, 312쪽.

63 같은 책, 204쪽.

까지도 없애 버리는 '초심리학'을 창출하기. (3) 객관주의적 태도에 입각하여 외부 자연을 관찰함으로써 물리적 존재의 영역으로부터 인간존재의 차원으로 점차 상승하고 나아가 인간적 차원을 넘어선 초월적 영역을 추구하는 메타피직스(형이상학) 대신, 인간 안에 있는 혼(프시케)의 영역에 주목하면서 궁극적으로 내적 혼의 세계를 넘어선 초월적 차원을 지향하는 '메타사이킥'(혼의 피안)을 드러내기. (4) 인간 혼의 근저에 갇혀 있는 신비스러운 통로를 열고 자연의 감추어진 궁극의 비밀스러운 영역으로 들어가 인간존재의 기본조건인 '우리를 살리는 자연'(生ける自然), 즉 스피리추얼한 자연[64]과 대면하기. (5) 이리하여 마침내 메타피직스와 메타사이킥이 하나가 되는 새로운 철학에의 길이 열림으로써 종교와 과학이 조화를 이루는 지평으로 나아가기.[65]

이 밖에 유아사는 영능, 초능력, 신통력 등과 같은 초상적 능력에 대해 그것이 잠재적으로 모든 인간 안에 존재한다고 보면서, 명상수행에 의해 혼의 심층영역을 추구한다면 저절로 경험되는 보편적인 현상이라고 이해한다.[66] 이런 초상현상에 대한 연구를 비롯하여 전술한 초심리학이라든가 심령학 등은 아직 아카데미즘에서 시민권을 얻지 못하고 있다. 하지만 유아사는 아카데미즘을 넘어선 기와 신체의 영성이 우리를 자극하여 현대 사상을 발전시키는 원동력의 하나가 될 것이라고 주장한다.[67]

---

64 구라사와 유키히사는 유아사가 말하는 인간 혼의 근저를 '기저(基底)세계'라고 바꾸어 말한다. 이 기저세계는 인간 심신의 깊은 밑바닥에 있는 것이 아니라 "자기 심신의 바깥에, 즉 생명, 자연, 대지 등의 자연계에 보편적인 기반으로서 존재한다"고 말하면서 이때의 '자연'을 서양에서 말하는 스피리추얼리티와 동일시한다. 倉澤幸久(2011), "湯浅泰雄『身體論: 東洋的心身論と現代』再考", 91~92쪽.

65 湯浅泰雄(1990), 『身體論』, 336~339쪽.

66 같은 책, 325쪽.

때 유아사는 통상 생명에너지로 말해지는 '기'를 '영'(spirit)과 동일시한다. 그러면서 스피리추얼리티를 "마음과 신체의 이분법을 넘어서서 양자를 근저에서 통합하는 작용"으로 정의 내리고 있다. 이런 스피리추얼리티와 더불어 현대 사회가 점차 종교를 넘어선 '종교적인 것'에 접근하고 있다고 보는 것이다.[67] 요컨대 현대를 '과학과 영성의 교류 시대'로 규정하는 유아사에 따르면 스피리추얼리티라는 말은 종교적 성격을 내포하고 있지만 특정 종교와는 관계가 없다. 그것은 융 심리학이 지시하는 인간 심리구조의 심층영역을 가리킬 따름이다.[68]

6) 대칭성 인류학의 영성: 나카자와 신이치(中沢新一, 1950~현재)

나카자와 신이치는 1980년대에 일본 저널리즘에 의해 이른바 '뉴아카'(새로운 아카데미즘)[69]라고 불린 종교학자로, 『무지개의 계단』(1981), 『티베트의 모차르트』(1983), 『숲의 바로크』(1992), 『인류최고의 철학』(2002)으로부터 『곰에서 왕으로』(2002), 『사랑과 경제의 로고스』(2003), 『신의 발명』(2003), 『대칭성 인류학』(2004)에 이르는 〈카이에 소바주〉 시리즈, 『불교가 좋다』(2003), 『예술인류학』(2006), 『헌법 제9조를 세계유산으로』(2006), 『조몬 성지순례』(2010) 등의 방대한 저술을 통해 종교학뿐 아니라

---

67 湯浅泰雄(2007), "共時性からスピリチュアリティへ", 7쪽.

68 박희준(2007), "일본 학계의 영성 연구동향", 109쪽.

69 종래 학문의 전통과 틀을 넘어서서 포스트모더니즘 철학에 입각하여 지식 혁명을 초래하려는 혁신적인 소장학자를 가리키는 말.

신화학 · 인류학 · 철학 · 문학 · 예술 · 수학 · 과학에 이르기까지 다양한 학문세계를 통섭하면서 비의적 밀교를 비롯한 종교적 사유와 포스트구조주의적 사유를 융합하여 새로운 대체 지식을 창출하고자 시도해 온 영성적 지식인이다.

나카자와는 도쿄대 대학원 종교학과를 수료한 후 1979년 네팔로 건너가 티베트 밀교 수행에 정진하였다. 1984년 산토리 학예상을 수상받은 『티베트의 모차르트』[70]의 기술에 따르면 그는 티베트에 온 지 1년 반쯤 지난 시점에서 포아 수행을 시작했는데, 7일째 되는 밤에 몸 바깥에서 위로부터 자기 신체를 내려다보는 이른바 유체이탈을 체험했다고 한다. 자신의 티베트 밀교 수행과정을 기록한 최초의 저술 『무지개의 계단』(1981)에서도 잘 확인할 수 있듯이, 나카자와는 종교적 수행과 종교체험에 활짝 열려져 있는 지식인이었다. 심지어 그는 "오컬트적인 것은 나의 인생 그 자체"[71]라고 말하기까지 한다. 이처럼 종교 연구자이자 동시에 종교 수행자이기도 한 '뉴아카'로서의 나카자와는 일찍부터 "인성에 있어 아무런 의미도 없는 독선적인 학문을 지양하고 이론과 실천 양면의 합일을 지향"[72]한다는 점을 분명히 밝히고 있다. 실제로 그의 저작들은 학문의 틀을 넘어서서 광범위한 대중성을 확보하고 있으며, 나아가 근대 서구적 학문이해에 편중된 기성 학문과 그 방법론에 대한 비판을 함유

---

70 中沢新一(1983), 『チベットのモーツァルト』. 당시 이 책을 수상 대상으로 강력하게 추천한 인물은 이 책의 제9장에서 후술할 야마모토 시치헤이였다.

71 中沢新一, "幸福と科學: 現代宗教論", 『ブルータス』 12月15日号, 1991, 25쪽. リゼット・ゲーパルト(2013), 『現代日本のスピリチュアリティ』, 67쪽에서 재인용.

72 中沢新一 · ラマ · ケツン · サンポ(1993), 『虹の階梯』, 9쪽.

하고 있다. 이 점에서 나카자와가 『티베트의 모차르트』 제1장에서 다루었듯이 인류학자 카를로스 카스타네다에게 가지는 관심은 매우 자연스러워 보인다.

이론과 실천 혹은 지적 탐구와 종교적 수행의 합일을 추구하는 나카자와는 2000년대 이후 프랑스 사회학자 브루노 라투르(Bruno Latour)에게서 빌려 온 개념인 이른바 '대칭성 인류학'을 제창하기에 이른다. 그리하여 나카자와는 "나는 이 대칭성 인류학이라는 학문을 통해 현대의 지배적인 사고에 도전장을 던지고자 한다"[73] 고 선언하는데, 이때의 '대칭성'이라는 말은 '동질성'이라든가 '연관성'을 의미한다.[74] 나카자와에 따르면 대칭성 인류학이란 "과거지향적인, 향수에 젖은 시선으로 과거를 돌아보는 그런 학문"이 아니라 "완전히 형이상학화된 세계 속에 살아 있는 야생의 사고를 회복하는 것", 즉 "서구 일신교적 에토스에 입각한 자본주의와 과학에 의해 발전되어 온 오늘날의 형이상학화된 세계에 어떤 근본적인 변화를 일으키고자 하는 학문"[75] 을 가리킨다. 그렇다면 나카자와가 이런 대칭성 인류학을 통해 보여주고자 하는 새로운 사고의 특징과 메시지는 무엇일까?

첫째, 대칭성 인류학은 레비스트로스가 '야생의 사고'를 언급하면서 제시한 사유방식을 그대로 받아들인다. 즉 야생의 사고에 입각한 대칭성 인류학은 "분석적이면서 동시에 종합적이고자 하며 또 양방향의 극한까지 진행되는 것을 목표로 하고 동시에 그 양극 간의 조종 능력을 보유하

---

73 나카자와 신이치(2005), 『대칭성 인류학』, 15쪽.

74 같은 책, 35쪽.

75 같은 책, 295쪽.

려고 한다. 이때의 양방향의 극한이라는 것은 인간에 관한 것이면 무엇이나 다 포함되는 극한이며 이성과 감성, 구체와 추상, 주관과 객관, 통시태와 공시태, 과학과 주술이 모두 포함되는 극한인 것이다."[76] 나카자와는 이런 대칭성 인류학을 "현대의 다양한 지적 탐구와 야생의 사고를 창조적으로 결합하기 위한 시도"[77] 로 여기고 있다.

둘째, 나카자와는 이런 야생의 사고를 '신화적 사고'와 동일시한 레비스트로스를 따라 대칭성 인류학의 사유양식을 가리키는 '대칭성의 사고' 혹은 '대칭성의 논리'라든가 '대칭성의 원리'를 신화적 사고와 거의 같은 의미로 사용하면서, "자신들이 형성하고 있는 세계로부터 가능한 한 비대칭성의 관계를 줄여가고자 애쓰는 대칭성의 사회에서는, 현실세계에서는 서로 분리되어 있는 것들이 지금도 은밀한 통로에 의해 서로 연결되어 있다는 걸 나타내기 위해 신화적 사고를 이용"[78] 한다고 적고 있다. 이때의 신화적 사고란 "현실세계를 구성하고 있는 다양한 형태의 비대칭적인 관계를 부정하거나 극복하려고 하는 신화의 태도"를 의미한다. 예컨대 신화는 다양한 이항대립 구조를 내포하고 있는데,[79] 거기서 강력하게 작동하는 사유가 바로 대칭성의 논리라는 것이다. 나카자와가 코기

---

76 레비스트로스(1990), 『야생의 사고』, 315쪽. 나카자와는 레비스트로스 신화론이 제시한 '야생의 사고'를 중심축으로 삼아 인류의 정신사에서 일어난 '형이상학 혁명'에 대해 언급하고 있다. 제1차 형이상학 혁명은 '야생의 사고'에 대한 부정과 억압 위에 성립한 일신교적 종교의 등장을 가리킨다. 이에 비해 제2차 형이상학 혁명은 근대 이래의 과학혁명을 지칭하는데, 나카자와는 이와 관련하여 "억압당한 '야생의 사고'로 불리는 그런 사고능력이 제2차 '형이상학 혁명'을 통해 겉포장도 근거도 새롭게 바꾸어 '과학'으로 부활한 것"이라고 말한다. 나카자와 신이치(2005), 『대칭성 인류학』, 3쪽.

77 같은 책, 198쪽.

78 나카자와 신이치(2003), 『곰에서 왕으로』, 47쪽.

79 나카자와는 이를 '이항조작'이라는 말로 표현한다.

에 이런 대칭성의 논리를 부활시키는 것은 오늘날 중대한 의미를 가진다. 왜냐하면 "우리가 사는 세계를 형성하고 있는 것들이 전부 비대칭성이라는 특징을 갖게 되었고, 경제에서 국제관계에 이르기까지의 모든 영역에서 비대칭성의 원리에 의한 활동이 지나치게 활발해져, 인간세계에 회복 불가능한 균형의 붕괴를 초래하고 있기 때문"이다. 근대 이후의 과학이나 철학에서는 이런 대칭성의 논리에 입각한 신화적 사고를 가능한 한 배제하려는 경향이 강하다. 하지만 나카자와는 대칭성의 논리를 재작동시킬 수 있다면 "교환은 증여로 뒤바뀌고, 언어에는 시가 탄생하고, 인간은 우주의 일부분에 불과하다는 것을 가르치는" 신화윤리적 사고가 생명을 되찾게 될 것이라고 주장한다.[80]

셋째, 이때의 '증여'란 무엇인가? 나카자와는 시장적 교환의 비대칭적인 문제점을 안고 있는 현대 자본주의에 대한 비판적 관점에 입각하여 마르셀 모스의 『증여론』을 인용하면서 거기서 "영혼의 활동을 포함한 채로 진행되는 증여의 원리"에 주목하고 있다. 다시 말해 나카자와는 증여를 "이동되는 물질 속에 깃들어 있으면서 사람과 사람 사이를 옮겨 다니는 영의 운동으로 규정한다."[81] 하지만 나카자와는 모스가 증여에 대한 답례를 의무화함으로써 증여와 교환의 구별이 사라져 버렸다고 보면서, 그 대안으로 "아무런 답례도 바라지 않는 증여, 기억조차 되지 않는 증

---

80 나카자와 신이치(2005), 『대칭성 인류학』, 20~21쪽.

81 모스에 따르면 모든 사물에는 하우(hau)가 깃들어 있다. 여기서 하우란 사물에 들어 있는 제작자나 소유자의 영(靈)을 의미한다. 따라서 어떤 사람에게서 물건을 받는 것은 그가 지닌 영의 일부를 받는 것이다. 이혁배(2013), "나카자와 신이치의 경제적 성령론", 160쪽 및 164쪽.

여"로서의 '순수증여'라는 개념을 제시한다.[82] 나카자와는 이와 같은 순수증여의 사고에서 "증여의 원리가 순수증여와 접촉할 때마다 거기서부터 영력의 증식이 일어난다"[83]는 신화적 사고를 읽어 내고 있다. 여기서 순수증여란 대칭성의 논리를 체현하고 있는 '신의 조화'이자 '자연의 별칭'[84]에 다름 아니다.

넷째, 신화를 '구체의 과학'이라고 부르면서 신화적 사고와 과학적 사고 속에 작용하는 동일한 논리, 즉 구조적 혹은 사회적 무의식의 논리를 상정한 레비스트로스와 마찬가지로, 나카자와 또한 대칭성의 사고가 프로이트나 라캉이 심화시킨 '무의식'이라는 사고와 깊은 관계가 있는 것으로 이해했다. 그리하여 나카자와는 대칭성 인류학의 토대에 "태초에 무의식이 있었다"[85]는 테제를 상정하면서 현생인류를 "처음으로 무의식을 갖고 지상에 출현한 사람"[86]으로 규정하기도 한다. 그럼으로써 "대칭성이라는 사고에 의해 나는 신화적 사고의 본질을 밝힘과 동시에 무의식의 작용이 지닌 특별한 가치를 회복시키고자 한다"는 것이다. 이런 입장에 따르면 일반적으로 학문이 중시하는 논리적이고 이성적인 능력은 비대칭성의 원리에 의해 작동하는 것으로서 인류의 지적 능력의 본질과는

---

82 나카자와 신이치(2004), 『사랑과 경제의 로고스』, 11쪽.

83 같은 책, 72쪽.

84 같은 책, 70쪽 및 76쪽.

85 나카자와 신이치(2005), 『대칭성 인류학』, 제2장의 타이틀.

86 같은 책, 86쪽.

거리가 먼 것으로 간주될 수밖에 없다.[87] 다시 말해 '무력한 지성'[88]일 뿐인 논리적 능력은 왕의 출현과 함께 국가라는 것이 나타나면서 대칭성의 무의식이 '힘의 원천'으로서의 권위를 빼앗긴 후 그 자리를 대체한 것에 불과하다.[89] 이에 반해 나카자와는 다음 인용문에서와 같이 인간 마음의 기층을 이루는 대칭성의 무의식이야말로 불변적인 잠재능력이며 거기서 인간이 가진 지적 능력의 본질을 찾고 있다.

> "신화적 사고에서 발견된 대칭성의 논리는 사실은 무의식에 의한 작동에서 탄생한 것이며, 그 무의식은 호모 사피엔스의 '마음'의 기층을 이루는 것으로서, 어떤 억압이나 정보화의 조작이나 비대칭성 논리에 의한 구조 변경이 이루어지더라도 인류의 '마음' 속에서 불변의 작동을 계속하고 있습니다. 그렇기 때문에 무의식에 의해 발생하는 대칭성, 고차원성, 유동성, 무한성을 갖춘 잠재능력은 형이상학화된 세계 속에서 자유로운 활동을 구속받고 있는 것처럼 보이지만, 그것이 몰래 갖고 있는 잠재능력을 충분히 발달시켜 갈 가능성은 전혀 손상되지 않았습니다."[90]

다섯째, 이처럼 대칭성의 논리에 의해 작동하는 무의식은 불변적이며 결여된 부분이 없는 충실한 '유동적 지성'으로서의 본질을 갖고 있다.

---

87 같은 책, 14쪽.

88 같은 책, 322쪽.

89 같은 책, 193쪽.

90 같은 책, 322~323쪽.

91 이때 유동적 지성이란 무엇을 가리키는가? 이와 관련하여 나카자와는 인지고고학의 성과에 기대어 전술한 신화적 사고를 '상징적 사고'와 동일시하면서 유동적 지성이 무의식으로부터 출현하는 과정을 추론하고 있다. 즉 약 4만 년에서 3만 년 전인 빙하기 말기에 출현한 현생인류의 특징은 상징적 사고의 출현에 있는데, 거기에는 무의식이 반드시 필요하다. 그런데 오랜 기간에 걸친 무의식의 숙성을 통해 형성된 상징적 사고가 작동하기 위해서는 이질적인 영역을 횡단적으로 연결해 가는 신경조직의 통로와, 그 안을 빠른 속도로 이동할 수 있는 유동적 지성이 발생해야만 한다. 바로 이런 유동적 지성의 발생이야말로 현생인류의 뇌조직에 일어난 혁명적인 변화의 본질이라 할 수 있다. 이로써 "그대까지 명확히 분리되어 있던 동물에 대한 지식과 인간의 사회적 관계에 대한 지식 같은 것이 하나로 결합"함으로써 신화적 사고가 탄생하게 되었다. 이와 더불어 몇 가지 의미 영역을 중첩시키는 비유라든가 상징 표현이 나타나기 시작했고, 그 결과 시와 종교와 예술과 과학이 생겨나게 되었다. 이를 가능케 한 것은 뇌에 발생한 유동적 지성의 작용을 통해 형성된 인간의 '마음'에 다름 아니라는 것이다.[92] 이런 의미에서 나카자와는 종종 '유동적 지성'과 '유동적 마음'을 혼용하면서 그것을 "다른 영역을 자유롭게 횡단하고 여러 영역에 걸쳐 마음의 작용이 이루어지는" 것, 혹은 "다차원적이고 속성을 갖고 있지 않으며 자유로운 유동성을 특징으로 하는 마음"[93] 이라고 규정한다.

---

91 같은 책, 14쪽.

92 같은 책, 78~82쪽.

93 나카자와 신이치(2009), 『나카자와 신이치의 예술인류학』, 28쪽.

이상에서처럼 나카자와는 대칭성 인류학의 기본적인 사유틀을 '대칭성의 사고', '야생의 사고', '신화적 사고', '상징적 사고', '순수증여의 사고', '유동적 지성' 혹은 '유동적 마음' 등과 같이 다양한 방식으로 표현하고 있다. 그것들은 모두 동일한 사유의 동심원적 파장을 보여주는 개념이라 할 수 있다. 그렇다면 나카자와가 이런 대칭성 인류학의 발상을 일본이라는 맥락에 어떻게 적용하고 있는지가 궁금해진다. 이 점과 관련하여 먼저 신화적 사고와 일본 문화의 친연성에 관한 나카자와의 견해에 주목하지 않을 수 없다. 그의 대칭성 인류학에 따르면 인간의 마음 안에는 오늘날까지도 고대가 살아 있으며 야생의 사고가 변장한 채 활동하고 있다.[94] 이는 종교학자 엘리아데의 '고대 존재론'이라든가 '신화의 잔존과 위장'설을 연상케 하는 측면이 있다. 하지만 엘리아데와는 달리 "무의식이 우리 현생인류의 마음의 기층"[95] 이라고 믿은 나카자와는 조몬 고고학의 세계로 깊이 빠져들면서, 조몬 수렵민의 마음에 대해 "대칭성과 비대칭성 사이를 넘나든다"[96] 고 말하는가 하면 "조몬인들은 '영'(spirit)으로 가득 찬 세계를 살았다. 그것이 야요이 시대에 들어서면서 사라졌다"[97] 고 적고 있다.

이때의 '영'이란 무엇인가? 나카자와는 『신의 발명』에서 종교의 기원이 '영'에 있고, 모든 종교 이후에도 미래의 영이 도래할 것이라고 예견하면서 "종교의 알파(원초적인 상태)이자 오메가(미래)에 해당하는 것, 그것은

94 나카자와 신이치(2005), 『대칭성 인류학』, 295쪽.

95 같은 책, 87쪽.

96 같은 책, 93쪽.

97 나카자와 신이치(2005), 『신의 발명』, 115쪽.

바로 영입니다"[98] 라고 결론짓는다. 이와 같은 '영'에 토대를 둔 조몬적 영성은 나카자와에게 있어 모성원리 혹은 장의 윤리에 입각한 일본적 영성과 동일시되고 있다.[99] 그 일본적 영성은 항상 전체적이지 않으면 안 되며, 이질적인 것과 융합하면서 전개되어야만 한다. 그럼으로써 자신과 대극적인 것까지도 자기 안에 품어 전개시키는 것이 일본의 대칭적 영성이라는 것이다.[100]

한편 나카자와는 일본 문화의 기원을 천착한 오리구치 민속학을 '대칭성의 학문'으로 이해한다든지 심지어 오리구치를 '살아 있는 신화적 사고'의 체현자로 표현하기도 한다.[101] 나아가 근대 천황제에서 현대 애니메이션에 이르기까지 일본 문화는 "신화적 사고와 도저히 분리가 불가능할 정도로 밀접한 관계를 유지하며 전개되어 왔다"고 보는 나카자와는 다음과 같이 일본적 수용 양식을 신화적 사고와 접목시키고 있다.

---

98 같은 책, 224쪽.

99 그렇다고 해서 나카자와가 조몬문화에 뿌리를 둔 일본적 영성이 일본만의 고유한 특성이라고 주장하는 것은 아니다. 가령 그는 조몬문화와 밀접한 연속성을 가지면서 발달한 스와(諏訪) 신앙권의 아동신 '미샤구치'의 사례를 들면서, 그것이 한국계 도래씨족인 하타씨(秦氏)가 전한 고대 조선의 신화적 사고와 내밀한 공통성을 보여준다는 점에 주목하고 있다. 中沢新一(2003), 『精靈の王』, 282~283쪽.

100 中沢新一·鎌田東二(2007), "對論〈靈〉とは何か", 240쪽 및 244쪽.

101 오리구치는 사람의 지성에는 '유화성능'(類化性能)과 '별화성능'(別化性能)이라는 이질적인 두 경향이 있는데, 자신은 아무래도 유화성능만 비정상적일 정도로 발달해서 고대인의 사고를 잘 이해할 수 있는 것 같다고 제자들에게 종종 이야기하곤 했다. 여기서 '별화성능'이란 사물의 차이를 예리하게 간파해 그것들을 분리해 놓으려는 지적 경향을, 그리고 '유화성능'은 표면적으로는 다르게 보이는 것들 사이에서 공통성이나 동질성을 발견해 그것들을 하나의 현상으로서 파악하려는 경향을 가리킨다. 나카자와 신이치(2005), 『대칭성 인류학』, 103~104쪽.

"새로운 이질적인 요소가 나타나더라도 그것으로 인해 심각한 투쟁이 나 알력이 일어나지 않고, 그것을 자신의 내부에 수용해 버릴 수 있는 능력을 일본 문화는 오랜 역사를 통해 획득해 왔습니다. 그렇기 때문에 우리의 사고나 행동에는 아주 오래된 것이 거의 손도 대지 않은 채로 남아 있는 경우가 많습니다. 일본인만큼 근대 사회를 훌륭하게 수용하면서도 거기에 신화적 사고까지도 멋지게 접목시켜서 남긴 민족은 그다지 많지 않을 거라고 생각합니다. 일본인들은 신화적 사고가 과연 무엇인지 만져서 알 수 있을 정도로 생생한 감각을 아직 유지하고 있습니다."[102]

예컨대 나카자와는 일본에 있어 불교의 수용을 신화적 사고와의 접목이라는 차원에서 이해하고 있다. 나카자와에게 기독교란 신과 인간 사이에 '압도적인 비대칭'의 관계를 강요하는 종교인데 반해,[103] 불교는 '대칭성 인류학의 선구자'로 자리매김되고 있다.[104] 이와 관련하여 나카자와는 『숲의 바로크』[105]에서 생물학자이자 인류학자인 미나카타 구마구스(南方熊楠)의 점균 연구와 신화적 사고 및 『화엄경』 사상에 주목한다. 가령 점균은 식물과 동물의 두 영역을 넘나드는 특이한 생물인데, 이런 존재 양식은 신화적 사고와 통한다. 신화적 사고에서는 통상적인 논리에 따르면 분리되어 있어야 하는 이질적인 것들이 심층의 공통회로를 통해

102 나카자와 신이치(2003), 『신화, 인류 최고의 철학』, 205~207쪽.

103 나카자와 신이치(2005), 『대칭성 인류학』, 116쪽.

104 같은 책, 191쪽 및 198쪽.

105 中沢新一(1992), 『森のバロック』.

하나로 연결되어 있기 때문이다. 이런 신화적 사고는 아주 작은 부분에조차 전체가 투영되어 있다고 말하는 『화엄경』의 법계연기(法界緣起) 혹은 중중무진법계론(重重無盡法界論)[106] 사상과도 상통한다. 화엄 사상에 따르면 모든 존재는 겉으로 보면 서로 다 다르고 독자적으로 존재하는 것 같지만, 실은 그 자체로 고유한 실체를 가지고 존재하는 것이 아니라 다른 존재와의 연관성하에서 존재한다고 말해지기 때문이다.[107]

또한 나카자와에 따르면 교토의 료안지(龍安寺) 돌정원은 『화엄경』이 말하는 이런 법계연기 구조와 완벽한 대응관계를 이루고 있다. 료안지 돌정원은 '완성된 무의식'의 작용을 돌이나 모래, 식물의 배치 등을 통해 표현하고 있기 때문이라는 것이다. 거기에는 무의식을 억압하는 장소는 어디에도 없다.[108] 오히려 그것은 유동적 지성인 무의식의 작용과 신화적 사고를 가시적인 구조로서 이끌어 내어 이상적으로 표현하고 있다.[109]

---

106 화엄종 연기설의 특색을 가리키는 말로, 중중무진은 십십무진(十十無盡)이라고도 쓴다. 모든 존재가 한없이 서로 맞물려 얽혀 있고 서로가 서로의 속에 들어가 있어 상즉융합(相卽融合)되어 있는 연기법계를 가리킨다.

107 이를 이사무애(理事無碍), 사사무애(事事無碍)라고도 한다. 여기서 이사무애란 원리와 개별 존재가 융통한다는 뜻이고, 사사무애란 개별존재들이 서로 융통한다는 것이다. 다시 말해서 모든 개별 존재는 그 자체의 고유한 정체를 규정하는 불변의 본질이 없고, 다른 존재와 서로 인연으로 얽혀 있다는 것이다. 또한 존재하는 모든 것은 서로 구별되기는 하겠지만 높고 낮음이나 주종의 관계가 아니고 서로가 서로에 의거하는 절대 평등의 관계이다. 이와 같은 화엄법계에서 우주는 흔히 '인드라의 그물'로 비유된다. 거기서 우주는 하나의 그물과도 같은데, 그 그물코마다 구슬이 하나씩 있고 각각의 구슬에 우주 전체가 비치며, 또한 다른 모든 구슬들이 비친다.

108 나카자와에 따르면 프로이트는 종교의 본질을 원초적 억압에서 기인하는 신경증에서 찾고 있지만, 불교는 원초적 억압에 대해 부정적이다. 불교는 무의식의 작용을 억압하기는커녕 오히려 전면적으로 발달시켜 완성에 가까운 상태에 이르도록 노력한다. 나카자와 신이치(2005), 『대칭성 인류학』, 191~193쪽.

109 같은 책, 217쪽.

달리 말하자면 료안지 돌정원은 "시니피에가 없이 순수한 시니피앙만으로 이루어진 공(空)"[110] 이라는 대칭적 사고의 이상을 잘 보여주는 사례라 할 수 있다.

이런 신화적 사고의 관점에서 나카자와는 대처승 전통의 원점을 찍은 정토진종의 창시자 신란에 대해 "조몬과 불교를 접합한"[111] 인물로서 높이 평가한다. 다시 말해 정토진종에서 조몬적 애니미즘의 성격을 띤 '증여의 사고'를 보는 나카자와는 신란의 절대타력 사상은 순수증여자로서의 아미타불이 아낌없이 베푸는 무한한 자비를 받아들이기 위해 자신의 의지를 완전히 버려야 한다고 설한다. 나카자와는 이런 신란의 순수증여 사상을 실천한 묘코닌(妙好人)[112] 들이 '자신의 의지'를 완전히 버리는 것을 이상으로 삼았던 것을 인류 사상사에게 거의 유례가 없는 사태라고 지적하면서, 정토진종 사상에 대해 "증여의 사고를 가장 고도로 전개시킨 최고의 사상"이라고 격찬한다.[113] 여기서 더 나아가 나카자와는 일본 불교를 "애니미즘적 사고와 불교의 철학적 이치가 융합하여 마침내 일본인이 납득할 만한 종교로 거듭난 것"으로 이해하기도 한다. 이와 같은 이해는 '창조적인 애니미즘'이라든가 '불교의 조몬적 요소에 대한 발굴의 필요성'을 주창하는 나카자와에게 매우 자연스러운 귀결이라 할 수 있다.[114]

---

110 같은 책, 221쪽.

111 가와이 하야오·나카자와 신이치(2004), 『불교가 좋다』, 83쪽.

112 일본 정토진종의 독실한 신자를 지칭하는 말.

113 나카자와 신이치(2004), 『사랑과 경제의 로고스』, 74~76쪽.

114 가와이 하야오·나카자와 신이치(2004), 『불교가 좋다』, 133~135쪽.

이상에서 살펴본 대칭성 인류학과 관련하여 겝하르트는 나카자와의 포스트모던 담론이 "스피리추얼한 것의 매력과 뒤섞여 있다"[115]는 점을 놓치지 않는다. 가령 나카자와는 교키(行基)[116] 등의 '수행자(役行者)로 상징되는 새로운 유형의 지성'이 출현함으로써 일본인이 자연을 사색의 대상으로 삼는 행위가 시작되었다고 말하는데,[117] 이때의 수행적 지성은 전술한 유동적 지성과 크게 다르지 않아 보인다. 그리고 마음의 영역을 넘나드는 유동적 지성은 지성과 영성이 결합된 스피리추얼한 지성으로서의 측면을 내포한다고 말할 수 있을 것이다. 1984년 나카자와는 음악가 호소노 하루오미(細野晴臣)와 함께 스피리추얼 여행을 한다. 이 여정에는 앞의 제1장에서 언급한 덴카와 신사와 롯본기가 들어 있었는데, 나카자와는 덴카와 신사를 도쿄의 환락가 롯본기에 비유하여 '심령계의 롯본기'라고 부르면서 "처음 덴카와에 발을 내딛었을 때 땅의 '영기'를 느꼈습니다. 초상현상도 체험했지요. UFO를 본 겁니다"라고 말하기도 했다.[118] 이는 앞서 언급한 유체이탈 체험과 더불어 나카자와 자신이 곧 스피리추얼한 지성의 소유자임을 시사한다. 저널리스트 지쿠시 데쓰야(筑紫哲也)는 『젊은이들의 신들』(若者たちの神々, 1985)에서 이런 나카자와를 '스피리추얼한 지(知)의 아이콘' 또는 '포스트모던의 샤먼'으로 지칭하고

---

115 リゼット・ゲーパルト(2013), 『現代日本のスピリチュアリティ』, 67쪽.

116 668~677. 한국계 도래인의 후손으로 일본 불교의 토대를 구축한 나라 시대의 승려. 특히 사회사업에 힘써 민중들로부터 압도적인 지지와 존경을 받았으며, 도다이지(東大寺) 대불건립의 책임자로 다대한 공헌을 함으로써 일본 최초로 최고위 대승정의 자리에까지 올랐다.

117 吉本隆明他(1995), 『日本人は思想したか』, 67쪽.

118 リゼット・ゲーパルト(2013), 『現代日本のスピリチュアリティ』, 92~93쪽.

있다.[119] 요컨대 대칭성 인류학의 영성은 그것을 주창한 나카자와 자신의 영성까지도 포함하는 셈이다.

7) 장소와 신체의 신도적 영성: 가마타 도지(鎌田東二, 1951~현재)

국학원대학에서 철학을 전공하고 신도학 박사과정을 수료한 가마타 도지는 『신체의 우주지(宇宙誌)』(1994), 『종교와 영성』(1995), 『성스러운 장소의 기억: 일본이라는 신체』(1996), 『신도란 무엇인가: 자연의 영성을 느끼며 살다』(2000), 『신도의 스피리추얼리티』(2003), 『현대신도론: 영성과 생태지의 탐구』(2011) 등의 저술을 통해 장소와 신체의 영성을 역설하면서, 세계 각지에 보이는 애니미즘, 샤머니즘, 신비주의의 일본적 표현으로서의 신도적 영성에 깊은 관심을 표명해 온 영성적 지식인이다.

이 책의 제4장에서 다룬 스즈키 다이세쓰의 일본적 영성론과 관련하여 가마타는 흥미로운 일본 사상사론을 전개한다. 가마타에 따르면 일본의 중세 사상에는 종래의 가치관을 뒤집어엎는 파격적인 힘이 있었다. 그 힘이야말로 스즈키가 『일본적 영성』에서 대지성이라고 부른 것인데, 그것은 바로 조몬적 힘이다. 이와 관련하여 가마타는 1992년 이래 현재까지도 계속 발굴 중인 아오모리시 산나이마루야마(山内丸山) 유적에서 출토된 조몬 유물(거목, 동물 문양의 조몬 토기, 석기, 목기, 골각기, 토우, 장신구, 집락유적, 묘지 등)을 대표적인 사례로 들면서, 조몬 토기로부터 '신성한

---

119 같은 책, 103쪽에서 재인용.

에너지'를 읽어 낸다든지 '초자연적 세계와의 역동적인 교섭과 대화'의 흔적을 엿보는 등 영성적 차원에서의 변화를 수반하는 '조몬 혁명'과 '조몬인의 영성적 감각'에 대해 역설하고 있다.[120]

가마타에 따르면 이런 조몬적 감각이 다시금 한꺼번에 터져 나온 것이 일본 중세인데, 그 조몬적·중세적 감각은 전술한 대지적 감각에 다름 아니며 그것은 신체적이고 직접적인 영성으로 특징지워진다.[121] 여기서 가마타는 스즈키의 영성론이 신도적 영성론에 대한 연구 부족에서 비롯된 오해와 편견에 가득 차 있다고 비판하면서,[122] 신도를 중심으로 중세 영성론을 전개하고 있다. 예컨대 일본 종교 사상사에서 '영성'이라는 말이 사용된 것은 중세부터이다. 가령 가마쿠라 시대에 도겐(道元)은 대표작『정법안장』(正法眼藏)에서 '영성'이라는 말을 비판적으로 사용한 바 있는데,[123] 이는 당대에 '영지'라든가 '영성'이라는 말이 일반적으로 많이 쓰였다는 사실의 반증이라는 것이다. 그러다가 가마쿠라 초기에 우라베 가네토모(卜部兼友)의『신도비설』(神道秘說)에서는 '영성'이라는 말이 매우 긍정적인 의미로 사용되고 있다. 가네토모는 이 저술에서 '원만허무영성'(圓滿虛無靈性)이라는 표현을 키워드로서 반복적으로 사용하면서 신

---

120 鎌田東二(2007), "「靈」あるいは「靈性」の宗教思想史", 9~15쪽.

121 中沢新一·鎌田東二(2007), "對論〈靈〉とは何か", 234쪽.

122 가마타는 스즈키가 시세에 영합하여 신도적 영성론을 간과함으로써 학문적인 공평성을 상실했다고 비판한다. 鎌田東二(2003),『神道のスピリチュアリティ』; 鎌田東二(2004), "「日本的靈性」の批判的考察", 318쪽.

123 당시 사람들은 인간 신체 안에 '영지'(靈知)가 있어 호오시비를 분별하고 고락을 알 수 있으며, 그런 영지를 작동시키는 '영성'은 사후에 신체가 소멸되더라도 저세상에서 영혼으로 계속 살아남는다고 믿었다. 하지만 도겐은 이런 사고방식을 엄격하게 부정하면서 불교적인 '정법안장'을 설했다는 것이다. 鎌田東二(2007), "「靈」あるいは「靈性」の宗教思想史", 40쪽.

도의 근원적 우주관을 묘사하고 있다. 나아가 요시다(吉田)신도(卜部神道 또는 唯一宗源神道)를 집대성한 중세 최대의 신도가 요시다 가네토모(吉田兼俱, 1435~1511)는 주저 『유일신도명법요집』(唯一神道名法要集)에서 신도를 참된 도(眞道)라고 주장하면서 그 신도의 가미(神)를 "모든 '영성'의 통칭"이라고 정의 내리고 있다.[124]

이와 같은 가마타의 신도론은 가치중립적인 비교종교론에 입각하여 신도의 영성적 측면을 강조[125]한다는 점에서 국가신도를 적극적으로 변호하는 사에키 쇼이치(佐伯彰一)의 국수주의적인 신도 복권론[126]과는

---

124 같은 글, 40~43쪽. 중세에 비해 더 이지적이었던 일본 근세는 '이세마이리'(伊勢参り)라든가 '에에쟈나이카'에서의 집단적 폭발과 같은, 이성적 문화에 대한 엄청난 반동을 경험했다. 그런 경험을 바탕으로 일본은 막번체제를 무너뜨리고 메이지유신을 통해 근대로 이행한 것이다. 가마타가 보기에 이와 같은 커다란 흐름의 원동력은 영성의 문제와 밀접한 관계가 있다. 가령 근세 국학의 대성자 모토오리 노리나가(本居宣長)는 문헌비평을 통해『고사기』를 토대로 일본적 정신(야마토고코로)을 외쳤다. 즉 일본적 영성에 눈을 돌린 것이다. 그러나 그는『고사기』를 절대시한 나머지『고사기』 이전부터 일본의 대지에 잠들어 있는 습합적 풍요로움을 망각해 버리거나 혹은 의도적으로 제거해 버렸다. 하지만 노리나가의 비판적 라이벌이었던 우에다 아키나리(上田秋成)라든가 노리나가의 계승자를 자처했던 히라타 아쓰타네(平田篤胤)는 일본적 영성으로서의 대지성에 노리나가보다 훨씬 더 근접해 있었다는 것이다. 中沢新一·鎌田東二(2007), "對論〈靈〉とは何か", 234~235쪽.

125 가마타에 따르면 종교사적으로 볼 때 기독교의 영성론은 '성령'과 '사랑'의 사상과 관계가 있고, 불교의 영성론은 '불성'과 '여래장' 또는 '즉신성불'과 '보살도' 및 '자비'와 관련이 있다. 이에 비해 신도의 영성론은 '가미', '혼', '진혼', '청정', '정직' 등과 밀접한 관계가 있다. 한편 뉴에이지라든가 일본 '정신세계'의 영성론은 명상, 보디워크, 테라피, 자기찾기, 신비주의, 근대 비판 등과 불가분의 관계에 있으며, WHO의 영성론은 제3세계 사람들의 행복과 가치 및 삶의 의미의 탐구와 결부되어 있다. 鎌田東二(2007), "「靈」あるいは「靈性」の宗教思想史", 67쪽.

126 영문학자이자 평론가인 사에키 쇼이치는『신도의 마음』에서 일본 문화의 토대는 신도이며 지금이야말로 '신도복권의 때'라고 주장한다. 그에 따르면 신도가 과거 전시 중에는 공격적인 이데올로기와 결합하여 이른바 국가신도로 기능했지만, 이는 메이지기의 지도자들이 계몽주의의 나쁜 영향을 받아 신도를 기독교처럼 만들려 했기 때문이며 본래의 신도는 그렇게 위험한 것이 아니다. 반대로 본래적인 신도는 그런 이데올로기적 경직성으로부터 자유롭다. 가령 신도에는 십자군 종교전쟁 같은 것은 없다. 오히려 신도는 외래종교에 대해 배제하거나 저항하지 않고 유연하게 받아들여 신불습

다소 다른 빛깔을 보여준다고 말할 수 있다. 예컨대 가마타는 외래문화와 분리된 순수한 일본교로서의 신도가 아니라, 불교 같은 외래 종교전통과도 통하는 것으로서의 신도를 활성화해야 한다고 주장한다. 가마타는 신도를 일본의 고유한 종교로 본다는 점에서는 사에키와 일치하지만, 보다 나은 미래를 위해서는 신도의 영성을 배워야 한다고 주장한다. 그는 이를 위해 야나기타 구니오의 신국학을 넘어선 제3차 국학 혹은 신신국학의 필요성을 주창하면서 신도적 영성의 복권을 지향해 왔다.

이와 더불어 가마타는 정신성 혹은 영성을 다룬 심포지엄 기록인 『덴카와 만다라: 초종교에의 수로』(1994)[127]에서 애니미즘·샤머니즘·다신교가 잘 보존되어 있는 덴카와 신사가 '신성한 자연의 정적'을 경험하게 해 준다면서 그런 자연경험이 바로 위 책의 부제에서 밝힌 '초종교'

합이라는 교묘한 복합체를 만들어 냈다. 또한 신도 건축에서는 기독교 교회나 성당 같은 위압적인 공격성을 찾아볼 수 없으며, 간결하고 담백한 형태로 자연과의 융화를 추구한다. 신도의 최고신은 태양의 여신 아마테라스로서 여성적인 수동성과 유연성이 특징이다. 그뿐 아니라 신도는 조령신앙을 중시하고 사자와의 유대를 소중히 여기면서 세대를 초월한 연대를 지향한다. 기존의 종교는 자기도취적인 이데올로기 종교로서 적을 설정하고 그 적을 악마적 존재로 상정하여 증오하는 경성종교(hard religion)이다. 이에 반해 다원적 가치를 인정하고 자연과의 일체감, 여성적 수동성, 모든 생물과의 공존, 선조 및 사자와의 연대에 중점을 두는 연성종교(soft religion)로서의 신도야말로 새로운 종교 시대에 적합하다는 것이다. 한편 사에키는 과거 군국주의 일본이 수행한 전쟁의 정당성을 옹호하고 있다. 그의 견해에 따르면 패전 후 점령군은 신도라는 일본교를 아시아 전체 나아가 전 세계에 포교 전도하여 신도권을 확장하려는 것이 이른바 대동아전쟁의 목표였으며 이는 본질적으로 신도 십자군이었고 그 슬로건이 바로 '팔굉일우'라고 곡해했다는 것이다. 사에키는 이런 잘못된 이해가 '신도지령'에 깔려 있다고 보면서, 신사참배 강요는 제국주의적 기독교와 비교해 보면 새발의 피에 불과하다고 주장한다. 시마조노는 이와 같은 사에키의 신도 옹호론에 대해 국가주의적 동기가 강하며 일본인으로서의 아이덴티티를 확인하고 싶은 공격적인 욕구가 농후하여, 1980~90년대의 일본인론 중에서 가장 내셔널리즘적이고 자기주장적인 담론에 속한다고 비판한다. 佐伯彰一(1992), 『神道のこころ』, 41~43쪽 및 260~261쪽 ; 島薗進(2001), 『ポストモダンの新宗教』, 161~162쪽.

127 鎌田東二·津村喬編(1994), 『天河曼陀羅』 참조.

의 경험이라고 말한다. 이 경우 초종교란 기존 종교와 구별되는 것으로서의 '영성'을 지칭하는 말에 다름 아니다. 가마타는 이런 초종교적인 영적 장소(사이킥 스포트)로서 대표적으로 텐카와 신사를 비롯하여 오소레잔(恐山), 후지산, 미와야마(三輪山), 구마노산잔(熊野三山), 데와산잔(出羽三山), 구라마야마(鞍馬山) 등을 들고 있다.[128] 이처럼 초종교적이고 영적인 '장소'를 강조하는 가마타의 영성론은 '장소와 신체의 영성론'이라고 바꿔 말할 수 있다. 그렇다면 가마타가 말하는 '장소'란 무엇인가? 이와 관련하여 가마타는 니시다 기타로의 '장소적 논리'에 주목하고 있다.

> "니시다적 관점에서 말하자면 모든 '자기'는 본래적으로 '종교'적이다. 니시다의 말을 빌리자면 종교적 관계란 어디까지나 자기를 넘어서서 자기를 성립시키는 것, 즉 어디까지나 초월적이자 동시에 자기의 근원으로 생각되는 것과, 역으로 어디까지나 유일하고 개체적으로 의지적인 자기와의 모순적 자기동일성에 있다. 다시 말하자면 초월적인 것과 내재적인 것과의 모순적인 자기동일성에 있다. 니시다의 이와 같은 '모순적 자기동일성'의 철학은 '대상논리'에 의해서는 파악할 수 없다. 때문에 니시다는 그것을 '장소적 논리'로 구축한 것이다." (필자에 의한 윤문)[129]

위 인용문은 종교란 무언가 절대적인 것에 자신을 통째로 맡기는 것이지만, 동시에 다 맡길 수 없는 부분도 남게 된다는 점을 시사한다. 그런

128 リゼット・ゲーパルト(2013), 『現代日本のスピリチュアリティ』, 92~93쪽.

129 鎌田東二(1996), 『聖なる場所の記憶』, 395쪽.

잔여 부분과 절대적 것에의 지향성 사이에는 모순이 존재하는데, 이런 모순을 무리하게 일치시키려 하는 것이 '자기'이다. 요컨대 니시다는 이와 같은 '자기'를 초월적인 위치에 놓고 거기서 종교라든가 철학 혹은 사상을 '자기'의 외부적 대상으로 바라보는 '대상논리'[130]를 부정하고 있는 것이다. 가마타는 이런 니시다의 입장을 받아들이면서 '장소적 논리'에 주목하고 있다. 니시다가 말하는 '장소적 논리'는 『반야심경』에 나오는 '색즉시공 공즉시색'의 논리 혹은 스즈키가 말하는 '즉비(卽非)의 논리'와 유사하다. 거기에는 절대부정과 절대긍정이 동시에 작동한다. 니시다는 이처럼 절대부정이 절대긍정과 연계되는 '절대모순적 자기동일성'을 '장소적 논리'라고 말하면서 특히 '일본 정신'(大和心, 야마토고코로)을 그런 '장소적 논리'의 대표적인 표현으로 제시한 것이다.

하지만 가마타가 보기에 니시다의 장소론에는 전시 중의 초국가주의와 '일본 정신'의 고취라는 시대풍조가 반영되어 있어 논리적 비약과 불투명성을 내포하고 있다. 그리하여 가마타는 '일본 정신'을 근대 일본에서 의도적으로 만들어진 역사적 산물이라고 보면서 그것을 과도하게 강조하거나 중요시하는 니시다의 관점에 대해서는 비판적인 입장을 취하고 있다.[131] 그렇기 때문에 가마타는 니시다가 말하는 '장소적 논리' 대신 유아사가 강조하는 '기'와 마찬가지로 초감각적 인식을 성립시키는 원천으로서의 '장소의 무의식'이라든가 '장소의 꿈' 혹은 '장소의 기억'이라는 표현을 사용하면서, "성스러운 장소는 기억을 가지고 있다. 그곳에

130 여기서 '대상논리'란 어떤 대상에 대해 자신을 초월적인 장소에 놓고 사고하는 방법을 가리킨다. 그런 사고방법에서는 '대상'에 자기 자신도 포함된다는 점이 인식되지 못한다.

131 鎌田東二(1996), 『聖なる場所の記憶』, 397~398쪽.

는 어떤 특수한 정보와 기록과 기억이 응축되어 있다. 샤먼이라고 불리는 자들은 그것을 전승, 신화, 의례, 체험을 통해 잘 알고 있다"[132] 고 말한다.

가마타는 이런 '장소의 기억'이 네 가지 층위로 구성되어 있다고 생각했다. 혈연(血緣) · 지연(地緣) · 지연(知緣) · 영연(靈緣)의 층이 그것이다. 여기서 가마타는 '치'라는 일본어 음을 '血, 地, 知, 靈'이라는 네 가지 한자에 동일하게 적용시키면서, 근세 국학과 근대 일본에서의 초국가주의적인 국체 관념을 재해석하고 있다. "대저 이 '국체'(國體), 즉 '나라의 신체'란 무엇인가? 아마도 거기에는 네 가지 '치'의 층이 들어가 있음에 틀림없다. 즉 국학자들이 말하고 싶어 한 것은 '血-地-知-靈'이라는 네 가지 '치'의 층이었음에 분명하다."[133] 가마타에게 있어 '장소의 영성'과 '신체의 영성'이 동일한 지점에서 만나는 것은 바로 이런 의미에서이다. 예컨대 인간이 살아간다는 것은 단지 의식이 존재한다는 것만을 의미하지 않는다. 그것은 육체와 정신을 불가분의 것으로서 포함하는 '신체'가 어떤 '장소'를 살아간다는 것을 의미한다. 기억을 담고 있는 이 장소는 물리학이 말하는 균질적인 공간들의 집합체가 아니다. 그것은 가령 "숨어 있는 신들과 만나기 쉬운 장소, 신들리기 쉬운 장소, 신령과 유령과 요괴들이 출몰하는 장소"[134] 와 같은 비균질적인 장소를 가리킨다.

132 같은 책, 5쪽.

133 같은 책, 373쪽.

134 같은 책, 177쪽.

8) 어둠과 유희의 요괴적 영성: 고마쓰 가즈히코(小松和彦, 1947~현재)

가마타가 말하는 '장소의 영성'의 리스트에 요괴가 포함되어 있다는 점은 일본 문화의 기본 원리를 규명하기 위해 일본 요괴에 주목해 온 〈일문연〉의 기획과 일치한다. 〈일문연〉의 초대 소장 우메하라에 따르면 일본의 요괴에는 다양한 생명들을 똑같이 존중하며 모든 생명에 공통된 법칙을 헤아려 아는 일본인의 정신성이 잘 나타나 있다. 요컨대 요괴학의 키워드는 생명·심층·영성이라는 것이다. 우메하라 이후에도 〈일문연〉에서는 형질인류학자 하니하라 가즈로(埴原和郎)와 철학자 야마노우에 순페이(山上春平)를 비롯하여 가와이 하야오를 거쳐 현재의 제6대 소장인 고마쓰 가즈히코에 이르기까지 요괴학 연구가 지속적으로 이어져 내려왔다.[135] 이와 더불어 〈일문연〉은 1997년부터 "일본에 있어 괴이·괴담문화의 성립과 변천에 관한 학제적 연구"라는 공동연구 프로젝트를 중심으로 15년간에 걸쳐 학제적인 요괴연구회를 조직하여 운영해 옴으로써 요괴연구센터로서의 토대를 마련하는 한편, 〈괴이·요괴 전승데이터베이스〉, 〈괴이·요괴 화상데이터베이스〉, 〈괴이·요괴 회자(繪姿)데이터베이스〉 등의 공개적인 요괴 데이터베이스를 구축하는 성과를 이루어 냈다.[136]

이런 가운데 "일본의 요괴문화는 세계에 유례없을 만큼 풍부한 내용을 가지고 있다. 그것은 세계에 자랑할 수 있는 귀중한 문화재로 세계

135 リゼット・ゲーパルト(2013),『現代日本のスピリチュアリティ』, 57~58쪽.

136 http://db.nichibun.ac.jp/ja/ 〈일문연〉 데이터베이스 홈페이지 참조.

문화유산에 등록될 만하다"[137] 고 자부하는 고마쓰의 말에서 잘 엿볼 수 있듯이, 일본의 아이덴티티를 요괴와 결부시키고자 하는 시도가 끊이지 않고 있다. 가령 일본을 '요괴의 나라'로 묘사한 야마오리 데쓰오라든가 가마타 도지[138]를 따라 다나카 사토시 또한 "일본의 역사는 사람과 요괴가 함께 자아낸 것이다. 오니라든가 텡구와 같은 요괴가 없었다면 오늘날의 일본도 없었을 것"이라고 말한다. 나아가 다나카는 "일본 국가의 활력을 되찾기 위해서라도 이런 요괴사관의 부흥이 시급하다"고 주장하면서, 이른바 이자나기와 이자나미에 의한 '요괴입국'을 말하는 일본 신화에 주목한다. 한마디로 일본은 요괴의 나라라는 것이다.[139] 이런 주장을 뒷받침이나 하듯이 국립기관인 〈일문연〉의 요괴 데이터베이스에는 지금도 끊임없이 새로운 요괴들이 등록되고 있다. "일본에서는 국가가 요괴의 호적을 관리하고 있는"[140] 셈이다. 어쨌거나 이처럼 일본적 아이덴티티의 형성 및 가치생성의 계기를 요괴에서 찾고자 하는 연구는 이 밖에 민속학자 미야타 노보루(宮田登), 샤머니즘 연구자 사사키 고칸(佐々木宏幹), 신도학자 아베 마사미치(安部正路), 만화가 미즈키 시게루(水木しげる), 도상학자 아라마타 히로시(荒俣宏) 등 수많은 연구자들에 의해 수행되어 왔다.

요괴학은 원래 근대 일본에서 불교철학자 이노우에 엔료(井上円了)와 민속학자 야나기타 구니오에 의해 창시된 것이다. 가령 일찍부터 민속

137 小松和彦(2015), "妖怪研究の新たな出發にむけて", 15쪽.

138 山折哲雄 · 鎌田東二(1987), 『オカルト · ジャパン』 참조.

139 田中聡(2002), 『妖怪と怨靈の日本史』, 7~35쪽 참조.

140 박전열(2005), "요괴생성의 메커니즘과 문화산업", 14쪽.

으로서의 요괴 연구가 필요하다고 여긴 야나기타는 『요괴담의』에서 요괴를 "인간이 품고 있는 외포(畏怖)의 가장 원시적인 형태"[141] 로 규정하고 있다. 즉 사람 마음 깊은 곳에 있는 두려움과 공포가 요괴를 만들어 낸다는 것이다. 그러니까 문제는 요괴를 믿고 요괴를 이야기하는 사람들의 '마음'에 있다. 일본인들이 요괴의 존재를 믿고 수많은 요괴담을 창출해 내는 정신풍토와 마음의 상태 그 자체가 흥미로운 고찰 대상인 것이다. 그것은 현대 일본인의 정신성과 풍토성에 대한 탐구 혹은 널리 인간 그 자체에 대한 고찰로 이어질 것이다.[142] 예컨대 30여년 전부터 조용하게 지속되어 온 현대 일본 사회의 요괴 붐은 일본인의 내면적 불안과 공포가 표출된 현상에 다름 아니다. 이런 요괴 붐의 직접적인 요인으로 무엇보다 앞서 언급한 미즈키 시게루[143] 의 〈게게게의 기타로〉를 비롯한 요괴만화와 영화, 미야자키 하야오의 『센과 치히로의 행방불명』을 비롯한 애니메이션, 교코쿠 나쓰히코(京極夏彦)의 『우부메의 여름』을 비롯한 괴기소설 등, 대중문화에서의 요괴 붐을 들지 않을 수 없다.[144] 이와 더불어 박물관이나 미술관에서의 요괴전시회도 매우 활성화되는 등 근년에는 요괴문화가 현대 일본 문화의 일부로서 확실하게 정착된 듯하다.

이와 같은 대중문화 속의 요괴 붐에 편승하여 요괴학 또한 1980년대 이래 특히 최근에 이르러 새롭게 각광받고 있다. 이는 요괴적인 것이

141 柳田國男(1956), "妖怪談義", 290쪽.

142 사에키 다카히로(2014), "일본의 유령·요괴", 18쪽 참조.

143 미즈키 시게루와 그의 요괴만화에 관해서는 특히 정성욱, "요괴를 만들어 내는 사람 미즈키 시게루", 박전열·임찬수 외(2014), 『현대 일본의 요괴문화론』, 112~131쪽 참조.

144 현대 일본 대중문화 속의 요괴 붐에 관해서는, 같은 책 참조.

일본 문화의 다양한 영역에 등장하고 일본인의 일상생활에까지 깊이 침투하고 있는 현 상황에 부응하여 요괴에 관한 조직적이고 체계적인 연구의 필요성이 널리 인식된 데 따른 결과일 것이다. 이와 같은 최근의 요괴학을 대표하는 인물이 바로 『빙령신앙론: 요괴연구의 시도』(1982), 『요괴학 신고: 요괴로 보는 일본인의 마음』(1994), 『신들의 정신사』(1997), 『괴이의 민속학』(전 8권, 2000~2001, 편저), 『요괴문화 입문』(2006) 등을 펴낸 고마쓰 가즈히코이다. 이 중 『요괴학 신고』에서 고마쓰는 요괴학을 "문화현상으로서의 요괴를 연구하는 요괴 문화학"이자 "요괴를 통해서 인간의 이해를 깊게 하는 인간학" 혹은 "인간의 마음에 대한 연구"이자 "인간사회에 대한 연구"[145]라고 규정하면서 종합적이고 학제적인 연구영역으로서 요괴학을 제창하고 있다.

고마쓰에 따르면 일본의 요괴는 애니미즘적 색채를 잘 보여준다. 다시 말해 고마쓰는 일본 요괴현상의 가장 중요한 문화적 배경으로 고래의 애니미즘 신앙을 들고 있다. 산, 강, 나무, 물, 바위 등 존재하는 모든 것에는 영혼이 깃들어 있는데, 그 영이 인간에게 잘못된 생각이나 악의를 품고 재앙을 일으킬 때 그것은 모두 요괴가 된다는 것이다. 나아가 이런 애니미즘적 관념은 일본에서 자연물을 가공하여 만들어 낸 기물이나 도구까지 확장된다. 즉 기물이나 도구에도 영혼과 정령이 깃들어 있어 어떻게 사용하느냐에 따라 인간에게 재앙을 불러일으킬 수도 있다고 여겨졌고, 그런 관념이 요괴를 만들어 내기도 했다. '쓰쿠모가미'라는 요괴가 그것

145 『요괴학 신고』(妖怪學新考, 1994)는 국내에 『일본의 요괴학 연구』라는 제목으로 번역 출간되었다. 고마쓰 가즈히코(2009), 『일본의 요괴학 연구』, 16쪽 및 263쪽.

이다.[146] 고마쓰는 이와 같은 애니미즘이 투영된 요괴 연구를 통해 일본 문화의 심층을 엿보고 싶어 한다. 그리하여 그는 "일본 문화의 고층 혹은 심층을 파헤쳐 퍼내고자 하는 작업으로서"[147] 『신들의 정신사』를 썼다고 밝히고 있다.

한편 고마쓰는 『빙령신앙론: 요괴연구의 시도』의 집필 목적에 관하여 "빙령(憑靈)신앙을 매개로 모습을 드러내는 일본인의 밤의 세계, 흑암의 역사" 곧 "인간이 지닌 사악한 정신영역"으로 하강함으로써 "요괴의 정신사를 복원하는 것"[148]에 있다고 기술한다. 이는 요괴학이 '어둠의 영성'에 대한 규명과 관련된 학문임을 시사한다. 굳이 고마쓰의 말을 빌리지 않더라도 우리는 인간 마음의 내부에 깊은 어둠이 숨어 있음을 잘 알고 있다. 고마쓰는 그것을 무의식의 영역이라고 부른다. 거기에 요괴가 잠복하고 있다가 기회만 있으면 제어된 의식의 영역에 침범하여 인간을 지배하려고 한다는 것이다. 그 어둠의 무의식은 마음속 어딘가에서 죄의식이나 피해자 의식으로 나타나기도 한다. 그것들이 우리 내부에서 자신의 신체를 공격하는 요괴를 길러내고 있다는 말이다.[149]

달리 말하자면 요괴란 "인간의 안과 바깥에 존재하는 극한"[150]이 표출된 것이라 할 수 있다. 그 인간의 극한은 불가사의하고 비가시적인 세

---

146 고마쓰 가즈히코, "일본의 요괴관에 대하여", 박전열 · 임찬수 외(2014), 『현대 일본의 요괴문화론』, 4~6쪽.

147 小松和彦(1997), 『神々の精神史』, 16쪽.

148 小松和彦(1994), 『憑靈信仰論』, 10쪽.

149 고마쓰 가즈히코(2009), 『일본의 요괴학 연구』, 54~55쪽.

150 安部正路(1981), 『日本の妖怪たち』, 7쪽.

계이다. 미야타 노보루는 『요괴의 민속학』에서 요괴의 세계를 '일본의 비가시적인 공간'으로 표상함으로써, 일본인의 현실적인 일상생활에는 불가사의한 세계가 살아남아 있는데, 그 비가시적인 초월적 세계가 현실에 기능하면서 일상생활에 어떤 의미를 투영하고 있음을 시사한다.[151] 이와 관련하여 고마쓰는 "초월적·초자연적 존재나 초월적 능력을 지닌 존재를 상정하고, 그것에 의해서 그 이상한 현상을 설명하고자 할 때, 신이나 요괴나 발생된다"[152] 고 적고 있다. 요컨대 고마쓰에 따르자면, 인간에게 부정적으로 파악되는 불가사의한 현상은 모두 인간 안의 어둠에서 비롯된 요괴 현상으로 간주된다.[153]

그런데 요괴는 인간 바깥의 물리적인 어둠과도 결코 무관하지 않다. 네온사인이 현란한 현대 일본의 도시에는 어둠이 사라져 버렸다. 어둠의 문화를 잃어버린 것이다. 이런 어둠의 상실에 위기를 느낀 문학자 다니자키 준이치로는 『그림자 예찬』(1933~1934)[154] 에 있어 빛과 그림자가 조화를 이룬 곳에서 일본 문화의 아름다움을 발견하고자 했다. 그렇다면 현대 일본의 도시공간에서 재생되고 있는 요괴 붐도 그런 아름다움과 관계가 있는 것일까? 하지만 고마쓰는 아름다움을 말하는 대신 "새로운 요괴는 인간 내부의 어둠을 찾아내어 언제든 사람들 앞에 반드시 나타날

---

151 宮田登(2002), 『妖怪の民俗学』 참조.

152 여기서 고마쓰는 '신'이란 사람들에게 제사를 받는 초월적 존재이며, '요괴'란 제사를 받지 못하는 초월적 존재라고 구별한다. 고마쓰 가즈히코(2009), 『일본의 요괴학 연구』, 43쪽.

153 같은 책, 50쪽.

154 谷崎潤一郎(2012), 『陰翳禮讃』 참고.

것"[155] 이라며 '도시의 요괴학'을 자리매김한다. 그 '도시의 요괴학'은 영성이라든가 스피리추얼리티라는 말을 직접 사용하지는 않지만, 이 책의 제1장에서 다룬 '정신세계'라든가 신영성운동을 배경으로 전개되어 온 측면이 있다.

> "요괴에 대한 관심은 현대 문화에 있어서 결코 고립적으로 나타나는 현상이 아니다. 인간의 마음과 내면에 영향을 미치는 다양한 사회현상, 예를 들면 밀교, 신흥종교, 신비주의, 점치기, 예언, 임사, 괴수, 버츄얼 리얼리티 체험과 같은 사항에 대한 관심의 고조와도 깊이 관련된 현상이다. 이러한 사회현상의 배경은 말할 나위도 없이 현대의 폐쇄상황이다."[156]

여기서 고마쓰가 말하는 '현대의 폐쇄상황'은 현대의 과학적, 합리적 세계관과 가치관에 의문을 가지거나 그런 생활에 지친 사람들의 마음속에 퍼지고 있는 '어둠'에 다름 아니다. 현대 일본 사회의 요괴 붐은 그런 현대 일본의 폐쇄상황을 반영한 것이다. 하지만 그것은 부정적인 함의만 가지는 것이 아니다. 어둠을 상실한, 동시에 또 다른 어둠을 낳는 도시의 요괴 붐은 현실세계를 넘어선 곳에 생성되면서 그 현실을 상대화시킴으로써 다른 현실도 있을 수 있다는 것을 시사하기 때문이다.[157] 이런 가능성은 오늘날 요괴연구가 '문화', '세계관의 표상', '오락과 유희'라는 관점

155 고마쓰 가즈히코(2009), 『일본의 요괴학 연구』, 170~171쪽.

156 같은 책, 272쪽.

157 같은 책, 273쪽.

에서 논의되고 있는 경향과 무관하지 않아 보인다.[158] 사실상 일본인에게 요괴는 단순히 기괴한 현상으로만 받아들여진 것이 아니다. 물론 요괴는 공포의 대상이지만, 그렇기 때문에 더더욱 신비하고 영적인 존재로 인식되어 왔다. 이와 동시에 요괴는 일본인의 생활 속에 녹아든 일상적인 유희의 대상이기도 하다. 이런 '유희의 영성'이라는 측면에서 요괴는 "일본인의 정신을 구성하는 중요한 하나의 요소"라고 말할 수 있다.[159]

2. 비판적 고찰 : 영성적 지식인과 그 담론의 문제점

이상에서 다룬 영성적 지식인들의 공통적인 키워드로 영성을 비롯하여 애니미즘, 샤머니즘, 일본 고유종교로서의 신도, 기층, 조몬, 무의식 등을 들 수 있다. 하지만 이것들은 대체로 학문적 개념어로서는 적지 않은 문제를 내포하고 있다. 영성이라든가 스피리추얼리티라는 용어의 다양한 함의와 중층성에 관해서는 앞의 제4장과 제5장에서 상세히 언급한 바 있으므로 다시 거론하지 않아도 될 것 같다. 그런데 영성적 지식인들이 종종 인용하는 문화인류학자 이와타 게이지의 『애니미즘 시대』(1993)는 애니미즘이 모든 종교의 기원이자 미래의 종교라고 주장한다.[160] 하지만 타일러에 의해 창안된 '애니미즘'이라는 용어와 관련하여 한 가지 분

158 小松和彦(2015), "妖怪研究の新たな出發にむけて", 14쪽.

159 林瓚洙 · 安煇繡(2013), "TRIZで見る日本妖怪の類型研究", 175쪽.

160 岩田慶治(1993), 『アニミズム時代』, 10쪽.

명한 사실은, 그것이 일본의 기나긴 역사적 전개과정에서 항상 시대와 지역에 따른 차이를 노정해 왔다는 점이다. 그러니까 고대 일본인들이 정확히 애니미즘적이라고 말해질 수 있는 신념 체계를 공유했는지는 매우 의심스럽다. 샤머니즘이라는 용어 또한 야마오리나 유아사 혹은 가마타 등과 같이 그것을 일본 종교에 대한 포괄적인 학술적 개념으로 사용하기 위해서는 보다 엄밀한 분석이 필요해 보인다. 또한 신도의 역할도 일본 종교사에서 매우 다양하게 나타날 뿐 아니라, 구로다 도시오의 주장처럼 메이지 이전에는 독립적인 신도의 존재를 말할 수 없으므로 그것을 일률적으로 일본의 고유종교라고 말하기는 힘들다.

한편 우메하라 등의 기층문화론 및 그것과 관련된 다양한 형태의 조몬 담론은 작위적이고 직관적인 사색에 기초한 것, 가설적인 것, 비학문적인 것이라는 비판을 피하기 어렵다. 게다가 많은 영성적 지식인들이 일본 고유의 문화라고 주장하는 조몬적 특성 가령 애니미즘, 생명의 일체감과 순환관, 숲의 문화 등은 인류의 공통된 문화가 아닌가?[161] 이 점을 무시한 채 조몬적인 것을 통해 일본 문화의 독자성과 창조성을 과도하게 강조하는 입장은 한국 및 중국 문화와 밀접하게 연관된 도작문화적 야요이 문화의 영향력을 희석화시키는 전략적 측면을 노출시키고 있다. 그뿐 아니라 기층이라든가 조몬 담론은 일종의 불변적 구조를 전제로 내세움으로써 역사성을 간과하는 오류에 빠지기 십상이다. 칼 융을 따라 "의식의 차원에 있어 이론적 사고 양식과 세계관의 역사적 변천과 무관

---

161 박용구(1999), "일본 문화론의 해체", 138~145쪽.

한 혼의 불변적인 메커니즘이 존재한다"[162] 고 생각한 유아사도 이와 동일한 오류를 피하기 어렵다. 사실 그가 말하는 기층구조론은 우메하라의 기층문화론과 유사한 문제점을 안고 있다. 기층문화론이 이상화된 고대로의 회귀를 지향한다면, 기층구조론은 "심층심리의 복권"[163] 이라는 심리학적 고층으로의 낭만적 회귀를 지향한다.

"우리 마음의 기층을 이루는 무의식(대칭적 사고)은 불변의 구조를 유지하고 있다"[164] 고 주장한 나카자와의 경우는 더욱 심각한 문제를 안고 있다. 가령 그가 제창한 대칭성 인류학에는 자기와 타자의 분리가 일어나지 않으며 부분과 전체가 일치함으로써 모노노아와레적 공동감정을 환상적으로 확대시킬 위험성이 내포되어 있다. 나카자와는 자신이 '무의식'이라는 표현을 쓸 때 거기에는 '마음속의 억압당한 부분'과 같은 부정적인 의미는 전혀 포함되어 있지 않다고 말한다. 오히려 이때 무의식은 "대칭성의 논리에 의해 움직이는 고차원의 유동적 지성으로서 전적으로 긍정적인 의미만을 갖고 있다"[165] 고 주장하는데, 이는 프로이트나 라캉 정신분석학의 기본 전제를 완전히 무시한 것이다. 나카자와는 들뢰즈와 가타리가 『앙띠 오이디푸스』에서 전개한 프로이트 비판을 지나치게 확장시키고 있다. 게다가 나카자와는 유동적 지성의 출현 이전에 "동물에 대한 지식과 인간의 사회적 관계에 대한 지식"이 명확히 분리되어 있었다고 하는데, 이건 근거가 미약한 전도이다. 상식적으로 보자면 오히려 그 반

---

162 湯浅泰雄(1990), 『身體論』, 303쪽.

163 유아사 야스오(2011), 『융과 그리스도교』 참조.

164 나카자와 신이치(2005), 『대칭성 인류학』, 226쪽.

165 같은 책, 88쪽.

대일 것이다. 유동적 지성의 출현 이전에는 모든 것이 미분리상태였다가 유동적 지성의 출현 이후 분리된 것이 아닐까? 나아가 나카자와는 "유동적 지성은 어디까지나 '지성'이어야만 한다"[166] 고 말하면서도 그것을 '유동적 마음'과 동일시하는 인식론적 오류를 범하고 있다. 이는 "일본에서는 논리가 아니라 감정이 사회적 현실을 구성한다"[167] 는 테제와 맥락을 같이 하고 있다. 나카자와는 한때 〈옴 진리교〉에 심정적으로 밀착함으로써 옴 사건 후 매스컴으로부터의 싸늘한 비판을 감수해야만 했다. 과거 나카자와는 '같이 혼의 수행을 지향하는 자'의 입장에서 종교가로서의 아사하라를 높이 평가했으며,[168] 구루에 대한 무조건적 귀의를 설하고 있는 나카자와의 『무지개의 계단』이 '옴 진리교의 바이블'이라고 불릴 만큼 〈옴 진리교〉 신자들에게 많은 영향을 끼쳤던 것도 사실이다.[169]

이에 비해 융심리학자 가와이 하야오에 대해서는 좀 다른 측면에서 비판이 가해질 수 있다. 가령 "부성 원리의 서양 사회에 비해 일본은 모성사회"라는 가와이의 일본 문화론이 종종 자명한 전제로 말해져 왔다. 하지만 보수우익적 논객으로 '부성 원리'의 복권을 주장해 온 에토 준(江藤淳)에 따르면 1970년대 후반에서 80년대에 걸쳐 거론된 이 모성사회론은 미국의 정치적, 군사적 일본 지배에 대항하여 경제 측면에서 일본이 승리한 것을 자랑하는 내셔널리즘과 일체를 이루며, 프로이트가 말하는

166 같은 책, 78쪽.

167 百川敬仁(2000), 『日本のエロティシズム』, 12쪽.

168 島田裕巳(2007), 『中沢新一批判, あるいは宗教的テロリズムについて』, 67쪽.

169 같은 책, 28~30쪽.

'부친살해'의 이데올로기로서 인기를 얻은 것에 불과하다는 것이다.[170] 또한 가와이의 모성사회론을 밑받침하는 도이 다케오의 '아마에론'에 대한 비판도 만만치 않다. 한마디로 모자분리라는 현실을 심리적으로 부정하는 아마에는 태내회귀적·퇴행적·방어적인 개념이라는 것이다. 게다가 가와이는 부친에 의한 거세를 전혀 상정하지 않은 채 아마에를 전적으로 모성적인 것으로 이해하고 있는데, 그 근저에는 모성원리를 '포함하는 기능'으로 그리고 부성 원리를 '절단하는 기능'으로 보는 융학파의 이분법이 깔려 있다. 하지만 모성적인 것에는 포함하는 기능뿐 아니라 출산과 이유(離乳) 등 분리의 측면이 동시에 존재한다. 부성도 모성도 모두 약체화되고 있는 현대 일본 사회의 흐름을 설명하는 데 모성사회론과 아마에론은 한계가 많다는 말이다.[171]

이처럼 애니미즘, 샤머니즘, 고유신도, 기층, 조몬, 무의식 등 영성적 지식인들의 공통적인 키워드들이 내포하는 문제점 외에, 무엇보다 주목할 것은 영성적 지식인 담론이 지향하는 내셔널리즘적 성향에 있다. 이와 관련하여 겝하르트는 〈일문연〉의 '아카데믹 내셔널리즘'[172]을 지적한다. 예컨대 〈일문연〉의 초대 소장 우메하라의 기층문화론과 '일본적 영성'에 관한 테제는 전전의 이론으로 거슬러 올라가는 보수적이고 국수적인 회귀지향성을 함축하고 있다. 실제로 우메하라는 모리 수상이 신국발언으로 물의를 일으킨 〈신도정치연맹 국회의원간담회〉에도 참가한 바 있는데, 당시 모리 수상은 우메하라류의 생태학적이면서도 내셔널한 비

170 江藤淳(1993), 『成熟と喪失』 참조.

171 平山朝治(2002), "母性社會論の脫構築", 136~137쪽.

172 リゼット・ゲーパルト(2013), 『現代日本のスピリチュアリティ』, 111쪽 각주18.

의적 신도를 애매하게 거론하면서 그런 신도로써 글로벌 사회에 있어 일본을 정신적인 지도적 입장에 위치시켰다. 겝하르트에 따르면 우메하라 언설의 중요한 특징 중 하나는 국가적인 자기주장의 전략이라 할 수 있다. 즉 일본은 더 이상 서양 문화의 주변이 아니라 보편성을 요구할 수 있는 존재라는 것이다.[173]

오컬트와 내셔널리즘을 원래 결탁하기 쉬운 것이라고 보는 가므라 다쓰오에 따르면 〈일문연〉의 제2대 소장을 역임한 가와이도 겉보기에는 부드럽지만 그 정체는 일본인의 민족적 무의식을 실체가 있는 것으로 포장하고 그것을 지키려는 내셔널리스트이다. 이런 소프트한 내셔널리즘의 측면은 가와이가 일본 사회의 미래적 과제로 주창한 '열려진 아이덴티티'라는 테제 및 그 토대로서 그가 〈21세기 일본의 구상〉 간담회의 최종 결론으로 내세운 '정면으로 맞서는 낙관주의'라는 테제에서도 잘 엿볼 수 있다. 가와이는 이런 낙관론을 '열려진 아이덴티티'와 동일시하면서 그것을 메이지 시대의 '화혼양재'(和魂洋才)와 결부시킨다. "'화'라는 일본적 정신을 소중히 하면서 서양의 기술을 받아들인다. 그런데 이런 '화혼'(야마토 다마시이)이란 것을 처음부터 완성된 것으로 보는 것이 아니라, 그것을 계속 만들어 나가는 것으로 이해해야 한다. 그러니까 처음부터 정해진 화혼을 가지고 있고 거기에 새롭게 양재를 받아들이는 것이 아니다. 자신이 가지고 있는 화혼이 어떤 것인지는 모르겠지만, 그 화혼을 양재로 갈고 닦는다는 태도가 필요하다."[174] 이런 입장은 확실히 긍정적 일

173 같은 책, 51/ 57/109쪽 각주7.

174 河合隼雄(2001), "開かれたアイデンティティ", 18쪽.

본인론에 속한 것이다. 그리하여 가와이는 "일본인의 자아는 항상 타자와의 상호적 연관성 안에 존재하며 '개체'로서 확립된 것은 아니"라고 말하면서도, 그런 일본적 자아관념이 집단적 효율성을 높여줌으로써 일본 경제성장의 원동력 중 하나로 기능했다고 평가하기도 한다. 요컨대 이와 같은 낙관주의로써 정면으로 맞서는 한 일본은 걱정하지 않아도 된다는 것이다.[175]

겝하르트는 〈일문연〉의 제3대 소장을 역임한 야마오리에 대해 우메하라와 마찬가지로 특히 1980년대 '버블 나르시시즘'이 배양시킨 보수적인 내셔널리스트 사상가로 규정하고 있다. 양자는 일본적 아이덴티티 문제에 대한 높은 관심을 공유하고 있는데, 이들에게 일본적 아이덴티티는 하나의 종교가 되었다는 것이다.[176] 나아가 야마오리는 "일본에서는 불교나 유교 등 외래의 합리적 사고와 관념형태가 도입될 경우, 그것과 정면에서 대립한다든지 길항하여 토착 사상으로서의 내셔널리즘적 옷을 입는 일이 없었다. 외래적인 것이 지배계급이나 지식층의 심층의식에 침투함으로써 이질적인 사상이나 관념과 융화하고 융합하는 경향을 보였다. 유리혼 감각은 이런 심층감정으로서 이어져 일본의 문화적 형성물에 대해 항상 잠재적으로 작용해 왔다"[177]는 식으로 일본에 있어 내셔널리즘적 계기 자체를 부정하고 있다. 그러나 그는 불교 수용 시에 정치적 분쟁과 전쟁을 초래한 소가씨와 모노노베씨의 잘 알려진 대립이라든가, 신도와 불교의 습합이 점차 유일신도 등의 반불교적 주장을 거쳐 배태된

---

175 河合隼雄(1984),『日本人とアイデンティティ』, 5~6쪽.

176 Gebhardt(2002), "Constructing the 'Other Modernity'", p.142.

177 山折哲雄(1982),『日本人の心情』, 231~232쪽.

국학의 배타적인 내셔널리즘에 의해 마침내 신불분리로 귀결되었다는 역사적 사실을 간과하고 있다.

이 밖에 가마타 도지라든가 나카자와 신이치 등의 여타 영성적 지식인들은 우메하라, 가와이, 야마오리에 비해 국수적이라고 말하기는 어렵지만, 스피리추얼하면서도 국가적인 경향을 띤 노스탤지어적 아이덴티티론의 제창자라는 점에서 일정 부분 내셔널리즘적 성향을 공유하고 있다는 비판이 가능하다. 물론 영성적 지식인들은 대체로 전전의 군국주의적 내셔널리즘에 대해서는 부정적인 입장을 견지하고 있다. 그럼에도 이상과 같은 비판이 가해지는 것은 기본적으로 영성적 지식인들이 공통적으로 회귀적·노스탤지어적·일본 중심주의적인 아이덴티티에 고착되어 있기 때문일 것이다.

한편 독일의 소장 종교학자 프롤은 『일본의 '영성적 지식인'과 뉴에이지』(2000)[178]의 3장과 4장에 걸쳐 영성적 지식인들의 일본 종교관에 대해 집중적인 비판을 가하고 있다. 그러면서 이들이 도쿄대 종교학과 출신(나카자와)이거나 혹은 도쿄대 종교학과가 주도해 온 종교학 전통에 의거(우메하라, 가와이, 야마오리, 유아사, 가마타)하고 있다는 점에서 일본 근대 종교학의 특징을 비판적으로 회고할 필요성을 제기하고 있다. 프롤이 보기에 영성적 지식인들의 종교관에는 일본 종교학의 학문적 전제가 깔려

178 Prohl(2000), *Die "spirituellen Intellektuellen" und das New Age in Japan*. 이 책은 베를린자유대학 강사인 저자가 1999년 베를린자유대학에 제출한 박사논문에 입각하여 출간한 것으로, 일본의 '영성적 지식인'과 뉴에이지(1장), '영성적 지식인'의 여러 견해(2장), '영성적 지식인'의 테제에 대한 종교학적 관점으로부터의 몇 가지 주석(3장), '영성적 지식인'의 사회적 영향: 서적 시장과 미디어에 있어 그 현황과 그들의 제도적 위치(4장), 현대 일본에 있어 '영성적 지식인' 저작의 콘텍스트와 기능(5장) 등의 내용으로 구성되어 있다.

있다. 가령 프롤은 엘리아데 종교현상학에 대한 근래의 비판적 연구라든가 인류학 및 민족학에 있어 애니미즘 등과 같은 기초 개념들의 성립 배경과 그 현대적 자리매김을 시도하면서, 영성적 지식인들의 일본 종교 담론이 무비판적으로 엘리아데 종교현상학과 애니미즘 개념을 수용하고 있다는 문제점을 지적한다. 나아가 프롤은 영성적 지식인들이 공통적으로 가지는 이념들을 검토하고 있다. 예컨대 일본의 원신앙으로서의 신도라는 주장과 관련하여, 그것이 전통의 창조의 이데올로기로서의 성격을 가진다는 점을 부각시키면서 그런 일본 종교사 이해가 왜곡된 것임을 규명하고 있다. 또한 자연과 일본인의 종교성이 밀접한 관계에 있다는 영성적 지식인들의 공통된 주장에 대해서는, 자연 신앙 혹은 낭만주의적 자연관은 일본만의 고유하고 특수한 전매특허가 아니라는 점을 역설한다. 그뿐 아니라 그는 일본 종교의 특질로 말해져 온 체험주의적, 실감신앙적 성격은 메이지 이후 서양의 종교체험 사상이 유입되면서 비롯된 것이라는 점을 스즈키 다이세쓰의 불교론 및 서양에 의한 동양의 심리주의적 해석 계보를 검토함으로써 규명한다. 그 밖에 프롤은 서구와 일본에 있어 영성(스피리추얼리티) 개념의 변천을 검토하면서 '호교론적 개념'으로서의 그 이데올로기적 작용을 부각시키고 있다. 이와 더불어 그는 영성적 지식인들의 일본 종교 이해가 과연 적절한 것이었는지를 묻고 있다. 프롤에 따르면 영성적 지식인들은 충분한 역사적 연구를 하지 않았고 문제가 많은 학문적 개념과 논증 도구들을 사용함으로써 "일면적이고 오해를 부를 만한"[179] 결론을 제시했으며, '동양 종교'에 관한 상투적인 표상

179 같은 책, p.96.

을 벗어나지 못했다는 점에서 뉴에이지와 상호 순환적인 정당화 관계구도를 형성한다.

이때 프롤은 일본의 동일성과 우월성을 말하는 영성적 지식인들의 담론에 종교라는 주제가 왜 유용한가라는 물음을 제기하면서, 그들의 저작이 강렬한 감정과 체험성을 띤 담론효과와 진리효과를 가진다는 점에 주목한다. 프롤에 따르면 그들이 의거하는 서양종교학의 개념들은 무규정적이고 감정에 호소하는 성격을 띠고 있으며, 또한 일본 종교학은 '일본(동양)적 영성'을 근거지음과 동시에 그 일본적 영성에의 헌신을 환기시킨다. 요컨대 이와 같은 '영성적 내셔널리즘'이 의거하는 스피리추얼리티는 "자기 오리엔탈리즘"에 의해 환기된 "환영의 소산"에 불과하다는 것이다.[180] 겝하르트 또한 영성적 지식인 담론의 핵심에 서양적 오리엔탈리즘의 반향이 존재한다는 점을 지적한다. 이들이 일본적 스피리추얼리티를 묘사하기 위해 끄집어낸 수많은 개념들은 서양적 오리엔탈리즘의 논의에서 취한 것으로, 서양의 오리엔탈리즘은 일본 사상가들이 눈치채지 못한 채로 19세기 말 이래 다양한 형태로 채용되어 일본의 오리엔탈리즘으로서 일본 정신사에 스며들어 있다는 것이다.[181]

여기서 더 나아가 프롤은 미디어와의 관계에 주목하면서 영성적 지식인들의 사회적 위치와 영향력을 검토하기도 한다. 요컨대 일본 사회에서 영성적 지식인들은 결코 주변적 존재가 아니라 오히려 미디어를 매개로 적지 않은 영향력과 위신을 가진 존재라는 것이다. 그들은 일본인론

---

180 같은 책, p.157.

181 リゼット・ゲーバルト(2013), 『現代日本のスピリチュアリティ』, 71쪽.

을 매개로 매스미디어에 의해 일본 종교를 미적으로 연출하는 데 매우 성공적이었고, 그 결과 지식의 상품화를 통해 여러 규범적 기능들을 수행해 왔다. 이 대목에서 프롤은 "일본 종교에 관한 이런 상투적이고 잘못된 일본인론적 해석"이 널리 받아들여진 것은 무엇 때문인가를 물으면서, 1980년대 이후 일본 회귀적인 문화현상을 검증하고 있다. 영성적 지식인들의 수용 컨텍스트라 할 만한 그 일본 회귀적 현상에는 전술했듯이 내셔널리즘·엑조티즘·노스탤지어가 뒤섞여 있다.[182] 일본인론은 바로 이와 같은 일본 회귀적 문화현상과 병행하여 확산되었는데, 그것은 일본인의 아이덴티티와 관련하여 일체성과 원초성과 독자성을 주장한다든가, 또는 외국인의 시점으로부터의 논의를 거절하는 배타적 태도를 포함함으로써 종종 인식론적 오류에 빠지기 십상이다. 가령 "기독교와 무사도를 연결시킨 우치무라 간조라든가 니토베 이나조는 습합적 사고를 잘 보여준다. 일본사에는 신불습합 같은 것이 어느 시대든 항상 있었다. 일본인은 신불만이 아니라 모든 대립적인 것들을 습합하여 '반대의 일치'를 만들어 낸다. 말하자면 일본인은 양가성을 그대로 살려낼 줄 아는 특수한 능력을 가진 민족이다"라고 주장하는 가마타든, 이런 발상에 대해 "이는 실로 조몬적인 발상이다. 양면성을 함께 뒤범벅하고 그 어느 쪽에도 기울어지지 않는다"고 동조하면서 "일본인에게는 무언가 기이한 특질이 있다"고 말하는 나카자와든,[183] 현대 일본의 영성적 지식인들은 정도의 차이는 있을지언정 대체로 일본인론의 인식론적 오류로부터 자유롭

---

182 Prohl(2000), *Die "spirituellen Intellektuellen" und das New Age in Japan*, p.118.

183 中沢新一·鎌田東二(2007), "對論〈靈〉とは何か", 233쪽.

지 못하다는 공통점을 보여준다.

영성적 지식인 담론을 둘러싼 이상과 같은 비판적 고찰과 관련하여 끝으로 한 가지 더 생각해 보아야 할 문제가 있다. '영성적 지식인'이라는 용어와 개념 자체에 대한 성찰적 비판이 그것이다. 지식인의 자기 이해와 자리매김은 항상 역사적으로 변화해 왔다. 즉 지식인이라는 개념은 역사적인 산물인 것이다. "전후 일본은 일반적으로 대중이 지식인화하고 또한 지식인이 대중화했다"고 말하는 구노 오사무는, 국가와 사회 체제에 봉사하는 기술관료적 지식인들은 많지만 전체적 동향에 대한 통찰력에 입각해서 사회에 관여하는 지식인이 나오기 어려운 일본의 학문풍토를 지적한다.[184] 영성적 지식인이라는 개념은 이와 같은 일본적 지적 풍토의 한계를 넘어서고자 '영성'과 '지식'의 통합을 추구한다는 점에서 한편으로는 사태를 적확하게 표현하고 있지만, 다른 한편으로는 무반성적으로 사용할 수 없는 개념이기도 하다.[185] 다시 말해 영성적 지식인을 과연 지식인 범주에 속하는 것으로 볼 수 있느냐 하는 문제를 따져 보아야 한다.

이와 관련하여 영성적 지식인 담론의 원점인 시마조노는 정작 영성적 지식인이라는 용어에 대해서는 별로 상세한 설명을 하지 않으며, 가치

---

184 久野収(1992), "終始, 市民に生きる", 11~12쪽.

185 프롤은 '영성적 지식인'이라고 할 때 지식인으로서의 성격을 논하면서 이중의 해체적 고찰을 시도한다. 지식인의 '의미탐구' 및 '사색'의 값싼 판매가 그것이다. 프롤에 따르면 시민사회의 한 현상으로서의 지식인은 종종 의미탐구가 실패할 경우 종잡을 수 없는 신비주의 같은 데로 후퇴하거나 혹은 미디어에 빌붙은 '예능인'으로 전락하기 십상이다. Prohl(2000), *Die "spirituellen Intellektuellen" und das New Age in Japan*, pp.12~13.

판단도 내리지 않는다.[186] 다만 영성적 지식인을 일본에 있어 주변적 존재가 아니라 사회적으로 중요한 위상과 영향력을 행사해 온 주류라고 이해하면서, 그렇게 주류가 된 이유로 그들이 일본 전통 안에서 논의를 전개하고 있다는 점을 들고 있다. 다시 말해 영성적 지식인들은 일본에 이미 널리 보급되어 있는 이념들을 믿는 신봉자이기 때문에 폭넓게 받아들여진다는 것이다. 또한 시마조노는 영성적 지식인 담론과 연동하는 신영성운동이 일본의 정신적 전통에 부응하는 것이라고 보면서, "불교와 신도 및 일본의 민간적 종교전통은 신영성운동과 다른 것이라기보다는 오히려 유사성이 더 많다"고 말한다. 가령 뉴에이지적 채널링은 "일본 민속종교의 샤머니즘적 실천"에 상응하므로 일본인에게 이질적인 것으로 받아들여지지 않았다는 것이다.[187]

하지만 겝하르트는 이런 시마조노의 관점에 대해 조목조목 반박을 가한다. 첫째, 시마조노는 일본의 종교적 전통이라는 것을 너무 일반화시키고 있다. 일본 종교사는 대단히 다양하며 '민속종교'라는 개념도 오늘날에는 재검토를 요한다. '전통적인 일본 종교'라는 관념은 하나의 작업가설적 개념일 뿐인데, 그것과 뉴에이지가 일치하기 때문에 서양보다 일본에서 더 폭넓게 받아들여지고 있다는 테제는 좀 문제가 있다. 둘째,

186 겝하르트에 따르면 시마조노는 영성적 지식인을 뉴에이지의 추진자로 이해하면서 9인을 사례로 제시하지만, 이는 지극히 한정된 인물만 들었다는 인상을 지울 수 없다. 게다가 시마조노는 우메하라와 유아사의 경우만 스피리추얼리티와의 연관성에 대해 면밀히 분석하고 있을 뿐, 나머지 인물들에 대해서는 스피리추얼리티와의 관련성을 상술하고 있지 않다. 요컨대 시마조노의 '영성적 지식인'론은 정적(靜的) 모델이라는 것이다. リゼット・ゲーパルト(2013), 『現代日本のスピリチュアリティ』, 49~52쪽.

187 Susumu(1993), "New Age and New Spiritual Movements", p.11.

일본에서 뉴에이지 사상이 오늘날 정말로 시마조노가 말하는 만큼 폭넓게 받아들여지고 있는가 하는 점도 의심스럽다. 가령 우메하라나 나카자와 같은 영성적 지식인들은 아카데미즘에서 거의 인정받지 못하고 있다. 이들은 종종 자신이 주류에서 보면 아웃사이더라고 느낀다고 고백한다. 그들은 르상티망의 입장에서 새로운 스피리추얼리티 사상을 전개했고, 이것이 신보수주의 및 스피리추얼한 시대 조류와 맞물려 미디어에서 널리 반향을 일으킨 것에 불과하다. 셋째, 영성적 지식인의 현상은 서구에서도 많이 찾아볼 수 있는데도 불구하고,[188] 시마조노는 그것이 전형적으로 일본적 현상이라는 인상을 준다. 그들의 견해가 일본의 사상 전통에 입각하고 있다는 테제는 이런 인상을 강화시킨다. 넷째, 영성적 지식인 담론은 일본 종교전통의 계승이라기보다는 '일본적 종교성'과 관련된 현대 신화의 창안에 다름 아니라는 점을 보여준다. 뉴에이지는 일본의 종교전통과 결부되어 있다기보다는, 청년문화에서처럼 사회의 보수성에 대한 저항의 계기 혹은 삶의 방식의 계기로서 받아들여지는 경우가 적지 않다는 점에도 주의를 기울여야 한다. 이상의 여러 측면에서 보건대 영성적 지식인 및 뉴에이지에 관한 시마조노의 인식은 불충분하다는 것이 겝하르트의 입장이다.[189]

---

188 가령 19세기 말부터 나치정권 성립까지의 독일은 베버, 짐멜, 벤야민, 블로흐, 토머스 만 등 영성적 지식인들이 만개한 시기였다. 게다가 아리아주의적 오컬티즘에 뿌리가 있는 나치즘 자체도 도착적인 민족주의적 스피리추얼리티의 체계였다. 전후 독일에서 하버마스가 합리성을 강조한 것은 전전기의 비합리주의(스피리추얼리티 붐)적 사조가 나치즘을 준비한 측면이 있다고 보았기 때문이다. リゼット・ゲーパルト(2013), 『現代日本のスピリチュアリティ』, 322~323쪽 역자후기 참조.

189 같은 책, 73~76쪽 및 272~273쪽 참조.

제7장

스피리추얼리티 담론과 종교 담론

옴 사건을 통과하면서 일본 종교학계에서는 오히려 신종교 연구 붐이 점차 수그러들고 1990년대 이래 신신종교라든가 정신세계 혹은 신영성운동 등의 담론이 이른바 스피리추얼리티 담론의 흐름으로 수렴되기에 이른다. 그런데 현대 일본의 학계에 있어 이와 같은 스피리추얼리티 담론의 등장은 크게 보자면 특히 종교학계를 중심으로 전개된 종교 담론의 등장과 밀접하게 연동하는 측면을 내포하고 있다. 이 책의 제5장에서 언급했듯이, 사실 스피리추얼리티라는 용어 자체가 종교의 대체어라는 성격을 짙게 풍기고 있다는 점에서 스피리추얼리티 담론과 종교 담론은 동전의 양면 같은 측면을 내포할 수밖에 없다. 일본 종교학계에서 근대 종교라는 용어의 역사적 기원 및 정의의 문제로부터 종교 개념의 변용 문제에 이르기까지 종교에 대한 폭넓은 재고찰이 시도된 시점[1]과 스피리

1 구체적으로 1990년대에서 2000년대 초까지의 시기를 가리킨다. 이소마에 준이치는 이 시기에 있어 '종교'라는 개념의 서양중심주의적 성격 및 종교학의 중립성 담론에 내포되어 있는 '타자

추얼리티 담론의 등장 시점이 거의 일치한다는 점도 이런 사실을 뒷받침해 준다. 본 장에서는 이와 같은 학계의 스피리추얼리티 담론과 종교 담론의 주요 성과와 그 논점에 대해 살펴보고자 한다.

1. 일본 학계의 스피리추얼리티 담론

학술적인 스피리추얼리티 담론의 추이를 잘 보여주는 연구업적으로 시마조노 스스무의 『정신세계의 향방: 현대 세계와 신영성운동』(1996)과 『포스트모던 신종교』(2001) 및 『스피리추얼리티의 흥륭: 신영성문화와 그 주변』(2007), 『현대 종교와 스피리추얼리티』(2012) 등을 들 수 있다. 이 중 옴 사건 직후에 출간된 『정신세계의 향방』은 "1995년 3월의 지하철 사린 사건 이래 〈옴 진리교〉라는 종교집단이 일본인의 자기성찰에 있어 대단히 큰 위치를 점하는 존재가 되었다. 특히 일본 종교사의 이해와 관련하여 이 종교집단은 매우 중요한 물음을 던져주고 있다"는 말로 서두를 끊으면서 옴 교단이 일본 종교사에서 가지는 특이점으로서의 의미를 다음 네 가지 관점으로 정리하고 있다.

첫째, 〈옴 진리교〉는 일본의 종교 반란 및 종교적 테러의 역사에서 매우 특이한 위치를 점한다. 지금까지 일본 경제발전의 근저에는 '종교 길들이기'를 전제로 한 국가주의에의 합의가 깔려 있었는데, 옴 교단은 퇴

에 대한 폭력'이라는 문제, 즉 종교학이라는 학문분과에 내포된 정치성에 주목하기도 한다. 磯前順一(2007), "戰後宗教學の展開", 69쪽.

폐적 폭력의 분출이라는 형태로 이와 같은 '근세 및 근대 400년에 걸친 국내 화합에의 합의'의 근본을 뒤흔들었다. 둘째, 일본 불교사는 근세 및 특히 메이지유신 이후 초월 지향성 대신 현세 지향성의 방향으로 전개되었는데, 이와 연동하여 밀교적 현세 지향성에 밀착하면서 죽음과 수행을 강조하는 〈옴 진리교〉가 탄생했다. 셋째, 일본 신종교의 흐름에서 〈옴 진리교〉는 현세 이탈적이고 조직 종속적이며 젊은 세대들이 선호하는 종교집단, 즉 신신종교의 현저한 사례라 할 수 있다. 넷째, 〈옴 진리교〉와 '정신세계' 운동은 상호 침투성을 보여준다.[2] 이 가운데 특히 네 번째 의미를 집중적으로 다룬 『정신세계의 향방』은 '정신세계'를 일본만의 특유한 것이 아닌, 현대 사회라는 공통분모를 공유하는 전 지구적 차원의 운동으로 파악함으로써 옴 사건의 일본적 특수성에 집중되어 온 기존의 여러 비평에 대한 이의제기를 함축하고 있는 듯이 보인다.

마찬가지로 『포스트모던의 신종교』 또한 옴 사건에 의해 촉발된 문제의식, 예컨대 내셔널리즘의 문제와 악의 문제를 제기하면서 그 일본적 특수성을 전 지구적 현상의 관점으로 해석하고자 시도한다. 또한 이 책은 기본적으로 "종교운동이 현대 일본이 처한 정신상황의 저류를 다양한 형태로 보여준다"는 관점에 입각하여 옴 사건 이후 현대 일본인의 자기반성을 촉구하고 있는 점이 두드러진다. 이를테면 저자는 1970년대 이래 광범위하게 대두된 신신종교 여러 교단 및 일본인론(일본 문화론)의 내셔널리즘 담론들이 '반세속주의'라는 포스트모던적 속성을 배경으로 삼

---

2 島薗進(1996), 『精神世界のゆくえ』, 2~4쪽.

고 있다고 주장한다.[3] 나아가 악의 문제에 대한 전통적인 구제종교의 입장, 〈옴 진리교〉의 입장, 신영성운동의 입장을 각각 '악의 실재의 강조', '악의 실재의 과장과 과시', '악의 부재의 과장과 과시'로 비교 요약하면서 이제 일본인들이 악의 문제를 정면으로 바라보아야 한다는 요청성을 시사하고 있다. 이런 요청성은 시마조노가 편집한 『사상의 신체 악(惡)의 권』[4]에 이르러 보다 구체화된 형태로 논의되고 있다.

한편 『스피리추얼리티의 흥륭』은 1970~80년대의 뉴에이지·정신세계·신영성운동(신영성문화)에 관한 연구의 총결산이라 할 만한 저술로, 저자 시마조노는 종래와는 달리 스피리추얼리티라는 말을 전면에 내세우고 있다. 크게 볼 때 이 책의 중요한 의의는 포스트모던을 제2의 근대로 이해하면서 그 포스트모던 시대의 재성화(再聖化)를 규명하고 있다는 점, 특히 사회의 개인화와 개인의 종교화를 동일한 연장선상에서 파악하고 있다는 점에서 찾을 수 있겠다. 이런 관점에 입각한 이 책은 생활의 현장과 밀접한 연관성을 가지는 스피리추얼리티의 묘사에 주력하면서 불투명하고 복합적인 스피리추얼리티 현상이 많은 현대인의 실존의 깊이와 관련되어 있음을 보여주고자 시도하고 있다. 나아가 스피리추얼리티와 함께 '생명'이라는 용어에 주목하고 있다는 점, 악과 니힐리즘의 문제에 대한 관심과 아울러 그노시스주의를 구제종교의 범주 안에 끌어들여 이

---

3 島薗進(2001), 『ポストモダンの新宗教』, 특히 제4장 〈반세속주의와 내셔널리즘〉, 제5장 〈신신종교의 내셔널리즘〉, 제6장 〈일본인론과 종교〉 참조.

4 島薗進編(2006), 『思想の身體 惡の卷』. 수록 논문의 제목은 다음과 같다: 〈악에 대면하는 종교〉, 〈일본의 종교문화에 있어 악과 타자〉, 〈여자와 성(性)과 악〉, 〈악과 마코토(誠)〉, 〈일본인에게 악이란 무엇인가〉.

해하고 있다는 점 등도 눈여겨볼 만하다.[5]

끝으로 『현대 종교와 스피리추얼리티』는 특히 현장에 대한 저자의 공감적 시선이 두드러진다. 풍부한 사례와 함께 현대 종교를 이해하기 위한 조감도와 이론틀을 제시하고 있는 이 책은 20세기 말 이래 활성화되고 있는 스피리추얼리티론과 공공종교론을 일본 상황에 비추어 결부시키려는 시도라 할 수 있다. 이때 저자는 1970년경부터 현재까지 약 40년간의 종교 동향을 정리하기 위해 세 가지 축, 즉 '세속화', '재성화'(再聖化), '사사화'(私事化)를 설정하면서, 이 책의 중심적인 관점과 의도에 관해 다음과 같이 요약하고 있다.

> "우선 첫째로 커다란 동향을 '세속화'와 '재성화'라는 개념으로 포착하고자 했다. 종교의 영향력이 후퇴하고 있는 동향과, 역으로 회복하는 듯이 보이는 동향이다. 이 두 가지 동향 중 어느 것을 강조하는가 하는 관점에 대해 각각의 동향에 일정한 타당성이 있다고 보고 각각의 현상을 살펴보고자 했다. 둘째, 종교의 영향력이 회복하는 듯이 보이는 움직임이 공공공간과 어떤 연관성을 가지는가를 묻고자 했다. 공공공간과의 연관성이 약해지는 것을 '사사화'라는 말로 요약할 수 있겠다. 이런 사사화의 방향성과 공공공간에의 관여 방향성을 대비시키고자 했다. 셋째, 한편으로 '새로운 스피리추얼리티', 다른 한편으로 구제종교 특히 불교를 주요한 배역으로 삼아 전술한 문제들을 생각해 보고자 했다. 일본 같은 선진국에서는 '세속화'와 더불어 '재성화'와 '사사화'가 진전되

5 島薗進(2007), 『スピリチュアリティの興隆』, 220~226쪽 참조.

고, 이는 '새로운 스피리추얼리티'에 의해 대표된다. 사회의 개인화가 진행되는데, 그 개인이 세속주의에 안주하지 못한 채 새로운 스피리추얼리티로 향한다. 그렇다면 이런 새로운 스피리추얼리티가 공적 차원에서의 종교 부흥을 담당하는 힘과 방향성을 가질 수 있는가 하면 그건 아무래도 불충분하다. 이때 구제종교로서의 불교가 그 역할을 해낼 수 있을지가 궁금해진다. 동일본대진재 이후의 상황은 그런 전개를 잘 보여준다."[6]

이상과 같은 시마조노의 선구적 연구를 비롯하여 일본 학계의 스피리추얼리티 담론이 매우 활발하게 전개되었다. 가령 대표적으로 "스피리추얼리티 카페에 오신 것을 환영합니다"라는 말로 시작하면서 일상생활 속에서의 스피리추얼리티 발견을 촉구하는 가시오 나오키 편집의 『스피리추얼리티를 살다』,[7] 스피리추얼리티 개념을 중심으로 일본 종교와 윤리 및 일본인의 심리를 규명하고 있는 유아사 야스오의 『스피리추얼리티의 현재』,[8] 사후생명, 사후세계, 윤회, 전생요법, 영계통신, 영매, 임사체험, 영적 존재에 대한 관심을 직접적으로 기술하면서 "근대종교학의 성립은 스피리추얼리즘 혹은 심령연구가 크게 유행하고 '영'이라는 주제가 널리 논해지던 시기와 일치"하며, "백 년이 넘은 지금 다시금 종교학에 의해 '영'이라는 주제의 탐구가 시작되었다"고 보는 쓰시로 히로후미의 『'영'의

6 島薗進(2012),『現代宗教とスピリチュアリティ』, 141~142쪽.

7 樫尾直樹編(2002),『スピリチュアリティを生きる』.

8 湯浅泰雄(2003),『スピリチュアリティの現在』.

탐구: 근대 스피리추얼리즘과 종교학』,[9] 일본 정신사에서 종교의식의 근간이 되는 스피리추얼리티를 탐색하는 가마타 도지의 『종교와 영성』[10] 등을 들 수 있겠다.

이처럼 만개한 스피리추얼리티 담론에서 특히 간과할 수 없는 연구 업적으로 종교사회학자 이토 마사유키의 『현대 사회와 스피리추얼리티』를 꼽을 수 있다. 여기서의 스피리추얼리티라는 말은 주로 개개인의 체험에 관련된 것, 알 수 없는 불가시적인 존재(가령 대자연, 우주, 내적 신, 자기의식, 특별한 인간 등)와 신비스러운 연결 고리를 가지고 비일상적인 체험을 한다든지 혹은 어떤 고양되는 감각에 대한 느낌과 관련된 것을 가리킨다.[11] 저자는 현대 종교가 '종교'로부터 '종교성'(종교적인 것) 혹은 스피리추얼리티[12]로 변화해 왔다고 지적하면서, '종교성'과 스피리추얼리티의 함의를 구별하고 있다. 즉 전술했듯이 스피리추얼리티가 개인적인 체험을 가리키는 말이라면, '종교성'은 '종교의 양태'를 표현하는 말이다. 다시 말해 종교성이란 연구 대상으로서의 특정 현상과 영역을 제3자의 입장에서 객체화하여 가리키는 말이다. 따라서 종교성이라는 말은 주로 연구자들이 제도 종교나 조직 종교 이외의 대상영역을 설정한다든지 기존 종교 개념으로는 포괄하기 어려운 대상을 포함하는 광의의 종교를 명시하고자 할 때 사용하는 경향이 많다는 것이다. 이처럼 현대 종교의 변용에

9 津城寬文(2005), 『'靈'の探究: 近代スピリチュアリズムと宗教學』, iv쪽. 흥미롭게도 이 책은 제1장에서 비교종교학의 창시자 막스 뮐러와 근대 〈스피리추얼리즘〉의 시조 중 한 사람인 모제스(Stainton Moses, 1839~1892)를 비교하고 있다.

10 鎌田東二(1995), 『宗教と靈性』.

11 伊藤雅之(2003), 『現代社會とスピリチュアリティ』, ii쪽.

12 같은 책, 155~156쪽.

주목하는 이 책은 종교 연구를 위해 다음과 같은 두 가지 새로운 관점을 제안하고 있다.[13]

첫째, 종교와 관련된 '도구상자'[14] 내용의 도입, 개정, 쇄신을 규명하는 거시적 연구가 필요하다. 다시 말해 도구상자의 내용 자체의 변용에 초점을 맞추는 연구, 즉 어떤 특정한 역사적 변화가 기존 종교의 활력을 떨어뜨리고 다른 형태의 종교를 산출하는지, 혹은 특정한 역사적 맥락에서 만들어진 문화 장치가 새로운 상황에서 어떻게 재배분되고 개정되어 가는지를 이해하는 연구가 필요하다는 것이다. 둘째, '문화자원'[15]에 대한 당사자의 능동적인 접근을 다루는 미시적 연구를 시도할 필요가 있다. 당사자의 주체성을 중시하면서 그들의 어떻게 문화자원의 도구상자 속에서 세계관, 의례, 상징, 이야기 등을 선택하는지에 관한 연구, 혹은 그

---

13 같은 책, 165~166쪽.

14 저자는 사회학자 스위들러(Ann Swidler)의 '도구상자(tool kit)로서의 문화' 개념을 차용하여 '도구상자로서의 종교'라는 개념틀을 제시하고 있다. 스위들러에 따르면 문화가 사람들의 행위에 영향을 미치는 것은 해당 문화가 행위를 방향지우는 궁극적 가치를 제공하기 때문이 아니라, 해당 문화가 사람들이 행위의 전략을 구성하는 데 필요한 관습과 기법과 스타일의 레퍼토리를 형성하기 때문이다. 도구상자란 이런 문화적 레퍼토리를 가리키는 개념이다. 이런 도구상자 안에는 때로 서로 모순되는 다양한 상징, 의례, 이야기가 포함되어 있으며 각 부분은 독자적인 역사를 가지고 있다. 당사자는 이 도구상자의 공구를 상이한 종류의 여러 문제에 대해 다양하게 조합하여 사용한다. 즉 문화란 통일적인 체계가 아니라는 것이다. 다시 말해 문화가 일관된 어떤 방향성을 행위자에게 부여하는 것이 아니라는 말이다. 그보다는 행위자가 일련의 행위를 구축하기 위해 도구상자 안에서 상이한 공구들을 선택하는 것이다. 이런 스위들러의 문화개념을 응용하여 종교를 도구상자로 이해한다면, 현대 사회에 특징적인 개인의 선택성이 가지는 중요성의 증가 및 사회제도의 세분화에 대응할 수 있으며,. 또한 조직성으로 포괄되지 않는 여러 종교현상에 대해서도 대응이 가능하다는 것이 저자의 입장이다. 즉 도구상자로서의 종교 개념에 의해, 행위자가 종교라는 문화자원에 접근하고 교섭하면서 도구상자로부터 자신에게 필요한 요소를 선택한다는 이해가 가능할 것이라는 말이다. 같은 책, 160~162쪽.

15 저자는 종교사회학자 벡포드(J. Beckford)를 따라 '문화자원'으로서의 종교를 언급하고 있다. 같은 책, 159쪽.

것에 영향 받거나 구속당하면서 어떻게 자신의 행위를 형성하고 질서지우고 아이덴티티를 구성하는지에 대한 연구, 나아가 문화자원을 취사선택할 때 당사자의 감정적인 흔들림(탄식, 고뇌, 상처 받음, 갈팡질팡함, 큰 웃음, 감탄, 시행착오의 반복 등)과 그 생활 세계에 대한 연구가 그것이다.

그러니까 현대적인 종교성 혹은 스피리추얼리티를 규명하기 위해서는 이런 과제를 염두에 두면서 다양한 사회영역에서 확대되고 있는 문화자원에 초점을 맞출 필요가 있다는 말이다. 전술했듯이 이때 저자는 홀리스틱한 감성으로 특징지워지는 '새로운 스피리추얼리티'의 확장된 영역, 가령 의료, 케어, 생명윤리, 임사현장, 사생관의 문제, 복지, 테라피, 교육, 에콜로지, 젠더, 경영관리 등에 주목할 것을 요청하면서, 더 나아가 다도, 화도(꽃꽂이), 서도, 무사도, 유도, 검도 따위의 스피리추얼리티라든가 '연애의 스피리추얼리티'까지 언급하고 있다.[16]

이상과 같은 일본 학계의 스피리추얼리티 담론을 비판적인 관점에서 논한 『현대 일본의 스피리추얼리티』의 저자 겝하르트에 따르면 스피리추얼한 것을 둘러싼 일본 국내의 담론은 다양한 층위를 보여준다. 그것은 문화적·정치적 층위뿐 아니라 상업적 층위 및 개개 참여자들의 심리 차원에 이르기까지 실로 다양하다. 겝하르트는 이런 스피리추얼리티 담론의 복합성에 대한 인식을 토대로 하여 다음 몇 가지 차원에서 비판적인 논지를 전개하고 있다. 첫째, 일본의 스피리추얼리티 담론은 근대성 및 서구 문화에 대한 비판과 겹쳐지면서 일본적 자기동일성을 모색하는 '일본 중심적 낭만주의' 혹은 '자민족중심주의적 비의(秘儀)주의'의 요

16 같은 책, 131~132쪽.

소를 농후하게 띠게 되었으며, 이는 또한 일본적 포스트모더니즘 현상의 한 형태이기도 하다. 일본의 '새로운 스피리추얼리티'란 이런 조류의 총체를 가리킨다. 이런 이해와 관련하여 겝하르트는 현대 일본의 스피리추얼리티 담론에 대해 다음과 같이 정의 내리고 있다.

> "일본의 새로운 스피리추얼리티 담론은 스피리추얼리티와 이야시 및 일본적·아시아적 영성에 관한 언설을 가리킨다. 그것은 1980년대에 확산되었고 새천년 전환기를 전후하여 미래에 대한 전망으로 전개되기도 했다. 내용적으로 그것은 노스탤지어, 아이덴티티 추구, 상업주의, 신보수주의, 르상티망, '포스트모던'적이며 '오컬트'적인 자기 신화화 사이에서 펼쳐져 온 미묘한 유희라 할 수 있다. 동시에 그것은 미디어에 의한 연출과 퍼포먼스적 성격을 지닌 것이기도 하다."[17]

스피리추얼리티 담론을 비롯하여 일본과 일본 종교를 둘러싼 논의가 모두 자민족중심주의적인 것은 아니지만, 이런 비판은 현대 일본 사회에서 반복적으로 재생되고 있는 내셔널리즘적 담론을 염두에 두건대 나름대로 중요한 의의를 가진다고 보여진다. 실제로 일본의 새로운 스피리추얼리티 담론은 1980년대 이래 특히 일본 신도와 민속종교의 핵심에 있는 애니미즘 복권의 주장이 활발하게 나타나면서 내셔널리즘 담론을 수반해 왔다. 앞 장에서 언급했듯이, 가령 우메하라라든가 가와이 등의 '스피리추얼 올드보이'는 스피리추얼한 것을 언급함으로써 잃어버린 아이덴

17 リゼット・ゲーパルト(2013),『現代日本のスピリチュアリティ』, 35쪽.

티티를 불러내고자 한다. 그들에게 스피리추얼리티 담론은 무엇보다 내셔널한 자기주장이다.[18]

둘째, 가령 서양적인 휴머니즘이나 유물론과는 다르다고 말해지는 동양의 예지라든가 일본적 영성에 대한 강조는 서양적인 것에 대항하는 일본 사상가들의 자기주장 전략으로 이해할 수 있다. 일본적 스피리추얼리티를 말하는 일본 문화 옹호자들은 역설적으로 아시아에 대한 유럽인들의 오리엔탈리즘적 시선을 반영하고 있으며, 그런 의미에서 일종의 '자기 오리엔탈리즘'에 함몰되어 있다.[19] 이런 경향은 이미 근대 일본에서 나타난 바 있다. 즉 일본의 토착적이고 비의적인 스피리추얼리티 담론은 일본 근대화가 낳은 하나의 부산물이었다.[20] 시대를 더 거슬러 올라가 메이지기 이전의 국학에서도 엿볼 수 있듯이, 토착적이고 비의적인 스피리추얼리티 담론은 늘 타국으로부터의 억압 및 타국과의 비교 속에서 육성되었다. 메이지 이후 이런 문화적 자기동일성 탐구와 자기동일성 주장은 종종 서양의 오리엔탈리즘적 시선을 내면화하여 스피리추얼한 동양을 연출하는 '자기 오리엔탈리즘'의 양상을 띠게 된 것이다. 그것은 근대

18 같은 책, 267쪽.

19 자기 오리엔탈리즘 및 거기에 내재된 자기주장 언설의 기반을 이루는 노스탤지어적 내셔널리즘의 개념은 일본 근대 해석에 있어 결정적인 중요성을 가진다. 여러 일본 사상가들에 따르면 일본 근대는 비서양적인 '별개의' 근대로 말해진다. 물론 이처럼 서양적 코드를 모방한 자기이미지의 형성과, 고유하고 토착적인 아이덴티티 이해는 일본에만 한정된 것이 아니라 인도나 중국의 경우에서도 찾아볼 수 있다. 일본 지식인들에 의한 자문화의 자기 오리엔탈리즘화에 대한 지적은 근년의 일본학 연구에서는 '만들어진 전통'이라는 관점에서 논의되는 경우가 많다. 같은 책, 44쪽 각주24.

20 이런 의미에서 현대 일본의 스피리추얼리티 붐은 결코 '새로운' 것이 아니라는 관점도 있을 수 있다. 그것은 19세기 이래 근대의 극복(근대의 초극)을 외친 사상가들에게서도 엿볼 수 있기 때문이다. 같은 책, 122쪽 각주57.

화 및 서양으로부터의 억압에 대한 일본의 자기방어기제이기도 했다. 이런 경향이 현대 일본 사회에서도 거의 무자각적으로 작동하고 있다.[21]

이와 관련하여 가라타니 고진(柄谷行人)은 "아시아 붐 속에서"에서 일본 측으로부터의 '역오리엔탈리즘'이라는 말을,[22] 그리고 강상중은 시라토리 구라키치에 의한 일본 동양학의 성립과 관련하여 '일본적 오리엔탈리즘'이라는 표현을 쓰고 있다.[23] 일본의 스피리추얼리티 담론에 관한 분석에서 확인할 수 있는 것은, 1960년대 이후 일본의 문학, 예술, 지적 논의에서 볼 수 있는 '토착적'인 것과 '아시아적 영성'과 관련된 인용 및 언급을 일종의 국제적인 시대정신의 표출로서 다룰 필요가 있다는 점이다. 다시 말해 현대 일본의 비의적인 스피리추얼리티 담론을 참된 일본 전통의 증언으로 이해해서는 안 된다. 그것은 일본적 자기 오리엔탈리즘의 현대적 측면으로 보아야만 한다. 그것은 오늘날 주로 '일본적 아이덴티티'의 연출로서 각종 미디어를 통해 증식하고 있다.[24]

셋째, 현대 일본의 스피리추얼리티 담론은 하나의 '작은 구제이야기'로서 1960년대 말부터 1970년대 초에 걸쳐 보다 큰 '대항문화적 이야기'를 형태 지은 문화 비판의 일부를 이루고 있다. 이 시기에 집중적으로 수많은 예술가, 작가, 연구자들이 '토착적인 것'을 둘러싼 '자민족중심주의적 픽션'(ethno-fiction)의 구축에 공헌한 것이다. 그러니까 스피리추얼리티 담론은 어디까지나 허구적인 환상 담론에 불과하다는 말이다. 오늘날

---

21 같은 책, 324쪽 역자후기 참조.

22 川村二郎(1994), 『幻談の地坪』, 25쪽.

23 강상중(1997), 『오리엔탈리즘을 넘어서』, 118쪽.

24 リゼット・ゲーパルト(2013), 『現代日本のスピリチュアリティ』, 260쪽.

일본 사회에서 '토착적인 것', '아시아적인 것' 혹은 '일본적 영성' 등에 대한 언급과 거기에 수반된 자민족중심주의적 픽션으로서의 스피리추얼리티 담론은 실제로는 하나의 유행 상품이나 상업주의에 입각한 소비재가 됨으로써 대항문화로서의 혁신적인 임팩트는 거의 가지고 있지 않다.[25]

2. 일본 종교학계의 '종교' 담론

이상과 같은 스피리추얼리티 담론과 연동해 온 학술적인 종교 담론의 문제를 선구적으로 다룬 대표적인 저술로서 스즈키 노리히사의 『메이지 시대 종교 사조의 연구』[26]를 빼놓을 수 없다. 하지만 이후 1990년대 중반까지 원로 불교학자 나카무라 하지메의 공들인 논문 "'종교'라는 번역어"[27] 외에는 이렇다 할 후속 논의가 이루어지지 않다가, 옴 사건을 경과하면서 2000년을 전후로 하여 종교 개념에 대한 논의가 재등장하기 시작한다.[28] 이어 일본 종교학의 아버지라 불리는 아네사키 마사하루를

25 같은 책, 258~259쪽 및 264쪽.

26 鈴木範久(1979), 『明治宗教思潮の研究』. 일본 종교학의 성립과정에 관한 중요한 연구서인 이 책은 주로 기독교 사상의 측면에서 종교학의 성립, 즉 신학으로부터 종교학으로의 전개를 언급하고 있다는 점에서 한국 종교학의 성립과정을 고찰할 때 좋은 참조점이 될 만하다. 한편 이 책에 앞서 나온 比較思想史研究會編(1975), 『明治思想家の宗教觀』도 참고할 만하다.

27 中村元(1992), "'宗教'という譯語".

28 가령 아마 도시마로(2000), 『일본인은 왜 종교가 없다고 말하는가』(원서는 1996) ; 深澤英隆(1997), "宗教の同一性問題に寄せて" ; 島薗進(1998), "日本における'宗教'概念の形成" ; 島薗進(2001), "'宗教と'religion'" ; 島薗進(2001), "國家神道と近代日本の宗教構造" ; 島薗進(2001), "19世紀日本の宗教構造の變容"

논한 이소마에 준이치와 후카사와 히데타카의 공저『근대 일본에 있어 지식인과 종교』(2002)[29] 가 출간된 이래 이소마에 준이치의『근대 일본의 종교 담론과 그 계보』(2003),[30] 시마조노 스스무와 쓰루오카 요시오가 편집한『'종교' 재고』(2004),[31] 후카사와 히데타카의『계몽과 영성: 근대 종교 담론의 생성과 변용』(2006)[32] 을 비롯하여 2010년대 이후에도 호시노 세이지의『근대 일본의 종교 개념: 종교인의 언설과 근대』(2012)[33] 및 이소마에의『종교 개념 혹은 종교학의 죽음』(2012)[34] 등에 이르기까지 종교 담론에 관한 본격적인 연구 성과가 속속 출간되었다.

이 중『근대 일본의 종교 담론과 그 계보』에서 이소마에는 릴리지온(religion)의 번역어인 '종교'(宗教, 슈쿄)라는 말이 일본 사회에 정착되는 과정을 네 시기로 나누어 세밀하게 검토하면서,[35] 초기 수용단계에서 주조되었던 수많은 번역어들을 크게 다음 두 가지 계통으로 나누어 고찰하고 있다. ①비언어적 관습행위(practice) 및 제도적인 것(에도 시대의 데라우

; 島薗進(2001, 研究代表者),『近代的'宗教'概念と宗教學の形成と展開』; 深澤英隆(2001), "宗教 · 宗教研究の臨界?" 등을 들 수 있다.

29 磯前順一 · 深澤英隆(2002),『近代日本における知識人と宗教: 姉崎正治の軌跡』.

30 磯前順一(2003),『近代日本の宗教言說とその系譜』.

31 島薗進 · 鶴岡賀雄編(2004),『'宗教'再考』.

32 深澤英隆(2006),『啓蒙と靈性: 近代宗教言說の生成と變容』.

33 星野靖二(2012),『近代日本の宗教概念: 宗教者の言葉と近代』.

34 磯前順一(2012),『宗教概念あるいは宗教學の死』.

35 첫째, 종교라는 번역어가 확립될 때까지의 시기: 막말에서 기독교 금지령이 해제된 1873년까지. 둘째, 종교라는 말이 서양문명의 상징으로 여겨졌던 시기: 1873년부터 교부성 정책이 폐지된 1877년까지. 셋째, 종교가 비합리적 영역 및 사적 영역에 한정된 시기: 신사비종교론을 거쳐 국가신도체제가 확립된 국체도덕기. 넷째, 종교 개념이 정착된 완성단계로서 종교학이 출현한 시기. 磯前順一(2003),『近代日本の宗教言說とその系譜』, 29~66쪽 참조.

케제도라든가 단카제도 혹은 장식제도 등 근세의 종교제도)과 관련된 번역어로, '종지'(宗旨)라든가 '종문'(宗門)이 대표적이며 행정문서에 많이 사용되었다. ② 개념화된 신념 체계(belief) 및 사상적이거나 교의적인 것(불교나 유교에서 '참된 가르침'을 의미하는 말)과 관련된 번역어로 '교법'(敎法)이라든가 '성도'(聖道) 등이 대표적이며 지식인의 저술에 많이 등장한다.[36]

원래 '종교'(宗敎)라는 한자어는 한역불경에 나오는 용어로서, 이는 "언어로 나타낼 수 없는 궁극적인 진리 혹은 그 진리를 사람들에게 전하기 위한 가르침"을 뜻하는 말이었다. 요컨대 그것은 ②의 범주에 속한 말이었다. 하지만 일반인들 사이에서 널리 인구에 회자되었던 번역어는 근세 일본의 종교제도와 결부된 ① 계통의 번역어였다. ② 계통의 번역어는 어디까지나 경전과 교의에 대한 지식이 있었던 지식인들에게 한정된 어휘였다. 종교 또한 지식인들의 어휘였다. 일반 민중들은 패전 전까지만 해도 종교라는 말을 별로 사용하지 않았다. 대신 그들은 종지라든가 신앙 혹은 신심(信心)이라는 말을 주로 썼다. 다시 말해 종교라는 말은 애초부터 민중세계와는 동떨어진 개념적 차원에서 지식인들에 의해 일본 사회에 수용된 것이었다. 이처럼 지식인들 사이에서만 한정적으로 쓰였던 ② 계통의 종교라는 말이 당시 우세했던 ① 계통의 종지 혹은 종문을 비롯한 수많은 어휘들을 제치고 최종적으로 릴리지온의 번역어로 통일되어 정착하게 된 직접적인 계기로서, 저자는 1873년 기독교 금지의 고찰이 철회된 사건을 들고 있다. 즉 일본 국내에서 기독교가 묵인된 것을 기점으로 하여 그 이전까지는 외교의 차원에서만 사용되었던 릴리지온의

36 같은 책, 35쪽.

번역어가 일본 국내의 종교정책을 둘러싼 문제로서 논해지게 되었고, 그에 따라 공통된 어휘가 요청됨으로써 번역어가 하나로 모아지게 되었다는 것이다.

이와 더불어 종교라는 말이 정착된 중요한 요인이 또 하나 있다. 메이지 초기 계몽적 지식인들은 릴리지온 개념의 중핵에 기독교가 있는데, 그것을 신념 체계가 발달된 종교라고 보았다. 특히 근대 일본에 새롭게 전래된 개신교(프로테스탄트)는 의례적 요소를 배제하는 엄격한 신조(belief)가 특징적이었다. 이런 기독교와 밀접하게 연관된 릴리지온 개념은 의례적 관행(practice)이 중심인 근세 일본적인 '종지'와는 잘 어울리지 않았다. 이소마에에 따르면 바로 이 때문에 릴리지온의 최종적인 번역어로 종교라는 말이 정착되었다. 다시 말해 메이지 초기의 종교 개념은 기독교 수용을 계기로 하여 특히 지식인들 사이에서 의례중심적 개념에서 교의중심적 개념으로 그 성격이 바뀌었다는 것이다.[37]

이에 비해 시마조노는 『'종교' 재고』에서 종교라는 말이 일본 사회에 정착된 시점을 1873년 『명육잡지』(明六雜誌 제6호)에 모리 아리노리(森有禮)가 "종교"라는 제목의 번역 발췌 논문을 게재한 이후라고 보면서도, 이미 그 전부터 1867년 기리시탄[38] 관계문서에 종교라는 말이 사용되었다는 점, 특히 행정문서에서는 일찍부터 종교라는 말이 사용되고 있었다는 점에 주목한다. 시마조노의 견해에 따르면 행정문서가 릴리지온의 번역어로 종교라는 말을 사용하는 경우가 많았던 까닭은 종지라든가

37 같은 책, 37쪽.

38 에도 시대에 기독교인을 지칭하던 말.

종문이라는 말이 일반인들에게 매우 친근한 말이었다는 점, 그리고 당시 '교'(教, 오시에)라는 말이 매우 빈번하게 사용되었기 때문이다. 그러니까 종지라든가 종문의 '종'자에다 '교'자를 합친 '종교'로써 사람들을 인도하는 것이 독립국가를 세우고 문명화를 달성하는 데 매우 중요하다고 여겼기 때문이라는 말이다. 그리하여 모리는 복수적인 릴리지온(religions)을 신봉할 자유와 그 한계가 무엇인지, 릴리지온과 릴리지온 사이의 대립 및 릴리지온 신봉자들에 의해 질서가 어지럽혀지는 것을 정부가 어떻게 막을 것인지, 복수의 릴리지온으로부터 '국종'(國宗, 국교)을 선택하는 것이 옳은지 아닌지 등의 문제를 논하는 문맥에서 종교라는 번역어를 선택했다는 것이다.[39]

『'종교' 재고』는 이처럼 종교 개념의 수용을 둘러싼 해석의 문제를 다룸으로써 종래 일본 종교학이 절반 무의식적으로 전제로 여기고 본격적으로 검토하지 않았던 종교라는 말과 개념 자체를 재검토하는 한편, 종교라는 말이 근대 서구 특히 기독교(그중에서도 개신교)를 기준으로 구축된 것이라는 점에 각별한 시선을 던지고 있다. 즉 개신교 지역에서 종교는 정치, 경제, 법제도, 예술, 문화 등의 공적 영역과 구별되는 내면적 신앙공간으로서의 사적 영역으로 간주되었고, 이를 전제로 하여 정교분리와 종교(신앙)의 자유가 성립됨으로써 서구 근대사회의 근본조건이 형성되었다. 거기서의 종교는 보편적인 유(類)개념이다. 그런데 일본을 비롯한 비서구 사회에서는 종교와 비종교, 성과 속의 구별이 애매하거나 미분화적이므로 종교 자체도 무언가 불순한 것으로 여겨지기 십상이다. 그러

39 島薗進, "近代日本における'宗教'概念の受容", 島薗進 · 鶴岡賀雄編(2004), 『'宗教'再考』, 190~191쪽.

니까 일본의 실상에 맞추어 근대 서구적 종교 개념에 대응하는 무언가를 추출해야 하는데, 여태까지 그런 작업을 하지 못했다. 그 결과 뿌리 깊은 서구 중심주의와 서구적 기준의 글로벌화에 종속될 위험이 있다. 이 점을 반성하면서 일본 종교학에 대한 자기비판을 하자는 것이 이 책의 가장 중요한 문제의식을 구성하고 있다.

한편 후카사와의 『계몽과 영성』은 '계몽'과 '영성'이라는 대립항을 중심으로 서구와 일본에서 전개되어 온 종교 담론의 과거와 현재와 미래를 검토하고 있다. 이때의 계몽과 영성은 대립 개념이면서 동시에 양자가 상호를 규정하는 '공범관계'[40]로 설정되어 있으며, 현재까지도 살아 있는 개념으로 제시되고 있다. 근대의 종교 담론은 과학과 종교, 이성과 영성, 계몽과 반계몽 등의 대립 개념을 기반으로 삼아 성립되었으며, 나아가 그런 대립도식이야말로 근대성이 자기를 반성하고 유지하기 위해 없어서는 안 될 요소였다는 의미에서 그것은 현재 일본 종교학 또한 피할 수 없는 사고 양식이라는 말이다. 나아가 저자에 따르면 종교는 근대성의 모태이자 동시에 근대성의 타자이며 요컨대 근대성의 자기 이해의 거울이 된다. 종교 담론이 근세 이래 오늘날에 이르기까지 끊임없이 산출된 것도 이 때문이며, 종교는 이런 의미에서 오늘날에도 여전히 미결정적인 어떤 것이라고 본다.

이와 같은 문제의식에 입각하여 이 책은 종교의 개념 및 그것을 사용하여 전개된 종교 담론의 역사적 전개와 그 조건 및 현대에서의 적용

40 계몽은 그 자체 안에 낭만주의와 종교성에 내포된 비합리성으로 전락할 가능성을 내재하고 있으며, 근대에 있어 종교성과 영성에 대한 새로운 강조(스피리추얼리즘) 또한 계몽적 이성에 의해 비로소 가능했다는 맥락에서의 공범관계를 가리킨다.

가능성을 검토하는 한편, 그런 종교 담론의 담지자인 '지식인의 종교'라 할 만한 종교 사상(운동)의 위상을 규명하고 있다. 그 과정에서 일본 종교학의 창시자라 불리는 아네사키 마사하루(姉崎正治, 1873~1949)[41]에 대한 저자의 분석은 특히 인상적이다. 패전 전 일본을 대표하는 지식인 중의 한 사람인 아네사키는 원래 근대적, 경험적 종교 연구를 일본에 도입하고자 부심했지만, 결국 세기말의 문화 비판의 세례를 받으면서 일종의 지식인 종교의 틀로 크게 전환한 사례라고 보기 때문이다. 아네사키를 필두로 하는 초기 일본 종교학은 종교를 둘러싼 혼란과 항쟁 속에서 위정자와 종교가와는 다른 담론으로 등장했는데, 그 결과 설명학으로서의 종교학을 강하게 지향하면서 종교의 규범적 이해로부터 거리를 두고자 했던 아네사키의 초기 종교 이해는 시간이 흐르면서 규범적이고 형이상학적인 종교론의 성격을 강하게 띠게 되었다. 대상으로서 엄연히 존재하는 종교를 '경험적'으로 파악한다는 도식을 자기 이해로 삼게 된 그 후의 일본 종교학에서 아네사키의 이와 같은 종교론은 관심 바깥이었다.[42] 요컨대 아네사키의 종교론은 계몽과 영성의 착종된 아이러니를 보여주는 전형적인 사례라 할 수 있다. 그리하여 저자는 "근대에 있어 초월의 추기와 단념, 불가능한 것에의 대망과 환멸, 구제의 환상과 체념의 역사 속에서 무엇이 어떻게 아이러니로 변용되었는지, 또한 그 아이러니의 시점을 포함하여 무엇이 미결정의 것으로서의 종교 담론을 산출하는지에 대해 검토하는 것이 이 책의 중심적인 관심"[43]이라고 적고 있다.

---

41 아네사키 종교학에 관해서는, 박규태(2013), "아네사키 마사하루와 종교학" 참조.

42 深澤英隆(2006), 『啓蒙と靈性』, 76쪽.

43 같은 책, xi쪽.

이에 비해 호시노 세이지의 『근대 일본의 종교 개념』은 종교 개념의 역사성에 주목하면서, 우에무라 마사히사(植村正久), 나카무라 마사나오(中村正直), 고지마 히로미치(小島弘道), 다카하시 고로(高橋五郎), 나카니시 우시오(中西牛郎), 이노우에 엔료(井上円了) 등 기독교 지도자 및 불교 사상가들의 자기 이해의 관점에서 종교 개념의 성립을 고찰하고 있다. 이 책의 최대 의의는 근대 일본의 종교 개념이 문명, 도덕, 초월성 등의 문제와 연동하면서 역사적으로 구축되었다는 관점에 입각하여 종교학자가 아닌 종교인들의 담론에 초점을 맞추고 있다는 점에서 찾을 수 있을 것이다. 이와 더불어 저자는 일본에는 종래의 종교 개념으로는 파악하기 어려운 특수한 종교성이 있다는 주장, 다시 말해 '일본적 종교성'의 특수성을 상정하는 종교 담론을 비역사적인 발상으로 간주하여 경계하고 있는데, 이는 '일본적 영성'이라든가 일본인론 또는 일본교론의 내셔널리즘적 측면에 주목하는 이 책의 관심에 비추어 보더라도 시사해 주는 바가 적지 않다.

끝으로 이소마에의 『종교 개념 혹은 종교학의 죽음』은 전술한 『근대 일본의 종교 담론과 그 계보』에서와 마찬가지로 종교 개념이 미국 개신교의 영향을 받아 신앙의 자유 및 개인의 내면을 중시하는 특성을 지닌 개념화된 신념 체계(belief) 계열에 속한 것으로 이해하면서, 그런 '서양 중심주의와 본질주의'에 입각한 종교 개념의 탈구축 곧 '종교 개념의 죽음'을 제언하고 있다. 이와 더불어 저자는 '종교학'(religious studies)과 '종교 연구'(study of religion)를 구별하는 관점에 입각하여, 종교 개념의 순수성 혹은 종교의 자명성을 전제로 하면서 초월적 욕망을 추구하는 학문 분야로서의 '종교학'으로부터, 역사학, 인류학, 민속학, 사회학뿐 아니라 신도학, 불교학, 신학 등을 탈경계적으로 넘나드는 혼종성의 장으로서 종교라는 말에 회수되지 않는 과잉과 여백을 지향하는 '종교 연구'로의 이행을 촉구하고 있다. 이것이 바로 책 제목에 제시된 '종교학의 죽음'이 가리키는 함의인 것이다. 이와 관련하여 장석만은 위 책에 대한 서평에서 단지 종교의 긍정적 측면만을 미화함으로써 비정치적인 경향을 띠게 된 일본 종교학의 전제가 옴 사건으로 인해 근본적으로 흔들리게 되었다는 점에 주목하고 있다.[44] 어쨌거나 이처럼 종교 개념 혹은 종교학의 죽음을 선포하는 저자의 대담한 기획은 더 나아가 근대 서양으로부터 이입된 종교 개념에 따라 일본의 여러 종교들이 개념적으로 구축되는 가운데 그 외부에 천황제라는 여백이 생겨났다고 보는 관점에서, 비정치적이고 중립적인 종교 담론을 훌쩍 뛰어넘어 다음과 같은 당파적인 가치판단으로 이어지고 있다.

> "천황제에 의한 주체 형성의 문제점은 그것이 주체에 있어 자기 자신과 상황에 대한 비판적인 계기를 상실케 하는 동화작용을 초래한 데 있다. 이는 아시아·태평양전쟁의 전쟁 책임을 둘러싼 여론의 논리가 여실히 보여주고 있다. 과거의 국가주의 및 전후 일본국의 상징인 천황이 전쟁 책임에서 면책 받음으로써, 전범으로 규정된 일부 국민만이 책임을 지고 나머지 일본 국민들은 책임이 없다는 논리에 함몰되고 말았다. (중략) 거기에는 아시아에 대한 가해자로서의 입장에 대한 고려, 나아가 전승국과 패전국이라는 경계를 넘어서서 전쟁이라는 살인행위에 가담한 자는 똑같이 처벌받아야 한다는 자기비판의 논리가 생겨날 여지가 없

44 Sukman, Jang(2013), "The Death of the Concept of Religion and of Religious Studies by Isomae Jun'ichi", p.92.

> 다. 거기에는 자기 자신의 폭력성을 비판적으로 응시하며 타자의 시선을 내면화하는 계기가 결여되어 있다."[45]

요컨대 일본 사회에서는 천황제로 인해 주체 형성이 제대로 이루어지지 못했고, 전후 천황의 전쟁책임 면책과 천황제의 온존에 의해 국민의 비판성이 상실되어 전쟁의 가해자라는 자기비판 의식이 생겨나지 못했다는 것이다. 그러면서 저자는 일본이 "식민지라는 타자 없이는 자기를 확립할 수 없었"음에도 불구하고, 일본인은 "타자의 고통에 대한 둔감성이랄까 타자에 대한 윤리가 결여되어 있다"는 문제점을 안고 있다고 지적한다.[46]

이상에서 살펴 본 스피리추얼리티 담론 및 종교 담론의 밀접한 상관성은 한마디로 '종교 개념의 상대화'에서 찾아볼 수 있다.[47] 앞서 언급했듯이, 시마조노에 따르면 현대 종교의 변용이 보여주는 가장 큰 특징은 초월적 보편성을 지향하는 전통적 종교로부터 포스트모던적 영성을 지향하는 신영성운동으로의 이행에 있으며, 그런 이행이 전 세계적 차원에서 진행되고 있다. 그중에서도 일본의 경우는 새로운 영성에서 애니미즘의 특징을 보려는 경향이 현저했다. 그런데 이와 같은 변용은 근대의 버팀목이었던 거대담론이 동요하는 과정과 대응을 이루고 있다. 국민이라든가 이성 등의 이념과 더불어 그 거대담론의 한 축을 구성하고 있던 종

---

45 磯前順一(2012), 『宗教概念あるいは宗教學の死』, 228~229쪽.

46 같은 책, 241~242쪽.

47 시마조노 스스무(2004), "현대 일본과 '종교'" 참조.

교 또한 계몽적 교양과 결합된 인문학의 핵심 개념의 하나가 되었다. 거기서 종교학의 출현이 가능했던 것이다. 하지만 1970년대 이후 글로벌리즘이 확산되면서 근대적 이념들에 대해 심각한 의문이 제기되기 시작했고 종교 개념의 상대화가 광범위하게 진전되었다. 일본의 경우는 특히 옴 사건 이후 일본인에게 그리고 미래의 인류에게 종교란 무엇인가를 묻는 것이 일본인론의 큰 주제로 부상하게 되었다. 사실 일본인론의 역사상 그렇게 열심히 종교를 논한 적은 없었다. 옴 사건 이후 엄청나게 쏟아져 나온 종교 관련 저작들은 대개 일본인론적인 성격을 띠고 있었던 것이다. 그 가운데는 종교에 대해 부정적인 것도 있고 긍정적인 것도 있지만, 어느 쪽을 지지하든 간에 이제는 종교라는 용어의 사용법이 너무나 다양해져서 그 말을 어떤 의미로 사용하는가가 항상 문제시되는 그런 시대가 되었다. 탈보편화와 탈초월화를 수반하는 이러한 종교 개념의 상대화가 현대 사회의 각 분야에 걸쳐 새롭게 수많은 난제들을 야기하고 있다는 것이다. 이와 같은 문제의식은 2001년에 창간된 종교비평 저널 『현대 종교』[48]의 간행사에도 매우 명확한 형태로 나타나 있다. 그 주요 내용을 요약하자면 다음과 같다.

"21세기는 '인류 미래의 불투명성'의 시대이고 그것은 많은 부분 '종교의 미래의 불투명성'에서 유래한다고 보인다. 20세기와는 달리 오늘날 종교에 대한 물음은 매우 절실해져 있다. 근대 합리주의, 과학, 휴머니

---

48 와키모토 츠네야(脇本平也)를 이사장으로 하고 시마조노 스스무 및 이노우에 노부타카 등 제3세대 종교학자들이 주축이 되어 설립한 재단법인 〈국제종교연구소〉에서 발간하는 유가지 연간 저널.

즘이 매력을 상실하면 할수록 종교 및 종교적인 것에 대한 관심이 높아지고 있기 때문이다. 오늘날 철학과 사상의 영역에서는 '문명의 충돌'이라든가 '문명 간의 대화'라는 화제가 중요한 과제의 일부를 구성한다. 그러나 어떤 문명이든 그 근저에는 종교와 종교적인 것이 깔려 있다. 그러니까 문명이 무너질 때 거기에는 동시에 '종교의 충돌'이라든가 '종교 간 대화'가 문제시될 수밖에 없다. (중략) 그렇다면 종교란 과연 무엇인가? 그것은 메이지유신 이후 서양의 릴리지온에 대한 번역어인데, 근대 일본인들은 이 말을 별로 좋아하지 않았다. 신도는 종교인가? 불교는 종교인가? 일본인의 종교성의 근저에 있는 애니미즘은 종교인가? 일본에서는 이런 '종교'의 미래에 큰 희망을 걸지 않는 사람들이라 할지라도 '종교적인 것'이라든가 '애니미즘'에는 많은 희망을 걸기도 한다. 이처럼 '종교가 아닌 종교적인 것'에 희망을 거는 사람들이 늘어나고 있다는 사실은 일본과 동아시아뿐 아니라 널리 서구에 대해서도 말할 수 있다. 그들은 '종교'를 대체할 만한 어떤 '영성'을 추구하고 있다. 본 저널은 이런 문제의식에 입각하여 일본인의 종교생활뿐 아니라 철학, 사상, 이론, 정치, 경제, 교육, 과학기술, 예술 등 모든 영역 속의 '종교적인 것'에 주목하고자 한다."[49]

인용이 좀 길어졌지만, 이때 종교의 미래를 말하면서 스피리추얼리티(영성)를 '종교적인 것'과 연관시키는 대목에 유념할 필요가 있다. 종교학자 조나단 스미스는 "이런저런 기준에 의해 종교적이라고 특징지을 수

---

49 國際宗教研究所編(2006), 『現代宗教 2006』, 5~6쪽.

있는 인간 경험이나 표현에 관련된 자료와 현상들은 엄청나게 많지만, 종교를 위한 자료는 아무것도 없다. 종교란 다만 연구자의 연구가 창안해 낸 것일 뿐이다"[50] 라고 말한다. 이 유명한 테제는 "종교에 관한 보편적인 정의란 있을 수 없다"[51] 는 탈랄 아사드의 주장과 더불어 종교 개념의 작위성 혹은 상대성을 잘 보여줌으로써, 역으로 우리에게 스피리추얼리티 담론의 필요성을 일깨워주기도 한다.

---

50 Smith(1982), *Imagining Religion*, p.xi.

51 Asad(1993), *Genealogies of Religion*, p.29.

제8장

대중문화와 스피리츠얼리티

엘리트적 스피리추얼리티 담론을 다룬 앞 장에 이어 본 장에서는 대중적인 스피리추얼리티 담론의 다양한 층위, 가령 현대 일본의 주술-종교적 대중문화 속에서 전개된 스피리추얼리티 붐의 내용 및 특히 애니메이션에 나타난 스피리추얼리티의 양상을 묘사하면서 마음·치유·자기찾기를 키워드로 삼아 그 시대사적 의미를 고찰하고자 한다.

1. 주술-종교적 대중문화와 스피리추얼리티 붐

이 책의 제1장에서 언급했듯이 1970년대에 일어난 제3차 종교 붐은 크게 두 가지 현상, 즉 이른바 신신종교의 대두와 주술-종교적 대중문화의 확산으로 나타났다. 이 중 매스미디어를 통해 급속히 퍼져 나간 대중적인 주술-종교 붐 현상이 스피리추얼리티 붐과 연동한 것은 말할 나

위 없다. 가령 영화 〈엑소시스트〉(1974)의 상영을 전후하여 심령물과 호러물이 유행하고, TV에서는 유리 겔러의 등장(1974) 이후 심령현상이나 초능력을 다룬 방송이 두드러지게 되었다. 한편 만화에서는 데즈카 오사무(手塚治虫)나 미즈키 시게루(水木しげる)의 작품을 위시한 종교만화와 심령만화가 널리 유행하기 시작했으며, 특히 소녀만화 장르에서는 지금까지도 판타지, 호러, 환생, 유령, 신, 천사, 요정, 용, 신선, 모노노케 등 주술-종교적 주제가 큰 인기를 얻고 있다.[1]

곧이어 살펴볼 애니메이션이나 컴퓨터 게임은 물론이고 1979년 소년잡지 〈무〉와 소녀잡지 〈마이 버스데이〉의 창간으로 봇물처럼 쏟아져 나온 각종 오컬트 잡지 등에서도 동일한 상황이 전개되었다. 그뿐 아니라 팝송에서도 환생, 기적, 운명, 삶의 의미 등의 어휘들이 빈출하는가 하면, 스피리추얼 인생론을 다룬 책들이 불티나게 팔려 나갔다. 가령

---

1 예컨대 1980년대 말 히와타리 사키(日渡早紀)의 〈나의 지구를 지켜줘〉(ぼくの地球を守って)는 전생 붐을 일으켰으며, 컴퓨터 사이트 '지옥통신'을 통해 의뢰하면 지옥소녀가 원한을 해결해준다는 설정의 에토 미유키(永遠幸)작 〈지옥소녀〉가 대인기를 끌었다. 또한 2006년도 문화청 예술제 만화부문 수상작인 이마 이치코(今市子)의 〈백귀야행초〉(百鬼夜行抄)의 영감이 뛰어난 주인공 고교생 이지마(飯嶋律)는 죽은 조부의 명령으로 어릴 적 여자아이 모습으로 양육되었으나 실은 남자아이이다. 그 조부는 요술사로 명계에서 요마를 불러내 계약을 맺어 자유롭게 부리고 요마들이 제멋대로 바깥에 나가지 못하도록 집 정원에 결계를 만들어 가두어 두는 그런 인물로 설정되어 나온다. 한편 2005년까지 12년간에 걸친 연재가 완결된 오카노 레이코(岡野玲子)의 〈음양사〉(陰陽師)는 역사적 실재인물인 음양사 아베노 세이메이(安倍晴明)를 주인공으로 삼고 있다. 무엇보다 소녀만화사에 남을 금자탑으로는 1999년까지 13년에 걸쳐 연재된 미즈키 와카코(水樹和佳子)의 〈이티하사〉(イティハーサ)를 꼽지 않을 수 없다. 신과 인간의 관계를 묻는 이 작품의 무대는 신들의 전쟁이 벌어지는 태곳적 일본인데, 마지막 멘트가 인상적이다. "신은 유일신이 아니다. 그것은 울타리일 따름이다." 이 말은 각자에게는 각자 형태의 구원이 있으며, 모든 신앙의 핵심에 있는 것은 방황하고 흔들리면서도 '앞으로 나아가는 힘'이라는 것, 눈에는 보이지 않지만 나 자신을 인도하는 무언가 숭고한 힘과 존재가 있다는 대중적 관념을 시사한다. 이는 소녀만화가 '신'이라는 물음에 대해 내놓은 '너무나 일본적인' 답변이라 할 수 있다. 藤本由香里(2007), "少女マンガとスピリチュアルな世界", 152~155쪽.

2006년 래퍼 가수 시모(SEAMO)의 싱글앨범 〈또 만나요〉는 "다시 태어나도 반드시 또 만나요"라고 노래하고 있다. 또한 4인조 록밴드 범프 오브 치킨(BUMP OF CHICKEN)의 〈카르마〉에는 "낡아빠진 이유들이 중첩되어 흔들릴 때 태어난 의미를 안다"는 표현이 등장한다. 또한 앞의 제5장에서 언급한 스피리추얼 인생론으로서 경제학자 이이다 후미히코(飯田史彦)의 〈삶의 보람론〉 시리즈가 베스트셀러로 폭발적인 인기를 누렸다. 이 인생론은 원래 사랑하는 사람과의 이별을 경험한 사람들을 위로하기 위한 목적으로 쓴 것인데, 사후의 생을 설하면서 "인생의 모든 것은 의미가 있다"고 주장한다. 이 세상에 태어난 것, 양친이 정해진 것 등 모든 것은 자신의 능동적인 의사에 의해 선택한 결과이며, 모든 고난과 시련은 더욱 크게 성장할 기회라는 것이다.[2]

전후 현대문학에서도 스피리추얼리티를 주제로 한 작품들이 끊이지 않고 나오고 있다. 가령 영성을 추구한 전후파 작가로서는 대표적으로 하니야 유타카(埴谷雄高)와 후루이 요시키치(古井由吉)를 꼽을 수 있다. 일본 문학 대상을 수상한 하니야의 대표작 『사령』(死靈, 1975)은 '허체'(虛體)라는 개념을 제시하면서, 정신과 육체의 이원론 속에 갇혀 있는 인간 현실로부터의 해방을 추구한다. 한편 아쿠타가와상 수상 작가인 후루이의 『야천』(野川, 2004)은 유명(幽冥)의 경계를 넘어선 사자들과의 대화 형식을 취하고 있다. 이 밖에 이 책의 제3장에서 다룬 대중작가 무라카미 하루키(村上春樹)의 『1Q84』(2009)라든가 『세계의 끝과 하드보일

2 香山リカ(2007), "ポップソングにも頻出する「生まれ変わり」「奇跡」「運命」「生まれた意味」", 156~159쪽.

드 원더랜드』(1985)도 종교적 주제를 형상화한 작품으로 널리 읽혀졌다.[3] 옴 사건 직후 다소 주춤하기는 했지만, 이런 대중문화 현상들이 3·11 이후에도 계속 이어지고 있는 것이다.

이와 같은 주술-종교적 대중문화의 인기에 편승하여 대도시의 대형 서점마다 종교 서적 코너 옆에 '정신세계'라는 코너가 따로 마련되었다. 이 책의 제1장에서도 언급했듯이, 1978년부터 생겨난 이 '정신세계' 코너는 현대 일본의 주술-종교문화를 상징적으로 보여주는 매우 중요한 공간이다. 거기에는 동양 사상과 동서의 신비 사상 관련 서적을 비롯하여, 여배우 셜리 맥클레인(Shirley Maclaine)의 『위험에 처하여』(Out on a Limb)라든가 카스타네다, 융(C.G. Jung), 트랜스퍼스널 심리학, 영적 세계로 여행하는 의식변용의 세계를 그린 샤머니즘, 채널링(영매술), 수호령, 아우라, 기공, 점성술, 켈트 종교, 고신도(古神道), 애니미즘, 명상, 요가, 임사체험, 전생, 환생, 내세, 뉴사이언스 등과 관련된 책들이 즐비하게 진열되어 있다. 이와 아울러 거리의 점쟁이와 빌딩 상점가 점집들이 지속적으로 증가하고 있다.

한편 1990년대 이후에는 앞의 제5장에서 언급한 에하라 히로유키(江原啓之)가 서적과 매스미디어 등 다양한 매체를 통해 일대 붐을 일으키며 오늘에 이르고 있다. 그는 원래 신사 신직이었는데, 현재는 스피리추얼 카운슬러, 스피리추얼 아티스트, 영능자, 인생 상담가, 오페라 바리톤 가수, 베스트셀러 작가, 잡지 편집장, TV 및 라디오 프로그램 출연자, 영화배우 등 다양한 영역에서 활동 중이다. 그의 『행운을 낳는 스피리추얼

3 富岡幸一郎(2007), "日本文學と真実の靈性の再發見", 160~163쪽.

북』(2001)을 비롯한 30여 권의 저서 출판 부수는 총 900만 부(2007년 현재)를 넘는다고 한다. 그리하여 일본 대중들 사이에서 스피리추얼리티 하면 대부분 이 에하라 붐을 연상할 정도로 인기가 높아, 현재 50만 명 이상의 에하라 신봉자들(여성이 중심)이 존재한다고 말해진다. 특히 2005년 이래 에하라와 인기 연예인 미와 아키히로(美輪明宏)가 출연하는 '아우라의 샘'(オーラの泉) 방송(TV아사히 계열, 2005~2009)이 2007년 4월부터 심야시간대에서 토요일 골든타임으로 바뀌면서 에하라 붐이 더욱 가속화되었다.[4] 특히 젊은 여성들에게 폭발적인 인기를 끌었던 이 방송은 대중들 사이에서 스피리추얼 카운슬러를 자칭한 에하라의 세계관이 스피리추얼리티 그 자체로 받아들여지게 함으로써 스피리추얼리티의 세속화와 대중화에 결정적인 촉매 역할을 수행했다. 거기에는 에하라가 '영'이 아니라 스피리추얼리티라는 말을 사용한 점, '카운슬러'라는 적극적인 이미지의 행위자로서 등장했다는 점, 혹은 에하라의 온화한 말투 등이 인기를 모으는 데 크게 작용한 측면이 있다. 이런 에하라 붐을 기점으로 오늘날 일본 사회의 대중문화와 미디어 및 출판계와 학술계에 스피리추얼 혹은 스피리추얼리티라는 말이 넘쳐나게 된 것이다. 에하라 붐은 실로 스피리추얼리티 붐의 한가운데 위치하고 있었다.

현재 일본 사회에서는 효험 있는 신사와 사원들이 이른바 '파워스포트'로서 성황을 이루고 있다. 여기서 파워스포트란 인간의 심신에 영향을 미치는 에너지가 발생한다고 여겨지는 장소로서, 대표적으로 앞의 제1장에서 언급했듯이 정신세계의 메카라 불리는 덴카와 신사를 비롯하

4 樫尾直樹(2008), "江原啓之と日本の靈性の未来", 208~211쪽 ; 堀江宗正(2010), "スピリチュアリティとそのアンチ", 50~74쪽.

여 메이지 신궁, 이즈모 대사, 이세 신궁, 후지산 및 황거, 히비야 공원, 도쿄타워 등을 들 수 있다. 이 용어는 스푼 부러뜨리기로 한때 매스컴의 주목을 받았던 기요타 마스아키(清田益章)가 『발견! 파워스포트』에서 "정신에너지를 가득차게 해 준다든지 행운과 찬스를 가져다주는 장소"로 명명하면서 퍼지게 된 말이다.[5] 이 기요타의 저술 이후 2006년부터 파워스포트라는 용어를 사용한 출판물들이 비약적으로 증가했고, 특히 여성들 사이에 폭발적인 인기를 불러 모으면서 2010년경부터 파워스포트 붐이 일어나게 되었다. 이는 에하라 붐이 초래한 스피리추얼리티의 대중화와 같은 시기라 할 수 있다.[6] 에하라 붐과 파워스포트 현상이 같은 시기에 일어났다는 것은 '새로운 스피리추얼리티'의 한 실천으로서 파워스포트가 등장했을 가능성을 시사한다. 실제로 파워스포트의 대다수는 가이드북이라는 형태를 띠고 TV 프로그램에서 소개된다든지 소비되고 있다. 다시 말해 파워스포트 현상은 상품화한 스피리추얼리티의 한 형태라고 보는 것이 타당할 것이다. 요컨대 파워스포트 현상은 스피리추얼리티 붐의 전개와 매우 밀접한 관계가 있다. 그것은 종교의 사사화(개인주의화)에서 생겨난 '종교적인 것'의 한 사례로서, 현세 이익적, 속물주의로 야유받는 대중적 스피리추얼리티 문화의 일부라고도 볼 수 있다.[7]

가시오 나오키는 이런 주술-종교적 대중문화 속의 스피리추얼리티

---

5 물론 그 이전에도 이 용어 자체는 있었지만, 종래의 어법에서는 영지(靈地)라든가 성지라는 의미로 쓰였다.

6 에하라도 '스피리추얼 성소'라는 말로 일본 각지의 성지를 순례하는 저작을 시리즈로 출판한 바 있다.

7 小寺敦之(2011), "「パワースポット」とは何か", 87~96쪽 참조.

붐에 대해 "안전하고 돈을 벌 수 있고 깨끗해지고 기분 좋은 부유한 생활을 할 수 있다면 그만이라는, 현세 이익적 지향성 혹은 속물주의"를 포함하는 주술적 언어의 변주곡에 지나지 않는다고 지적한다.[8] '유사의 법칙'에 입각한 모방주술과 '접촉의 법칙'에 토대를 둔 감염주술을 구분하면서 주술적 사유원리와 기본 유형을 제시한 제임스 프레이저에 따르면 주술이란 근본적으로 "불합리하고 그릇된 행동 지침"이자 "미성숙한 기술이며 거짓된 의사 과학"으로서 "잘못 적용된 관념연합"[9] 에 다름 아니다. 마찬가지로 스피리추얼리티 붐을 수반한 현대 일본의 주술-종교적 대중문화 또한 그 밑바닥에 주술적 사유의 오류가 깔려 있음은 부정할 수 없는 사실이다. 하지만 거기에는 '공감의 스피리추얼리티'라 할 만한 것이 깔려있다는 점도 잊어서는 안 될 것이다. 이와 관련하여 프레이저는 모방주술과 감염주술을 '공감의 법칙'에 입각한 공감주술이라는 범주로 한데 묶고 있는데, 이는 인간에게는 근본적으로 공감의 능력이 있고 그것이 주술의 형태로 나타난 것일 뿐이라는 사실을 시사한다.[10]

---

8 樫尾直樹(2010), 『スピリチュアリティ革命』, 181쪽.

9 제임스 프레이저(2005), 『황금가지』1, 71~72쪽.

10 이때의 공감 능력은 인간 정신과 문화의 형성 및 발전에 불가결한 요소이다. 이런 의미에서 우리는 현대 일본 사회에 확산되고 있는 주술-종교적 대중문화의 부정적인 측면과 더불어, 그 밑바닥에서 작동함 직한 '공감의 스피리추얼리티'에 대해서도 간과해서는 안 될 것이다. 일본에서 이런 '공감의 스피리추얼리티'는 종종 '모노노아와레'라 불리는 미적 감수성으로 나타난다.

2. 애니메이션의 스피리추얼리티 : 거울과 기억, 새로운 이노센스, 그리고 생명

현대 일본의 대중문화 가운데 애니메이션만큼 수많은 사람들에게 공감을 불러일으킨 장르는 다시없을 것이다. 대중문화 속의 스피리추얼리티를 말할 때 애니메이션은 간과할 수 없는 중요성을 가진다. 그 중요성은 현세 이익적인 주술-종교적 대중문화와는 달리 일본 애니메이션에는 종종 철학적인 메시지가 담겨 있다는 점에서도 잘 엿볼 수 있다. 애니메이션의 거장 미야자키 하야오(宮崎駿) 감독은 한 인터뷰에서 "내 안에서 끈적끈적한 것, 증오랄까 분노 같은 것이 있을 때, 그것을 어떻게 컨트롤할 것인가? 나는 컨트롤할 수 없는 인간으로서, 나의 모든 숨구멍에서부터, 나의 몸에 있는 모든 구멍으로부터 알 수 없는 어떤 검은 것이 분출하는 그런 체험을 여러 차례 한 적이 있습니다. 누구나 그런 것이 있을 거라고 생각해서 다타리가미 같은 캐릭터를 만들어 보았지요"[11] 라고 밝힌 적이 있다. 너무 솔직하고 생생해서 무언가 반박하고 싶어지는 발언이지만, 여기서 미야자키는 분명 인간의 진실에 대해 말하고 있다. 물론 〈원령공주〉(1997)의 다타리가미는 증오와 분노의 화신이다. 그렇다면 시시가미는 과연 치유의 신이라고 말할 수 있을까? 일본 애니메이션에 있어 '치유의 스피리추얼리티'는 어디에서 찾을 수 있을까?

안노 히데아키(庵野秀明) 감독의 〈신세기 에반게리온〉(TV판, 1995)이 일본 사회에 예기치 않은 에반게리온 붐을 불러일으킨 것은 그것이 다

11 宮崎駿(1997), "インタヴュー, 宮崎駿 NOW and then", 36쪽.

름 아닌 치유와 자기찾기의 이야기를 묘사하는 애니메이션이었기 때문일 것이다. 하지만 주요 등장인물들은 하나같이 부재와 결핍으로 뻥 뚫린 마음의 벽 속에 갇혀 있다. 가령 주인공 신지의 부친 겐도는 죽은 아내 유이를 통해서만 자신의 결핍이 채워질 수 있다고 믿으면서 단지 라캉적 '상상계'에만 머물러 있다. 또한 신지는 자신을 인정해주지 않는 부친을 받아들이지 못하며, 레이는 자폐증에 시달리고 있다. 한편 아스카와 리츠코는 모친과의 자기동일시에 집착한다. 이와 같은 퇴행적인 태도는 타인과의 관계를 두려워한 나머지 자기가 상처 받거나 혹은 타인에게 상처 입히는 것을 극도로 회피하면서 모든 세계를 거부하려는 태도로 이어진다. 이처럼 〈신세기 에반게리온〉의 캐릭터들은 하나같이 마음 깊은 곳에 날선 트라우마를 품은 채 고통 받고 있는데, 그 트라우마는 '모성의 부재' 혹은 과도한 '부성적 억압'과 밀접한 관계가 있다. 주체성과 아이덴티티의 획득을 위해서는 모친의 존재가 필수적이며 그 모친과의 분리가 없어서는 안 된다. 나아가 아버지의 권위를 받아들이는 거세의 과정을 통해 비로소 라캉적 상징계에 들어갈 수 있는 것이다. 그러니까 핵심은 어떻게 주체가 모성의 부재와 거세의 공포를 넘어설 수 있는가에 있다. 〈신세기 에반게리온〉은 바로 이와 같은 극복의 문제를 다룬 애니메이션임에 틀림없다.

슬픈 절망과 분노에 찬 공허감 그리고 고독의 심연에서 연기처럼 피어오르는 고뇌로 가득 찬 이 작품의 극장판 〈THE END OF EVANGELION〉(1997)에서 신지는 레이와의 시원적인 융합을 시도하는데, 하지만 그는 결국 다시 독립적 존재로서 분리되어 카오스의 물 밑으로부터 재생한다. 신지는 끊임없이 "넌 누구?", "난 무엇이지?", "왜 나를 인정해주지 않는거야?"라는 자기분열적 물음에 시달리면서 항상 파시스트적인 부친과 부재하는 모친 그리고 자신을 비난하는 타인들(아스카로 대변되는)에 의한 트라우마로 고통받는다. 그 결과 신지는 어머니의 분신이라 할 수 있는 레이와의 융합과 분리 과정을 통해 힘겹게 새로운 아이덴티티를 모색한다. 이 장면과 관련하여 오쓰카 에이지는 신지가 '주체가 되어라'(즉 거대 로봇 에바에 탑승하여 싸워라)는 억압을 철저하게 거부했다고 해석한다.[12] 아스카라는 절대적 타자와 함께 세계의 끝자락에 남겨진 신지가 지긋이 아스카의 목을 조르면서 경멸하듯이 "기분 나빠"라고 토해 내는 마지막 장면이 이 점을 잘 보여주는 표징이라는 것이다. 즉 그는 신지가 "최후까지 주체가 되기를 거부하고 타자와 공생하지도 못하며 아스카의 목을 조른다는 '아마에'로부터도 벗어나지 못한 채 주체를 내던져 버리는 것으로 막을 내린다"[13] 고 잘라 말한다.

확실히 이런 해석은 어느 정도 설득력을 가진다. 특히 '아마에'를 언급한 점에서 그렇다. 하지만 이는 절반의 진실밖에 안 된다. 왜냐하면 이 마지막 장면은 어디까지나 신지가 모성적인 레이의 변이체와 융합한 다음 다시 분리된 이후의 모습을 그린 것인데, 앞서 언급했듯이 모성적인 것과의 분리야말로 주체 성립에 없어서는 안 될 조건이기 때문이다. 그러니까 신지는 이미 모성과의 분리를 성취했고 따라서 독립적인 주체를 형성할 준비가 되어 있었다. 하지만 신지에게는 아직 '아버지의 이름'을 내면화하지 못한 상태이므로 막이 내린 후에도 자기찾기의 여행은 끝나지 않은 채 계속될 수밖에 없다.

---

12 大塚英志(2004), 『「おたく」の精神史』, 407~416쪽.

13 같은 책, 409쪽.

그런데 오시이 마모루(押井守) 감독의 〈공각기동대〉(1995)에서 구사나기와 인형사의 융합은 신지와 레이의 그것과는 다소 분위기가 다르다. 즉 융합 이후에 구사나기는 "내가 어렸을 때에는 어린이의 말을 하고 어린이의 생각을 하고 어린이의 판단을 했습니다. 그러나 어른이 되어서는 어렸을 때의 것을 버렸습니다"(고린도전서 13:11)라고 말한다. 신지와는 달리 구사나기는 모성과의 분리와 전혀 관계가 없어 보인다. 물론 그녀는 자신의 유아적 아이덴티티를 완전히 내버린다. 이런 선택은 무엇을 의미하는 것일까? 신지가 '자기 자신이 되기 위해' 레이와의 분리를 기도했다면, 역으로 구사나기는 '자기 자신을 버리기 위해' 인형사와의 융합을 추구한다. 원래 '순수한 나'라든가 '참된 나' 따위는 존재하지 않기 때문일까? 어쨌든 "네트는 광대해"라는 그녀의 마지막 멘트는 무수한 타자와의 끊임없는 융합 가능성을 암시한다. 그렇기 때문에 그 융합은 특정의 고정된 장소에 고착되는 수목형의 '수정'(insemination)보다는 오히려 모든 장소와 자유롭게 접속하는 리좀형의 '파종'(dissemination)에 가깝다고 볼 수 있겠다.[14] 이와 같은 파종은 곤 사토시(今敏) 감독의 〈파푸리카〉(2006)에서 매우 인상적이고 카니발적인 형태로 나타난다. 즉 '자신의 꿈과 타자의 꿈과의 융합'이라든가 '환몽과 현실의 융합'이 그것이다. 실로 꿈에는 한계가 없다. 거기서는 풍경과 풍경의 전도가 되풀이된다. 이 세상과 저 세상이 뒤섞여 있으며, 우리는 거기서 도망칠 수 없다. 존재하는 모든 것

14 김준양(2006), 『이미지의 제국』, 440쪽. 들뢰즈와 가타리의 개념인 '리좀'은 땅속에 뻗은 가지이자 동시에 뿌리이기도 한 식물을 가리킨다. 들뢰즈는 서양의 사상적 전통을 이데아라든가 유일신과 같은 어떤 근원적인 중심을 가지는 '수목형 모델'로 규정하면서 그 대안으로서 리좀적 사고방식을 제시하고 있다. 이런 리좀적 사고방식의 특징은, 어떤 고정된 체계라든가 중심이 없으며 따라서 궁극적인 근원이라든가 유일자로 환원되지 않는 다원성에 있다.

들은 이런 꿈속을 그저 유영할 수밖에 없다.

한편 왜 자신을 선택했느냐고 묻는 구사나기에 대해 인형사는 "우리는 모두 닮은꼴이다. 마치 거울 사이로 마주보는 실체와 허상처럼"이라고 대답한다. 이 말은 융합 이전에 구사나기의 고스트를 해킹한 인형사의 독백, 즉 "지금은 우리가 거울을 보듯이 희미하게 보지만"(고린도전서 13:12)이라는 수수께끼 같은 전언에 대한 해독이다. 나아가 그것은 "아마테라스가 아마노이와토 동굴로부터 몸을 내밀어 거울에 비친 자기 모습을 엿보았을 때"라는 『고사기』의 신화적 풍경을 연상시키기도 한다. 이때의 거울은 '주체의 신화'를 거부하는 '융합의 스피리추얼리티'를 표상하는 것이 아닐까? 거기서 일본 애니메이션의 스피리추얼리티 세계에 들어가는 자는 서로 마주보도록 양쪽에 배치된 거울 사이에 서 있는 듯한 현기증을 느끼게 될 것이다. 바로 그렇기 때문에 우리는 약속, 첫사랑, 희망에도 불구하고 결국 나르시즘에 빠지고 만다. 곤 감독의 〈천년여우〉(2001)의 주인공 후지와라 치요코가 이름도 모르고 얼굴도 더 이상 기억나지 않는 한 남자에 대한 순정을 위해 평생 그의 그림자를 찾아다닌 끝에 "저요, 그 사람을 찾아다닌 나 자신이 좋아요"라고 말하듯이.

어쩌면 〈공각기동대〉는 하이테크놀로지 시대의 복음서라고 말할 수 있을지도 모르겠다. 그것은 더 이상 주체와 객체의 휴머니즘적인 경계가 붕괴되어 버린 포스트 〈블레이드 러너〉적인 시간을 무대로 하고 있기 때문이다. 그래서 구사나기에게는 '인간보다 더 인간적인' 리플리컨트의 신체라는 공간적 범주보다 차라리 시간적 범주로서의 '기억' 쪽이 전통적인 영혼의 개념에 더 가깝게 다가선다. 거기서는 기억이야말로 인간의 결정적인 조건이 된다. 그런데 구사나기는 모친의 얼굴도, 태어난 마을의 풍경도, 아이 때의 기억도, 아무것도 기억하지 못한다. 그녀의 기억은 가상 네트워크 접속에 의해 조작과 해킹이 가능한 그런 기억이다. 더군다나 그 기억은 '나', '자아', '내면', '마음'과 같은, 근대 이래 일본 사회가 '풍경'으로서 끊임없이 재발견해 온 이야기의 기본 경계를 훨씬 뛰어넘어, "오히려 가상 네트워크 쪽이야말로 나의 참된 영혼이 아닐까?"라는 구사나기의 고뇌에 찬 물음과 밀접하게 연관되어 있다. 실제로 극장판 〈공각기동대〉의 처음 장면은 "기업의 가상 네트워크가 별들을 뒤덮고 전자와 빛이 우주 전체에 흘러 다니는 때. 아직 정보화의 진전이 국가와 민족을 없애는 데까지는 이르지 못한 가까운 미래에"라는 영문 자막으로부터 시작되는데, 이는 기존의 국민국가라는 '상상의 공동체'에 대한 대안으로서의 가상 네트워크 사회의 가능성을 시사하기도 한다.

여기서 우리는 일본적 영성의 아이덴티티를 추구하는 현대 일본인의 음영, 혹은 "새로운 테크놀로지의 세계와 기존에 없던 형태의 정신적인 결속 가능성"[15]을 보게 된다. 그럼으로써 우리는 전통적으로 제기되어 왔던 종교적·철학적·형이상학적 문제에 대한 전혀 현대적인 형태의 새로운 물음방식에 직면하게 된다. 가령 곤 감독의 〈퍼펙트 블루〉(1997)가 한 등장인물의 입을 통해 "일 초 전의 나와 지금의 내가 어떻게 동일한 인간이라고 알 수 있단 말인가? 우리는 다만 기억의 연속성에 의존하여 일관된 자기동일성이라는 환상을 만들어 낼 뿐이 아닌가?"라고 묻듯이. 혹은 오토모 가쓰히로(大友克洋)가 감독한 〈메모리즈〉(1995)의 제1화 "그녀의 추억"에 나오는 천재적인 원 오페라 가수 에바가 배반당한 사랑의 현실을 인정하지 않은 채, 강한 집착의 기억이 만들어 낸 마그네틱 장미

15 수전 J. 네피어(2005), 『아니메』, 188쪽.

정원 안에서 다만 과거의 추억하고만 연결되어 있는 영원의 가상세계를 살면서 "현실이란 도대체 무얼까? 어쩌면 그것은 아무것도 아닐지도 몰라"라는 의혹을 품듯이. 이와 같은 환상에 입각한 '가상 네트워크로서의 영혼'과 얽혀 있는 '기억'을 우리는 '하이테크놀로지 시대의 스피리추얼리티'라고 부를 수 있겠다. 이런 스피리추얼리티와 관련하여 오시이 감독이 직접 시나리오를 쓰고 감독한 〈이노센스〉(2004)는 인형사의 입을 빌려 다음과 같이 말하고 있다.

> "겉으로 보기에는 살아 있는 것처럼 보이지만, 정말 살아 있는지 아닌지 하는 의혹. 반대로 생명 없는 사물이 어쩌면 살아 있는 것일지도 모른다는 의혹. 인형의 음침함이 어디서 오는가 하면, 그것은 인형이 인간의 모델이라는 점, 즉 인간 자신에 다름 아니라는 점에서이다. 인간이 단순한 기계장치와 물질로 환원되어 버리지 않을까 하는 공포. 곧 인간이라는 현상은 본래 허무에 속해 있는 것이 아닐까 하는 공포"

〈공각기동대〉의 속편에 해당하는 이 작품에서는 '인간의 모델'로 등장한 인형이 전작에서의 사이보그와 네트를 대신하고 있다. 이때 '이노센스의 세계'란 하이테크놀로지에 의해 인간의 영혼까지도 '고스트 더빙'되고 인간의 전통적인 조건들을 거의 다 갖추고 있는 인간형 로봇이 등장함으로써, 더 이상 인간과 기계, 오리지널과 카피의 구분이 아무런 의미도 가지지 못하게 된 그런 세계를 가리킨다. 이와 같은 세계에서는 나와 타자의 차이도 사라져 버린다. 이는 눈앞에 보이는 풍경이 과거 혹은 미래의 그것일지도 모르는 그런 세계이다. 거기서는 지금 여기에 있다고 여겨지는 나는 내가 아닌 누군가일지도 모른다. 이 대목에서 오시이 감독은 '주체로서의 인간'이라는 나르시스 신화가 전면적으로 해체되고 있다는 점에서 라캉과 조우한다. 그러니까 "인체는 스스로 태엽을 감는 기계이며 영구운동의 살아 있는 견본"이라든가 "신은 영원히 기하학을 한다"는 등의 인간과 신에 관한 새로운 정의가 필연적인 귀결로서 대두된다. '주체 없는 기계 신체'에 있어 치유란 이와 같은 '새로운 이노센스'에 의한 치유에 다름 아니다. 하지만 가장 감동적인 치유는 자신의 트라우마가 치유받기에 앞서 먼저 타자의 상처를 보살핌으로써 자연히 자신의 트라우마도 치유되는 그런 치유가 아닐까? 가령 곤 감독의 〈동경대부〉(2003)에서 인간쓰레기 같은 세 명의 홈리스들은 쓰레기통에 버려진 갓난아이를 발견하고 그 아기를 돌보는 과정을 통해 자기 자신과 인간에 대한 신뢰 및 사랑을 회복한다.

한편 미야자키 감독은 만화판 〈바람계곡의 나우시카〉에서 청정을 회복하기 위한 정의의 전사가 아니라 "청정과 오탁이야말로 생명"임을 알고 있는 나우시카의 기나긴 여행을 묘사하는가 하면,[16] 〈원령공주〉에서는 "생과 사야말로 생명"이라고 말하면서 그 생명을 시시가미 및 자연과 동일시하고 있다. 그러니까 이런 생명과 자연이 존속하는 한 반드시 살아가야만 한다는 것이다. 안노 감독 또한 〈신세기 에반게리온〉을 통해 "모든 생명에는 복원하고자 하는 힘, 살아가고자 하는 마음이 있다"그 말하면서, 그런 힘과 마음이 있고 또 살아 있기만 하면 어디든 천국이 될 수 있고 어떤 상황에서도 행복해질 수 있다고 역설한다. 마찬가지로 마쓰모토 레이지(松本零士) 감독의 〈우주전함 야마토〉(1977)에 나오는 신화적 함

16 安部幸弘(1997), "究極の'そして最も幸福なアマチュア", 177쪽.

장 오키다의 사령(死靈)은 "생명이 있는 한, 그 생명을 마지막 무기 삼아 싸워라! (중략) 야마토의 생명을 되살리는 것이 그대들의 사명이다"라고 새로운 함장인 고다이를 격려한다.

일종의 생명지상주의처럼 보이는 이런 발상은 그러나 결코 단순한 낙관주의가 아니다. 굳이 말하자면 그것은 전술한 "인간이라는 현상은 본래 허무에 속해 있는 것이 아닐까 하는 공포"(이노센스)라든가 "타인이라는 공포"(신세기 에반게리온) 등과 관련된 니힐리즘에 보다 어울리는 사고방식이다. 왜냐하면 거기에는 아무리 해도 모든 인간들이 다 같이 행복해질 수는 없으며, '나'의 행복은 항상 누군가의 불행 위에 세워진 모래성 같은 것이고, 누군가의 지옥이 있음으로 해서 비로소 '나'의 천국도 가능하다는 비극적인 진실을 후술할 '모노노아와레'적 감수성으로 받아들이는 감각이 은밀하게 깔려있기 때문이다. 다음과 같은 미야자키 감독의 발언은 미야자키 애니메이션의 세계가 기본적으로 이와 같은 니힐리즘적 감각에서 태어난 것임을 잘 보여준다.

> "증오가 극복될 수 있는가 하는 것이 내 작품 최대의 테마였습니다. (중략) 증오는 극복할 수 없다, 이 세상은 다타리(재앙) 그 자체이고 증오 그 자체이다, 인간 안에는 폭력성과 흉폭한 잔인성이 존재한다고 생각합니다. 인간이 잘못 교육받았기 때문에 흉폭해진다든지 잔인성과 폭력성이 나타나는 것이 아닙니다. 폭력성은 생명 안에 들러붙어 있다고 봅니다. 그러니까 나는 늘 이런 사실을 전제로 생각해야만 한다고 여겨 왔습니다."[17]

---

17 宮崎駿(1997), "インタヴュー, 宮崎駿 NOW and then", 36~37쪽.

그렇다면 청정과 오탁의 '나우시카의 숲', 평화와 불안의 '토토로의 숲', 생과 사의 '시시가미의 숲', 가상 네트워크적 영혼과 관련된 '구사나기의 도시숲', 나아가 너무나도 애미니즘적이고 신도적인 야마모토 니조 감독의 〈미요리의 숲〉(2007)과 스기야마 게이이치 감독의 〈은발의 아기토〉(2006)에 등장하는 '아기토의 숲'에 이르기까지, 우메하라가 말하는 조몬적 '숲의 사상'과 상통하는 '숲의 스피리추얼리티'는 어떠할까? 그것이 '코스모스의 숲'이건 '카오스의 숲'이건 혹은 '노모스의 숲'이건,[18] 일본 애니메이션의 단골 메뉴라 할 만한 이런 '숲의 스피리추얼리티'는 모두 양의적이라는 점에서 공통점을 가진다. 그렇기 때문에 거기에는 종종 센과 치히로, 유바바와 제니바(센과 치히로의 행방불명), 산과 에보시(원령공주), 신지와 레이(신세기 에반게리온), 미마와 루미(퍼펙트 블루), 치바와 파프리카(파프리카) 등과 같은 도플갱어적 캐릭터들이 활약하기 마련이다.

3. 마음·치유·자기찾기

이상에서 살펴본 대중문화 속의 스피리추얼리티 붐에는 상반된 두 조류, 즉 주술-종교적인 것과 철학적인 것이 동시에 내포되어 있다. 하지만 거기에는 대항문화운동을 기반으로 하는 미국의 뉴에이지와 같은 사회적 배경이 존재하지 않는다. 그보다 일본의 스피리추얼리티 붐에는 경

18 박규태(2005), 『애니메이션으로 보는 일본』, 24~27쪽.

제적 요소가 큰 부분을 차지한다고 보아야 할 것이다. 가령 곧 후술하겠지만, 1995년의 한신 대지진과 옴 사건을 계기로 생겨난 '이야시 붐'이 상품과 서비스의 향유에 의해 위기의식을 안정시키는 측면이 있었다.[19] 즉 일본의 스피리추얼리티 붐은 '스피리추얼 쇼핑'으로서 시장경제에 확실하게 포섭되었던 것이다. '스피콘'이라든가 '이야시 견본시장' 혹은 애니메이션 산업과 관련된 각종 콘텐츠 시장의 거대한 규모는 이 점을 잘 보여준다. 오늘날 일본 스피리추얼 비즈니스의 시장규모는 약 1조 엔 정도라고 한다. 한편 최근의 스피리추얼리티 붐은 카리스마(초능력자, 영능력자)의 능력을 전면에 내세우는 대신, 에하라를 끝으로 탈인격화의 방향으로 바뀌고 있는 인상이다. 탈인격화되면 '종교적인 것'에 대한 사람들의 저항감이 약해진다. 이리하여 에하라가 뿌린 스피리추얼리티의 씨앗은 상품화와 더불어 대중적 스피리추얼 문화로 성장해 나갔다.[20] 하지만 이런 주술적 상품화의 경향과 더불어 대중문화 속 스피리추얼리티 붐은 개개인의 내면세계를 파고듦으로써 비로소 널리 퍼질 수 있었다는 점도 간과할 수 없다. 다음에는 마음(心, 고코로), 치유(癒し, 이야시), 자기찾기(自己さがし)라는 키워드를 중심으로 이 문제에 대해 생각해 보기로 하자.

---

19 堀江宗正(2007), "日本のスピリチュアリティ言說の狀況".

20 小寺敦之(2011), "「パワースポット」とは何か", 90~92쪽.

1) 마음

앞에서 스피리추얼리티를 '개인주의적인 영성운동'으로 규정하면서 그것이 '살아진다는 실감'이라든가 '살아갈 힘'과 밀접한 관계가 있음을 언급했다. 이와 관련하여 먼저 근래 일본의 초중등교육 현장에서 사용되고 있는 〈마음의 노트〉[21]라는 텍스트에 주목할 필요가 있다. 〈마음의 노트〉(心のノート)는 소년범죄의 연령층이 점차 낮아지고 흉폭화되는 등 청소년 도덕성이 저하되는 경향에 대처하기위해, 1996년 이래 문부과학성이 '여유(ゆとり)가 있는 교육'과 병행하여 추진해 온 '살아갈 힘'의 육성을 배경으로 하여 2002년부터 전국 초등학생 및 중학생 전원에게 일제히 배포한 도덕교육용 워크북이다. "아동 생도들이 몸에 익힐 도덕 내용을 아동 생도들에게 알기 쉽게 나타내고 도덕적 가치에 관해 스스로 생각하는 기회가 되도록" 도덕 시간을 포함한 학교의 교육활동 내에서 학교와 가정이 연휴하여 아동 생도의 도덕성을 함양하도록 활용되어 온 〈마음의 노트〉는 일반 교과서와는 달리 검정은 없고 저작권은 문부과학성에 있다. 작성시 가와이 하야오 당시 문화청 장관이 감수자 및 좌장으로 관여했으며, 7억 3000만 엔의 예산을 투자할 만큼 대단히 공들인 작품이다.

여기서 '살아갈 힘'(生きる力)이라는 표현은 중앙교육심의회의 "21세기를 전망하는 우리나라 교육의 현황에 관하여: 아이들에게 '살아갈 힘'과 '여유'를"이라는 문건(1996년 7월 19일)에 나오는 용어로서, "스스로 과제

---

21 弓山達也(2007), "「いのち」に一歩踏み込んだ全小·中學生に配布された「心のノート」", 226~231쪽.

를 발견하고 스스로 공부하며 스스로 생각하고 주체적으로 판단하고 행동하고 보다 잘 문제를 해결하는 자질과 능력", "스스로를 제어하면서 타인과 함께 협조하고 타인을 생각하는 마음과 감동하는 마음 등 풍부한 인간성", "건강과 체력" 등을 내포하는 개념이다. 구체적으로 '살아갈 힘'이란 아름다운 것과 자연에 감동하는 마음 등의 유연한 감성, 선한 행위에 감명하고 잘못된 행위를 미워하는 정의감과 공정함을 중시하는 마음, 생명을 소중히 여기고 인권을 존중하는 마음 등의 기본적 윤리관과, 타인을 배려하는 마음과 온화한 태도, 상대방의 입장이 되어 생각하거나 공감할 수 있는 따뜻한 마음, 볼런티어 등 사회공헌의 정신을 가리키는데, 이는 상당 부분 일본인론의 주제와 겹쳐진다.

이처럼 '살아갈 힘'의 육성이라는 지향성하에 만들어진 〈마음의 노트〉 4종(초등학교1~2학년판, 3~4학년판, 5~6학년판, 중학교판)은 각각 차례는 상이하지만, 공통적으로 학습지도요령은 크게 '자기 자신', '타자와의 관계', '자연과 숭고한 것과의 관계', '집단과 사회와의 관계'에 관한 내용의 4부로 구성되어 있다. 그런데 그중 직접 종교를 언급하지는 않으나 5~6학년판의 '자연과 숭고한 것과의 관계에 관한 내용' 중 특히 생명에 관한 항목에 '나보다 큰 것'이라든가 '인간의 힘을 넘어선 것'이라는 문구가 나온다. 즉 생명을 '주어진 것', '무언가에 의해 뒷받침되고 있는 것'으로 표현하는 한편, 숭고한 것에 대한 외경을 통해 "나보다 더 큰 어떤 것의 숨결을 느껴보자"고 권하면서 '우주의 근본적인 활동'이라든가 '생명의 근원' 혹은 '섭리'라든가 '신비' 등의 어휘를 동원하여 생명을 설명하고 있다. 요컨대 〈마음의 노트〉는 생명에 대해 (1) 자신의 것이지만 주어진 것이라는 의미에서 자신의 것만은 아니고, (2) 우주와 자연과 인간을 초월하는 '큰 어떤 것'과 통해 있으며, (3) 그런 생명을 빛나게 하는 것이 우리 삶의 목적이자 사명이라고 적고 있다. 특정 종교에 관계없이 무엇인가 종교적인 것을 언급하는 지향성을 스피리추얼리티라 한다면, 이 장면은 지극히 스피리추얼하다고 말할 수 있겠다. 이 〈마음의 노트〉의 실제 활용도는 초등학교와 중학교 합쳐 평균 95퍼센트 이상으로 매우 높은지만, 다른 한편으로 교육현장에서의 거부감도 강하며 반대하는 지식인들과 시민단체도 적지 않다. 〈마음의 노트〉가 아동 생도의 마음에 대한 관리를 강화하고 애국심을 강요한다는 의혹이 존재하기 때문이다.

이와 관련하여 신신종교 및 신영성운동에서의 다양한 심리통어기법에 대해 생각해 보자. 신신종교의 경우 명상·호흡법·자기암시·심리요법적 대면게임 같은 심리통어기법이 중요한 역할을 하며, 신영성운동에서는 이런 경향이 더욱 강화되었다. 사실 신영성운동은 "종교와 심티요법(테라피)의 접점에서 전개되고 있는 심리-종교복합적 운동"으로 규정될 만큼 마음의 문제가 중요한 부분을 차지하고 있다. 이와 같은 심리통어기법에는 초월명상(TM),[22] 요가, 기공운동처럼 순수의식 혹은 무의식 차원에 도달함으로써 마음 전체의 통어를 지향하는 '내면지향적' 심리통어기법이 있는가 하면, 다양한 자기계발 세미나 등에서 주로 활용되어 타자와의 관계 속에서 감정의 기복이나 동요를 제어함으로써 평상심을 유지하는 것을 지향하는 '관계지향적' 심리통어기법이 있다. 하지만 타자와의 관계 속에서 윤리적 반성과 자기부정을 요청하는 종래 신종교 교단들의 이른바 '고코로나오시'(心なおし, 마음고치기)와는 달리, 관계지향적이든 내면지향적이든 신신종교와 신영성운동에서의 심리통어기법에는 무한

22 인도에서 창시되었으며 미국에서 성황하다 일본에 포교된 단체. 명상에 의해 잠재능력을 개발한다는 자기계발운동으로, 일본에서는 〈마하리시 종합연구소〉라는 이름으로 활동 중이다.

경쟁 시대에 있어 자신의 지위향상, 출세, 성공, 커리어 추구, 심미적인 자기실현이라는 목표에서 비롯된 철저한 도구적·자기중심적·개인주의적 사고방식이 깊이 스며들어 있다.[23]

신종교의 고코로나오시 윤리에서는 타자 및 환경과의 조화가 강조되며, 자기 마음을 바꾸어 환경에 대한 불만과 타자에 대한 적의 및 자기주장을 컨트롤하면서 타자를 배려해야 한다고 설해져 왔다. 이에 반해 신신종교 및 신영성운동의 경우는 현저하게 개인주의적·내향적·탈공동체적 윤리가 지배적이다. 거기서는 모든 사회적 대립과 갈등의 배후에 특정 종교나 윤리규범에의 추종에서 비롯된 개인의식의 착오와 착각 혹은 오인이 있다고 말해진다. 이런 오류에서 벗어나려면 자연과의 공감원리, 깨달음, 최첨단 과학적 인식과 합치되는 '치유'(癒し, 이야시) 방식이 필요하며, 그런 치유의 인식에 입각하여 자립적인 개개인의 의식이 바뀌면 인류 전체의 의식이 변용되고 진화함으로써 여러 근본적인 문제들이 해결될 수 있다는 것이다. 요컨대 타자와 집단과 교의체계에의 의존을 싫어하는 신영성운동의 경우는 개개인에 의한 자유로운 자기탐구 및 그 과정을 통한 치유를 추구한다는 말이다.

---

23 박규태(2012), "현대 일본 종교와 '마음'(心)의 문제", 240~252쪽 ; 島薗進(1996), 『精神世界のゆくえ』, 172~217쪽 참조.

2) 치유 : 이야시 붐

1970년대 말부터 시작된 이야시(癒し, 치유) 붐은 1980년대 '정신세계' 붐에 의해 확산되었다. 여기서 '이야시'란 무언가 불가사의한 존재의 뜻, 특정 인물, 토지가 가지는 힘, 나아가 예술작품 감상 등에 의해 심신의 병이 개선된다든지 스트레스가 경감된다는 것을 의미하는 일본어이다. 특히 1995년의 한신 대지진과 옴 사건 및 버블 경제 붕괴 등의 사회적 충격 속에서 불안 심리가 확산되고 사람들이 마음의 상처나 질병에 대한 치유 및 편안함과 정신적 안식을 추구하는 가운데, '구원'이라는 종교적 차원을 수반하면서[24] '이야시'라든가 '힐링'이라는 말이 종교, 의학, 예술, 대중문화 등 광범위한 영역에 걸쳐 일본 사회 속에 확실하게 정착하게 되었고 3·11 이후 오늘날까지 이어지고 있다.

이런 사회적 분위기 속에서 특히 20~30대를 중심으로 치유를 위한 음악, 테라피, 웰빙 상품, 캐릭터 상품, 문학, 향기, 이야기, 식물, 애완동물 등이 마케팅에도 적극적으로 활용되어 '이야시 산업'이 형성되어 널리 퍼져 나갔다. 나아가 마음의 안식을 주는 모든 것에 대해 '이야시'라는 용어가 사용되어 소비자들을 유혹했으며, 심지어 '이야시계 연예인'까지 등장하기에 이르렀다. 이와 더불어 2002년 11월 6일 도쿄에서 '스피콘'(Spiritual Convention의 약칭)이라는 '이야시 견본시장' 또는 '정신세계 견본시장' 이벤트가 시작된 이래, 삿포로에서 나하에 이르기까지 일본 전국의 주요 도시를 돌면서 매년 개최되어 왔다. 여기서는 치유 테라피

---

24 Tatsuya(1995), "*Varieties of Healing in Present-Day Japan*", pp.268~272.

및 치유 관련 상품들이 전시 판매되고 다양한 힐링 방법들이 소개되는 등 백수십여 개 부스가 회장을 가득 메우곤 한다. 입장 티켓은 1500엔에서 2000엔 정도이고, 매번 약 2000여 명 정도가 방문한다. 거의 매주 어디에선가 개최되며, 방문자들은 통상보다도 싼 가격으로 점술, 아로마, 아우라 측정, 각종 상담(사주, 영감, 전생 판단)을 받을 수 있다. 이 스피콘은 현재까지도 〈스피리추얼 마켓〉으로 명칭을 바꾸어 계속되고 있다.[25]

종래 신종교의 경우는 동료 신자 혹은 교회장 등과 고민을 공유한다는 것이 문제해결을 위한 중요한 과정이었지만, 이야시의 경우는 스스로 자기 자신의 스토리와 대면한다는 점에서 개인주의적 색채가 강하다. 이 점에 착안한 에하라 히로유키는 "죽음이란 원래의 고향으로 돌아가는 여행 떠나기이므로 슬픈 일이 아니다. 질병은 악이 아니다. 이 세상에서 일어나는 모든 일은 필연적인 것이므로 질병에도 각기 의미가 있기 때문이다. 스피리추얼한 관점에서 본다면 사람의 일생에서 불필요한 것은 아무것도 없다"[26]는 식으로 말해줌으로써 개인적인 불안 심리를 해소시켜 주었다. 이 점에서 이야시 붐은 개인의 영성적 자각에 호소하는 스피리추얼리티 붐과 일맥상통한다. 이야시 붐과 스피리추얼리티 붐의 이와 같은 접점을 매우 감동적으로 보여주는 대표적인 사례로서 음악 〈천의 바람이 되어〉, 다큐멘터리 〈가이아 심포니〉, 영화 〈세상의 중심에서 사랑을 외치다〉 등이 일으킨 선풍을 들지 않을 수 없다.

"내 무덤 앞에서 울지 마세요/거기에 나는 없으니까요/잠들어 있

---

25 권연수(2005), "한류지속을 위한 현지화 전략연구", 143~144쪽 ; 佐藤壯廣(2007), "癒しの見本市「すぴこん」", 144~147쪽 ; 井上順孝(1999), 『若者と現代宗教』, 213~215쪽 참조.

26 박희준(2007), "일본 학계의 영성 연구동향", 114쪽.

지도 않아요/천의 바람이 되어/천의 바람이 되어/저 광대한 하늘에/흘러 다니고 있으니까요"라는 가사의 〈천의 바람이 되어〉는 아쿠타가와상 수상 작가이자 싱어송 라이터인 아라이 만(新井満)이 영어로 된 원시[27]를 번역하고 거기에 곡을 붙인 것을 2006년 NHK 홍백전에서 테너 가수 아키카와 마사후미(秋川雅史)가 노래하여 대단한 화제를 불러 일으켰다. 다음해인 2007년에 곧바로 연간 오리콘 차트 1위에 올랐으며, 같은 해 8월 및 2008년 2월에 걸쳐 드라마로 만들어져 방영되기도 했던 이 노래는 죽은 자가 산 자에게 말하는 형식으로 되어 있다는 것이 특징이다. 5000명의 독자 엽서를 편집한 르포집 『천의 바람에 치유되어』에는 이런 구절이 나온다. "우린 신앙인이 아니라서 가미(神)라든가 호토케(佛)는 믿지 않는다. 다만 인간 존재를 훨씬 뛰어넘은 거대한 힘이 있고 그 힘이 우리를 살리고 지구도 우주도 살리는, 그런 거대한 존재는 믿는다."[28] 굳이 이런 구절을 듣지 않더라도 〈천의 바람이 되어〉를 들으면서 감동적인 '치유의 스피리추얼리티'를 느끼지 않을 이는 거의 없을 것이다.

한편 다쓰무라 히토시(龍村仁)는 어머니 별 지구 자체가 하나의 생명체이며, 인류는 그 일부로서 다른 모든 생명체와 함께 지금 여기에 살려지고 있다는 관점에서 1992년 옴니버스 형식의 다큐멘터리 영화 〈

---

27 원시는 작자도 알 수 없고 제목도 없다. 편의상 "Do not stand at my grave and weep"으로 알려져 있을 따름이다. 1989년 북아일랜드에서 테러에 희생당한 영국의 청년 병사가 자신이 죽으면 개봉해 달라고 부모에게 보낸 편지에 이 시가 적혀 있었는데, 그것이 보도되어 널리 알려지게 되었다. 원래 이 시는 미국의 주부인 메리 프라이가 어머니를 잃은 망명 유대인 친구를 위로하기 위해 쓴 것이라는 설이 가장 유력하다. 서구에서는 매우 잘 알려져 있는 시로, 유명인의 장례식 혹은 테러 등으로 희생된 자의 추도식에서 낭송되는 경우가 많다.

28 村上興匡(2008), "「千の風になって」の大ヒットと葬儀観の變化", 214쪽.

가이아심포니(지구교향곡) 제1번〉을 공개한 데 이어 제2번(1995), 제3번(1997), 제4번(2001), 제5번(2004), 제6번(2006)을 차례로 상영해 왔다. 이 중 〈가이아심포니 제5번〉의 중심 메시지는 가이아 이론이다. 즉 인간·풀·나무·바위·물·바람을 비롯하여 우주의 모든 존재가 함께 연결되어 있으며, 지구라는 혹성 자체가 하나의 생명체라는 것이다. 이 영상은 모든 존재가 각자의 파동을 가지고 있고 자신만의 바이브레이션을 발신하면서 상호 관계성 안에서 서로 변화한다는 사실을, 그리고 거기서 새로운 파동이 생겨나고 그것이 다시 다른 파동과 관계하여 우주적 조화를 형성한다는 스피리추얼한 메시지를 표현하고 있다.

〈가이아 심포니〉 전 작품은 이와 같은 가이아 이론에 입각하여 자아 깊은 곳에서 모든 것이 이어져 있다는 감수성, 또는 우리가 살아가는 동시에 살려지고 있다는 감각을 풍부하고 다채로운 기획으로 보여주고 있다. 다쓰무라는 "자신이 아닌 존재와의 사이에서 자신이 함께 있다는 세계관, 즉 모든 것이 심층에서 이어져 있다는 이런 감각이야말로 모든 종교의 원점이며 (중략) 내가 아닌 존재에 의해 내가 살려지고 있다는 감각이 생리적 차원에까지 심화되는 것, 그것이 바로 스피리추얼리티"라고 말한다.[29] 〈가이아 심포니〉는 보는 이들에게 이런 '가이아의 스피리추얼리티'가 돌이킬 수 없어 보이는 상처투성이의 지구와 인류의 아픔을 치유시켜 줄 것이라는 강렬한 희망을 상기시켜 준다.

이 밖에 유키사다 이사오(行定勲) 감독의 순애영화 〈세상의 중심에서 사랑을 외치다〉(世界の中心で愛を叫ぶ)는 2004년에 개봉되어 당해 연도

29 龍村仁(2007), "おおいなるもの'目に見えないものをいかに映像化するかが最大の挑戦です", 135쪽.

최다 관객을 동원했고, 당시의 '겨울연가 붐'[30]과 더불어 이른바 '세카츄 붐'[31]이라 불리며 '순애 붐'을 주도했다. 이 작품은 동년 최대 발행 부수를 기록한 가타야마 교이치(片山恭一)의 동명 베스트셀러 원작소설을 영화화한 것인데, 당시 매스컴의 보도에 따르면 이 제목은 앞서 언급한 안노 히데아키 감독의 애니메이션 〈신세기 에반게리온〉 TV판 최종회의 타이틀인 "세상의 중심에서 사랑을 외친 짐승"[32]에서 따온 것이었다고 한다. 영화 속에서 '세상의 중심'은 오스트레일리아의 '울룰루'로 설정되어 있는데, 그곳은 백혈병으로 죽은 소녀 아키가 생전에 늘 가보고 싶어 했던 꿈의 장소이다. 아키의 첫사랑 사쿠타로는 어른이 된 뒤 약혼녀와 함께 울룰루로 가서 그곳에 아키의 유골을 뿌린다. 이로써 이루어지지 못한 순애의 슬픔이 '세상의 중심'이라는 메타포에 의해 승화되어 일종의 치유 효과를 환기시키고 있다. 세계종교사에 보편적으로 등장하는 중심 상징(center symbolism)은 원초적 우주와 맞닿아 있는 생명의 자궁으로서 강력한 치유의 통로가 될 수 있기 때문이다.

과연 2004년은 순애 붐의 해였다. 중장년 여성들이 〈겨울연가〉에 빠지고 있는 동안 10대와 20대 젊은 층은 〈세상의 중심에서 사랑을 외

---

30 2003년 4월부터 2004년 12월까지 4회에 걸쳐 NHK방송에서 방영된 드라마 〈겨울연가〉가 불러일으킨 폭발적이고 경이로운 대중적 인기 및 그로 인한 사회적·경제적·문화적 여러 효과, 한국에 대한 이미지와 인식상의 변화, 일상회화와 미디어와 아카데미즘의 영역에서 넘쳐난 겨울연가 담론들, 욘사마 열풍 등을 수반하며 한류 붐을 주도했다. 스피리추얼리티 붐 및 순애 붐의 관점에서 본 '겨울연가 붐'에 관해서는, 박규태(2008), "한류담론과 일본 문화", 56~59쪽 참조.

31 '세계의 중심'(세카이노추신)을 줄인 말.

32 안노 히데아키는 이 제목을 〈스타트렉〉의 에피소드를 쓰기도 한 할란 엘리슨(Harlan J. Ellison)의 SF소설 『세상의 중심에서 사랑을 외친 짐승』(The Beast that Shouted Love at the Heart of the World, 1969)에서 따왔다.

치다〉를 비롯하여 〈전차남〉(電車男), 〈지금 만나러 갑니다〉(今会いにゆきます), 〈최종병기 그녀〉(最後兵器彼女) 등에 열중했다. 이에 앞서 소설 『노르웨이의 숲』(ノルウェイの森)[33] 이라든가 〈101번째의 프로포즈〉(101回目のプロポーズ)[34] 등의 순애물도 크게 유행했다. 이와 관련하여 정신병리학자 오히라 겐은 『순애 시대』(純愛時代, 2003)에서 당시 일본 사회를 순애 시대라고 규정하면서 순애라는 감정이 일상에서의 일탈을 꿈꾸는 치유의 도구로 작용한다는 분석을 내놓기도 했다.[35]

3) 자기찾기

옴 사건 이후 1997년 11월부터 1998년 8월에 걸쳐 수행된 인터뷰 조사 〈현대 일본인의 삶의 방식〉(現代日本人の生き方) 프로젝트의 결과[36]는 종래 일본인론에서 말해져 온 상투적 이미지와는 다른 풍경을 많이 보여준다. 조사 대상자들의 인생관이나 신조를 통해 현대 일본인의 가치관, 삶의 양식, 사고방식 등을 파악하면서 광의의 종교성으로서의 스피리추얼리티를 묻는 이 프로젝트가 인터뷰 대상으로 선정한 20대에서

33 한국에서는 『상실의 시대』로 번역된 무라카미 하루키(村上春樹)의 소설.

34 1991년 7월 1일에서 9월 16일까지 방영된 후지TV의 드라마로, 최종회 시청률은 36.7퍼센트로 경이적인 기록을 남겼다. 이 드라마는 외모, 직업, 사회적 지위, 재산, 학력, 집안 등 모든 면에서 여성이 우위에 있는 가운데 남성의 일편단심 한결같은 사랑으로 여성의 마음을 얻는다는 순애 이야기인데, 성적 묘사로 가득 차 있는 『노르웨이의 숲』과는 달리 섹슈얼리티와는 전혀 무관하다.

35 권연수(2005), "한류 지속을 위한 현지화 전략연구", 143쪽.

36 이 결과는 宮島喬·島薗進編(2003), 『現代日本人の生のゆくえ』로 출간되었다.

70대까지의 102인 중에는 재일 한국인과 외국인도 포함되어 있다. 다시 말해 '일본에 거주하는 사람들'을 '일본인'으로 규정하고 있는 것이다. 이런 태도는 예전에는 상상도 할 수 없었던 일이다. '일본인'을 규정하는 방식에서 이와 같은 발상의 대전환만으로도 이 프로젝트는 이미 종래의 일본인론을 훌쩍 넘어서 버린 감이 든다. 마찬가지로 인터뷰 결과 또한 내용적으로 일본인론의 논조와는 사뭇 다른 모습을 보여준다. 종래 일본인의 가치관에 대해 일본인론은 많은 것을 말해 왔다. 가령 개인의 자유보다도 공동체나 조직의 '화'(和)를 중시하는 집단주의, 다양한 장소에 있는 인간을 '관계'(間柄)의 존재로 보는 간인(間人)주의, 일본적 경영으로 대표되는 종적(縱, 다테)사회, '장(場)의 원리'라든가 '공기' 혹은 '아마에'(甘え) 등으로 표상되는 모성사회 등이 일본 문화의 중요한 특징으로 말해져 왔다. 이런 논조에 따르면 일본인에게는 개인의 자율보다는 집단 내의 관계를 중시하는 경향이 있다는 말이 된다.

하지만 위 프로젝트의 결과는 현대 일본에서 전형적인 일본인의 이미지가 깨어져나가고 있으며, 이는 개인주의적 태도의 확산과 밀접한 관계가 있음을 시사해주고 있어 주목할 만하다. 예컨대 도덕성과 관련된 인터뷰 답신 중 다수가 일본인의 매너가 나쁘다, 다른 사람에 대한 배려가 사라지고 있다, 다른 사람에게 폐를 끼쳐서는 안 된다(人に迷惑をかけない)는 '폐(迷惑, 메이와쿠)의 윤리'가 해체되고 있다, 도덕성이 없다, 그래서 현대 일본은 서로의 기분을 함께 나누지 못하는, 알지 못하는 세상이 되고 있다는 점을 언급하고 있다. 과거에 일본이 매너가 없는 나라라고 말해지거나 일본인 스스로 그런 평가를 내린 시대가 과연 있었을까? 수많은 일본인론은 인내심 많고 예절 바르며 온화한 일본인을 말해 왔다. 하지만 현재는 일본인 스스로 일본인의 매너가 나쁘다고 지적하는 시대가 되었다. 실제로 일본인의 매너 없음을 지적하는 책들도 적지 않다. 가령 『현대인의 예의범절』[37] 이라는 책은 음료수 깡통을 함부로 버린다든지, 휴대전화 매너가 나쁘다든지, 운전 매너가 나쁘다든지 하는 행위가 일상다반사로 보이는 현상을 묘사하면서 일본인의 공중도덕과 매너가 나쁘다고 한탄한다. 많은 인터뷰 답신은 이에 대해 일본을 살기 어려운 나라로 만드는 개인주의라든가 자기중심주의 혹은 '나는 나(俺は俺, 自分は自分)주의'라는 말로 표현하고 있다. 요컨대 타자와의 관계를 차단하려는 비관계주의의 경향이 현대 일본 사회에 팽배해지고 있다는 말이다. 앞서 〈마음의 노트〉를 언급하면서 '살아갈 힘'(生きる力)이라는 모토가 나왔는데, 이 모토를 교육계에 도입하고자 한 정부보고서 〈새로운 시대를 여는 마음을 기르기 위해: 차세대 육성의 마음을 상실할 위기〉(1998년) 또한 젊은 세대뿐 아니라 어른 사회 전체의 도덕성 저하에 대한 우려를 금치 못하고 있다.[38] 확실히 일본은 변하고 있다.

그러나 현대 일본 사회에 팽배해지고 있는 개인주의(미이즘)가 종교와 만나는 곳에서 우리는 '자기찾기의 스피리추얼리티'를 보게 된다. 가령 신신종교나 신영성운동의 경우는 종교라는 말에 대한 불편한 심정을 표출한다. 신신종교 교단들은 대체로 종교라는 말이 자기 이외의 존재에

---

37 中野孝次(1997), 『現代人の作法』.

38 이 보고서는 제1장 "사회 전체의 도덕성 저하를 재고한다"는 절에서 현대 일본인들이 (1) 사회 전체와 타인을 생각하지 않고 오직 개인의 이해득실만을 우선시한다. (2) 타자에게 책임을 전가하는 등 책임감이 결여되어 있다. (3) 돈 등의 물질적 가치와 쾌락을 우선시한다. (4) 꿈이나 목표실현을 위한 노력, 특히 좀 더 좋은 사회를 만들고자 하는 진지한 노력이 부족하다. (5) 마음의 여유의 중요성을 잊고 전적으로 효율성만 중시한다는 점을 지적하고 있다. 越智貢, "自由の條件", 宮島喬·島薗進編(2003), 『現代日本人の生のゆくえ』, 62~73쪽 참조.

게 자신을 맡겨 버리는 의존성의 표출이라 하여 회피하는 경향이 두드러진다. 예컨대 〈산안회〉 교단은 스스로 종교가 아니라는 점을 강조하는가 하면, 〈법의 화삼법행〉 교단은 스스로를 초종교(超宗教)로 자리매김하고 있다. 한편 신영성운동의 신봉자들은 자신들이 추구하는 것은 속박적이고 폐쇄적인 '종교'가 아니라 개방적인 '영성'(스피리추얼리티)이라는 점을 누누이 밝히고 있다. 그들은 종교는 이제 과거의 것이 되었다고 생각한다. 그렇다고 근대과학이나 근대 합리주의에 희망을 걸지도 않는다. 속박하고 의존하게 만드는 종교가 아니라 자유로운 영성에 의해 개개인이 자기변용을 체험하는 것이 현대문명의 한계를 넘어서는 열쇠가 될 것이라고 생각하기 때문이다. 즉 종교도 아니고 근대과학도 아닌, 영성을 존중하는 제3의 입장을 내세우고 있는 것이다.

예컨대 진짜 리얼리티는 실재계에 본거를 가지는 자기의 고독한 혼에 있다고 주장하는 〈GLA〉나 〈행복의 과학〉의 교의는 일면 타자와의 상호의존 및 거기서 생기는 갈등과 알력을 성가시다고 느끼는 개인주의적이고 내면지향적인 사람들의 심정을 반영한다. 하지만 다른 한편 그들은 자립이나 개인의 책임을 중시함과 동시에 자신의 과거를 혼자 조용히 반성하고 고독한 혼의 평온함을 실감하고 싶어 한다. 종래부터 일본 신종교는 대체로 불행의 원인이 자기 자신에게 책임이 있다는 것을 강조해 온 편인데, 신신종교나 신영성운동에서는 이런 경향이 더욱 강화되고 있다. 가령 〈GLA〉 창시자인 다카하시 신지는 다음과 같이 말한다.[39]

---

39 島薗進(2001), 『ポストモダンの新宗教』, 58~59쪽에서 재인용.

"타력본원에 의해서는 현대인의 마음을 구원할 수 없다. (중략) 자기 자신의 마음은 무한한 생명으로 통해 있는 자기 자신의 왕국이다. 그것은 자기 자신이며 누구도 침해할 수 없다. 그 왕국을 제3자에게 팔아넘겨 버리기 때문에 사람들은 자기를 잃어버리는 것이다. 오직 스스로 노력하는 행위에 의해서만 힘이 주어지는 것이다."

"우리들은 왜 태어나게 된 것일까? (중략) 우리는 통상 이렇게 말한다. '내가 원해서 태어난 것이 아니다. 부모가 마음대로 만든 것이다. 그러므로 기르는 것도 부모의 당연한 의무가 아닌가?'라고. 그러나 이 생각은 잘못된 것이다. (중략) 지위, 명예, 돈 등 많은 것을 가진 부모를 선택하는 것도, 가난한 부모를 선택하는 것도 모두 자기 자신이 정해서 탄생한 것이다."

요컨대 자신의 책임을 자각하고 스스로 불행을 타개하려는 강한 의지를 가진다면 운명은 개선할 수 있으며, 이 세상에 태어난 것은 스스로의 선택에 의한 것이므로 남 탓을 할 필요가 없다는 말이다. 다카하시는 여기서 더 나아가 현세에서의 고통과 고난은 영혼을 향상시키기 위한 수행 혹은 시련이라는 점을 강조한다. 그것은 종교적 차원과 관련된 개인주의적 '자기찾기의 스피리추얼리티'라 할 수 있다. 하지만 나쓰메 소세키의 소설 『문』(1911)의 다음과 같은 묘사는 이와 같은 자기찾기의 스피리추얼리티를 성취한다는 것이 일본인에게 얼마나 어려운 과제인지를 미리 보여준 듯한 느낌이다.

"나는 나의 문을 열려고 왔다. 하지만 문지기는 문 뒤에 있으면서 아무리 두드려도 코빼기도 보이지 않았다. 단지 '아무리 두드려도 소용없다. 네 힘으로 열고 들어 오거라' 하는 소리가 들릴 뿐이었다. (중략) 그는 오랫동안 문밖에서 서성이는 운명으로 태어난 듯했다. 거기에는 옳고 그름도 없었다. (중략) 그는 앞을 바라보았다. 눈앞에는 견고한 문이 언제까지나 전망을 가로막고 서 있었다. 그는 그 문을 통과할 수 없는 사람이었다. 그렇다고 문을 통과하지 않아도 되는 사람은 아니었다. 요컨대 그는 문 앞에 우두커니 서서 날이 저물기를 기다려야 하는 불행한 사람이었다."

'나의 문'은 아무리 기다려도 열리지 않는 난문이다. 가와이 하야오에 따르면 이런 난문은 "나라는 존재의 이중성을 인식하지 못한 채 표층의 자아만을 찾으려는" 데서 비롯된다.[40] 그 결과로서의 "옳고 그름도 없는" 기다림으로 "문밖에서 서성이는 운명"은 그러나 사무엘 베케트가 『고도를 기다리며』에서 묘사한 존재론적 희구와는 다소 거리가 있어 보인다. 가와이의 지적대로 현대 일본 사회에서 자기찾기는 곧 사그러질 하나의 유행일 뿐, 강렬한 자기부정의 고통을 수반하는 본격적인 자기찾기는 아니기 때문이다.

---

40 여기서 '이중성'이란 융이 말하는 표층적 '자아'(ego)와 본래적인 '자기'(Self)의 이중성을 가리킨다. 가와이는 이런 '나'의 이중성을 "나는 나 없음이자 나이다"라는 명제로 환원시키고 있다. 河合隼雄(2000), 『日本文化のゆくえ』, 20~23쪽.

제9장

‘일본교’와 스피리추얼리티

: “모든 일본인은 일본교도이다?!”

일본 불교학계의 원로 나카무라 하지메는 『일본인의 사유방식』(1962)에서 "현상세계를 그대로 절대자로 간주하는 경향" 또는 "유한하고 특수한 폐쇄적 인륜조직을 중시하는 경향"이 일본에서 "국가지상주의에 이르러 극점에 도달"했다고 말한다. 이때의 '인륜조직'은 와쓰지 데쓰로에게서 빌려 온 개념으로 보인다. 와쓰지는 『윤리학』 중 도덕론에 해당하는 부분을 '인륜적 조직'이라는 표제하에 다루고 있다. 이때의 인륜적 조직이란 '사람과 사람 사이'(間柄)라는 말에 포괄되는 다양한 인간관계 가령 가(家), 친족, 지연공동체, 경제조직, 문화공동체, 일본 국가 등을 가리킨다. 나카무라는 이런 인륜조직에의 중시가 극단적으로 나타난 근대 일본의 국가지상주의를 '울트라 내셔널리즘'과 동의어로 사용하면서, 그것이 결코 메이지 유신 이후의 특정 시기에 갑자기 나타난 것이 아니라 신국 관념이라든가 국체 관념과 결부되어 신도, 불교, 유교 등 일본 종교사에서 고대로부터 줄곧 전개되어 내려온 것이라는 점에 주목하고 있다. 그가 보기에 이 국가지상주의는 "현실의 일본 국가를 절대시하고 그 수

장으로서의 천황을 신성시하는" 사유방식과 결부되어 있다.[1]

일본에 마르크스의 『자본론』을 번역 소개한 마르크스주의 경제학자 가와카미 하지메(河上肇)는 이런 국가지상주의와 관련하여 "일본의 독특한 국가주의"(1911)에서 다음과 같이 일본인의 신은 국가이며, 천황은 국가가 곧 신이라는 국체를 대표하는 자, 그 추상적인 국가신을 구체적으로 구현한 자라고 적고 있다.

> "일본에서는 자존의 가치와 자기목적성이 개인이 아니라 오직 국가에만 존재한다. 그렇기 때문에 일본인에게는 천부인권의 사상이 없으며, 천부국가의 사상만 있다. 개인의 권리는 오직 국가의 승인하에서만 존재한다. 국가는 오직 그 자존의 목적을 달성하는 수단으로서만 개인에게 일정한 권리를 인정한다. 개인이 가지는 권리는 본래 자기목적을 위한 것이 아니라 오직 국가의 도구로서만 의미를 가진다. (중략) 일본은 신국이다. 국가가 곧 신이라는 것이다. 이것이 일본인 일반의 신앙이다. 이 신앙은 명백히 의식되지 않고 있지만, 이치를 따져 보자면 일반 일본인들이 반드시 수긍하는 바이다. 일본인의 신은 국가이다. 그리고 천황은 이 국가신로서의 국체를 대표하는 자이다. 이른바 추상적인 국가신을 구체적으로 구현한 자가 일본의 천황이다. (중략) 일본에서 국가와

---

1 中村元(1962), 『東洋人の思惟方法3 日本人の思惟方法』, 특히 11쪽 및 141~144쪽 참조. 이와 아울러 나카무라는 일본에서는 불교나 유교가 지니고 있는 본래의 논리성이나 현실 초월의 지향성이 약해졌다는 점, 그래서 일본에서는 자연 자체를 절대시하고 인간의 자연적 성정을 긍정하며 타자와의 대결을 회피하는 태도가 두드러진다는 점, 종조나 교조, 천황이나 장군 등 특정 개인에 대한 절대귀의 및 인물 숭배가 두드러진다는 점, 나아가 비합리주의적·직관적·정서적 사고가 지배적이라는 점 등을 일본적 사유방식의 주요 특징으로 지적하고 있다.

천황은 일체로서 나누어질 수 없다. 이리하여 국가는 우리의 신인 까닭에, 천황은 곧 신의 대표자인 것이다. 그러므로 우리나라에서는 애국이 최상의 도덕임과 동시에 그 애국은 마침내 충군과 동의어가 되었다."[2]

국가가 곧 신이며 천황은 그 신의 대표자라는 개념은 가와카미만 인식한 것이 아니었다. 가령 전전 도쿄제국대학에서 신도 강좌를 담당한 가토 겐치(加藤玄智)는 일본에서 최초로 '국가신도'(State Shinto)라는 용어를 창안한 종교학자인데, 그는 이 국가신도를 '천황교'라든가 '신황교'(神皇教)라고 바꿔 말하면서 그것을 라프카디오 헌이 말한 '충의 종교'(religion of loyalty)와 동일시했다.[3] 라프카디오 헌과 동시대인으로 서구에 최초로 『고사기』를 영역하여 소개한 당대 최고의 재패놀로지스트 체임벌린((Basil Hall Chamberlain) 또한 "천황 숭배 및 일본 숭배(충군애국교)는 일본의 새로운 종교로, 물론 자발적으로 발생한 현상은 아니다. (중략) 20세기의 충군애국이라는 일본의 종교는 전혀 새로운 것이다"[4] 라 하여 천황 숭배 및 일본 숭배를 자발적으로 발생한 현상이 아니라 새롭게 발명된 '충군애국교' 혹은 메이지 일본이 멋대로 날조한 '신종교'라고 규정한 바 있다. 가와카미는 이를 '국가교'라고 부른다.

"오늘날은 엄청난 동요의 시대이자 종교적 번민이 크게 일어날 수밖에

2 河上肇(1987), "日本独特の国家主義", 37쪽 및 41쪽.

3 박규태(2014), "국가신도의 국체신학과 공사(公私)관념", 153~155쪽; 박규태(2013), "라프카디오 헌의 신도관", 53~54쪽.

4 チェンバレン(1969), 『日本事物誌』1, 86~87쪽.

없는 시대임에도 불구하고, 현대 일본인에게는 종교적 번민이 놀랄 만큼 부재한다. 이는 대부분의 일본인이 모두 국가교의 확고한 신자이기 때문이다. 그들에게 인생의 목적은 곧 국가이다. 일본인은 국가를 위해 살고 국가를 위해 죽는 것을 이상으로 여긴다. 그렇다면 청일전쟁과 러일전쟁에서 죽은 젊은이들이 헤아릴 수 없이 많은데, 우리 일본인은 이에 대해 회의하거나 번민에 빠진 적이 없다. 번민에 빠질 수가 없는 것이다. (중략) 이미 국가주의는 일본인의 종교가 되어 있다. 그렇기 때문에 보라, 이 국가주의에 순사한 자는 모두 사후에 신으로서 제사 받는 것이다. 야스쿠니 신사가 그것이다. 내 고향 선배인 요시다 쇼인 선생님도 이로 인해 신으로 숭배받고 있으며, 이토 히로부미 공 또한 실로 신으로서 제사 받고 있는 것이다."[5]

이처럼 일본인은 모두 국가교의 신자라고 말하는 가와카미는 그 국가교를 위해 순교한 자들이 모두 신으로 모셔지는 제사의 메카가 야스쿠니 신사임을 명확하게 인식하고 있다. 이리하여 야스쿠니 신앙은 이미 국가와 천황을 위해 죽는 것을 성스러운 행위라고 믿게 만듦으로써 일본인의 생과 사의 모든 의미를 완벽하게 흡수해 버렸다. 이렇게 가와카미가 "국가를 위해 살고 국가를 위해 죽는 것을 이상으로 삼는다"고 본 일본의 국가주의와 국가교는 야스쿠니 신사를 메카로 삼아 오늘날까지도 여전히 일본을 배회하고 있다.[6]

---

5 河上肇(1911), "日本独特の国家主義", 41쪽 및 57~58쪽.

6 가령 다카하시의 『야스쿠니 문제』의 주제는 '야스쿠니 문제에서 본 일본 특유의 국가주의'라 할 수 있다. 이 책의 일본어판 표지 커버에는 "'나라를 위해 죽는 것'과 '천자님을 위해' 자식과 남편

전후에 야마모토 시치헤이(山本七平, 1921~1991)는 이런 국가교(국가신도, 천황교, 충군애국교)를 '일본교'라 불렀다. 그러나 그는 '신종교의 발명'이라는 체임벌린의 견해에는 동조하지 않는다. 근대 일본의 천황 숭배는 결코 창작이 아니라 "전통에 입각한 당연한 귀결"이라는 것이다. 즉 전통적으로 일본에서는 개인이 '이에'(家)를 제사 지내고 그것을 '천'(天)으로 간주하며, 이에(家)는 상위의 '조직'을 제사 지내고 그것을 '천'으로 여긴다. 그리고 '천'을 제사 지낼 수 있는 것은 그 조직의 수장에게만 허용된다. 이런 전통이 국가와 결부된 것이야말로 바로 전전의 천황제라는 것이다. 여기서 조직을 실제로 움직이는 원동력은 그 조직에 대한 종교적 충성(신앙)에 의존한다. 이와 같은 '조직의 종교성'은 설령 그 조직이 표면적으로는 종교와 무관한 경우라 할지라도 정확히 '이에 종교'와 같은 형태로 그 구성원을 구속한다. 이것이 일본에 있어 조직에의 충성을 지탱하는 핵심적인 요인이다.[7] 이는 나카무라 하지메가 말한 일본인의 사유방식을 '이에 종교'라는 일본 사회시스템의 전통적인 기본틀로 설명한 것이라 할 수 있다. 어쨌거나 야마모토가 제시한 일본교란 이런 이에 종교를 비롯하여 국가교, 국가신도, 천황교, 신황교, 충의 종교, 충군애국교 등을 모두 포괄하는 개념이라 할 수 있다.

을 바치는 것을 성스러운 행위라고 믿게 함으로써 야스쿠니 신앙은 당시 일본인의 생과 사 전체에 최종적인 의미를 제공했다. 사람들의 생과 사에 최종적인 의미를 부여하고자 하는 것을 종교라고 부를 수 있다면, 야스쿠니 신앙은 실로 그런 의미에서의 종교였다"고 적고 있다. 이때 다카하시는 가와카미를 인용하면서 '국가교' 개념을 끌어들인다. '감정의 연금술'에 의해 자발적인 것인 양 조작된 야스쿠니 신앙은 일종의 국가교라는 것이다. 다카하시 데쓰야(2005), 『야스쿠니 문제』, 34~35쪽 및 40쪽.

7 山本七平(1978), 『日本人の人生観』, 108~111쪽.

1. 일본교와 ‘저울의 세계’

“일본인이라는 것은 곧 일본교도라는 것이다!”[8] 1970년 야마모토 시치헤이는 이자야 벤다산이라는 필명으로 펴낸 오랜 기간의 베스트셀러 『일본인과 유대인』에서 이렇게 선언하고 있다. 그런데 야마모토에 따르면 일본인은 일본교도라는 자각은 전혀 가지고 있지 않으며, 일본교라는 종교가 존재한다는 생각도 안 한다. 여기서 ‘일본교’는 ‘일본 종교’와는 전혀 다른 것이며, 일반적인 종교 관념을 벗어나는 개념이다.[9] 그것은 모든 일본 종교를 포괄하는 상위개념이자, 가장 광의의 종교 개념에 속해 있다. 이런 일본교는 세계에서 가장 강고한 종교로서 엄연히 존재한다. 왜냐하면 그 신자들이 스스로를 일본교도라고 자각하지 못할 만큼 일본인의 내면 깊숙한 곳까지 일본교가 완벽하게 침투해 있기 때문이다. 그래서 야마모토는 “일본교도를 타 종교로 개종시킬 수 있다고 생각하는 사람이 있다면, 실로 그는 제정신이 아니다”[10] 라고까지 단언한다.

---

8 イザヤ・ベンダサン(1970), 『日本人とユダヤ人』, 89쪽.

9 하지만 그렇다고 해서 이런 일본교 개념이 통상적인 종교 관념과 전혀 무관하다는 말은 아니다. 야마모토는 다른 저서에서 일본인의 종교 관념에 대해 언급하고 있다. 한마디로 그가 생각하는 일본인의 종교 관념은 본문에서 방금 언급했듯이 본래 ‘이에(家)와 관련된 개념’이며 개인과 관련된 개념이 아니다. 일본의 종교에 관한 여론조사 물음방식은 종교가 ‘당신(개인)과 관련된 개념’인지 ‘이에와 관련된 개념’인지를 명확히 하지 않은 채 이루어지므로 통상 사람들은 “종교란 나라는 개인과 관련된 개념이 아니다. 나는 개인으로서 종교를 의식한 적이 없으므로 나 개인은 무종교다”라는 식의 답변을 한다는 것이다. 山本七平(1978), 『日本人の人生觀』, 102~103쪽. 요컨대 일본인에게 종교는 일차적으로 개인의 문제라기보다는 가족 혹은 집단의 문제로 간주된다. 가령 현대 일본 사회에 특징적인 회사종교 혹은 회사신종교는 핵가족 시대에 ‘이에’를 대체하는 ‘사연’(社緣)과 관련된 집단주의적 종교성의 표출이라 할 수 있겠다. 회사종교에 관해서는, 박규태(2011), “현대 일본의 회사종교” 참조.

10 イザヤ・ベンダサン(1970), 『日本人とユダヤ人』, 90쪽.

이와 같은 일본교의 강고함은 아쿠타가와 류노스케(芥川龍之介)가 단편 〈신들의 미소〉(神々の微笑, 1922)[11]에서 언급한 '변조하는 힘'과 동전의 양면을 이루고 있는 듯이 보인다. 등장인물 오르간티노 신부는 기도 중에 일본 선교가 불가능하다는 사실을 고백하면서, 아름다운 일본의 풍경 속에는 "산에도 들에도 또 집들이 늘어선 마을이도 뭔가 알 수 없는 이상한 힘이 숨어 있다"고 말한다. 이때 노인의 모습으로 그의 앞에 나타난 일본의 혼령은 문자를 비롯하여 도교, 유교, 불교, 기독교 등 외래의 것이 일본에 수용되었지만, 그 어느 것도 일본인을 개종시키지는 못했다고 지적한다. 이는 오히루메무치(아마테라스)로 표상되는 일본 가미(神)의 힘 때문인데, 그 힘은 '파괴하는 힘'이 아니라 '변조하는 힘'이라는 것이다.

1) 일본교의 중심 : 인간

그렇다면 일본교의 중심은 가미(神)일까? 오히려 야마모토는 신 대신 '인간'이라는 개념을 일본교의 중심에 자리매김한다. 이때 그는 일본어 그 자체가 일본교의 종교 언어이고, 순환론적 생명주의 우주관을 제시한 사이고 다카모리(西郷隆盛)는 일본교의 성인이자 순교자이며, 나쓰메 소세키의 소설 『풀베개』(草枕)[12]는 '일본교의 창세기'라고 규정한다.

---

11 아쿠타가와 류노스케(2000), 〈신들의 미소〉 참조.

12 나쓰메 소세키(2005), 『풀베개』 참조.

이 작품 서두에서 "인간 세상을 만든 것은 신도 아니고 귀신도 아니다. 역시 보통 사람이고 이웃끼리 오고 가는 단지 그런 사람이다"라고 말하는 소세키의 발상이야말로 예로부터 일본교의 일관된 근원적 사고방식이라는 것이다.

이와 같은 일본교의 인간 개념이 서구 휴머니즘적 인간을 뜻하는 것은 물론 아니다. 휴머니즘적 인간 개념은 어디까지나 절대타자로서의 초월적 신을 전제로 하여 그 신으로부터의 해방을 추구하는 인간이지만, 일본교의 인간 개념은 내재적 신을 전제로 삼으면서 그 신과 일종의 '공모'관계에 있다고 보여진다. 야마모토는 『일본교에 관하여』,[13] 『일본교도, 그 개조와 현대 지식인』,[14] 『일본교의 사회학』[15] 등에서 이와 같은 인간 개념을 더욱 확장시켜, 이른바 '저울의 세계'로서의 일본교에서는 인간 개념이 일종의 지렛목 역할을 한다고 주장한다.

이런 지렛목로서의 인간 개념을 말하기 위해 야마모토는 어떤 경우에서든 '평형'을 유지하고자 하는 '저울의 논리'야말로 가장 기본적인 일본인의 사고방식임을 역설한다. 예컨대 "안보조약은 필요하다. 그러나 다른 한편으로 안보 반대를 외칠 수 있는 상태도 필요하다", "자위대는 필요하다. 그러나 자위대는 위헌이라고 말할 수 있는 상태도 필요하다", "천황은 인간이다. 하지만 천황을 신으로 믿는 태도도 필요하다"는 식의 발상, 이것이 바로 '저울의 논리'이다. 여기서 안보, 자위대, 인간 천황 등은 저울판 위에 놓여진 '실체어'이고 안보반대, 위헌론, 신성 천황론 등은 저울

13 イザヤ・ベンダサン(1975), 『日本教について』.

14 イザヤ・ベンダサン(1976), 『日本教徒 その教祖と現代知識人』.

15 山本七平(1981), 『日本教の社會學』.

이 평형을 유지하기 위해 없어서는 안 될 저울추로서의 '공체어'라고 규정된다.

이때 어떤 특정한 상황에서 무엇이 실체어(저울판) 또는 공체어(저울추)에 할당되느냐 하는 것은 '일본교도로서의 일본인'이라면 말로 설명하지 않아도 누구나 알 수 있다. 그것은 합리적인 논리나 원리에 의한다기보다 해당 장소의 사람들이 만들어 내는 분위기에 의해 결정된다. 앞에서 언급한 '변조하는 힘'이란 일본에 상륙한 모든 외래종교들을 일본화해 버리는 힘을 가리키는데, 이를 야마모토의 말로 환언하자면 일본교의 철저한 '원리 없음의 원리'가 외래종교의 본질과 의미를 두화시켜 버리기 때문이라고 할 수 있다. 이런 원리 없음의 원리를 야마모토는 『공기의 연구』[16]에서 '공기'라고 불렀다. 일본교의 도그마라 할 수 있는 이런 공기에 역행하여 자신의 개성을 드러내는 일은 일본교의 법도에 반하는 것으로 간주된다. 공기는 곧 "언외의 언어를 통한 규범적 강제"라는 의미를 함축하고 있기 때문이다.

지렛목으로서의 인간이라는 개념 또한 공기와 마찬가지로 언어(논리, 사상)로 규정될 수 없다는 것이 일본교적 사고방식의 대전제이다. 인간이라는 지렛목은 저울판 위에 놓이는 실체어의 세계로부터도, 저울추인 공체어의 세계로부터도 일정한 거리를 유지하지 않으면 지렛목이 될 수 없다. 즉 "언어나 논리로 규정하게 되면 인간은 더 이상 인간이 아니게 된다"는 것이 일본교 교의의 기본적인 전제라 할 수 있다. 그러니까 일본교가 정상적으로 작동하는 상태에서라면 논리가 직접 현실을 지배하는 일

---

16 山本七平(1977), 『「空氣」の硏究』.

은 없게 된다. 흔히 "일본에서는 감정이 사회적 현실을 구성한다"[17] 고 말해지는데, 이때의 감정이란 바로 인간이라는 지렛목을 매개로 한 현실인식 혹은 현실에 대한 감수성이라고 바꿔 말할 수 있겠다. 그것은 아마도 모토오리 노리나가가 말하는 '모노노아와레'와 유사한 감수성일 것이다.

어쨌거나 인간이라는 지렛목이 수행하는 가장 중요한 역할은 저울의 평형을 유지하는 데 있다. 저울이 평형을 유지하려면 두 가지 요소가 필요하다. 하나는 저울판 위에 놓이는 것과 저울추와의 관계이고 또 하나는 지렛목의 위치이다. 지렛목이 저울판(실체어)에 가까우면 가까울수록 더 가벼운 저울추(공체어)로 평형을 맞출 수 있다. 반대로 지렛목이 저울추에 가까우면 실체어의 무게가 가볍다 해도 그것과 평형을 유지하기 위해서는 매우 무거운 저울추가 필요해진다. 여기서 중요한 것은 지렛목의 위치이다. 물론 지렛목 자체를 움직이는 것이 아니라 저울대를 움직이는 것이지만 말이다.

그런데 이 지렛목의 위치는 실은 끊임없이 좌우로 움직이며 유동적이다. 일본교도 전체, 일본 전체를 집합적으로 염두에 두더라도 그것은 시대에 따라 위치가 바뀌며, 개개인의 일본교도를 염두에 둘 때도 각각의 위치가 다 다르다. 나아가 한 개인의 생애를 볼 때도 연령에 따라 다르다. 다시 말해 "인간은 지렛목이며 언어로 규정할 수 없다"는 것이 일본교 교의의 제1조라면 "인간의 가치는 이 지렛목의 위치에 의해 결정된다"는 것이 일본교 교의의 제2조라 할 수 있다. 이 점은 루스 베네딕트가 『국

---

17 百川敬仁(2000), 『日本のエロティシズム』, 12쪽.

화와 칼』에서 주목한 '각자 알맞은 자리'[18] 라든가, 혹은 천황, 쇼군, 사무라이, 상인, 농민 등이 각자 제자리에서 자기를 비우고(無私) 오직 자신에게 주어진 역할을 다 해내고자 최선을 다한다면 누구든 인간으로서 높은 가치를 인정받을 것이며 거기에는 상하귀천이 따로 없다는 이른바 '역(役)의 시스템'[19] 담론에서도 확인할 수 있다.

이와 같은 '인간교'로서의 일본교가 보여주는 특징을 앞서 언급한 나카무라 하지메는 이에(家)라든가 신분제도 혹은 국가나 사회질서 등 주어진 현실을 절대화하는 '폐쇄적 인륜조직의 중시'라는 말로 압축한 것이다. 또한 이 책의 제6장에서 언급했듯이, 가와이 하야오가 중공구조를 말하면서 "전체로서의 장의 조화와 평형상태의 유지를 중요시하는"[20] 일본인의 태도를 지적했을 때, 그것은 곧 저울의 평형상태를 가장 중시하는 일본교의 특성을 가리킨 것이라고 할 수 있다. 전술했듯이 가와이는 『일본인이라는 질병』에서 자신에게 "일본인이라는 것은 심각한 질병"이라고 고백하면서, 그것을 융이 말하는 분열병 혹은 프로이트가 말하는 노이로제에 비유한다. 그러면서 자신이 수행해 온 작업은 역설적으로 이런 '일본인이라는 질병'을 더 심화시켜 왔다고 말한다. 그것은 치유할 수 없는 질병이다. 그 질병이 낫는 순간 자신은 이미 일본인이 아니게 되기 때문이다. 따라서 더 깊이 그 질병을 앓는 수밖에 없다는 말이다. 이런 역설을 통해 가와이는 "일본인이 얼마나 착종된 세계에 살고 있는

---

18 루스 베네딕트(2008), 『국화와 칼』, 75~114쪽 참조.

19 '역의 시스템'에 관해서는, 尾藤正英(1992), 『江戸時代とは何か』 참조.

20 河合隼雄(1982), 『中空構造日本の深層』, 49쪽.

지"를 말하고 싶어 하는 듯하다.[21]

한편 앞에서도 언급된 도이 다케오는 『아마에의 구조』에서 폐쇄적 인륜조직을 중시하는 일본인의 사유방식을 '아마에(甘え)의 심리'라는 표현으로 바꾸어 말하고 있다. 이때 '아마에'란 "유아의 정신이 어느 정도 발달하여 모친이 자신과 다른 존재임을 지각한 후에도 그 모친을 계속 추구하는 심리", "인간존재에 본래 수반되는 분리의 사실을 부정하면서 그 분리의 고통을 지양하려는 심리"를 가리킨다.[22] 성인이 된 후에는 주로 자신이 속한 집단이나 상위의 권위에 의존하려는 심리로 나타난다. 도이는 이런 아마에의 심리가 일본에서 "여러 문화적 가치의 원동력으로 작동해 왔다"[23] 고 주장하면서, 그것을 대인공포증, 동성애적 경향, 피해의식, 자아불확실감 등으로 나타나는 일종의 병리현상으로 이해한다.[24] 이렇게 보건대 야마모토가 말하는 일본교는 '일본인이라는 질병'을 수반하는 '아마에교' 라고 바꿔 말할 수도 있겠다.

2) 일본교의 신

그런데 과연 이와 같은 "저울의 세계에서 신이 살 수 있을까?" 야마모토의 대답은 물론 부정적이다. 그에 따르면 "일본인은 적어도 도쿠가

21 河合隼雄(2002), 『「日本人」という病』, 12~14쪽.

22 土居健郎(1971), 『「甘え」の構造』, 81~83쪽.

23 같은 책, 93쪽.

24 같은 책, 117~172쪽 참조.

와 시대 이후 전원이 무신론자"이기 때문이다. 여기서 무신론이란 신불(神佛)을 믿지 않는다기보다는, 유대-기독교적 유일신과 같은 신을 믿지 않는다는 의미라고 보아야 할 것이며, 그런 맥락에서 전술한 무종교라는 말로 대체할 수도 있을 것이다. 그렇다면 일본교는 하나의 종교이며 동시에 일본인은 무신론자 혹은 무종교라고 말하는 것은 분명 모순이다. 하지만 그렇게 말할 수 있는 이유는 무엇일까? 이에 대한 답변의 실다리는 일본교의 신 개념에서 찾아져야 할 것이다. 이와 관련하여 먼저 엔도 슈사쿠(遠藤周作)가 소설 『침묵』에서 페레이라 신부의 입을 빌려 제시한 일본인의 신 관념에 주목할 필요가 있다.

> "일본인에게는 인간과 전혀 다른 신을 생각할 만한 능력이 없소. 일본인은 인간을 초월한 존재를 생각할 힘도 가지고 있지 않아요. (중략) 일본인은 인간을 미화하거나 확장시킨 것을 신이라고 부르기 때문입니다. 인간과 동일한 존재를 신이라고 부르기 때문입니다."[25]

요컨대 엔도 슈사쿠가 말하는 신은 '만들어진 신'에 다름 아니다. 야마모토 또한 자기 방식대로 만들어진 신에 대해 말하고 있다. 한마디로 일본교에서는 인간이 피조물이 아니라 신이 피조물이며, 그 신은 '텅 빈 이름'(空名), 즉 이름뿐인 신이라는 것이다. 여기서 텅 빈 이름이란 석문심학(石門心學)[26] 의 문하생 가마타 류오(鎌田柳泓)의 『심학의 심오한 가교』

---

25 遠藤周作(1966), 『沈黙』, 198쪽.

26 이시다 바이간(石田梅岩, 1685~1744)에 의해 교토에서 시작되어 18세기부터 19세기에 걸쳐 백여 년이 넘도록 지속되면서 도쿠가와 시대 일반인의 대중도덕에 가장 큰 영향을 끼친 종교적·윤리적

(心學奧の棧, 1822)에 나오는 개념이다. 아래 인용문과 같이 일본인은 필요할 때마다 언제든지 '신이라는 텅 빈 이름'을 만들어 내 왔다는 말이다.

"나무를 깎아 그것을 부모로 여기면 곧 부모가 된다. 종이에 그림을 그리고 그것을 주군으로 여기면 곧 주군이 된다. 종이나 나무라는 형태가 없더라도 허공을 향해 그 이름을 부르면 그 신을 오게 할 수 있다. (중략) 부모가 죽으면 신이 된다. 하지만 이는 그 자손에게만 해당되며 타인에게는 신이 아니다. 불교도의 신은 불교도에게만 신이며 신도에게 있어서는 신이 아니다. 신도의 신은 신도 신자에게 있어서만 신이지 불교도에게는 아니다. 나 같은 유자에게는 이런 '텅 빈 이름'의 신조차 없다. 하지만 우리는 이 신국에 태어났으므로 텅 빈 이름의 신이라 해도 숭경하지 않으면 안 된다."[27]

통상 일본인은 비종교적(무종교적) 민족이라고 말해지지만, 야마모토는 이를 종교라는 명확한 문화 영역이 일본 사회에는 따로 존재하지 않는다는 것을 가리키는 말로 이해한다. 따라서 모든 대상이 종교적 세계와 맞물려 언급될 만한 여지가 많다. 곧 후술하듯이 일본인론이 일종의 '시민종교'로 말해질 수 있는 것도 이런 맥락과 관계가 있을 듯싶다.

사회운동을 지칭하는 말.

27 イザヤ·ベンダサン(1975), 『日本教について』, 59쪽에서 재인용.

3) '역사'와 '자연'

명확한 종교의 영역이 따로 존재하지 않기 때문에 모든 것이 종교가 될 수 있다는 '무구조의 구조'는 '역사'와 '자연'에 대해서도 말할 수 있다. 야마모토에 따르면 일본교도는 철저히 '역사 없는 민족'이다. 저울의 세계에는 역사가 존재할 수 없기 때문이다. 그렇다고 해서 역사학이나 역사 기술이 없다는 의미는 아니다. 하지만 일반적으로 일본인에게는 어떤 대상을 '역사로서 느끼는 감각'이 결여되어 있다. 이 때문에 항상 역사가 현재로 환원되기 십상이다. 이는 지금 여기의 현실을 '영원의 지금'(中今)[28]으로 절대화하고 이상화시켜 그대로 가치판단 및 행동양식의 기준과 규범으로 삼는 경향이 많기 때문이다. 그리하여 세켄(世間)에 얽매인 일본교도에게는 사람과 사람의 관계가 전부이며, 자신이 속한 세켄 바깥에 대해서는 별로 관심이 없다. 오직 세켄 속에서 오늘을 어떻게 살까 하는 생각뿐, 역사와 직접 대면할 기회는 대단히 제한되어 있다.[29]

한편 일본교에서는 모든 모순이 저울의 논리로 지양된다. 이런 저울의 '지렛목으로서의 인간'에게는 그런 지렛목을 받쳐주는 기반이 있다. 자연이 곧 그 기반이다. 그래서 흔히 일본에서는 인간이 자연에 입각하고 있다고 말해진다. 이때의 자연은 네이처(nature)의 번역어이다. 그런데 원래 일본인은 네이처를 두 가지로 번역했다. '덴넨'(天然)과 '시젠'(自然)이 그

28 『속일본기』 등에 나오는 일본의 전통적인 시간관념으로, 영겁의 과거와 무한한 미래 사이로서의 현재를 찬미하는 말.

29 '세켄' 관념과 역사의식의 관계에 대해서는, 아베 긴야(2005), 『일본인에게 역사란 무엇인가 '세켄(世間) 개념을 중심으로』 참조.

것이다. 이 중 덴넨이 자연 그 자체를 의미한다면, 시젠은 이념화된 자연을 가리킨다. 이처럼 시젠이라는 말은 일본인이 추구하는 하나의 이념이므로, 종종 덴넨을 인공적으로 바꾸어 그것을 시젠이라고 부르는 경우가 있다. 예컨대 "이렇게 하는 편이 더 자연스럽다"고 하여 덴넨에 인위를 가하여 바꾸는 것이 일본 정원술의 특징이다. 일본인은 덴넨 속에서 시젠을 보지만 덴넨 자체는 보지 못한다는 것이 야마모토의 생각이다. 다시 말해 일본인에게는 덴넨을 느끼는 감각이 상실되어 있다는 것이다. 따라서 일본인이 자연으로 돌아가라고 말할 때, 이는 "일본인이 의미하는 자연이라는 질서로 돌아가라"는 의미이며, 덴넨, 즉 자연 그자체로 돌아가라는 의미는 아니다. 마찬가지로 일본교에 있어 인간은 자연에 입각한다고 말할 때, 그 자연은 덴넨과 구별되는 것, 이념으로서의 자연을 가리킨다.

이념으로서의 자연은 자연 그 자체로서의 덴넨이 거세된, 다시 말해 '자연 없음의 자연'에 다름 아니다. 그런 만큼 자연의 외연은 무한히 뻗어나간다. 예컨대 일본교의 성인으로 지목된 사이고 다카모리(西鄕隆盛, 1828~1877)의 저작들은 정치가의 저술이라기보다는 매우 종교적인 인간의 그것이다. 사이고는 인간을 자연의 일부로 보았는데, 거기서의 자연은 '미치'(道)라는 원리에 의해 지배받는다. 이 미치는 일본인의 삶의 철학이자 우주적 원리로서 다음에 다룰 일본인론에서도 매우 중요한 개념으로 말해져 왔다. 또한 일본의 모든 전통예능은 다 미치의 일종으로 간주된다. 일본교와 일본인론에 주목하는 하루미 베푸는 이런 사이고의 자연과 미치 개념을 "일본교와 일본인론의 중요한 접목점"[30]으로 보았다.

---

30 Befu(2001), *Hegemony of Homogeneity*, p.108.

2. 일본교·일본인론·시민종교

야마모토에 따르면 모든 일본인은 그가 불교도든 신도(神道) 신자든 크리스천이든 창가학회 신자이든 일본인이기만 하면 다 일본교도이다. 더 정확히 말하자면, 일본에서 불교도는 일본교의 불교파에, 신도 신자는 일본교의 신도파에, 크리스천은 일본교의 기독교파에, 창가학회 신자는 일본교의 창가학회파에 각각 속해 있다는 말이다. 나아가 일본교 마르크스주의파, 일본교 천황주의파, 일본교 신자유주의파, 일본교 우익파 등과 같이, 일본교는 교단 종교뿐 아니라 일본 문화와 사상 전반을 포괄하는 개념으로 무한히 확장될 수 있다. 하지만 정작 일본인들은 자신이 일본교에 속해 있다는 사실을 알지 못한 채로, 일본교의 종교적 교의와 금기틀 안에서 살아가고 있다. 때문에 "일본교를 이해한다는 것은 곧 일본과 일본인을 이해한다는 것"[31] 이라 해도 전혀 과장이 아니다. 이와 관련하여 야마모토는 일본교를 "일본인들이 이론의 여지가 없다고 믿는 전제"[32] 라고 정의 내리기도 한다. 그러니까 일본교란 일본인의 우주관, 세계관, 인생관의 핵심에 있는 가치들의 총체를 가리키는 말이라는 것이다.

그렇다면 일본교의 신앙 대상은 무엇일까? 전술했듯이 그것은 신이라기보다는 인간이다. 즉 인간이라는 개념이 일본교의 중심에 자리잡고 있다는 것이다. "일본인들 사이에는 '인간'이라는 개념이 있고 거기서 만인에게 공통된 하나의 기본적인 교의를 끄집어내서 그 교의에 입각하여

31 山本七平(1981), 『日本教の社會學』, 124쪽.

32 イザヤ·ベンダサン(2013), 『日本教は日本を救えるか』, 49쪽.

상대를 설득하려 한다. 이는 무언가를 논증하는 것이 아니다. 이때 상대방이 그 교의를 인정하지 않을 수도 있다는 점은 전혀 고려조차 하지 않을 만큼, 일본인들은 이 교의를 강고하게 지키면서 그것을 신앙하고 있다." 여기서 인간이란 개념은 인간 자신이 곧 신이 될 수도 있는 그런 인간, 신을 만들어 내는 인간, 지고의 가치를 지닌 일본이라는 공동체에 속한 인간, 또는 일본인론에서 많이 거론되어 온 개념을 빌리자면, '마코토(誠)가 있는 인간', '기리(義理)가 있는 인간', '세켄 속의 인간'을 가리킨다. 요컨대 일본교의 기본적 이념은 인간이다. 따라서 신학은 존재하지 않으며 인간학만이 존재한다. 그런데 이 인간학은 법외의 법, 언외의 언어로 말해지기 때문에 외국인이 이해하기란 거의 불가능에 가깝다. 이때 언외의 언어란 물론 일본어를 가리킨다. 일본교의 종교 언어라 할 만한 일본어는 '로고스(논리) 없는 로고스(언어)'로서, 일본인의 정서와 일본교의 종교적 교의를 전달하는 데 적합한 언어라는 것이다.[33] 일본교는 무엇보다 먼저 이런 언외의 언어로서의 일본어에 대한 이해를 요구한다. 그 다음에 필요한 것은 법외의 법, 즉 암묵적이고 암시적인 관습법을 알아야만 한다.[34]

만일 일본교가 하나의 종교라면 거기에 성례전(sacraments)은 있는가? 물론 기독교나 불교의 종교의례 같은 것은 없다. 하지만 야마모토에 따르면 일본교에는 기능적으로 성례전에 상응하는 것이 있다.[35] 전술한 인간 개념을 비롯하여 자연, 본심, 실상(fact), 순수(마코토), 서열, 결혼이

---

33 イザヤ・ベンダサン(1975), 『日本教について』, 20~22쪽.

34 イザヤ・ベンダサン(1970), 『日本人とユダヤ人』, 95쪽.

35 山本七平(1981), 『日本教の社會學』, 158~218쪽 참조.

라는 일곱 가지 핵심적인 성례전적 개념이 그것이다. 상호 연관되어 있는 이 개념들은 일본 문화와 일본인들의 삶을 규제하는 근본적인 가치들을 포함하고 있다. 그런데 이것들은 일본인론에서도 즐겨 다루어진 개념과 가치들이다. 사실 일본교 담론은 일본 문화의 특징을 단순한 형태로 정식화하고 그 독자성을 매우 강조하는 담론인 '일본인론'(일본 문화론, 일본론)을 종교의 측면에서 언급한 것이라 할 수 있다. 야마모토가 말하는 일본교의 기본 내용은 사실상 일본인론의 주장과 거의 일치한다. 특히 그가 1971년부터 1977년에 걸쳐 『문예춘추』(文藝春秋)에 연재한 기사들을 정리한 유고집이 최근 『일본교는 일본을 구할 수 있을까?』[36] 라는 제목으로 출간되었는데, 일본인의 영혼관, 사후심판관, 업 관념, 공간의식, 언어감각, 도덕관, 천황관 등을 유대-기독교적 전통과의 대비를 통해 규명하고 있는 이 책은 부제 "유대교·기독교와 일본인의 정신구조"가 잘 대변해 주듯이 그야말로 일본인론의 전형적인 패턴을 유감없이 보여주고 있다.

일본인론이 일본 사회 전체의 통합이나 국민적 단결을 촉구하는 이데올로기적 성격을 내포한다든가, 일본인의 자아 불안 혹은 아이덴티티 확립의 욕구와 관련된 심리적 보상을 제공한다는 등의 기능론적 비판들은 이미 상식이 되어 있을 만큼 많이 거론되어 왔다. 이와 같은 사회적, 심리적 기능과 관련하여 로버트 벨라(Robert Bellah)나 윈스턴 데이비스(Winston Davis)는 일본인론을 일종의 '시민종교'(civil religion)로서 파악한다. 시민종교란 무엇인가? 가령 벨라에 따르면 시민종교란 "모든 사람의 삶 속에서 확인할 수 있는 종교적 차원"으로, 사람들은 이를 통해 자신의

---

36 イザヤ·ベンダサン(2013), 『日本教は日本を救えるか』.

역사적 경험을 초월적 실재의 관점에 비추어 해석한다.[37] 한편 데이비스에 따르면 시민종교란 "가장 중요한 의미의 위계 안에서 국민성의 의미를 설정해주는 상징, 의례, 사상, 가치, 분위기 등의 일련의 체계적인 네트워크"를 가리킨다.[38] 데이비스는 이런 관점에서 전술한 일본교의 성례전적 개념들을 '시민종교적 가치의 흔적'(value-traces of civil religion)이라고 이해했다.

일본의 경우 패전 전의 국가신도는 이런 시민종교의 대표적 사례라 할 수 있다. 패전 후 시민종교는 붕괴된 듯이 보이지만 완전히 사라지지는 않았다. 천황제와 야스쿠니, 궁중삼전, 이세 신궁 등은 전전과는 다른 옷으로 갈아입기는 했지만 현재에도 여전히 존재하고 있으며, 히노마루라든가 기미가요 또한 전전에 지녔던 상징성을 최근 들어 다시금 급속히 회복하고 있는 추세에 있다. 이런 시민종교적 표현은 무엇보다 일본인론 안에서 오늘날 세속화된 형태로 새롭게 형성되고 있는 것 같다.[39] 예컨대 〈교육칙어〉, 〈군인칙유〉, 『국체의 본의』, 수신교과서 등이 패전 전 일본 시민종교(국가신도)의 경전이었다고 한다면, 일본인론은 전후 일본 시민종교의 세속적인 신학이며 무수한 일본인론의 필자들은 현대 일본 시민종교의 영적, 정신적 지도자들이라 할 수 있다.[40] 혹은 대중소비재로서의

---

37 Bellah(1975), *Broken Covenant*, p.3.

38 Davis, Winston(1976), "Civil Theology of Watsuji Tetsuro", p.6.

39 국가신도와 일본인론을 둘러싼 시민종교 담론에 관해서는, Davis(1983), "The Hollow Onion"; Davis(1992), *Japanese Religion and Society* 참조.

40 Befu(2001), *Hegemony of Homogeneity*, p.121.

일본인론은 "수백 명의 교주와 수백만의 신도를 가진 일본교의 경전"[41] 이라 불릴 만하다.

이 밖에 후지산, 게이샤, 벚꽃 등을 비롯하여 유도, 가라데, 가부키, 노, 꽃꽂이, 분재, 고토, 샤미센, 가라오케 등 자연현상이나 문화적 산물도 세속화된 시민종교적 표현의 중요한 사례라 할 수 있다. 그것들은 모두 일본 문화론 혹은 일본교론의 주요 단골 메뉴에 속해 있으며, 일본인의 미의식과 떼려야 뗄 수 없는 관계로 결부되어 있다. 예컨대 전술한 야마모토가 생각하는 일본인의 종교성은 이에(家) 혹은 집단주의적 신앙을 토대로 한 자연신앙이나 현실을 절대화한 신앙으로서 그 신앙 대상은 눈과 귀로 지각할 수 있는 것이나 논리적 탐구의 대상이 아니라 임재감으로 파악되는 것 곧 감성적 파악에 의해 인식되는 그런 대상이다.[42] 여기서 우리는 시민종교, 일본 문화론, 일본교의 지워지지 않는 밑그림으로서 미학적인 어떤 것을 예상하게 된다. 이 점에서 일본인의 대표적인 미의식으로 말해지는 '모노노아와레'에 주목해 보기로 하자.

사전적 정의에 따르면 모노노아와레란 "헤이안 시대 문학에서 자연 혹은 인생에 있어 다양한 사상(事象)의 섬세하고 미묘하며 깊은 정취를 나타내는 말, 혹은 그것을 받아들이는 깊고 절절한 감정을 나타내는 말을 가리킨다. (중략) 존재하는 모든 사물 본래의 정취와 의미를 깨닫고 또한 그것을 솔직하게 감동하여 느끼는 것이라고 규정한 모토오리 노리나가(本居宣長, 1730~1801) 이후 모노노아와레는 일본 문학 일반의 본질을

41 박용구(1999), "일본 문화론의 해체", 118쪽.

42 山本七平(1978), 『日本人の人生觀』, 100~122쪽 참조.

나타내는 말로 통설화되어 갔다. 나아가 사물에 대한 공감과 일체화를 추구하는 대상적 감수성 및 타자를 배려한다든지 널리 인정에 따르고자 하는 일본인의 심성을 나타내는 대표적인 용어로 쓰이게 되었다."[43] 모노노아와레에 대해 노리나가는 다음과 같이 정의 내리고 있다.

> "세상에 존재하는 모든 사물의 다양한 양태를 눈으로 보고 귀로 듣고 몸으로 행동하면서 그 만사를 마음으로 맛보고 그 만사의 마음을 내 마음으로 헤아려 아는 것, 이것이 사(事)의 마음(心)을 아는 것, 물(物)의 마음을 아는 것이다. 이를 좀 더 상술하자면, 무엇을 헤아려 아는 것인가 하면 바로 사물의 마음을 안다는 것이다. 또한 헤아려 알아서 그 종류에 따라 느끼는 것이 곧 모노노아와레를 아는 것이다. 예를 들어 매우 아름다운 벚꽃이 만발한 것을 보고 아름답게 여기는 것은 물의 마음을 아는 것이다. 아름다운 꽃을 알아보고 정말로 아름답다고 생각하는 것이 느끼는 것이다. 이것이 바로 모노노아와레이다. 그런데 아무리 아름다운 꽃을 보아도 아름답게 생각하지 못하는 것은 물의 마음을 모르는 것이다. 그런 사람은 아름다운 꽃이구나 하고 느낄 수 없다. 이는 모노노아와레를 모르는 것이다. 또한 다른 사람이 커다란 우환으로 매우 슬퍼하는 것을 보거나 듣고는 얼마나 슬플까 하고 걱정하는 것은 슬픔이라는 것을 알기 때문이다. 이것은 사(事)의 마음을 아는 것이다. 슬퍼하는 마음을 알고 얼마나 슬플까 하고 자기 마음속으로 헤아려 느끼

43 桂島宣弘他編(2001), 『日本思想史辭典』, 542~543쪽.

는 것이 모노노아와레이다."(『紫文要領』)[44]

요컨대 노리나가의 모노노아와레 담론은 지각하는 자와 지각되는 것의 유동적인 관계를 규정하면서 "어떤 깊은 느낌을 불러일으키는 대상들에 대한 앎과 이해에 관한 인식론"[45]으로 규정될 만하다. 그 인식론은 본질적으로 공감적 연대성을 지향하는 감성적 인식론이다. 우리가 경험하는 온갖 사(事)와 물(物)에 직면하여 그 사와 물의 의미(마음)에 의해 깊은 느낌을 받는 감수성으로서의 모노노아와레는 주체와 객체 사이의 파토스(情意, 비애감·동정·연민)를 함의하고 있는데, 이때 주체와 객체는 너무 밀접하게 상호 침투적이어서 때로 양자 사이에는 거의 실제적인 차이가 존재하지 않을 정도이다.

모모카와 다카히토에 따르면 일본은 에도 시대에 이런 모노노아와레의 공통감정을 공동성의 기반으로 하는 사회시스템이 형성되었다. "인간은 자연과 사회로부터의 압박하에서 살 수밖에 없는 취약하고 슬픈 존재"라는 자기연민의 감정에 입각한 모노노아와레 공동체에서는, 그런 부정적 함의의 자기감정을 공유함으로써 "다른 사람들도 모두 나와 똑같이 고통받고 있다"는 굴절된 심리를 통해 모노노아와레 미의식이 연대감의 토대로서 기능하게 된다. 이런 모노노아와레 공동체는 근대 이후 서서히 쇠퇴했지만 기본적으로는 지금까지도 여전히 동일한 구조가 존속하고 있다. 단지 사회뿐 아니라 개개인의 내면도 이런 시스템에 상응하여 형성

44 大久保正·大野晋編(1969), 『本居宣長全集』4, 57쪽.

45 Harootunian(1988), *Things Seen and Unseen*, p.78.

되며, 거기서 허무감은 모노노아와레의 발효에 없어서는 안 될 전제이다. 그러니까 적절하게 허무감을 느끼는 능력은 일본인에게 불가결한 교양으로 간주된다. 모노노아와레의 미적 감각은 동일한 감정을 느낄 줄 아는 타자와의 직접적인 공존을 환영적으로 도출시키기 때문이다. 에도 시대 이래 일본 문화의 핵심은 이런 공동감정의 공유에 있다. 다시 말해 일본에서는 논리보다 감정이 특권적으로 사회적 현실을 구성한다.[46]

따라서 일본인에게 모노노아와레는 논리적으로 따질 수 없는 그런 것으로 받아들여진다. 그것을 자연스러운 감정으로 느낄 줄 모르는 자는 일본 사회에서 동료집단(仲間, 나카마)에 낄 수 없을 뿐 아니라 배척당할 위험성이 많다. 현대 일본 사회에서 외국인 차별의 뿌리가 이런 모노노아와레적 사회구조에 있음은 명백하다. 이지메 현상도 마찬가지다. 모노노아와레에 원리적으로 내포되어 있는 자기연민의 감정이 반전하여, 열등감이나 우월감을 공유하려 들지 않는 자에 대해 바닥을 알 수 없는 증오심을 품게 되는 것이다. 이지메는 일시적인 것이 아니라 이런 구조적인 사회현상으로서 일본 사회에 존재한다. 감정에 의거하는 모노노아와레 공동성은 본질적으로 반(反)언어적이므로 상이한 감수성을 가진 사람을 받아들이는 회로가 부재하기 십상이다. 왜냐하면 언어적 사고나 논리는 이런 일본적 공동성의 구축과 거의 무관하기 때문이다.

이런 일본적 공동성은 어떤 면에서는 동병상련 같은 것이다. 여기서 주의할 것은, 모노노아와레 감정이 항상 질서를 유지하는 데 충분할 만큼 지배적이지는 않다는 사실이다. 평상시에는 오히려 번거로울 만큼 복

46 百川敬仁(2000), 『日本のエロティシズム』, 10~62쪽 참조.

잡하게 얽힌 의례적 관계가 일본 사회의 질서를 뒷받침하고 있다. 그것은 종종 에고이즘을 숨긴, 그저 보여주기 위해 연기하는 공허한 인간관계로 빠지기 쉽다. 그래서 일본인들은 우회적인 어법을 자주 사용한다. 자신의 당연한 의무 행사까지도 타자의 허락을 청하는 겸양법을 사용하여 상대방의 반감을 처음부터 회피하고자 한다. 다른 한편 "인간은 외부로부터 압박을 받아 행동하는 슬픈 존재"라는 질서 원리를 모두 재확인함으로써 자신은 기꺼이 자발적으로 권력을 휘두르는 것이 아니라 단지 그렇게 해야만 할 역할을 수행하는 것일 뿐이라고 변명한다. 이런 심리는 일본 문화에서 너무 뿌리 깊은 사회적 관습이 되어 있어서, 누구도 자각하지 않은 채 그렇게 행한다.

그러나 이런 계산적인 의례로 굳어진 사회생활 속에서 점차 축적되는 초조와 공격적 행동이 일정 수준에 달하게 되면 질서붕괴의 위기가 느껴지게 된다. 하지만 그런 상태에 도달했을 때, 삶의 덧없음에 대한 공통된 슬픔의 감각이 돌연 사람들 사이에 분출하기 시작하여 그때까지의 껄끄러웠던 현실이 일변하여 인간적인 정으로 넘치는 풍경이 펼쳐지기도 한다. 현실이 일종의 성성(聖性)을 띠고 변용되는 순간이 찾아오는 것이다. 물론 이런 상태는 곧 풍화되며, 이윽고 퇴락이 극에 달할 때쯤이면 다시금 변용의 도래가 반복된다.[47]

그런데 이처럼 모노노아와레라는 미적 감수성에 뿌리를 두고 있는 일본인론 중에는 종교적인 것도 있고 그렇지 않은 것도 있다. 이때 종교

47 이상의 모노노아와레 개념에 관해서는, 박규태(2012), "모토오리 노리나가의 모노노아와레론 재고"; 박규태(2012), "모토오리 노리나가의 『고사기』 신화 읽기와 '노리나가 문제': 모노노아와레의 문헌학"; 박규태(2009), "모노노아와레·일본 문화론·애니메이션" 참조.

적인 일본인론은 일본 문화나 일본인의 특징을 고유한 종교(혹은 초종교적인 것)로 인식하는 경우를 가리킨다. 시마조노 스스무는 이를 '일본교론'이라 칭하고 있다.[48] 이때의 일본교론은 반드시 전술한 야마모토의 '일본교' 개념과 일치하는 것은 아니지만, 그렇다고 해서 그것과 무관한 것도 아니다. 어쨌거나 시마조노에 따르면 앞서 살펴본 야마모토의 일본교 담론은 말할 것도 없고, 훨씬 더 거슬러 올라가 모토오리 노리나가 국학을 원형적 기점으로 하여 신국학으로서의 야나기타 구니오 및 오리구치 시노부의 일본 민속학, 그 뒤를 이은 호리 이치로, 사쿠라이 도쿠타로, 미야타 노보루 등의 민속학, 마루야마 마사오의 『일본의 사상』(1961), 우메하라 다케시의 원시신도론, 미시마 유키오(三島由紀夫)의 『문화방위론』(1968)에 이르기까지 모두 일본교론의 장르로 분류될 수 있다. 마찬가지로 구리타 이사무(栗田勇)의 『설월화의 마음: 일본인의 정체성』(1987), 스가타 마사아키(菅田政昭)의 『고신도는 소생한다』(1988), 와타나베 쇼이치(渡辺昇一)의 『이리하여 역사가 시작된다: 역설의 나라 일본의 문명이 지구를 감싸다』(1992) 등도 신도의 가치를 칭송하는 일본교론에 속한다. 특히 와타나베는 위 저서의 7장 〈세계의 스승으로서의 일본: 일본이 후세에까지 전해야 할 메시지란?〉에서 "일본의 세기가 앞으로 수세기에 걸쳐 계속될 것"이라고 말하면서, 혹 다른 문명에 배턴을 넘긴다 해도 일본은 '세계의 스승'으로서 후대에 많은 선물을 남길 수 있을 것이라고 주장한다. 예컨대 신사를 원점으로 하는 일본인의 자연관 혹은 자연과의 공존의 지혜, 일본인의 상대화된 종교관, "일본에서는 다카마가하라(高天原)

48 일본인론과 일본교론에 관해서는, 島薗進(2001), 『ポストモダンの新宗教』, 138~170쪽 참조.

에서 신들도 노동을 했다"는 주장으로 뒷받침될 만한, 노동을 천시하지 않는 일본인의 노동관 등이 그런 선물이 될 수 있을 거라는 말이다.

1990년대 전반에 절정을 이룬 이와 같은 일본교론으로서의 일본인론은 외국의 세계종교를 비판하면서 일본교·신도·애니미즘을 칭송함으로써 일본인의 아이덴티티 확인에 주력하고 있다. 이는 기본적으로 노리나가 이후의 고전적 일본교론의 패턴을 계승한 것이지만, 다음과 같은 차이를 보이기도 한다. (1) 천황 숭배를 일본교의 핵심으로 내세우는 일은 별로 없다. (2) 정치적 측면보다는 종교문화사의 특징에 의거하여 일본교의 우위를 주장한다. (3) 자연과 인간을 연속적인 것으로 보는 생태학적 조화를 강조한다. (4) 일본교의 특징은 일본에만 고유한 것이 아니라 널리 세계 각지에서 보편적으로 찾을 수 있다고 주장한다.[49]

3. 일본교와 스피리추얼리티

일본교 담론과 스피리추얼리티 담론은 현대 일본인의 정신세계에 일어나고 있는 변화와 관련하여 중요한 시사점을 던져준다. 그 변화는 '개인이 가지는 의미의 확대'로 요약할 수 있겠다. 하지만 그것을 일본교의 폐기라든가 서구식 개인주의의 확산이라고 보기는 어렵다. 인륜조직 중심의 일본교와 개인주의적 신영성운동은 분명 불연속적인 축의 이동

49 같은 책, 172~173쪽.

을 보여주기는 하지만, 큰 틀에서 양자는 여전히 연속선상에 놓여 있다고 여겨지기 때문이다. 이런 의미에서 양자의 공통점에 대해 다시 한 번 정리해 볼 필요가 있겠다.

무엇보다 먼저 주목할 공통점은 양자 모두 종교라는 말에 대해 부정적인 태도를 취하고 있다는 점이다. 전술했듯이 야마모토가 일본에는 오직 일본교가 있을 뿐이며 신도, 불교, 기독교, 신종교 등 모든 일본 종교는 일본교의 종파에 지나지 않는다고 말할 때, 거기에는 교단 종교에 대한 부정적인 뉘앙스가 내포되어 있다. 한편 신신종교나 신영성운동의 경우는 이보다 더 분명하게 종교라는 말에 대한 불편한 심정을 표출한다. 신신종교 교단들은 대체로 종교라는 말이 자기 이외의 존재에게 자신을 맡겨 버리는 의존성의 표출이라 하여 회피하는 경향이 두드러진다. 또한 신영성운동의 신봉자들은 자신들이 추구하는 것은 속박적이고 폐쇄적인 종교가 아니라 개방적인 영성(스피리추얼리티)이라는 점을 누누이 밝히고 있다. 그들은 종교는 이제 과거의 것이 되었다고 생각한다. 그렇다고 근대과학이나 근대 합리주의에 희망을 걸지도 않는다. 속박하고 의존하게 만드는 종교가 아니라 자유로운 영성에 의해 개개인이 자기변용을 체험하는 것이 현대문명의 한계를 넘어서는 열쇠가 될 것이라고 생각하기 때문이다.

일본교와 스피리추얼리티의 두 번째 공통점은 내셔널리즘적 태도와 관계가 있다. 가령 종교적인 일본인론의 경우 종종 신도 내셔널리즘 혹은 종교 내셔널리즘의 형태를 띠고 나타난다. 이를테면 신도 내셔널리즘의 담론은 전술한 사에키 쇼이치(佐伯彰一)의 신도 부흥론에서 하나의 정점에 도달했다고 말할 수 있는데, 그는『신도의 마음』(1992)에서 일본의 신도를 다원적 가치의 인정, 자연과의 일체감, 모든 생물과의 공존, 선조 및 사자와의 연대에 중점을 두는 경성 종교(soft religion)로 규정하면서 이런 신도야말로 새로운 종교 시대에 적합하다고 주장한다.[50] 이와 같은 신도 옹호론은 1980~90년대의 일본인론 중에서도 가장 내셔널리즘적, 국가주의적 동기가 강한 것으로, 일본인으로서의 아이덴티티를 확인하고 싶은 공격적인 욕구로 가득 찬 자기주장적인 일본교론에 속한다. 신신종교의 경우는 '일본교 내셔널리즘'이라 불러도 좋을 만큼 일본 중심주의적인 주장이 더욱 명확한 형태로 나타나는데, 이에 관해서는 제10장에서 다시 상술할 것이다.

이 밖에도 일본교와 스피리추얼리티는 양자 모두 소비재로서의 성격을 함축하고 있다는 점에서 연속성을 가진다. 사실 일본교론과 일본인론은 진지한 학문성보다는 오히려 대중문화 소비재로 접근할 때 더 잘 이해될 수 있다. 이 책의 제1장에서 언급했듯이 종교 정보 붐을 주장하는 종교학자 이노우에 노부타카는 소비재로서의 종교와 관련하여 정보화 시대, 글로벌화 시대의 영향으로 인해 종교와 종교 아닌 것의 경계가 애매해졌다고 말한다. 오컬트와 과학의 경계도 애매해지고 있어, 종교집단이 과학에 열중한다. 가미(神)와 호토케(佛)를 말하는 대신 지금은 기공, 염력, 파동 등을 말하게 되었다. 종교와 비즈니스의 경계도 애매해지고 종교의 활동영역도 다양화되었다. 종교의 상품화가 광범위하게 촉진되고 종교의 상대화가 급속히 진행 중이다. 신사와 사원은 효험(ご利益)을 강조하고 브랜드화되고 있다. 가령 일본에서는 "액땜하면 아무개 신사로"라든가 "새로 묘지를 만든다면 전통을 자랑하는 아무개 절로" 등의 선

50 佐伯彰一(1992), 『神道のこころ』, 260~261쪽.

전 문구를 흔히 볼 수 있다.[51] 전술한 '스피콘'에서 전형적으로 드러나듯이 신영성운동 또한 이야시 상품이든 정보 상품이든 대중적 소비시장을 빼고서는 '느슨한 연대'라는 핵심적인 특징조차 말하기 어렵게 될 것이다.[52]

이처럼 일본교와 스피리추얼리티가 종교 개념, 내셔널리즘, 소비재의 측면에서 연속성을 내포하는 것이 사실이라면, 일본교에서 말하는 '저울의 세계'가 스피리추얼리티의 세계에도 어느 정도 남아 있을 가능성이 있다. 그렇다면 앞에서 신영성운동의 키워드로 '마음', '치유', '자기찾기'를 들었는데, 그것들은 실체어인가 공체어인가? 이 물음에 대한 답변의 실마리는 역시 '평형'의 관점에서 찾아보아야 할 것이다. 저울의 세계가 추구하는 평형의 유지는 실체어와 공체어의 평형 및 지렛목의 항구성 여부에 달려 있다. 그런데 실체어와 공체어는 서로 반대되는 것의 관계에 있다. 그러므로 이때의 평형은 실은 '모순의 평형'이라 할 수 있다. 야마모토는 이런 모순이 일본교도에게는 지각조차 되지 않은 채 당연한 것으로 받아들여진다는 사실을 지적하고 있다. 이는 "모순을 용이하게 인정하고 포섭해 버리는 상대적 태도"[53]를 지적한 호리 이치로라든가 혹은 상호 원리적으로 모순되는 것까지 무조건 포용하여 그것을 평화 공존시키는 "정신적 잡거성"[54]을 말한 마루야마 마사오의 이해와도 일치한다.

모순을 모순으로 인식하지 않은 채 실체어와 공체어의 평형을 당연

---

51 井上順孝(1999), 『若者と現代宗教』, 210~211쪽.

52 Befu(2001), Hegemony of Homogeneity, p.65.

53 堀一郎(1985), 『日本の宗教』, 6쪽.

54 마루야마 마사오(1998), 『일본의 사상』, 67쪽.

시하는 태도는 지렛목의 항구성을 전제로 성립된다. 따라서 모순의 인식은 지렛목의 항구성 자체에 의문의 눈길을 보낼 때 비로소 가능하게 된다. 하지만 지렛목의 항구성을 의심한 인물은 일본 종교사와 사상사에 흔치 않다. 가령 우치무라 간조의 경우는 이른바 '두 개의 J (Jesus와 Japan)가 모순임을 알면서도 자신을 그 모순 안에 그대로 놓아둔 채 삶과 세계를 파악한 종교 사상가라고 평가할 만하다. "모순이 우리를 창조적으로 만든다"고 말한 괴테와 마찬가지로, 우치무라 또한 인간이란 모순 안에서 비로소 리얼하게 살아가며, 모순에 있어서만 진보가 가능하다고 설했다. 여기서 그는 모순 안에서 기독교적 자유의지에 입각한 개인의 선택과 결단이 이루어진다는 점을 말하고 싶어 했던 듯싶다.[55]

4. 일본교에의 반역과 스피리추얼리티 혁명

그런데 〈옴 진리교〉는 가장 극단적인 방식으로 일본교에 대한 반역을 감행했다. 야마모토는 미시마 유키오 또한 일본교의 반역자임을 시사한다. 실제로 1970년 11월 25일의 미시마 할복 사건은 수많은 일본인들(과 후대의 다른 모든 이들)을 모독하고 상처 입힌 사건이었음에 틀림없다. 미시마는 모든 각본과 무대장치와 연출과 배역을 혼자서 다 해치웠다. 뒤에 남은 1억의 일본인들은 그저 인형 같은 관객에 지나지 않았다. 그는 꽃

55 山本七平(1978), 『日本人の人生觀』, 120~122쪽.

이 시들기 전에 벚꽃처럼 떨어져야 한다는 생각에 너무 조급한 나머지 일본교를 배반하기로 마음먹었다. 그럼에도 많은 일본인들은 지금도 여전히 그를 일본교도라고 착각하고 있다. 우메하라 다케시는 "태어나서 미안합니다"라고 사죄하는 소설가 다자이 오사무(太宰治)에 대해 존경받고 싶은 동경을 충족시키지 못한 자의 광대짓이라고 일갈한다.[56] 그렇다면 미시마 또한 그런 피에로에 불과한 것일까?

미시마의 할복을 쇼에 불과한 것, 값싼 영웅주의, 과잉 '아마에' 혹은 오이디푸스 콤플렉스의 미극복,[57] 노벨상을 받지 못한 콤플렉스, 지나친 자기과시욕망, 군대 트라우마,[58] 자아불확실성[59] 등에서 비롯된 일그러진 '가짜 얼굴', 또는 모노노아와레적 르상티망의 변형태라고 말

---

56 梅原猛(1967), 『地獄の思想』, 229~230쪽.

57 그의 집안은 여성의 절대적 지배하에 있었다. 그 탓인지 미시마는 마흔이 넘어서도 모친에게 유달리 의존하는 '아마에' 심리를 보여주었다고 한다. 특히 조모는 심한 히스테리와 조울증에 시달린 나머지 첫 손자인 미시마에게 과도하게 집착함으로써 심각한 고부간 갈등을 초래했고, 미시마의 어린 자아는 모친과 조모 사이에서 심하게 분열될 수밖에 없었을 것이다. 그 결과 오이디푸스 콤플렉스 극복에 문제가 생겨, 라캉의 개념을 빌리자면 상징계로의 진입에 장애가 있었을 것이다. 그리하여 주이상스와 죽음 충동이 지배하는 실재계의 압도적인 영향을 받았을 것으로 예상된다.

58 미시마는 1945년 2월에 군대소집명령을 받는다. 그러나 단순한 감기로 인한 발열을 폐결핵으로 오진한 군의관 덕분에 그는 천황의 군대로부터 미친 듯이 도망쳐 나올 수 있었다. 미시마는 그때의 상황을 『가면의 고백』에서 "병영문을 뒤로 하자 나는 달리기 시작했다. 황량한 겨울의 언덕이 마을 쪽으로 이어져 있었다. 어쨌든 죽음이 아닌 것, 무엇이든 죽음이 아닌 것의 방향으로 나의 발이 달렸다"고 회상한다. 이 체험이 그의 트라우마가 되어 무사도와 천황제 미학에 경도된 미시마가 마흔이 넘어선 시점에 자위대 체험 입대를 되풀이했으며, 사병조직인 방패회를 만들어 군사훈련에 몰두했고 마침내 할복에 이른 것이 아니냐는 정신분석학적 설명도 가능할 것이다.

59 심리학자 미나미 히로시(南博)에 따르면 자아불확실성으로 특징지워지는 일본인의 심리는 자아의 중심이 자기 안이 아니라 자기 바깥의 어딘가(가령 자신이 속한 조직, 공동체, 일본)에 있다고 여기는 경향이 많다. 이 설에 따르자면, 미시마의 자아중심은 천황에 고착되었다고 볼 만하다. 미나미 히로시(1996), 『일본적 자아』 참조.

해 버리기란 비교적 용이하다. 하지만 미시마는 오리지널과 카피의 구별 자체가 큰 의미를 가지지 못하는 일본교의 나라에서 얼굴과 가면이 즈술적으로 환치될 수 있음을 지극히 예민하게 찰지하고 있었다. "천황은 일본의 가면이다. 그 가면은 진짜 얼굴이 아니면서 진짜보다도 더 진짜 얼굴 행세를 한다. 일본은 언제부터인가 가면을 쓰기 시작했고 결코 한 번도 가면을 벗으려 하지 않았다. 지금도 그렇다. 미시마 유키오 또한 끝내 가면을 벗지 않았다. 아니, 오히려 그는 가면이야말로 자신의 진짜 얼굴이라고 믿고 싶어 했다. 할복은 그의 마지막 가면이었다. 그리하여 그는 스스로 배를 갈라 창자를 드러내고 그 안에 자신의 얼굴을 묻었다."[60] 여기서 얼굴이 실체어라면 가면은 저울추로서의 공체어라 할 수 있다. 요컨대 미시마는 할복하는 마지막 순간까지 철저한 일본교도였다. 하지만 이와 동시에 그는 쇼와 천황을 저주했던 '이단적인' 일본교도이기도 했다.

할복의 기호인 가면은 오시마 나기사(大島渚)의 〈감각의 제국〉(愛のコリーダ, 1976)에서 '거세'의 기호로 나타난다. 섹슈얼리티와 혁명의 주제를 즐겨 다루는 오시마는 그의 최고작으로 말해지는 〈의식〉(儀式, 1971)에서 허구를 허구인 줄 알면서 현실처럼 연출하는 일본교적 형식미학을 초현실주의 기법으로 묘사함으로써 미시마 할복 사건을 풍자적으로 재연하고 있다. 이에 비해 〈감각의 제국〉에서의 '거세'는 2·26사건에서 미시마가 경험한 '신의 죽음'을 기호화한 것이라고 말할 수 있다. 〈감각의 제국〉은 실은 '거세'와 '신의 죽음'을 둘러싼 〈기호의 제국〉인 셈이다. 영화 속 여주인공 아베 사다(阿部定)의 실제 사건이 2·26사건과 같은 해인

60 박규태(2009), 『일본 정신의 풍경』, 239쪽.

1936년에 도쿄라는 동일한 공간에서 일어났다는 사실은 그저 단순한 우연의 일치였을까?

"그것이 가공적인 것이라 해도 거짓이라 하지 마시고, 폐하 한 분만이라도 신으로 남으시기를"[61] 희구하면서 거짓말을 지키는 것이 천황을 위해 죽은 자들을 위한 천황의 의무이자 책임이라고 생각했던, 다시 말해 거짓말이라는 것을 전제로 신성 천황의 부활을 외쳤던 미시마의 거세된 가면은 그의 천황제 미학이 철저히 계산된 것이었음을 효과적으로 은폐하고 있다. 가미카제 특공대원의 영령들은 다만 자신들의 죽음이 아름다운 것이었음을 인정받고 싶어 했을 뿐, 천황이 실제로 신이냐 아니냐는 둘째 문제였다. 마찬가지로 미시마 또한 천황을 진짜 신으로 믿은 것도 아니고, 천황의 정치적 복권은 더더욱 관심 바깥의 일이었다.

슬라보예 지젝에 따르면 이런 미시마는 "자신이 하는 일을 모르고 행위하는 주체", 즉 현실을 은폐하는 이데올로기를 내면화한 주체가 아니라, "자신이 하는 일이 무언지를 잘 알면서 행위하는 주체", 즉 "현실을 구조화하는 환상의 토대 위에서 현실을 믿고 있는 주체"로서의 '냉소적 이성의 주체'라 할 수 있다. 냉소적 주체는 이데올로기적인 가면과 사회현실 사이의 거리를 잘 알고 있음에도 불구하고 가면을 고집한다. 그런 주체가 현실에 대해 가지는 믿음은 주체의 내면이 아니라 '외부'에 있기 때문이다.[62] 일본교에서 천황의 존재는 바로 이와 같은 외부의 궁극적 표

---

61 三島由紀夫(2005), 『英靈の声』, 70쪽.

62 '냉소적 이성의 주체'와 이데올로기 문제에 관해서는, 슬라보예 지젝(2002), 『이데올로기라는 숭고한 대상』, 60~73쪽 참조. 지젝의 유명한 "옥수수알과 닭"의 비유는 이데올로기적 환상의 밑바닥에 깔려 있는 믿음의 구조를 시사한다. 비유 속에 등장하는 분열증 환자는 자신이 옥수수알이라는 사실을 믿고 있지 않지만, 닭이 그렇게 믿고 있으면 어떻게 하냐고 묻는다. 이는 "나는 믿지 않는다. 다만 타

상에 다름 아니다. 이 외부는 수많은 개인들의 반복적인 행위로 구성되는데, 그것이 바로 미시마가 말하는 '문화'이고 '문화개념으로서의 천황제'이다.

일본교에서 천황제는 항상 양날의 칼이다. 그것은 한편으로 일본교의 존립을 가능케 하는 암반이면서, 동시에 사카구치 안고의 비장한 지적대로 일본교의 존재 자체를 해체시킬 수 있는 가장 취약하고 자기모순적인 균열이기도 하다. "천황제가 존속하고 이러한 역사적 계략이 일본의 관념에 뒤엉킨 채 남아 작용하는 한, 일본에 있어 인간과 인성의 올바른 개화를 기대할 수는 없다. 인간의 올바른 빛은 영원히 차단될 것이며 진정한 인간적 행복, 인간적 고뇌, 모든 인간의 진실한 모습이 일본을 찾아올 날은 없을 것이다."[63] 어쩌면 우익적 일본교도들에게 미시마는 이런 사카구치의 문제제기에 대해 할복으로써 이의를 제기한 영웅적 인물로 기억될지 모른다. 그것은 분명 기억의 착각이다. 하지만 쇼와 천황을 부정하면서 신성 천황의 부활을 외쳤던 이단적인 미시마의 할복신화가 언제라도 다시금 재현될 수 있는 여지가 이런 착시현상에 있다는 것은 아이러니컬한 현실이다. 요컨대 미시마는 일본교에의 반역을 도모한 일본교도라는 셈이 된다. 야마모토가 "모든 일본인은 일본교도"임을 시사한 것은 미시마와 같은 예외적 개인의 차원보다는 일종의 집단무의식적 차원을 가리킨 것으로 이해된다. 이와 관련하여 나쓰메 소세키의 『풀베

자들이 그렇게 믿고 있다고 믿을 뿐이다"라는 냉소적 주체의 믿음의 구조라는 것이다. 마찬가지로 냉소적 주체로서의 미시마는 "나는 천황이 신이라고 믿지 않는다. 다만 (일본 문화가 입증하듯이) 일본인들이 그렇게 믿어 왔다고 믿을 뿐"임을 말하고 싶어 했던 것일지도 모른다.

63 坂口安吾(1957), 『墮落論』, 105쪽.

개』에 나오는 다음 구절은 일본교와 스피리추얼리티의 관계에 대한 우리의 상상력을 묘하게 자극하고 있다.

> "남들은 기차를 탄다고 한다. 나는 실린다고 한다. 남들은 기차로 간다고 말한다. 나는 운반된다고 말한다. 기차만큼 개성을 경멸하는 것은 없다. (중략) 이 몇 평 몇 홉의 주위에 철책을 치고, 철책 앞으로는 한 발도 나가면 안 된다고 위협하는 것이 오늘의 문명이다. 몇 평 몇 홉 속에서 자유를 마음껏 누리던 자가, 이 철책 밖에서도 자유를 마음껏 누리고 싶은 것은 자연의 추세다. (중략) 우리의 쇠기둥이 한 개라도 빠지면, 세상은 수라장이 된다. 제2의 프랑스 혁명은 이때 일어날 것이다. 개인의 혁명은 이미 지금 밤낮으로 일어나고 있다. (중략) 나는 기차의 맹렬한, 누구나 할 것 없이 모든 사람을 화물처럼 취급하며 달리는 모습을 볼 때마다 객차 속에 갇힌 개인과, 개인의 개성에 추호의 주의도 베풀지 않는 이 기차를 비교하여, 위험하다, 위험하다, 조심하지 않으면 위험하다고 생각한다."

기차는 일본이다. 철책으로 둘러싸인 몇 평 몇 홉의 땅도 일본이다. 일본교는 기차에 실려 운반되며, 스피리추얼리티는 기차를 타고 가려 한다. 일본교는 철책 안에서만 자유를 누리며, 스피리추얼리티는 철책 밖에서도 자유를 누리고 싶어 한다. 일본교가 누리는 자유는 실체어와 공체어, 그리고 '인간'과 '조직'이라는 지렛목에 의해 유지되는 평형이다. 이에 반해 스피리추얼리티가 누리고자 하는 자유는 무언가 새로운 균형을 모색하는 듯하다. 그 균형은 제3의 평형인가?, 즉 여전히 실체어, 공체어, 지렛목에 의존하는 평형인가? 아니면 옴 사건 이후에도 그랬듯이 원전 사고를 동반한 3·11 동일본대진재 이후 '저울의 세계' 구성 자체에 어떤 변화 혹은 재배치가 일어날 조짐이 보일 것인가? 이런 물음을 안은 채 다시금 아쿠타가와의 〈신들의 미소〉를 응시해 보자.

> "우리는 나무들 속에도 있습니다. 얕은 물결 속에도 있습니다. 장미꽃을 스치는 바람결에도 있습니다. 사원 벽에 남아 있는 저녁놀에도 있습니다. 언제 어디에나 있습니다. 조심하세요, 조심하세요…"

여기서 '우리'가 가리키는 것은 일본의 애니미즘적인 가미나 혼령들 혹은 그것들의 '변조하는 힘'이다. 그것은 일본교의 상징이기도 하다. 나쓰메는 일본이 위험하다고 경고하고 있고, 아쿠타가와는 일본교를 조심하라고 경고한다. 누가 더 맞을까? 일본은 지금 나쓰메가 말한 '개인의 혁명' 혹은 가시오 나오키의 표현을 빌리자면 '스피리추얼리티 혁명'[64]의 낌새를 보이고 있다. 하지만 그런 혁명이 모순되는 것들의 병존에서 존재감을 섭취하고, 모순의 틈새 사이로 세계를 향유해 온 일본교도들의 '반도취' 상태를 깨어나게 할 만큼 선명한 윤곽을 드러낸 것은 아직 아니다. 가와바타 야스나리의 '아름다운 일본'과 오에 겐자부로의 '애매한 일본'이 여전히 일본교의 '저울의 평형'을 이루고 있는 한, 참다운 개인혁명으로서의 스피리추얼리티 혁명은 아직 요원한 미래일지도 모른다.

64 樫尾直樹(2010), 『スピリチュアリティ革命』 참조.

제10장

네오-내셔널리즘과 신신종교

: 보수 우경화 현상의 종교적 밑그림

앞 장에서 일본교와 스피리추얼리티의 공통점 중 하나로 내셔널리즘을 거론하면서 신도 내셔널리즘, 종교 내셔널리즘, 일본교 내셔널리즘 등을 언급한 바 있는데, 본 장과 다음 제11장에서는 이런 내셔널리즘의 문제를 네오-내셔널리즘의 관점으로 수렴시키면서 〈행복의 과학〉을 비롯하여 신신종교의 네오-내셔널리즘에 관한 몇몇 구체적인 사례들에 대해 생각해 보고자 한다. 이를 위해 먼저 일본에 뿌리 깊은 신국 내셔널리즘의 계보를 정리하기로 하자.

1. 신국 내셔널리즘의 계보

2000년 5월 15일 모리 요시로(森喜朗) 전 수상은 1969년 이래 〈신사본청〉에 의해 양성되어 온 〈신도정치연맹〉(神道政治聯盟, 약칭 '신서이렌')

산하의 〈신도정치연맹 국회의원 간담회〉 결성 30주년 기념 축하회 모임에서 참여 의원들에게 행한 연설 중, "일본국은 실로 천황을 중심으로 하는 신국(神の国)임을 국민 모두에게 확실하게 알려야 한다. 이를 위해 우리가 노력해 왔다"고 발언함으로써 "종교라는 주제가 오늘날 일본에서 다시금 명백한 정치적 의미를 가지게 되었다."[1] 그는 이 '망언' 때문에 구설수에 올랐고 결국 다음 해인 2001년 고이즈미 준이치로에게 수상 자리를 넘겨주어야만 했다. 그런데 이 발언은 실은 일본 사상사에 있어 매우 뿌리 깊은 신국 내셔널리즘에 입각한 뼈 있는 망언이었다.

일본 사상사에서 신국이란 "신이 국토를 열고 신명이 가호하는 나라"라는 『일본서기』[2] 나 『왜희명세기』(倭姬命世記)[3] 등의 신국관, "아마테라스의 후예인 만세일계의 천황이 통치하는 나라"를 강조한 『우관초』(愚管抄),[4] 『신황정통기』(神皇正統記),[5] 국학 등의 신국관에서 일본을 지칭하

---

1 リゼット・ゲーパルト(2013), 『現代日本のスピリチュアリティ』, 1쪽.

2 "내가 듣기로 동방에 신국(神國)이 있는데 일본이라고 한다. 그곳에는 천황이라 불리는 성왕(聖王)이 있다고 한다. 틀림없이 이번에 온 자들은 그 나라의 신병(神兵)일 것이다. 그러니 어떻게 군사를 동원하여 막을 수 있겠는가." (『일본서기』 神功皇后 攝政前紀)

3 "내가 듣기로, 대일본국은 신국이다. 신명의 가호에 의해 국가의 안전을 얻으며, 국가는 그 신명을 존귀하게 숭경함으로써 신명의 영위를 증가시킨다. (중략) 그리하면 하늘과 땅이 무궁하리라." (『왜희명세기』)

4 "머나먼 신대(神代)에는 이세 신궁과 가시마대명신(鹿島大明神)이, 오늘날에는 하치만대보살(八幡大菩薩)과 가스가대명신(春日大明神)께서 굳건하게 평의결정(評議決定)하시어 이 세상을 관장하신다. (중략) 일본에서는 애당초부터 왕의 혈통이 바뀌는 일은 없다. 신하의 지위도 정해져 있다. 어떤 일이 있어도 이 점만은 변하지 않았다. (중략) 모든 것을 전적으로 천지의 주재신(天道)에게 맡길 일이다. 만일 문무를 겸행한 섭정의 신하가 도리에 어긋나는 일을 한다면 신들로부터 보이지 않는 벌을 받을 것이다." (『우관초』 제7권)

5 "대일본은 신국이다. 태초에 아마츠미오야(天祖)께서 그 토대를 세우셨고, 히노카미(日神)의 계통이 줄곧 이어져 왔다. 이는 우리나라에만 있는 일이고 타국에는 전혀 없는 일이다. 그러므로 일

던 말로, 일본만의 특수성과 우월성을 강조하는 일본 중심적 사고방식으로 전개되었다. 원래는 농경의례 등과 결부되었던 소박한 신앙에 입각한 것이었는데, 정치적 통일이 진행되면서 타국과 타민족에 대한 의식이 명확해 짐에 따라 일본을 타국보다 뛰어난 나라라고 보는 주장이 생겨나게 되었다. 그러니까 신국(神國) 혹은 신주(神州)라는 말이 처음부터 직접 배타적 사상과 결부된 것은 아니었는데, 중세 몽고내습기라든가 막말기의 서세동점 시대 및 전시하의 군국주의 시대 등 대내외적인 긴장이 발발한 시대에 그것은 종종 일본 중심의 배타적 주장을 나타내는 말로 사용되었다. 그런 신국론들이 황실의 신성성과 국가의식에 대한 인식의 고양을 지향했음은 말할 나위 없다.

이와 같은 신국 내셔널리즘은 통상 문화적 내셔널리즘의 옷을 입고 전개되어 왔지만, 그것이 종교 사상에 의해 근거지워지고 뒷받침되었다는 점은 부인할 수 없는 사실이다. 일본은 세계적으로 뛰어난 나라라 하여 그 수호를 위해 종교로부터 절대적 의의를 찾고자 하는 사유 경향은 특히 애니미즘적인 신도(神道) 계통에서 강하게 나타난다. 가령 유일신도의 창시자 요시다 가네토모는 "대일본은 신의 나라, 천조(天祖)가 나라를 열고 천손이 길의 법통을 이어 왔다. 이는 우리나라에만 있는 일이고 다른 나라에서는 그 예를 보지 못했다. 때문에 신의 나라라고 한다"라든가 "신도는 만법의 근본이다. 유교와 불교는 모두 신도의 갈래이다"라고 주장했다. 한편 국학적 고학(古學)신도의 주창자 모토오리 노리나가(本居宣長, 1730~1801)는 『신황정통기』와 유사한 신국관이 적나라하게 표출된 다

본을 신국이라 한다." (『신황정통기』 서론)

음 인용문에서 일본은 태양신 아마테라스의 나라이자 신국이고 따라서 중국이나 한국보다 뛰어난 나라라고 강변한다.

> "무릇 천황이 한없이 존귀하심은 말할 나위도 없거니와, 우선 대일본국(大御國)은 만국을 널리 비추시는 태양신의 나라로서, 천지간에 이에 견줄만한 나라가 없다. 태양신 아마테라스의 후예들(천황)이 아마쓰히쓰기(天津日嗣, 태양의 후손, 상속자_필자)로서 이 나라를 다스려 왔다. 천황 통치는 영원히 변치 않을 것이다. 아무 이유도 없이 제멋대로 날뛰는 중국의 황제 따위는 도저히 이에 미칠 수 없다. 일본의 천황은 중국의 황제보다도 더할 나위 없이 뛰어나시고 존귀하시므로 수나라 황제에게 보낸 국서에서도 '천황, 수나라의 국왕에게 칙서를 보내노라'라고 적은 것이다." (『馭戎慨言』 上之卷上)[6]

> "옛날을 상고하건대, 조선은 지금도 류큐(琉球)와 마찬가지로 신국 일본의 미야츠코(御奴)[7] 일 뿐으로, 신국 일본을 섬겨야만 하는 나라이다." (『馭戎慨言』 上之卷上)[8]

후기 고학신도를 대표하는 히라타 아츠타네(平田篤胤, 1778~1843) 또한 이와 같은 노리나가의 일본 중심주의 관점을 이어받아 "우리 일본(皇

6 大久保正・大野晋編(1972), 『本居宣長全集』8, 43쪽.

7 조정에서 시중드는 하인이나 하녀. 여기서는 신하의 나라를 뜻한다.

8 大久保正・大野晋編(1972), 『本居宣長全集』8, 27쪽.

大御國)이 만국의 근본이 되는 중심적인 나라이며 만물과 만사와 만국보다 탁월한 근원적인 원인(元因)임을 알며, 나아가 더할 나위 없이 황공하옵신 우리 천황께서 만국의 대군이시라는 진리를 숙지한 다음에야 비로소 영혼의 행방을 알 수 있을 것이다"(『靈能眞柱』上卷)[9] 라고 주장하는 등 일본 사상사는 신국 담론으로 넘쳐난다.

이처럼 일본 황실과 국가를 신성시하는 신국 내셔널리즘의 계보는 한정적이고 특수한 인륜조직을 절대시함으로써 보편적 인륜법칙을 구시하는 사유방식과 밀접한 관계가 있다. 이 신국 내셔널리즘과 그 배후에 가로놓여 있는 천황 숭배의 종교 형식은 결코 황실의 주관이나 자의 혹은 강제에 의한 것이 아니었다. 그것은 일본이라는 특수하고 한정된 인륜적 조직을 절대시하는 일본인의 일본교적 사유방식이 그때그때 시대적 요구에 부응하여 밖으로 표출된 것이다. 요컨대 강력한 일본 중심주의를 주창하는 신국 내셔널리즘은 자연을 신성시하는 애니미즘적인 신도적 감수성, 조상신을 비롯하여 인간을 신으로 모시는 오래된 풍습, 유한한 인륜적 조직을 절대시하는 일본인의 사유방식(그 정점에 황실 숭배와 국가절대주의가 있다) 등이 만들어 낸 복합적인 주조물이라 할 수 있다.

그렇다면 이와 같은 신국 내셔널리즘이 현대 일본 사회에는 어떤 옷을 입고 나타나고 있을까? 이런 물음과 관련하여 시마조노 스스무는 특히 1980년대 이후 전개된 일본의 반세속주의와 종교적 내셔널리즘의 형태로 (1) 국가의례나 일본의 정신적 전통 옹호에 의한 국민통합 강화의 주장, (2) 신신종교, (3) 내셔널리즘적인 영성 칭송 및 영성개발운동 등의

9 田原嗣郎他校注(1973), 『日本思想大系50』, 13쪽.

세 가지를 들고 있다.[10] 이하에서는 기본적으로 이런 시마조노의 입장을 수용하면서, 그 세 가지 형태가 공통적으로 일본 중심주의에 입각하고 있으며 "신국 내셔널리즘의 현대적 변용"이라는 측면을 내포하고 있다고 보고 그것을 '네오-내셔널리즘'의 관점에 따라 검토해 보고자 한다.

일반적으로 네오-내셔널리즘이란 주로 선진자본주의 국가에서 부와 권력과 정보력 등의 세계적 우위를 기반으로 대두된 우월의식으로, 종종 문화적 독자성 담론에 근거하거나 혹은 국제적 책임이라든가 공헌에 대한 인식을 매개로 한 내셔널한 감정을 가리킨다. 현대 일본의 경우 이런 네오-내셔널리즘은 보수 우경화, 국제적 고립, 잃어버린 20년, 3·11 진재를 비롯한 대재해 등으로 인한 사회적 위기의식을 배경으로 확산되고 있으며, 특히 종교와 연동하는 측면이 두드러지게 나타난다. 이에 비해 시마조노는 정치적·문화적·종교적 함의가 함께 내포되어 있는 스피리추얼리티를 표방한다는 점에서 네오-내셔널리즘이라는 표현을 사용하고 있다. 그렇다면 이와 같은 네오-내셔널리즘이 대두하게 된 배경은 어디서 찾을 수 있을까? 일차적으로 일본 내적 배경으로 일본인들이 1980년대 이후 경제적 우위에 입각한 우월의식을 강하게 의식하면서 그것을 정당화하려는 움직임을 생각해 볼 수 있겠다. 하지만 이와 함께 일본 외적 배경, 예컨대 1970년대 이후 세계 각지에서 일어난 종교 회귀 현상, 원리주의 대두(이슬람, 유대교, 기독교, 힌두교, 불교 등)라든가 종교 내셔널리즘의 확산 등을 통해 민족집단 내지 국민적 단결에 있어 종교가 핵심

10 島薗進(2001), 『ポストモダンの新宗教』, 95~96쪽.

적 요소로 등장했다는 점도 간과해서는 안 될 것이다.[11]

2. 네오-내셔널리즘 : 정치적 내셔널리즘과 종교적 내셔널리즘의 결합

옴 사건에 의한 사회적 위기가 네오-내셔널리즘을 불러일으켰다고 주장하는 멀린즈는 이 네오-내셔널리즘을 "패전 전과 구별되는 전후에 나타난 종교적 내셔널리즘의 보다 최근 형태"[12]를 가리키는 말로 사용하면서, 방금 언급한 시마조노의 종교적 내셔널리즘을 인용하고 있다. 거기서 멀린즈는 시마조노가 "국가의례나 일본의 정신적 전통 옹호에 의한 국민통합 강화의 주장"이라고 말한 종교적 내셔널리즘의 핵심 내용을 신도의 공적 역할을 회복시키려는 움직임으로 파악하면서, 이를 일종의 시민종교로 기능했던 전전의 국가신도 문제와 결부시키고 있다. 이런 네오-내셔널리즘적 움직임의 한가운데는 〈신사본청〉이 있다.

〈신사본청〉은 전후 일본에서 하나의 정치적 세력으로 활동해 왔으며, 그것의 정치적 목적은 내셔널리즘과 천황에 대한 존숭을 증진시키기 위해 국가신도를 재생시키는 데 있다.[13] 그런데 이런 입장과 반대편에 서 있는 네오-내셔널리스트들은 점령정책과 전후 헌법이 '승자의 정의'에 입각한 것이고 일본인의 생활에서 신도의 사회적·공적 역할을 부당하게

---

11 같은 책, 175쪽.

12 Mullins(2012), "The Neo-Nationalist Response to the Aum Crisis", p.102.

13 島薗進(2010), 『國家神道と日本人』, 196~202쪽.

축소시켰다고 주장한다. 그들이 보기에 종교와 국가의 분리는 일본적 맥락에서 지나치게 엄격하게 강요되었으며, 이제는 국가와 종교의 올바른 관계를 되찾아야 할 때가 되었다는 것이다. 이리하여 그들은 〈신사본청〉을 중심으로 〈신도정치연맹〉(神道政治連盟, 1969), 〈정교관계를 바로잡는 모임〉(政教關係を正す会,1971), 〈일본을 지키는 모임〉(日本を守る会, 1974), 〈일본회의〉(日本會議, 1997) 등 수많은 보수우익단체를 양성해 왔다. 이 단체들은 자민당과 밀접하게 연동하면서 일본 중심주의에 입각한 정치활동을 전개해 오고 있다.

이 가운데 〈신도정치연맹〉은 신도정신을 국정의 기초로 삼자고 주장하는 특이한 정치-종교복합체 조직으로, 〈신사본청〉을 모체로 삼아 그 종교적 가치관의 정치적 침투를 도모하기 위해 1969년에 결성되었다. "일본의 역사 · 문화 · 전통을 후세에 전하는 것"을 활동 목적으로 내세우면서 도쿄 시부야의 〈신사본청〉 소재지에 중앙본부를, 그리고 일본 각지에 지방본부를 두고 있다. 산하에 2014년 12월 말 현재 289명의 국회의원들이 자민당을 중심으로 하여 초당파적으로 참여하는 〈신도정치연맹 국회의원 간담회〉(회장, 아베 신조)를 두고 있는 이 방대한 조직은 '일본의 문화와 전통' 그 자체라고 자부하는 〈신사본청〉의 주장을 정계와 국민들 사이에 침투시키기 위한 정치적 · 종교적 활동에 주력하고 있다. 예컨대 황실 존엄성의 호지, 애국 교육, 야스쿠니 문제, 황실전범 개정 문제, 정교 문제, 교육기본법 개정 문제, 젠더, 헌법9조 개정 문제, 인권옹호 법안, 선택적 부부별성 문제, 외국인참정권 문제 등에 관한 보수우익적인 활동

등이 그것이다.[14]

한편 보수우파단체 중 일본 최대 조직으로 내셔널리스트 싱크탱크라 할 만한 〈일본회의〉는 1997년 5월 30일 〈일본을 지키는 모임〉과 〈일본을 지키는 국민회의〉가 통합하여 만들어졌는데, 홈페이지에서는 스스로를 "아름다운 일본의 재건과 자랑할 만한 나라 만들기를 위해 정책제언과 국민운동을 벌이는 민간단체"라고 소개하고 있다. 구성원들의 면면을 보자면 학계, 법조계, 산업계, 종교계 등 광범위하며, 특히 〈신사본청〉, 〈신도정치연맹〉, 야스쿠니 신사, 메이지 신사 대표자들이 대거 포함되어 있는 등 신도 지도자들의 면면이 두드러진다. 그 밖에 〈영우회〉, 〈숭교진광〉, 〈해탈회〉, 〈흑주교〉, 〈모랄로지 연구소〉, 〈그리스도의 막옥(幕屋)〉, 〈불소호념회〉, 〈염법진교〉, 〈신생불교교단〉, 〈오이스카〉, 〈삼오교〉, 〈생장의 가〉 등 크고 작은 신종교 단체들이 다수 참여하고 있다. 이와 더불어 산하 국회의원 조직으로 〈일본회의 국회의원 간담회〉(2014년 8월 현재 회원은 289명) 및 지방의원조직으로 〈일본회의 지방의원연맹〉이 있다. 2013년 아베 내각 각료 19인 가운데 13인이, 그리고 2014년의 2기 내각에서는 15명이 이 〈일본회의 국회의원 간담회〉에 소속되어 있다.[15]

이와 같은 〈일본회의〉의 활동 범위는 일본 황실을 존중하는 운동, 가령 황위의 안정적인 남계 계승을 위한 '황실전범' 개정운동 등에서부터 일본 전통에 입각한 헌법 개정운동, 교육정상화 운동, 가령 학교교과서에 있어 자학적·반국가적 기술의 시정운동, 공공심과 애국심 및 풍부

---

14 http://www.sinseiren.org/ 〈신세이렌〉 홈페이지 참조.

15 http://www.nipponkaigi.org/ 〈일본회의〉 홈페이지 참조.

한 정조 교육 등을 위한 '신교육기본법' 제정운동, '국기국가법' 제정운동 등을 비롯하여, 일본의 영토와 영해를 지키는 운동, 수상의 야스쿠니 참배 등 국가를 지키기 위해 죽은 사람들에 대한 위령과 현창운동, 극단적인 남녀평등 사상에 대한 반대운동, 일본의 주권을 지키는 운동 예컨대 참정권을 재류 외국인에게 부여하는 '외국인 참정권 부여법'에 대한 반대운동에 이르기까지 주로 일본 중심주의적 이데올로기에 치중되어 있다.

이들의 운동은 현재까지 몇 가지 괄목할 만한 성과를 낳았다. 가령 1966년에는 전전에 기원절(紀元節)이라 불렸던 기념일을 '건국기념일'(建國記念の日)로 되살렸으며, 1979년에는 원호법(元號法) 제정을 달성했다. 또한 1999년에는 국기(히노마루) 및 국가(기미가요)에 관한 법률을 제정했고, 2006년 4월 28일 '인격의 완성'을 추구하는 교육으로부터 '국책에 따르는 인간 육성' 교육으로의 전환을 의미하는 '교육기본법' 개정에 성공했다. 나아가 최근 2014년 7월 1일에는 종래 평화헌법에 입각한 '전쟁할 수 없는 나라'에서 전쟁할 수 있는 이른바 '보통국가'로 전환하는 중대한 각의 결정이 이루어졌다. 즉 "집단적 자위권을 가지고 있으나 평화헌법의 정신에 맞지 않아 행사할 수 없다"는 역대 내각의 공식 견해를 바꿔 "집단적 자위권 행사가 헌법상 허용된다"는 아베 정부의 '해석 개헌'을 채택함으로써 향후 헌법개정의 현실화를 위한 실질적인 교두보를 확보했다. 다만 야스쿠니 신사 국영화운동만은 아직 이렇다 할 성과를 내지 못하고 있다. 자민당 지도자들은 1969년부터 1974년 사이에 여섯 개의 야스쿠니 신사 국영화 법안을 제출했으나 불교, 기독교, 시민그룹 등의 강한 반대에 부딪혀 번번이 실패하곤 했다. 하지만 이런 국가신도 부활운동은 우경화현상이 가속화되면서 이세 신궁 국영화운동이라든가 〈교육칙어〉 부활운동과 함께 앞으로 현실화될 가능성이 더욱 커지고 있다. 〈표5〉에서 보듯이, 본질적으로 이와 같은 네오-내셔널리즘적인 움직임은 "메이지유신 이래 패전까지 일본을 이끌어 온 국가신도적 틀, 즉 사적 영역에 있어 종교의 자유는 허용되지만 공적 영역에서는 시민종교로서의 국가신도가 지배해야 한다는 것을 의미"[16] 한다.

이런 보수 우경화의 와중에 호소카와 모리히로 수상과 무라야마 도모이치 수상은 각각 1993년과 1995년에 식민지 지배에 대해 공식적으로 사과했다. 그러나 도이 다카코에 따르면 이들의 사과는 보수 정치가와 우익 집단들이 참을 수 있는 한계를 넘어선 것이었다. 가령 이시하라 신타로(石原慎太郎) 당시 도쿄도지사는 2001년 8월 야스쿠니 신사를 참배하면서 다음과 같이 언급한 바 있다.[17]

> "내가 용서할 수 없는 것은 우리의 태평양전쟁이 침략전쟁이었다고 선언한 호소카와의 역사에 대한 무지이다. 마치 세계를 식민지화한 유럽과 미국의 제국주의는 받아들일 수 있고 우리의 전쟁만이 악하다는 것처럼 말이다. 나는 정부 지도자가 범하는 최악의 범죄는 자신의 나라를 강물에 팔아 던지는 것이라고 생각한다. '통절한 반성과 마음으로부터의 사과'라는 호소카와의 발언과 무라야마의 센티멘털리즘은 우리나라의 역사에 대한 신성모독에 해당한다. 나는 그걸 용서할 수 없다."

과거 전쟁에 대한 현대 일본 네오-내셔널리스트의 본심을 매우 직설적으로 노출하고 있는 위 발언은, 사에키 쇼이치가 『신도의 마음』 머리

---

16 Mullins(2012), "The Neo-Nationalist Response to the Aum Crisis", p.103.

17 같은 글, p.109.

표 5 옴 사건 이후 네오-내셔널리즘 운동과 과거 회귀의 동향

연도	주요 내용
1995	후지오카 노부카쓰, 니시오 간지. '자유주의사관연구회' 발족
1996	'자유주의사관연구회'의 주도로 '새로운 역사교과서를 만드는 모임' 발족
1997	〈일본회의〉 성립('일본을 수호하는 모임'과 '일본을 수호하는 국민회의'의 합병)
1998	고바야시 요시노리, 『전쟁론』 발간
1999	히노마루 / 기미가요에 관한 법률 제정. 입학식 / 졸업식 등 공식 행사에 사용
2000	모리 요시로 수상의 '신국' 발언
2001	고이즈미 준이치로 수상의 야스쿠니 공식 참배(2006년까지 다수 참배)
2002	애국적 도덕교육 텍스트인 〈마음의 노트〉가 전국 초중고등학교에 배포됨
2003	도쿄도지사 이시하라 신타로의 지시로 도쿄교육위원회가 공립학교 교사들에게 학생들로 하여금 기미가요를 부르도록 지시(10월 23일)
2004	이를 어긴 180명의 교사들을 징계
2005	자민당이 새로운 헌법 발의안 공표. 고바야시 요시노리 『야스쿠니론』 발간
2006	교육기본법 개정
2007	야스쿠니 애니메이션 DVD 〈호코리〉가 〈日本青年会議所〉에 의해 제작되어 전국 93개 지역에 배포됨
2008	문부성은 학교의 야스쿠니 및 호국신사 참배 금지 법률이 더 이상 유효하지 않다고 선포(3월 27일)하고 이에 관한 새로운 정책을 제시(6~7월)
2010	재일 한국인에 대한 '재특회'(재일특권을 용납하지 않는 시민의 모임)의 인종차별적 언사 (바퀴벌레, 일본에서 나가라) / 조선학교에 대한 무상교육 적용대상 배제(11월)
2011	5월 30일, 대법원은 학교행사에서 교사들이 일장기 앞에서 기미가요를 부르도록 지시한 교장의 행동이 합헌적이라고 판결 / 8월 4일, 요코하마 시교육위원회는 2012년부터 새역모의 교과서를 149개 학교에서 8만여 명의 학생들이 사용할 것이라고 발표 / 6월 5일, 오사카부 의회는 모든 공립학교 행사에서 모든 교사들과 직원들이 기립하여 기미가요를 불러야 한다는 '기미가요 조례'를 통과시킴
2012	아베 신조 수상 취임(12월)
2013	인종차별적 혐한시위의 전국적 확산 / 아베 신조, 제62회 이세신궁 식년천궁(내궁) 의식 참석(10월) / 아베 신조, 야스쿠니 참배(12월)
2014	헤이트 스피치의 극단적 표출 / 집단적 자위권 해석 개헌(7월)

말에서 "이 책의 중심 모티브는 나 자신의 신도 발견 혹은 신도 회구의 심정"[18] 이라고 적으면서 일본 시민들이 개인으로서 삶의 방식의 의지처는 국민적 전통의 뿌리인 신도밖에 없음을 주장한 것과 실은 동전의 양면 같은 것이다. 이는 전술한 〈신도정치연맹〉이라든가 〈일본회의〉 같은 대표적인 보수우익단체의 본질적 성격이 정치와 종교의 결탁에 있듯이, 네오-내셔널리즘의 핵심은 정치적 내셔널리즘과 종교적 내셔널리즘 혹은 문화적 내셔널리즘의 옷을 입은 신국 내셔널리즘의 합성에 있다는 점을 시사해준다.

3. 신신종교와 네오-내셔널리즘

옴 사건 이후 스피리추얼리티 담론 및 일본교론을 둘러싼 종교적 내셔널리즘 담론은 잠시 수그러들었지만, 대신 야스쿠니 문제[19] 라든가 전몰병사의 위령을 국가 주도나 적극적인 관여하에 신도행사로 해야 한다는 주장, 히노마루 및 기미가요 문제, 천황 즉위와 장례에 관련된 의례, 역사교과서 문제, 영토분쟁 문제 등을 둘러싸고 정치적 내셔널리즘 담론이 강화되는 추세에 있다. 그런데 정치적 내셔널리즘은 아이덴티티 문제의 관점에서 볼 때 종교적 내셔널리즘과 동전의 양면 같은 것이다. 집단적

---

18 佐伯彰一(1992), 『神道のこころ』, 10쪽.

19 야스쿠니 문제에 관해서는, 박규태(2008), "야스쿠니의 신화", 39~76쪽 참조.

국가아이덴티티의 결집을 모색하는 정치적 내셔널리즘의 이면에는 실은 아이덴티티의 부재라는 그림자가 깔려 있다. 마찬가지로 개인적 아이덴티티의 확인을 추구하는 신영성운동의 배후에도 자아불확실성에 대한 짙은 실존적 불안이 드리워져 있다. 요컨대 아이덴티티의 부재감과 그에 대한 위기의식이 종교적 내셔널리즘과 정치적 내셔널리즘의 세계에 공통감각으로 존재한다고 말할 수 있다. 특히 이념적인 지향성의 측면에서 '종교-정치복합체'라 칭할 만한 〈행복의 과학〉의 네오-내셔널리즘 사례는 이 점을 잘 보여준다.

이 〈행복의 과학〉의 사례를 심층적으로 이해하기 위해서는 먼저 옴 사건을 전후하여 집중적으로 표출된 신신종교의 네오-내셔널리즘 담론을 다루지 않을 수 없다. 가령 신도계 신신종교인 〈월드메이트〉의 지도자 후카미 도슈(深見東州)는 1995년 2월 3일 진무 천황과 구니토코타치로부터 이런 계시를 받았다고 주장한다. "금년은 일본국이 시작된 이래 위급존망의 시기이다. 몽고 침략 때보다 두 배 더 위험한 사태가 벌어질 것이다." 최악의 경우 2,650년간 이어진 일본국이 멸망할 수도 있다는 것인데, 이를 막기 위해서는 "일본의 잠자는 수호신역을 즉시 열어 그 신령을 깨워야 한다. 즉 긴급특별 국방산업으로서 구마노 대사(熊野大社), 이세 신궁(伊勢神宮), 아시베쓰다케(芦別岳), 자오산(藏王山), 이와키산(岩木山), 게히 신궁(氣比神宮), 무나카타 대사(宗像大社) 등 일곱 신역에서 잠자고 있는 신들을 기도로 흔들어 깨워야 한다"는 것이다. 나아가 후카미는 "일본의 신계(神界)야말로 모든 신계의 근원이며, 그 가치는 천황으로 대표된다"고 하면서 "이리하여 '간나가라'(오직 가미의 뜻 그대로_필자)의 일본 정신이 참으로 우수하다는 점이 경제성장으로 실증되고 있습니다. '간나가라'의 정신은 이론이나 관념이 없는 감성의 세계인데, 많은 외국인들은 그 우수성을 이해하지 못합니다"라고 말하기도 한다. 요컨대 〈월드데이트〉는 일본인의 정신적 지주는 신도이며 그것이 최고의 종교적 가치를 가진다고 하면서 일본 중심적인 위기극복의 시나리오를 강조하고 있는 것이다.

이와 비슷한 어조로 일련계 신신종교인 〈현정회〉도 신도적인 것을 기반으로 일본의 우월성을 내세우면서 앞으로 일본이 세계의 위기를 구할 것이라고 주장한다. 이에 비해 〈옴 진리교〉에는 천황에 대한 숭경은 전혀 보이지 않지만, 교주 아사하라 쇼코 또한 "문명의 발전을 결정하는 자장이 앞으로 43년 후 일본을 정중심으로 하게 될 것이다. (중략) 미래는 일본을 중심으로 새로운 문명이 발전될 것이다. (중략) 요컨대 욕망의 짐승으로 화한 인간들로 하여금 태양의 법에 따르게 하기 위해 일본이 존재하는 것이다"라고 하면서 일본 중심적인 세계 구원의 시나리오를 제시한 바 있다.

그러나 네오-내셔널리즘적 주장이 가장 두드러지게 나타나는 것은 진광계 교단과 〈행복의 과학〉이라 할 수 있다. 〈세계진광문명교단〉, 〈숭교진광〉, 〈행복의 과학〉 등은 모두 "금후 세계의 위기를 구원하는 움직임은 일본에서 일어날 것"이며 "일본인에게는 세계를 구원할 사명과 자격이 있다"는 주장을 다른 어떤 교단보다도 선명하게 표출하기 때문이다.[20] 이와 관련하여 나카바야시 노부히로는 신종교가 주장하는 일본 이미지로서, 일본 문명을 세계로 확대시키고자 하는 '제국 이미지'와 내셔널리즘을 증발시킨 국제화의 몽상으로서의 '국제주의 이미지'의 두 가지 유형을 제시하고 있다. 진광계 교단은 전자, 행복의 과학은 후자의 전형이라

20 島薗進(2001), 『ポストモダンの新宗教』, 100~105쪽.

는 것이다. 그에 따르면 진광계 교단이 "일본 신화를 무한히 확대시켜 천황의 조상을 세계 모든 민족의 기초로 삼는 초국수주의"로서 "세계 파악이 지극히 상징적 혹은 의도적으로 무내용적"이라고 한다면, 초기 〈행복의 과학〉은 "극단적인 일본 중심주의는 아니지만 일본 정신의 국제화라는 현대적 내셔널리즘"의 측면에서 이해할 수 있다.[21] 〈행복의 과학〉의 경우는 교육, 정치, 경계에 종교적 가치관을 포함시켜야 한다고 주장한다든지 뇌사 및 장이식을 반대하고 종교 비판 보도에 대한 제한을 요구하는 등, 신신종교 중에서도 특히 반세속주의적 입장이 강하다. 이와 아울러 창시자 오카와 류호는 신도의 민족신을 중심으로 한 민족종교의 역할을 끝났지만, 바야흐로 일본에서 생겨난 새로운 종교가 세계의 종교를 통일할 때가 왔다고 주장하면서 "인류 54억의 운명이 지금 일본인의 손에 맡겨져 있다"고 말한다.[22]

〈행복의 과학〉의 사례는 다음 장에서 상술하기로 하고 이하에서는 진광계 교단의 사례에 대해 좀 더 구체적으로 살펴보기로 하자. 진광계 교단은 원래 〈세계구세교〉의 간부였던 전 육군 중좌 오카다 요시카즈(岡田良一, 일명 고타마[光玉]. 1901~1974)에 의해 1959년 설립된 〈세계진광문명교단〉(世界眞光文明教團) 및 거기서 분파한 〈숭교진광〉(崇教眞光) 등 일련의 교단을 지칭하는 말이다. 이 진광계 교단은 일본의 우월성을 주장하는 일본 중심주의적 교의가 두드러진다. 그 교의에 따르면 일본은 모든 인류가 퍼져 나간 세계의 발상지이며, 인류의 영적 근원이 되는 나라

---

21 中林伸浩(1999), "新宗教の日本イメージ", 173~196쪽 참조.

22 島薗進(2001), 『ポストモダンの新宗教』, 88~137쪽 참조.

이고, 일본어는 모든 언어의 토대이다. 이처럼 세계의 중심인 일본의 핵심은 천황이므로, 일본은 세계 인류 교화의 중심자인 천황을 중심으로 향후 세계를 파국에서 구해야 할 사명이 있다. 다시 말해 세계 통치를 위해 파견된 존재가 일본의 천황이며, 또한 일본의 영적인 상태가 세계의 상태에 영향을 끼친다. 그리고 일본의 경제대국화는 새로운 '영주'(靈主)의 문명을 전파하기 위한 토대를 마련해 주었다는 것이다. 이는 후기 국학자 히라타 아쓰타네의 일본 중심주의 혹은 "21세기에는 일본이 세계의 왕이 된다"는 대본교 데구치 오니사부로의 예언을 떠올리게 해주는 대목이다.

이 밖에 진광계 교단에서는 이른바 '데카자시'라 불리는 의례를 통해 영혼과 마음과 신체 모두 정화됨으로써 곧 다가올 종말(불의 세례)을 극복하고 '차기 문명', '영주 문명'에 살아남을 '종자 인간'(種人)이 되는 것이 신자로서의 사명이라고 말해지는 한편, 현계(지금 세상)는 영적 세계의 영향하에 있으며 질병과 가난과 고통 등도 그 원인은 대개 '영적 장애'(靈障)에 있다고 주장된다. 이런 주장은 고타마 독자적인 것만은 아니었다. 이는 그가 교회장으로 있던 〈세계구세교〉에서는 인정되지 않았다. 이런 계시의 배경에는 〈천진교〉(天津教)의 다케우치 문서(竹内文書)와 대단히 흡사하다. 패전 전 『고사기』와 『일본서기』 신화를 거슬러 올라가 '진짜 국사'를 표방함으로써 많은 식자들과 군인을 끌어 모아 불경죄 용의로 특고 조사를 받았던 〈천진교〉 다케우치 문서의 중심 내용도 바로 영적인 일본 중심주의와 인류의 일본 기원설에 있기 때문이다.[23] 이와 같은 진광의 영적 일본 중심주의는 다음 인용문에서처럼 1970년대 중반에서

23 塚田穂高(2009), "新新宗教における文化的ナショナリズムの諸相", 74쪽.

1990년대 초에 이르기까지 〈세계진광문명교단〉의 2대 교주 세키구치 시대에 이르러 보다 강조되기에 이른다.

"실은 진무 천황 이전의 고대로부터의 일본어에서는 우리나라를 '영의 근원이 되는 나라'로 불렀다. (중략) 우리나라의 영계는 많은 신들을 낳았으며 인간의 모형을 만들어 낸 '본원적 땅'[元地]이며, 전 세계 인류의 발생 거점이다. 이런 일본국에서부터 세계 각지로 인류가 이주했던 것이다. (중략) 그렇다고 해서 일본인이 위대하다고 생각한다면 이는 잘못이다. 다만 일본인은 인류 본가의 입장에 있으므로 나름대로의 책임이 있다. 다가올 불의 세계에 대한 마음가짐을 바로 하고 인류를 차기 문명으로 올바르게 유도할 중대한 책무가 있다. (중략) 인류 교화를 위해 신이면서도 인간의 몸을 입고 지상에 내려오신 분이 바로 중심적인 통치자이신 일본의 천황님이시다. (중략) 천황님은 일본국과 일본인만을 위한 통치자가 아니라 세계 인류 교화의 중심자이시다."[24]

여기서 세키구치는 천황이 "세계 인류 교화의 중심자"라고 하면서 이를 현실 속의 일본 천황에 대한 강한 숭경과 결부시킨다. 그러나 90년대 초반에 이르면 이런 일본 중심주의적 사고에 다소간의 변화가 보인다.

"경제대국으로서의 일본은 지금 세계 각국으로부터 많은 공헌을 요청받고 있습니다. 각종 경제적 공헌은 물론이고 정치 문제, 환경 문제에서

24 関口榮(1978), 『火の洗禮』, 208~212쪽.

도 세계의 리더가 될 것이 요청되고 있습니다. (중략) 그러나 일본이 세계에 대해 해야만 할 가장 큰 공헌이 있음을 알아야만 합니다. 그것은 일본국 및 일본인만이 할 수 있는 영적 공헌입니다. 무시무시한 참상을 초래할 '불세례의 대재난'으로부터 세계 인류를 구원하기 위한 중요한 책무가 일본국 및 일본인에게 있음을 알아야만 합니다. (중략) 일본 민족은 오늘날 중시되고 있는 물질, 돈, 주체의 이념을 바꾸어 영적 세계로 눈을 돌리지 않으면 안 됩니다. 세계 인류에 대한 일본 민족의 참된 영적 역할의 자각과 아울러, 대립이 없는 사랑과 조화의 상념에 의해 모든 외국의 항쟁심을 완화시켜 없애는 것이 지금부터 우리들 일본 민족이 노력해야 할 중요한 목표입니다."[25]

여기서는 국제화 시대에 '영적 선진국'인 일본이 "영적 공헌"을 해야만 한다고 설해진다. 이는 선진국 의식을 반영한 관점으로, 절정에 도달한 버블 경제와 페르시아만 위기 등 국제정세를 배경으로 하고 있다. 이런 과정을 거치면서 〈세계진광문명교단〉은 1994년 세키구치 사카에가 죽고 3대 교주가 취임한 이후 1990년대 중반부터 내셔널리즘 담론이 점차 후퇴하게 된다. 이와 더불어 전후 일본의 교육에 대한 비판과 이상적 교육에 대한 언급이 중심이 된다. 2000년대에 들어서서는 "상대방의 영혼을 흔들고, 눈에 보이지 않는 세계에도 영향을 끼치는 볼런티어"로서의 스피리추얼 볼런티어(SV) 활동을 추진하면서 "한 사람 한 사람이 삶의 방식을 바꿈으로써 그것이 커다란 파도를 이루게 하는" 영적 구원을

25 関口榮(1992), 『日本よ´靈的先進國たれ』, 3쪽 및 162~163쪽.

주창하게 된다.

한편 〈숭교진광〉의 경우는 다케우치 문서적인 일본 중심주의, 인류 일본 기원설 등의 세계인식을 계승하면서도 '공존공영'이라든가 '인류는 원래 하나'라는 측면을 강조하면서 "모두가 영주로 산다면 아름답고 정결한 세계를 되찾을 수 있다"고 주장했다. 일본 및 일본인은 해야만 할 역할이 있다. 즉 일본 영계가 세계 영계에 영향을 끼친다는 것이다. 이는 경제적·물질적 공헌이 아니라 영적 공헌이다. 〈숭교진광〉에서는 지난 전쟁도 영적 차원에서 본다. 즉 대동아전쟁 등은 서구의 물질문명에 대항하는 영주(靈主) 문명 간의 싸움이었다는 것이다. 요컨대 진광계 교단의 네오-내셔널리즘은 일본의 문화적 특수성과 독자성에 주목하면서 그 근거로 다케우치 문서의 계보에 속한 일본 기원신화에 의존하고 있다는 특징을 보여준다. 즉 일본이 영적인 '근원'으로서 세계의 중심지이고 인류의 발상지이며 세계 여러 민족은 모두 일본에서 파생했다는 것이다. 이때 천황은 전 인류를 통치하고 교화하기 위해 파견된 '스메라미코토'이며, 그 계보가 '만세일계'로 내려왔다고 주장된다. 이처럼 일본 중심주의와 천황 숭경이 강하게 결부되어 있다는 점이야말로 진광계 교단의 네오-내셔널리즘이 보여주는 가장 큰 특징이라 할 수 있다.[26]

26 塚田穂高(2009), "新新宗教における文化的ナショナリズムの諸相", 74~78쪽.

제11장

〈행복의 과학〉과 네오-내셔널리즘

이 장에서는 전술한 네오-내셔널리즘을 가장 극단적인 형태로 보여주는 사례로, 현대 일본 사회에서 특히 주목받고 있는 신신종교 교단 〈행복의 과학〉(幸福の科學)에 대해 생각해 보고자 한다. '행복'(幸福, 고후쿠)이라는 현대 일본어는 근대기 'happiness'를 번역한 신조어인데, 영어 'happiness'는 어원적으로 'happen'이라는 단어와 관련이 있다. 거기에는 느닷없이 생각지도 않은 신의 은총을 받았다는 의미가 담겨 있다.[1] 버트런드 러셀은 그의 대중적 행복론을 적은 『행복의 정복』(1930)에서 "마음속 깊은 곳의 본능을 좇아서 강물처럼 흘러가는 삶에 충분히 몸을 맡길 때, 우리는 가장 큰 행복을 발견할 수 있다"[2]는 결론을 내리고 있다. 러셀의 주장처럼 행복이란 수여받는 것일 뿐 아니라 더 나아가 정복할 수 있는 어

1 나카자와 신이치(2005), 『대칭성 인류학』, 229쪽.

2 버트런드 러셀(2005), 『행복의 정복』, 266쪽.

떤 것일지도 모른다. 하지만 일본인들은 대체로 행복을 전적으로 대우주나 신적인 존재로부터 '주어지는 것', 그리하여 인간은 그런 수여를 통해 '살아지는 것'(生かされる)이라는 감각에 누구보다도 예민해 보인다. 사실 기복적인 것은 사람들이 종교를 찾도록 만드는 강력한 개인적 동기이지만, 일본의 경우 그것은 이런 피동적 감각에 입각하여 매우 일상화되고 집단양식화된 형태로 지속되어 왔다는 특징을 보여준다. 현대 일본 사회에서도 여전히 대중적으로 폭넓은 인기를 구가하는 신사 신앙은 기본적으로 이처럼 집단양식화된 기복신앙에 바탕하고 있다.

가령 현대 일본의 신사 신앙 가운데 가장 인기가 많은 이나리 신앙은 지극히 기복적이다. 역사적으로 보자면 이런 특징은 복신 신앙을 적극적으로 수용하고 함양시킨 근세 상공업자들의 기대에 상응하는 것이었다. 본래 중국계의 호테이오쇼(布袋和尙), 쥬로진(壽老人), 후쿠로쿠쥬(福祿壽), 인도계의 벤자이텐(弁才天), 다이코쿠텐(大黑天),[3] 비샤몬텐(毘沙門天) 등이 일본의 고유신 에비스(恵比寿)와 한 세트가 되어 무로마치 시대 후기에 등장한 칠복신(七福神)신앙이 15세기경부터 점차 명확한 형태를 띠게 되는데, 그 과정에서 이나리 신앙도 복신 신앙의 흐름에 합류하게 되었다. 예컨대 전국 이나리 신사의 총본산인 교토 후시미이나리 대사(伏見稲荷大社)의 오즈카(お塚)신앙[4]이나 미쓰코시(三越)백화점의 미메

3 오쿠니누시와 습합한 다이코쿠텐이라는 복신은 커다란 포대를 등에 지고 있는 모습으로 묘사되는데, 이와 관련하여 남의 돈을 짊어짐으로써 온갖 불행을 자기 한 몸에 짊어지고 걷고 있기 때문에 신으로 모신다는 속신도 있다. 가와이 하야오·나카자와 신이치(2004), 『불교가 좋다』, 141쪽.

4 신사 뒤편에 있는 이나리산의 약 1만 기에 달하는 고분(오즈카)을 참배하고 제사 지내는 신앙. 오늘날 후시미이나리 대사에서 산정에 이르는 참배로에는 약 2만여 개의 붉은 색 도리이가 세워져 있다.

구리(三囲) 신사[5]에는 에비스라든가 다이코쿠텐과 같은 복신들이 밀접하게 관련되어 있다.

그런데 이 책의 제6장에서 다룬 바 있는 나카자와 신이치에 따르면 행복을 뜻하는 순수 일본어 '사치'(幸)는 동물 정령의 영역과 인간 영역 사이의 경계성을 나타내는 '사'와 그 경계에 가득 차 있는 영력을 의미하는 '치'의 합성어로 수렵에서의 풍부한 사냥감을 의미한다. 고대 수렵민들은 이런 사냥감을 동물의 정령이 주는 선물로 생각하여, 사냥감을 정중하게 다루어 성대한 의식을 치루었다. 따라서 '사치'라는 말의 배경에는 'happiness'와 마찬가지로 증여론적인 사고가 작동하고 있다는 것이다.[6] 이런 행복 개념에는 나카자와가 말하는 '대칭성의 사고', 즉 '구체의 과학'으로서의 신화에서 전형적으로 찾아볼 수 있는 '야생의 사고'가 깊이 침투해 있다. 이와 같은 '대칭성의 사고'를 매개로 하여 '행복'과 '과학'은 의미 있는 접점을 가지게 된다.

지난 대통령 선거기간과 박근혜 정부 초기까지 남발되던 '행복'이라는 말이 요즘 거의 들리지 않게 된 것은 아직 끝나지 않은 세월호 사건의 파장 때문이기도 하겠지만, 어찌 보면 '다행'스러운 일일지도 모른다. 행복이라는 말이 정치적 구호가 될 때 그것은 환상으로서의 이데올로기로

5 에도 시대부터 미쓰이 가문이 숭경해 온 유서 깊은 이 신사에는 이나리신이 제신으로 모셔져 있다. 원래는 1673년에 현 미쓰코시의 전신인 에치고야(越後屋) 포목전을 개점한 미쓰이 다카토시(三井高利, 1622~1694)가 신봉한 신사로, 근세에 스미다가와(隅田川) 칠복신 신앙으로도 유명했으며 지금도 경내 말사에는 에비스와 다이코쿠텐이 모셔져 있어 매년 정초에는 수만 명이 하쓰모우데 참배를 한다. 사실상 이와 같은 이나리 신앙의 현세 이익적 기복성이야말로 이나리 신사가 전형적인 회사신사로 꼽히게 된 가장 직접적인 이유일 것이다. 박규태(2011), "현대 일본의 회사종교", 36~37쪽.

6 나카자와 신이치(2005), 『대칭성 인류학』, 232~233쪽.

변질되기 십상이기 때문이다. 그렇다면 행복 담론이 종교와 결합될 때 무슨 일이 일어날까? 이 물음과 관련하여 이하에서는 〈행복의 과학〉에 있어 영계 사상과 내셔널리즘의 결합에 주목하면서 그것이 특히 옴 사건과 3·11 대진재를 경계로 하여 어떤 변용을 보여주었는지를 살펴보고자 한다.

1. 〈행복의 과학〉의 영계 관념과 교의적 특성

공칭 신자 수가 1000만 명을 넘는다고 주장하는 〈행복의 과학〉은 도쿄대 법대 출신인 오카와 류호(大川隆法, 1956~현재)에 의해 1986년에 창립된 현대 일본의 매우 젊은 신생 교단이다. 빈병쟁(貧病爭)으로부터의 구제를 설한 종래의 일본 신종교와는 달리, 불교의 팔정도를 현대적으로 재해석하면서 자기정신의 향상 및 일종의 성공법칙이나 처세술에 가까운 '행복의 스피리추얼리티'를 강조함으로써 이에 공감한 비즈니스맨이나 관료들이 대거 입회하고 있다. 이때 오카와는 인류 역사상 모든 문명의 유산·학문·사상·종파를 '행복'이라는 이념하에 만교귀일적으로 재통합하고, 이를 위해 종교개혁을 비롯하여 모든 분야의 개혁과 재생을 기도하여 지상 유토피아를 실현함으로써 신문명을 창출하는 것이 〈행복의 과학〉의 사명이라고 주창한다. 2010년에는 '행복의 과학학원 중학·고교'를 개교했으며 나아가 행복 연구를 목표로 하는 '행복의 과학 대학' 개교를 추진 중에 있다.

오카와의 주장에 따르면 어느 날 갑자기 그에게 일본 불교의 한 종파인 〈일련종〉 창시자 니치렌의 제자인 닛코의 영이 강신했고, 이어 니치렌을 비롯하여 〈GLA〉 교조 다카하시 신지, 선지자 엘리야와 예레미야, 예수, 성모 마리아, 무함마드, 석가모니, 관세음보살, 황조신 아마테라스, 〈대본교〉 교조 데구치 나오와 데구치 오니사부로, 〈천리교〉 교조 나카야마 미키, 톨스토이, 우치무라 간조, 일본 〈진언종〉 창시자 구카이, 아인슈타인, 레오나르도 다빈치, 〈생장의 가〉 교조 다니구치 마사하루 등 일본의 신도 신들과 종단 창시자들을 비롯하여 과거 동서양의 종교 엘리트와 위인들의 '고급 지도령'이 차례차례 강신하여 그로 하여금 계시 내용을 자동필기하게 하거나 독백 형식으로 그와 대화를 나누었다고 한다.

이후 그는 '영언집'이라 하여 자신에게 접신한 이 지도령들의 계시를 책으로 펴내 오고 있다. 이런 대량의 영언집을 포함하여 〈행복의 과학〉 교의의 '기본 3부작'이라 불리는 『태양의 법』, 『황금의 법』, 『영원의 법』을 비롯한 '법' 시리즈물, 불교서, 각종 교리서는 물론이고 나아가 스피리추얼리티 및 영계 관련서로부터 비즈니스서, 가정·결혼·교육 관련 서적, 건강서, 정치 관련 서적, 심지어 영어회화서 등에 이르기까지 매년 수십 권씩 발간하면서 2014년 말 현재 1700여 종의 책을 출판하여 엄청난 독자층을 형성하고 있다. 이 중 오카와의 대표 저작이라 할 수 있는 『태양의 법』(太陽の法, 1987)은 발간 부수 1000만 부를 넘었고, 『대오의 법』(大悟の法)은 2003년 판매 부수 1위를 차지하는 등, 지금도 그의 수많은 저작들이 연간 베스트셀러 상위에 랭크되어 있다. 이런 수많은 저서들은 영어, 프랑스어, 독일어, 스페인어, 포르투갈어, 러시아어, 힌디어, 중국어, 한국

어[7] 등 30여 개국 언어로 번역되어 100여 개 국가에서 출간되었다. 이와 같은 오카와의 서적 출판에 대한 열의와 욕망은 〈옴 진리교〉를 위시하여 그 어떤 종교도 따라갈 수 없을 만큼 압도적이다. 그런 만큼 〈행복의 과학〉이 무엇보다 서적을 통한 신자 교육과 포교에 힘을 쏟는 것은 지극히 자연스러워 보인다. 이런 의미에서 타 종교와 비교할 때 〈행복의 과학〉의 특이점은 그것이 '출판과 독서의 종교'라는 점에서 찾아볼 수 있을 것이다.

〈행복의 과학〉은 1991년 종교법인을 취득한 이래 갖가지 크고 작은 대외 활동과 스캔들로 인해 매스컴의 주목을 받기 시작했다. 예컨대 오카와가 직접 제작한 텔레비전 CM을 널리 방영하여 대대적인 선전활동을 전개하고 다수의 대규모 강연회를 개최하는 한편, 출판계에서 굴지의 위상을 지닌 고단샤(講談社)의 대중적 주간지 〈프라이데이〉에 게재된 교단 비판기사에 대해 공격적인 반격을 가하면서 소송을 제기하는가 하면, 1991년 9월에는 한 밤샘토론 TV 프로그램에 출연하여 당시 많은 화제를 몰고 다닌 〈옴 진리교〉 교주 아사하라 쇼코와 격한 논전을 벌이기도 했다. 이와 함께 〈행복의 과학〉은 매스컴, 법조계, 타 종교집단 또는 뇌사 및 장기이식을 추진하는 의료계에 대해 강력하게 비판하는 등 사회, 정치, 교육 문제 등에 대해 현저한 관심을 표출하는 가운데, 교세의 급성장과 더불어 1996년 도쿄에 총본산을 개설하고 지방 각지에 수많은 지부와 시설을 건설함으로써 전국적인 네트워크를 강화해 나갔다.

한편 1991년 7월 15일 오카와는 도쿄돔에서 5만여 명이 모인 가운

---

7 국내에는 〈행복의 과학〉 사상의 기본3법으로 불리는 『태양의 법』(가림출판사, 1999), 『황금의 법』(가림출판사, 2003), 『영원의 법』(가림출판사, 2000)을 비롯하여 10여 권이 번역 출간되었다.

데 열린 제1회 〈탄생제〉(御生誕祭)에서 스스로를 '엘 칸타레'라고 선언했다. 자신을 환생한 붓다라고 주창한 오카와가 그 붓다의 원형이라고 설한 '엘 칸타레'란 무엇인가? 이는 〈행복의 과학〉의 독특한 우주관 및 구원관에 입각한 영계 사상과 밀접한 관계가 있다. 오카와가 설하는 코스몰로지에 따르면 지금으로부터 400억 년 전에 빅뱅이 일어나 3차원 우주공간이 형성된 이래 태양계, 금성, 지구 등이 생겨났으며, 55억 년 전 금성에서 태양계 최초의 생명인 '엘 미오레'라는 신령이 태어났다. 이 '엘 미오레'를 비롯하여 '아모르', '모리야', '세라빔' 등의 신령들이 힘을 합하여 4억 년 전 지구에 인류를 탄생시켰는데, 향후 '아모르'는 예수, '모리야'는 모세, '세라빔'은 공자가 되었고 '엘 미오레'는 '엘 칸타레'('아름다운 빛의 나라인 지구'를 뜻하는 말)로 이름을 바꾸어 고타마 붓다로 태어났다고 한다. 이 엘 칸타레는 〈행복의 과학〉의 다층적 영계관의 중심적 존재이다. 우주의 최고 차원인 9차원 영계의 중심적 존재는 고타마 붓다 및 헤르메스의 본체의식인 엘 칸타레, 즉 오카와 류호 자신이라는 것이다. 교단 내에서 '월드 티처'라 자칭하는 이 오카와 류호 총재(교단 내 공식 호칭)는 지구계 영단의 최고령인 엘 칸타레의 본체의식이며, 과거 그 의식의 일부가 인도의 붓다 및 그리스의 헤르메스로서 강탄했다고 말해진다. 그렇다면 여기서 말하는 9차원 영계란 무엇인가? 이는 다음 인용문에서처럼 다차원적 코스몰로지의 일부로서 진화론과는 반대 방향으로 진행된 우주생성론의 출발점을 가리킨다.

> "천지의 창조란 고차원의 존재가 낮은 차원의 것을 만들어 가는 역사였다 즉 초고차원의 근원신의 뜻에 의해 각 차원에 하나하나 고급 신령이 만들어진다. (중략) 지구를 중심으로 하는 영단은 우선 9차원 우주층이 만들어

졌다. 그 후 8차원 여래계가 생기고 (중략) 4차원 유계가 완성되었다."[8]

구체적으로 9차원 영계는 가로, 세로, 높이, 시간, 정신, 신(神)지식, 이타(利他), 자비, 우주 등의 9개 요소로 이루어져 있는 '태양계'를 가리킨다. 그곳은 수천 년에 한 번씩 거대문명을 일으키기 위해 지상에 강림하는 인령(人靈), 즉 최고도로 진화한 사람들이 거하는 세계이자 구세주(메시아, 불타, 대여래)의 세계이기도 하다.[9] 그 밑의 8차원 영계(가로, 세로, 높이, 시간, 정신, 신지식, 이타, 자비)는 '금강계'로 불리는 종교·사상·과학 등의 영역에 해당한다. 그곳은 최고 리더였던 인령들, 즉 해당 시대의 중심이 되어 역사를 창조해 온 사람들이 거하는 세계이자 여래(대천사)의 세계에 다름 아니다. 이에 비해 7차원 영계(가로, 세로, 높이, 시간, 정신, 신지식, 이타)는 '거룩한 천상계'로 불리며, 지상에 있을 때 사랑과 자비로써 다른 사람을 인도하거나 구제하는 것을 중심으로 살았던 사람들이 거하는 보살의 세계이다. 한편 6차원 영계(가로, 세로, 높이, 시간, 정신, 신지식), 즉 '광명계'는 인류 진화에 기여한 학자·예술가·종교가·사상가 등의 인령, 예컨대 보살이 되기 위해 수행 중인 아라한이나 한때 신으로 제사 받은 적이 있는 제천선인(諸天善人)들이 사는 곳을 말한다.

이와 더불어 오카와는 종교에서 흔히 말하는 '협의의 영계'를 5차원 영계(가로, 세로, 높이, 시간, 정신)에 배치시키고 있다. 그곳은 지상에서 살 때 신앙심이 깊었다든지 선량하게 살았던 인령들이 거하는 '정신계' 혹

8 大川隆法(1997), 『太陽の法』, 51쪽.

9 오카와에 따르면 지구계 영단에는 엘 칸타레(석존)를 비롯하여 아가샤(예수), 모세, 공자, 엘 란티, 마누, 마이트레아, 쿠트 후미(뉴튼), 제우스, 조로아스터 등 10명의 구세주가 존재한다.

은 '선인계'(善人界)를 가리킨다. 그 밑의 4차원 영계(가로, 세로, 높이, 시간)는 인간이 사후에 들어가게 되는 '정령계'로서, 이 중 암흑의 차원을 '지옥계'라 부른다. 이 지옥은 또한 현세의 인간들이 살고 있는 3차원 영계(가로, 세로, 높이), 즉 '현상계(물질계)' 안에도 천당과 함께 공존하고 있다. 하지만 오카와가 상상한 코스몰로지는 여기서 끝나지 않는다. 9차원 영계 위에 다시 수많은 영계가 존재한다는 것이다. 가령 9차원 영계의 요소에 '창조 진화'가 추가된 10차원 영계는 지구계 영단과 인령(人靈)을 넘어선 세계로 그곳에는 삼체의 의식만이 존재한다. 즉 지구 생명체의 적극적인 의지와 양성(陽性)을 관장하는 대일(大日)의식, 소극적이고 우아한 여성적 측면을 관장하는 달(月)의식, 그리고 지구의 생명체로서의 의식으로서 지구상에서의 천지창조를 관장하는 지구의식이 그것이다. 나아가 태양의 생명체 그 자체 또는 태양으로서의 영체 그 자체인 11차원 영계에는 태양이라는 의식체가 항성의식으로서 존재한다. 오카와는 이 밖에도 '은하의식'으로서의 12차원 영계라든가 '대우주의식'으로서의 13차원 영계 등 수많은 영계가 존재한다고 주장한다.

이상에서처럼 오카와가 인령이라든가 영계를 말할 때의 '영'이란 지성이 있는 무정형의 에너지로서, 신의 생명이 나뉘어져 개성화된 존재를 가리킨다. 오카와는 그중 3차원 영계의 물질세계에 내려와 구체적인 생명체로서 지상생활을 경험한 자를 '혼'이라고 부르면서, 그 혼을 컨트롤하기 위한 것이 '마음'이라고 설한다. 또한 오카와에 따르면 인간은 신의 자녀이자 신의 의식체의 일부로서 하나의 완결된 소우주이며, 이 점을

믿고 영계의 원리에 따라 사는 자에게는 이른바 '신의 7색 광선'[10] 이 후광으로 빛나게 된다.[11]

이와 같은 영계 관념을 강조하는 〈행복의 과학〉의 교의는 〈스피리추얼리즘〉이나 〈신지학〉 등의 영향하에 영계가 현세와 철저하게 일대일 대응관계에 있다는 관점에 입각하여 현세에서의 유토피아 건설을 지향하고 있다. 이런 의미에서 영계 사상이야말로 〈행복의 과학〉 교의의 첫 번째 특징이라 할 수 있다. 이때 〈행복의 과학〉의 영계 사상은 한편으로 서구의 〈스피리추얼리즘〉이나 〈신지학〉 등과의 연속성을 보여주면서, 다른 한편으로 일본 신화나 국학 사상 또는 민속신앙의 이계(異界)관이 일반화, 추상화된 것이라는 측면도 내포하고 있다는 점에 유념해야 할 것이다. 가령 『고사기』에 나오는 유명한 국토이양신화에서 현세의 지상은 아마테라스의 후손(천황가)이 통치하고 유계(幽界)는 오쿠니누시(大國主神)가 관장한다는 식의 역할 분담이 말해지고 있다. 히라타 아쓰타네는 이 점에 착목하여 사후세계와 영계에 대한 신도적 관념을 후기 국학의 핵심적인 부분으로 체계화시켰다. 또한 일본 민속신앙에서는 신불(神佛)과 조

10 황색(붓다가 관장하는 법, 깨달음, 자비의 광선), 백색(예수가 관장하는 사랑의 광선), 적색(모세가 관장하는 리더십과 기적의 광선), 자색(공자가 관장하는 질서, 예절, 학문적 사유의 광선), 청색(제우스가 관장하는 사상, 문예, 미술, 철학의 광선), 녹색(마누와 조로아스터가 관장하는 대자연, 환경, 조화의 광선), 은색(뉴튼이 관장하는 과학의 광선) 등이 그것이다.

11 이상과 같은 영언이라든가 영계 관념은 세부적인 차이는 있을지언정 〈행복의 과학〉에만 특이한 것이 아니다. 가령 일본의 샤머니즘이라든가 고신도 등의 민간신앙에서도 흔히 영매 현상을 찾아볼 수 있고, 또한 19세기 유럽 및 북미에 널리 퍼진 근대 〈스피리추얼리즘〉에서의 채널링도 영언과 유사한 현상이라 할 수 있다. 나아가 기본적으로 모든 종교는 영적 존재라든가 사후세계 또는 영계와 관련된 관념을 공유하고 있으며, 특히 동서양의 신종교 중에는 〈행복의 과학〉과 유사한 영계관을 지닌 교단이 적지 않다. 한국의 경우 증산교 계통은 특히 영계 관념이 교의의 중심적인 부분을 차지한다.

상령의 존재를 전제로 현세의 불평등을 전생의 인연이라든가 영에 의한 장애라고 설명하면서 영의 조작(빙의라든가 선조공양에 의한 불행의 제거)을 설한다. 〈대본교〉(大本教)에서 전형적으로 나타나는 이런 이계관이 지금까지 여러 신종교 교의를 통해 다양한 형태로 재생산되어 왔다. 〈행복의 과학〉의 영계 사상 또한 이와 같은 일본적인 민속신앙의 연장선상에서 이해할 필요가 있다.

이 밖에 〈행복의 과학〉의 교의적 특성으로 '고코로나오시'(心なおし, 마음바꾸기)에 입각한 생활규범성과 자기통어성의 강조, 신자유주의적 처세술의 측면, 네오-내셔널리즘적 '종교-정치복합체' 담론 등을 들 수 있겠다. 첫째, 〈행복의 과학〉은 회원들에게 불·법·승(佛法僧)에 귀의하여 '올바른 마음'을 탐구하고 '애(愛)·지(知)·반성(反省)·발전(發展)'이라는 사정도(四正道)를 실천하면서 각자 깨달음의 향상을 도모하는 것을 종교생활의 기본 목표로 제시하고 있다. 이런 목표가 일상생활 속에서 자기를 통어하고자 하는 일본 신종교 일반의 공통된 특징으로 말해지는 고코로나오시 윤리와 상통한다는 점은 쉬이 인정할 수 있다. 요컨대 불교의 팔정도를 끌어들여 현대적인 사정도를 설하는 〈행복의 과학〉의 실천적 교의는 일본 신종교에 공통된 고코로나오시에 대한 불교적 포장이라는 측면을 함축하고 있다.[12] 이와 같은 〈행복의 과학〉의 실천적 교의체계는 특

12 '사정도' 가운데 '애'는 용서하고 주는 사랑, '지'는 진리(神理) 탐구를 의미한다. 또한 '반성'이란 '지'를 축으로 하여 마음 상태를 항상 빛 쪽으로 향하는 것, '발전'은 자신을 포함하여 사회 전체를 향상시키고자 하는 마음가짐을 가리킨다. 이 중 '반성'의 방법으로서 〈행복의 과학〉에 의해 제시되고 있는 것이 '바로 보기'(正見), '바르게 말하기'(正語), '바르게 행동하기'(正業), '바르게 생활하기'(正命), '바르게 생각하기'(正思), '바르게 정진하기'(正進), '바르게 사념하기'(正念), '바르게 명상하기'(正定) 등의 팔정도(八正道)이다.

히 전술한 〈생장의 가〉로부터 '발전'의 교의를, 그리고 〈GLA〉로부터 '반성'의 교의를 받아들이는 등, 양 교단의 영향을 많이 받았다.

둘째, 이처럼 현세적 유토피아를 지향하면서 고코로나오시 윤리를 강조하는 〈행복의 과학〉 교의는 신자 개개인의 자조 노력에 의한 성공, 번영, 발전, 행복을 중시한다. 가령 오카와는 종종 "인생은 한 권의 문제집"[13] 이라는 비유를 들면서, 자력으로 문제를 풀 때 비로소 실력이 붙듯이 특히 성공과 출세의 실현을 위한 자조(self-help)의 노력과 적극적인 사고(positive thinking)를 강조한다. 이와 아울러 "나는 종교계도 기업과 마찬가지로 적당한 경쟁이 있어야 한다고 생각합니다"[14] 라고 말하는 오카와의 수많은 처세술 관련 저술들에서 자유경쟁에 입각한 신자유주의에 친화적인 경영 마인드와 시장적 발상을 확인하기란 그리 어렵지 않다. 그래서 혹자는 〈행복의 과학〉에 대해 '의미시장'에 있어 '종교의 윈도우 쇼핑'에 중점을 둠으로써 소비자들의 '자기찾기 게임'에 적극적으로 참여하고자 하는 상업적 교단이라고 평하면서 그 교의적 특성을 '현세 부정을 통한 현세 중심주의'로 규정하기도 한다.[15] 그러나 이 책이 영계 사상과 더불어 특히 주목하고자 하는 세 번째 교의적 특성은 이하에서 다루고자 하는 네오-내셔널리즘적 '종교-정치복합체' 담론이다.

---

13 善川三朗編(1985), 『日蓮聖人の霊言』, 50~51쪽.

14 文藝春秋(1991), "大川隆法インタビュー", 334쪽.

15 真鍋裕子(1992), "「近代」をめぐる新·新宗教の一考察", 22쪽 및 31~32쪽 참조.

2. 〈행복의 과학〉과 네오-내셔널리즘

〈행복의 과학〉의 내셔널리즘 담론은 그 흐름에 있어 중요한 변화를 보여주었다고 보이는 옴 사건(1995년)과 3·11 대진재(2011년)를 기준으로 크게 세 단계로 나누어 볼 수 있다. 문화적 내셔널리즘에서 종교적 내셔널리즘으로의 이행 단계(제1기, 1986~1995), 종교적 내셔널리즘과 정치적 내셔널리즘의 접목을 위한 준비 단계(제2기, 1995~2011), 네오-내셔널리즘의 팽창 단계(제3기, 2011~현재)가 그것이다.

1) 제1기(1986~1995)
: 문화적 내셔널리즘에서 종교적 내셔널리즘으로의 이행 단계

앞서 언급했듯이 다층적 영계관과 결부된 현세 중심적 구원관은 〈행복의 과학〉 특유의 종말론과 일본 중심주의적 선민관을 수반하고 있다. 가령 오카와 류호는 자동필기로 써 내려갔다는 『태양의 법』과 『황금의 법』 등의 대표적 저작에서 다음과 같이 적고 있다.

> "신리(神理)의 태양이 떠오름에 따라 이 지구의 일각으로부터 크나큰 빛이 솟구쳐 나올 것입니다. 그 일각이야말로 선택된 땅 일본입니다. 그러므로 금후 일본을 중심으로 신리의 태양이 홀연히 떠오르는 모습을 수많은 사람들이 보게 될 것입니다. (중략) 미래 문명의 향방도 이제부터 우리들이 이 일본에서 신리의 태양을 떠오르게 하는 것이 전제조건입니다. 세계가 어둠에 빠져 있을 때 일본이 태양이 되어 빛나는 것입니

다. 이 시대에 이 일본국에 태어난 여러분은 그런 의미에서 선택된 일본인입니다. (중략) 무수한 빛의 천사들이 일본에서 태어났습니다."[16]

"우리들이 살고 있는 일본이야말로 참된 의미에서 신국 일본임이 확실하게 드러날 것입니다. (중략) 서력 2020년경부터 2037년경에 걸쳐 일본은 현대의 예루살렘이자 세계의 성지가 될 것입니다. 바로 그때 일본의 황금 시대가 될 것입니다. 일본은 신리 발상의 땅으로서 전 세계의 칭송을 한 몸에 받을 것입니다."[17]

'선택된 땅 일본과 일본인', '현대의 예루살렘이자 세계의 성지로서의 일본', '신의 섭리가 시작된 발상지'로서의 '신국 일본' 등과 같은 일본중심주의적 선민 사상의 주장은 다음 인용문에서 보듯이 특히 버블 경제 붕괴 전야에 해당되는 1986년부터 1990년에 걸쳐 대량으로 간행된 초기 〈영언집〉에서 다양하고 구체적인 형태로 많이 등장한다.

"일본은 지금 과학과 경제에서 세계 일류국이 되었습니다. 그리고 지금 여러분이 수십 명씩 일본국에 나타나 일본이라는 나라에 새로운 영적 문명의 여명을 알리고 있습니다. 이제부터의 일본에 새로운 영적 문명이 생겨날 것입니다. 그 영적 문명을 기반으로 하여 이번에는 일본국이 세계의 정치, 경제, 문화에서 이 우주선 〈지구호〉의 키잡이가 되는 역할

16 大川隆法(1989), 『太陽の法』, 14쪽 및 209~210쪽.

17 大川隆法(1987), 『黃金の法』, 134쪽 및 216쪽.

을 담당하게 되는 겁니다."[18]

"마침내 우리의 사랑하는 일본이 세계종교의 중심이 될 때가 왔습니다. 이윽고 일본인은 구세의 위업을 이룰 인간이 일본 땅에 태어났다는 것을 자랑스럽게 생각하게 되었습니다. (중략) 아, 마침내 일본이 성스러운 땅으로 선택되었습니다. (중략) 단순히 종교적 측면에서의 신리 유포만이 아닙니다. 일본 역사의 각 시대 시대를 창조하기 위해 피 흘린 수많은 영웅들의 노력도 금후 일본이 세계의 맹주가 됨으로써 보상받게 될 것입니다. (중략) 이제부터 약 백 년간 일본에는 예전에 유례없는 황금시대가 찾아올 것입니다. 과학문명은 물론 세계 최고의 발전을 하고, 일본으로부터 우주로 여행하는 사람들도 많이 나올 것입니다. 한편 국제정치와 경제에서도 일본은 실로 세계의 뛰어난 리더가 될 것입니다. (중략) 한편 종교의 측면도 일본을 핵심으로 한 새로운 명석하고 합리적인 가르침이 유럽과 북미와 동남아시아와 중국에까지 퍼질 것입니다. 산업계에서 최고 나라가 종교에서도 최고 나라로 변모해 갈 것입니다."[19]

"일본의 도쿄는 예전의 예루살렘입니다. (중략) 여러분은 새로운 시대를 만들어 내기 위해 이 지상에 내려온 사람들입니다. 이처럼 은총받은 시대에 은총받은 땅에서 태어난 것을 신에게 감사하지 않으면 안 됩니다. 여러분은 시대의 중심에 있으며 지구의 중심에 있다는 자각을 강하게

---

18 善川三郎編(1986), 『天照大神の靈言』, 193쪽.

19 大川隆法(1987), 『神靈界入門』, 128~130쪽.

가져야만 합니다. 여러분은 선택받은 백성으로서 일본인은 물론이고 전 세계 사람들을 구원하는 것입니다."[20]

이리하여 〈행복의 과학〉의 일본 중심주의적 선민 사상은 '시대의 중심이자 지구의 중심으로서의 일본' 혹은 '은총받은 시간과 공간 속의 일본 문명', 더 나아가 '세계종교의 중심으로서의 일본 종교'라는 중심 상징(center symbolism)을 토대로 정치와 경제와 종교와 과학 등 모든 방면에서 '세계 최고의 일본'이라는 자부심을 가지고 세계를 이끌어 나갈 '키잡이', '세계의 뛰어난 리더'로서의 역할을 통해 마침내 '새로운 영적 문명'을 창출하는 '세계의 맹주'가 되어야 한다는 종교적 내셔널리즘의 상상력으로 넘쳐나게 된다. 그것은 전 세계를 구원할 사명감을 수반하는 상상력이기도 하다.

한편 『알라의 대경고』와 『노스트라다무스 전율의 계시』에 이르러서는 이와 같은 종교적 내셔널리즘의 상상력이 보다 더 강화된 형태로 국가관과 밀착하면서 일본의 선진국 의식과 국제공헌의 기운을 농밀하게 반영하게 된다. 예컨대 일본의 경제적 우위성을 최대한 강조하는 한편, 미국, 중동정세, 한반도, 중국 등을 둘러싼 국제정세에 대해 민감한 반응을 보이면서 일본에 있어 정치적·경제적·군사적·종교적 리더십의 확립을 강력하게 주창하고 있다. 거기서 오카와는 일본의 군국주의화, 미소의 실추, 한반도와 중국의 '식민지화', 세기말의 종말적 상황 등을 예언하기도 한다. 하지만 이 단계에서 그것은 어디까지나 전술한 영계 사상의

20 大川隆法(1987), 『内村鑑三靈示集』, 204쪽.

관념을 전제로 한 경제적·정치적 발언이라는 점을 간과해서는 안 될 것이다.

> "이 위대한 두 영이 동시기에 나와서 배턴터치를 한다는 것은 곧 필승체제를 의미하는 것입니다. 인류 초창기의 신령인 두 영이 일본에서 나왔다는 것은 일본을 중심으로 하여 전 세계를 구제할 위대한 가르침이 일어난다는 것을 뜻합니다. (중략) 일본의 경제력과 국력을 바탕으로 새로운 사상을 세계로 수출하지 않으면 안 됩니다."[21]

『알라의 대경고』에 나오는 위 인용문은 왜 일본 종교가 세계종교의 중심으로서 세계구제의 사명을 가지는 것인지 그 근거를 제시하고 있다. 인류를 낳은 위대한 두 영이 모두 일본에서 나왔기 때문이라는 것이다. 여기서 말하는 "위대한 두 영"이란 '엘 칸타레', 즉 오카와 류호와 '엘 란티', 즉 알라신이 환생한 다카하시 신지를 가리킨다. 그런데 『노스트라다무스 전율의 계시』에 나오는 다음 인용문은 앞의 국가관과는 사뭇 상이한 일본 인식을 보여준다.

> "일본인들이여, 그대들이 가지고 있는 세계 속의 일본의 인식은 유감스럽게도 잘못되었습니다. (중략) 세계의 인식은 그대들을 괴수로 보고 있음을 알아야만 합니다. (중략) 리바이어던의 국민들이여, 그대들에게 위대한 영광이 올 것입니다. 하지만 그대들은 세계 속에서 보자면 바다의

21 大川隆法(1991), 『アラーの大警告』, 159~167쪽.

괴수입니다. 사람들은 바다의 괴수를 싫어합니다. 힘이 너무 강하고 자기중심적이고 또한 타자의 이익을 생각하지 않기 때문입니다. 그대들이 용서받고 세계가 그대들을 받아들이기 위한 유일한 보증은 그대들의 위장 속에 지금 자라고 있는 구세의 빛을 세계로 전하는 것, 그것밖에는 달리 길이 없습니다."[22]

흥미로운 것은 여기서 오카와의 일본 이미지가 '너무나 강하고 자기중심적인 리바이어던(악마)'으로 묘사되고 있다는 점이다. 위의 발언이 나온 1991년은 하버드대 교수인 사회학자 에즈라 포겔(Ezra Vogel)이 만들어낸 『넘버원 일본』(*Japan as Number One*, 1979) 신화의 후광이 벗겨지고 미국 경제계에서부터 이른바 본격적인 '일본 때리기'가 시작되기 직전의 시점이다. 따라서 오카와가 일본을 성서에 나오는 적그리스도의 상징인 '리바이어던'이라는 악마적 존재에 빗대어 말한 것은 당시 경제대국으로서 정점에 올라 있던 일본에 대한 선진제국의 경계심을 반영한 것이라 추정된다. 그러나 선택받은 일본의 우월성과 사명감을 강조하는 이상과 같은 일본 중심주의 담론은 1990년대 중반 이후의 저술에서는 당분간 모습을 감추었다가, 후술하듯이 3·11 이후 옷을 바꾸어 입고 재등장하게 된다.

그 사이에 〈행복의 과학〉은 주로 일본 내적 문제에 주목하면서 불황의 극복방법이라든가 성공이론 혹은 일상적이고 개인적인 차원에 초점을 맞춘 고코로나오시(마음고치기)의 측면을 강조한다. 물론 거기에도 내셔널리즘이 중간 중간 모습을 드러낸다. 가령 오카와는 신도의 민족신을

22 大川隆法(1991), 『ノストラダムス戦慄の啓示』, 139~142쪽 및 190~191쪽.

중심으로 한 민족종교의 역할은 끝났지만, 바야흐로 일본에서 생겨난 새로운 종교가 세계의 종교를 통일할 때가 왔다고 주장하면서 "인류 54억의 운명이 지금 일본인의 손에 맡겨져 있다"(교단지 〈행복의 과학〉 1992년 2월호)는 식의 발언을 하기도 했다. 시마노조에 따르면 이와 같은 종교적 내셔널리즘은 국체론적 내셔널리즘도 아니고 신도 내셔널리즘도 아닌, '일본 정신 내셔널리즘' 혹은 '일본교 내셔널리즘'이라고 이름 붙일 만하다.[23]

여기서 〈행복의 과학〉의 종교적 내셔널리즘이 신도 내셔널리즘은 아니라는 평가는 타당성이 있다. 왜냐하면 〈행복의 과학〉에서 일본 신도는 보다 고차원적인 영계에 포섭되어 상대화되고 있으며, 실제로 오카와는 "이제는 일본 신도니까 어떻다는 식의 이야기는 말할 수 없다. (중략) 일본 신도니까 이런 가르침이 있고 다른 가르침과 다르다고 말할 수 없다"[24] 고 말하기 때문이다. 하지만 멀린즈는 이런 관점에 이의를 제기한다. 〈행복의 과학〉은 "일본인은 새롭게 선택된 백성"이라고 주장하는데, 이는 결국 신도 내셔널리즘의 또 다른 버전이라는 것이다.[25]

이 시기 〈행복의 과학〉의 종교적 내셔널리즘이 '일본교 내셔널리즘'이든 혹은 '신도 내셔널리즘'이든, 특기할 만한 사실은 그것이 일본인론(일본 문화론)의 상투적 담론인 일본 문화의 독자성·전통·풍토, 일본적인 특성 등에 대해서는 별로 언급이 없다는 점이다. 예컨대 오카와는 문화적 특수성과 독자성의 근거로서 일본 문화의 전통·고유성·계보성, 일본인의 특성 등에는 일체 의거하지 않은 채, 리바이어던을 언급하는 앞의

---

23 島薗進(2001), 『ポストモダンの新宗教』, 132쪽.

24 善川三郎編(1986), 『天照大神の靈言』, 106~109쪽.

25 Mullins(2012), "The Neo-Nationalist Response to the Aum Crisis", p.100.

인용문에서도 엿볼 수 있듯이 오히려 그것들을 비판의 대상으로 삼고 있다. 나아가 천황은 신들의 자손이며 영계의 비교적 높은 계층에 속해 있다고 말하면서도, 거기에 큰 의미를 부여하지 않음으로써 전체적으로 천황제를 상대화하는 관점에 서 있다. 이런 의미에서 엄밀히 말하자면, 시마조노가 지적한 '일본 정신 내셔널리즘'이라든가 '일본교 내셔널리즘'의 범주에 포함되지 않는 측면도 존재하는 것이 사실이다.

그 대신 오카와가 종교적 내셔널리즘의 설명 원리로서 차용하고 있는 것은 현대 일본 및 일본인이 선택받았으며 황금기에 근접하고 있다는 점이다. 왜냐하면 일본에는 수많은 고급 영들이 전생하여 살고 있고 또한 현대 일본이 경제적으로 발전했기 때문이라는 것이다. 이는 〈행복의 과학〉 초창기의 종교적 내셔널리즘이 기본적으로 영계 사상에 입각해 있다는 점을 말해준다. 거기서 선택받은 일본과 일본인에게는 경제력을 기반으로 세계의 리더·키잡이·표본이 되어 새로운 문명과 참된 신의 진리를 넓힐 사명이 부여되어 있다. 이를 위해 일본은 국제사회로부터 어떻게 보이는가 하는 대외 의식을 시정할 필요가 있다는 것이다. 요컨대 초기 영계 사상에 입각한 〈행복의 과학〉의 종교적 내셔널리즘은 다음 인용문에서 재확인할 수 있듯이, 일본 중심주의적인 선민의식, 현대적 번영, 선진성이 종교적 사명감과 강력하게 결부되어 있다.[26]

"경제력이 세계를 바꾸고 있지만, 그 위에 상위개념으로서 종교가 있습니다. (일본의 종교는) 국제적 종교가 되어 세계 사람들을 구원해야 합니

26 塚田穂高(2009), "新新宗教における文化的ナショナリズムの諸相", 84쪽.

다. (중략) 세계의 리더가 되지 않으면 안 된다고 했습니다만, 이는 인간이 정하는 것이 아니라 신이 정하는 것입니다. (중략) 지금 일본국은 세계의 최고 수준에 근접했고, 세계 사람들을 리드해야만 하는 입장에 있습니다. (중략) 일본인은 이제 눈을 떠야만 합니다. 지금 일본을 강하게 만드는 것이 중요합니다. 위대한 것은 자기비하를 해서는 안 됩니다."[27]

그런데 이때 '지금 일본을 강하게 만들어야 한다'든가 '위대한 것은 자기비하를 해서는 안 된다'는 발상은 오늘날 어디선가 많이 듣고 본 듯한 기시감을 불러일으킨다. 다시 말해 그것은 자학사관을 뿌리 뽑자는 〈새역모〉의 캐치프레이즈라든가 강한 일본을 만들자는 아베 신조 정권의 표어 또는 일본의 자부심을 되찾자는 우익단체 〈신도정치연맹〉이나 〈일본회의〉 등의 표어를 연상케 한다. 여기서 우리는 〈행복의 과학〉의 종교적 내셔널리즘이 특히 1990년대를 전후하여 일본 문화론을 지배한 문화적 내셔널리즘을 넘어서서 현대 일본의 정치적 내셔널리즘과 겹쳐지는 네오-내셔널리즘의 맹아를 엿볼 수 있다.

---

27 大川隆法(1991), 『アラーの大警告』, 44~91쪽.

2) 제2기(1995~2011)
: 종교적 내셔널리즘과 정치적 내셔널리즘의 접목을 위한 준비 단계

오카와는 옴 사건이 발발한 직후인 1995년 7월에 『신생 일본의 지침』[28] 이라는 저서에서 당시 〈행복의 과학〉 정회원이었던 자민당의 거물급 정치가 미쓰즈카 히로시(三塚博)를 과거 석가족의 일원이라고 부르면서 그를 차기 총리대신으로 추천함으로써 세기말 구국을 위해 〈행복의 과학〉 정권을 만들자고 주창하는 등 신종교 교조로서는 이례적으로 구체적인 정치노선을 선명히 공표했다. 하지만 미쓰즈카는 총리가 되지 못했고 1998년 자민당 내 파벌에서 밀려남으로써 교단에 큰 실망을 안겨주었다. 이에 앞서 교단은 기관지 〈행복의 과학〉 1997년 7월호에 '헌법 제9조 오카와 류호 법개정안'을, 이어 8월호에는 "정교분리의 개정이야말로 일본 재생의 결정적인 카드"라는 기사를 실으면서 헌법 개정을 통한 신정정치의 이상을 강력하게 제시하기도 했다.

이로부터 12년 뒤인 2009년 6월 15일에 오카와는 〈신·일본국헌법 시안〉을 공표한다. 이 시안에서 우선 눈에 띄는 대목은 그것이 전문을 포함하여 총 17개 항목으로 구성되어 있고 나아가 화(和)라는 일본 문화적 가치를 중시한다는 항목(제1조)에서 잘 엿볼 수 있듯이, 6세기 초에 쇼토쿠(聖徳) 태자가 제정했다고 말해지는 〈17조 헌법〉을 기본 모델로 삼고 있다는 점이다. 하지만 본고의 관점에서 더 주목할 것은, 제5조에서 공식적인 군대를 보유한다고 규정함으로써 '전쟁의 포기, 전력의 불보유, 교전

---

28 大川隆法(1995), 『新生日本の指針』.

권의 부인'을 명시한 기존 〈평화헌법 제9조〉의 전면 폐기를 주장하고 있다는 점, 또한 제3조와 제4조에서 국가원수로서의 대통령제를 신설하고 천황제를 그 하위 영역에 자리매김하는 선에서 유지해야 한다는 제안은 불가피하게 일본의 국체와 관련된 기존 질서의 근본적인 개편을 수반할 수밖에 없다는 점에 있다. 이런 주장은 전문에서 밝히듯이 '신불의 다음'에 입각한 신정국가 혹은 신리(神理)국가에의 지향성과 함께 기본적으로 '종교=정치'라는 오카와의 제정일치의 이상을 배경으로 하고 있다. 다시 말해 오카와는 신인(神人)이 다스리는 정교일치를 국시로 삼도록 일본국 헌법의 개정을 촉구한 것이다.

나아가 오카와는 이와 같은 이상을 현실화시키고자 실제로 정치가를 양성하려는 구체적인 액션을 취하게 된다. 위 개정 시안을 단행본으로 펴낸 『신·일본국헌법 시안』[29] 은 '행복실현당 선언4'라는 부제가 붙어 있는데, 여기에 나오는 〈행복실현당〉은 시안을 공표하기 3주일 전인 2009년 5월 23일, 제45회 중의원 선거를 코앞에 둔 시점에 〈행복의 과학〉 교단이 창립한 종교 정당을 가리킨다. 창당 기자회견에서 교단 측은 300개 소선거구와 11개 비례구 모두에 후보자를 내겠다고 발표하면서, "종교적 관용의 정신으로 세계평화의 기수가 될 것"을 표방하는 등 정신적인 풍요로움과 경제번영의 양립을 지향하는 정책들을 제시했다. 돌풍을 일으켜 중의원 제1당이 되겠다는 야심찬 출사표와 더불어 오카와를 포함한 337명이 입후보자로 나섰는데, 이 숫자는 자민당은 물론이고 선거 결과 정권교체를 달성한 민주당보다도 7명이나 많은 숫자였다. 투

29 大川隆法(2009),『新·日本国憲法試案』.

입된 선거자금도 무려 총 100억 엔을 넘었으나, 결과는 한 의석도 얻지 못하는 해프닝으로 끝나고 말았다.[30] 그럼에도 〈행복실현당〉의 창당은 〈신·일본국헌법 시안〉의 공표와 함께 현실 정치에 대한 구체적인 관심표명과 실천이었다는 점에서 〈행복의 과학〉에 있어 종교적 내셔널리즘과 정치적 내셔널리즘의 접목을 위한 준비 단계로서의 의의를 지닌다고 말할 수 있겠다.

3) 제3기(2011~현재) : 네오-내셔널리즘의 팽창 단계

〈행복의 과학〉에 있어 종교적 내셔널리즘과 정치적 내셔널리즘이 접목된 네오-내셔널리즘의 표출은 비유컨대 '영언(靈言)의 제국' 안에서 일어난 기이한 현상이라 하지 않을 수 없다. 특히 3·11 대진재를 전후한 시기 이래 현재까지 오카와는 아마테라스라든가 니치렌 혹은 예수와 같이 일본과 서양의 신적 존재나 탁월한 과거 종교 엘리트들의 영과 접신하여 그 문답 내용을 기록한 초기 〈영언집〉류와는 달리, 신들, 신화적 인물, 위인들뿐 아니라 심지어 현재 살아 있는 인물들의 수호령(지도령)[31]을 초혼하여 인터뷰한 내용을 기록한 새로운 형태의 〈영언집〉을 폭발적으로

30 참패 후 11억 엔 이상의 공탁금을 몰수당하고 오카와 류호는 당 총재를 사임했으며 후임 당 총재로 부인 오카와 교코가 취임하게 되었다. 그 후 2014년 12월 14일의 중의원 총선거에서도 〈행복실현당〉은 34명의 입후보자를 내세웠으나 단 1석도 얻지 못했다.

31 오카와에 따르면 수호령이란 지상에 살고 있는 인간에게 신이 붙여주는 혼의 교사를 지칭한다. 인간은 잠재의식층에서 이런 수호령과의 교신이 가능하다는 것이다.

펴내 오고 있다.[32] 가령 구니도코타치, 아마테라스, 진무 천황, 간무 천황, 쇼와 천황, 헤이세이 천황, 현 황태자, 마사코 황태자비, 도요토미 히데요시, 사카모토 료마, 도조 히데키, 고노에 후미마로, 오어 겐자부로, 아베 총리, 자민당 소속 중의원 의원 고토다 마사즈미, 작가 소노 아야코, 저널리스트 혼다 가쓰이치, 재계 거물 마쓰시타 고노스케, 애니메이션 감독 미야자키 하야오, 불교학자 나카무라 하지메, 종교학자 시마조노 스스무, 이노우에 노부타카, 야마오리 데쓰오, 톨스토이, 하이데거, 한나 아렌트, 마틴 루터, 푸틴, 히틀러, 칼 융, 프로이트, 마더 테레사, 아인슈타인, 처칠, 트루먼, 루즈벨트, 대처, 오바마, 한고조 유방, 광개토대왕, 이명박, 박근혜, 김정일, 김정은 등등 그 인터뷰 대상의 면면은 종교가와 정치가에서 작가와 학자에 이르기까지 종잡을 수 없을 만큼 다양하고 무차별적이다. 어쨌거나 〈행복의 과학〉의 네오-내셔널리즘과 관련하여 이 '영언의 제국'은 크게 신국 담론, 혐한 담론, 성전 담론이 주축을 이루고 있다는 점에 주목하지 않으면 안 된다.

신국(神國) 담론

오카와는 신화적인 초대 진무(神武) 천황령의 입을 빌려, 제2차 세계대전 후 일본에서는 자국의 역사를 암흑으로 여기는 이른바 자학사관 교육이 행해져 왔음을 비판하면서 지금이야말로 신국 일본을 세계에 으

32 〈행복의 과학〉에서는 출판과는 별도로 오카와 류호의 〈영언집〉 내용을 전국 각지의 지부에서 공개하고 있으며, 주요 내용을 발췌하여 교단 웹사이트 〈더 리버티웹〉(The Liberty Web)에 올려놓는다. 이하의 영언 발췌 내용은 주로 이 〈더 리버티웹〉 사이트 및 〈행복의 과학〉 공식 홈페이지에서 수집한 정보에 입각하고 있다. http://the-liberty.com/ 및 http://happy-science.jp/ 참조.

뜸 되는 나라로 만들어야 할 때라고 말한다.[33] 그러면서 이번에는 『일본서기』에서 근원적인 건국신으로 나오는 구니도코타치(國常立尊)의 영언을 빙자하여, 일본 역사는 원래 신성정치로서 신이 다스려 왔고 그 대리인으로서 천황이 있다는 점, 일본은 신들이 모여 있는 신국이며 세계는 이런 일본을 더 공부해야만 한다는 점, 단일민족에 의해 지극히 순수하고 고도로 발달한 문명을 만들고자 한 일본은 세계사 중에서도 빛나는 존재라는 점, 오늘날 일본에는 종교혁명[34]이 반드시 필요하다는 점 등을 강조하면서, 현대 일본에서 〈행복의 과학〉을 중심으로 일어나고 있는 '가미(神) 사상'을 자화자찬하고 있다. 이런 신국적 발상과 관련하여 오카와 총재의 최종 생각은 일본이 종교국가가 되는 것에 있다. 그리하여 오카와는 처음에는 "일본을 되찾자"고 외치는 아베가 다시 총리가 된 것을 반기면서, 이는 〈행복실현당〉의 덕택으로 신풍(가미카제)이 분 것이라고 말한다. 그러고는 아베 수호령으로 하여금 이 말에 전적으로 맞장구치도록 연출한다.[35]

---

33 또한 오카와는 진무 천황령의 입을 빌려 작금에 문제시되고 있는 역사인식 문제라든가 영토 문제와 관련하여 기발한 발언을 하기도 한다. 가령 중국에서는 간자체가, 한국에서는 한글이 사용됨으로써 현대의 중국인과 한국인은 과거의 역사책과 고전을 읽지 못하는 상황에 있고, 따라서 한국과 중국 국민들은 모두 역사인식을 가지고 있지 않으며, 이런 상황이 작금의 영토 문제의 오류를 발생시키는 원인 중 하나가 되고 있다는 것이다. 大川隆法, 『神武天皇は実在したか?』, 幸福の科學出版, 2012 참조.

34 오카와는 종교혁명은 무엇보다도 교육혁명에 의해 뒷받침되어야 한다고 생각한다. 그에 따르면 패전 전의 교육은 국가신도형의 종교와 일체였는데, 패전 후 점령군에 의해 종교와 교육이 분리되면서 큰 공백이 생겨났다. 그 후 일본은 신적인 것, 종교적인 것이 소거되고 남은 부분만을 학문으로 인정하여 교육하고 있는 실정인데, 바로 이런 교육시스템을 바꿔야 한다는 것이다. 실제로 〈행복의 과학〉은 중고등학교를 운영하고 있으며, 2014년에 〈행복의 과학 대학〉 인가 신청을 냈으나 불가 판정을 받았다.

35 大川隆法, 『安部新總理スピリチュアル・インタビュー』, 幸福の科學出版, 2012 참조.

오카와의 이와 같은 신국적 발상은 모두 3·11 대진재 이후부터 집중적으로 등장하고 있다. 그에 따르면 대재해의 배경에는 많은 경우 영적인 원인이 있다. 가령 무라야마 정권 때 일어난 한신 대지진(1995년)이라든가 간 나오토 정권 때 일어난 동일본대진재(2011년)는 신을 경시하는 좌익정치에 대한 하늘의 뜻이었다. 현대 일본 사회에 엄청난 타격을 준 두 재해의 원인이 신앙심이 없는 좌익정권에 대한 신의 분노 때문이라는 것이다.[36] 오카와의 이런 발상은 '신국 신정론' 혹은 '영계 신정론'이라 불러도 무방할 것이다. 〈행복의 과학〉의 '신국 신정론'은 일본 신도의 주재신인 아마테라스 영을 빙자한 오카와의 신벌 발언에서 그 정점에 도달한 듯이 보인다.

오카와는 3·11 이전에 한 차례 그리고 3·11 이후 두 차례에 걸쳐 아마테라스의 영언집을 출판했다. 그의 말에 따르자면 아마테라스의 영이 근래 3년 동안 자신에게 세 번 강림했다는 것이다. 첫 번째는 2010년 6월 22일에 간 나오토 정권은 하루빨리 이 지상에서 사라져야 한다면서 신벌이 가까워졌다는 계시를 내렸는데, 그 9개월 뒤에 3·11 동일본대진재가 일어났다. 두 번째는 2012년 2월 2일, "나는 일전의 동일본대진재의 신벌을 자신들의 도구로 삼아 역이용하려는 심보는 절대 용서할 수 없다"고 하면서 노다 정권이 부흥 증세와 소비세 증세 등을 추진하는 것에 대해 경고했다. 그리고 세 번째로 2012년 12월 7일에 강림했을 때는 가장 강력한 어조로 현재 일본의 정치를 우려함과 동시에 전체 일본인의 신앙심이 미약한 것을 용서하지 않겠다고 최후 통첩성의 경고를 내린다. 다시

36 大川隆法, 『広島大水害と御嶽山噴火に天意はあるか』, 幸福の科學出版, 2014 참조.

말해 현재 일본인에게는 지난 70년 동안 잃어버린 것, 즉 신앙심과 국가를 되찾아야 하는 사명이 있다. 일본은 위대한 신들의 나라이고 일본 문명은 위대하다. 일본의 자긍심은 신들의 나라라는 데 있다. 그럼에도 현재 일본 국민의 의식은 가축 수준이다. 이제 1퍼센트의 희망밖에 남지 않았다. 이번이 마지막 기회다. 이것으로 일본의 운명이 정해진다. 나는 일본열도가 전부 침몰한다 해도 전혀 개의치 않는다. 일본인이 모두 죽어도 상관없다. 제로에서부터 다시 나라를 만들면 된다. 그러니까 살아남느냐 아니냐는 모두 그대 일본인들에게 달려 있다는 것이다.[37]

혐한(嫌韓) 담론

오카와의 '영언의 제국'에서 신국 담론과 혐한 담론은 동전의 양면 같은 것이다. 거기서 신국 담론은 자신의 정당성을 담보하기 위해 혐한 담론을 필요로 하기 때문이다. 가령 2014년 9월 27일 나가사키현에서는 온타케산(御岳山) 분화로 50명 이상의 사망자가 나왔는데, 오카와는 이 재해를 일으킨 것이 '독도 수호자'인 이승만(그의 전생은 왕인)의 영이라고 주장한다. 전술했듯이 현대 일본에서 일어난 재해들은 대부분 좌익정권에 대한 신벌이지만, 온타케 분화는 일본인에게 신앙심과 자국에 대한 자부심을 상실하게 만들기 위해 적의를 띤 한국의 영이 일으켰다는 말이다.[38]

한편 오카와는 광대토대왕비에 대해 고대 일본의 왜가 조선반도의

---

37 大川降法,『天照大神の御教えを伝える』, 幸福の科學出版, 2012 참조.

38 大川降法,『広島大水害と御嶽山噴火に天意はあるか』, 幸福の科學出版, 2014 참조.

신라와 백제를 신민으로 삼고 고구려와 전쟁한 사실이 기록된 중요한 사료라고 소개하면서, 광개토대왕의 영을 초혼하여 인터뷰한 책을 내놓기도 했다. 거기서 광개토대왕의 영은 조선이 중국에 오랜 세월 동안 종속되었고 현재도 남북이 분단되어 있는 상황에 대해 '비극'이라고 말하면서, 한국인을 나라를 잃고 세계를 유랑한 유대 민족에 비유한다. 나아가 조선 민족은 자부심이 높고 자만하는 버릇이 있는데, 곧잘 열등감도 깊고 자기비하를 잘해서 극단적으로 흘러 중도를 모른다고 하면서 그 이유로 "자신감이 없기 때문"이라고 지적한다.[39] 또한 광개토대왕의 영은 러일전쟁의 정당성을 인정하면서, 자신이 러일전쟁 때 일본 무관으로 태어나 활약했다고 고백한다. 만일 러시아에 지배당한다면 조선은 이제 끝이라고 생각했기 때문이라는 것이다. 그러니까 일본에게 기대는 것이 조선반도의 미래를 열어 가는 것이라고 말하면서, 일한병합은 침략이 아니라 한국이 근대국가가 되기 위한 '투자'였다고 역설한다.[40]

심지어 오카와는 이명박 전 대통령과 박근혜 대통령까지 끌어들여 한국을 비하하고 있다. 예컨대 오카와는 이명박의 수호령을 빙자하여 "일본의 우울은 한국의 활력이다. 그러니까 그걸 속죄하고 싶다면 '이건 남북통일 비용이다'라고 해서 100조 엔 정도 탁 내놓아라"라고 말하게 한다.[41] 또한 박근혜의 반일외교는 스스로 목을 조이는 선택이라고

39 가령 삼성전자가 일본의 가전기업과의 경쟁에서 유리한 고지를 차지하자마자 그것만으로 '한국은 세계 제일의 국가'라고 소란피우는 한편, 세월호 사건이 일어나자 '한국은 삼류 국가'라고 비하하는 등 국민감정이 극단적으로 흔들린다. 이런 국민성은 분단과 내분을 반복하면서 민족이 하나의 이념하에 집결된 역사가 없기 때문이라는 것이다.

40 大川隆法, 『廣開土王の靈言』, 幸福の科學出版, 2014 참조.

41 大川隆法, 『韓國李明博大統領のスピリチュアル・メッセージ』, 幸福の科學出版, 2012 참조.

보면서, 이는 박근혜가 전생에 일한병합 시 조선인으로 태어나 동포를 끌고 가 위안부로 일하게 했던 경험으로 인해 일본에 대한 증오와 동포에 대한 죄악감 때문에 반일외교를 내세우는 것이라고 해석한다. 오카와는 이명박과 마찬가지로 박근혜도 "위안부상을 철거할 테니 3조 엔 내라"는 식으로 연출시킴으로써, 일국 대통령으로서는 믿을 수 없을 만큼 식견이 낮고 품위도 없어 국가지도자로서의 자질이 결여되어 있다는 혐한 담론을 전개하고 있다. 나아가 박근혜의 대외정책이 중국 일변도로 확 기울어져서, 이대로라면 한국이 중국의 식민지가 될 것이 분명하므로 하루라도 빨리 한미일의 연대를 강화하는 방침으로 전환해야만 한다는 점도 부연하고 있다.[42]

일본과 한국 사이를 중국이 뒤에서 이간질하고 있다고 보는 오카와의 혐한 담론은 오에 겐자부로라든가 고토다 마사즈미(後藤田正晴)[43] 영과의 터무니없는 인터뷰에서 극치를 보여준다. 가령 일본은 중국과 한국에게 대학살당해야 마땅하다는 오에 수호령의 발언,[44] 또는 한국은 북조선에게 공격받는 것을 두려워하면서도 북조선이 핵병기를 개발하는 것을 기뻐하고 있으며, 한국도 북조선도 35년간 일본에 점령당한 원한이 있기 때문에 이번에는 일본을 점령하고 싶어 한다는 고토다 영의 발언은 일본인들의 혐한 감정을 부추기기에 충분해 보인다.[45]

---

42 大川隆法, 『あらためて朴槿恵大統領の本心を問う』, 幸福の科學出版, 2014 참조.

43 1914~2005. 경찰청장관, 중의원 의원, 관방장관, 부총리 등을 역임한 정치가.

44 大川隆法, 『大江健三郎に「脫原發」の核心を問う』, 幸福の科學出版, 2012 참조.

45 大川隆法, 『カミソリ後藤田˝日本の危機管理を叱る』, 幸福の科學出版, 2012 참조.

성전(聖戰) 담론

이제 오카와에게 있어 신국 담론과 혐한 담론은 과거 일본의 한국 침략과 대외전쟁의 정당성을 주장하는 성전 담론으로 귀결된다. 가령 오카와는 1급 전범 도조 히데키의 영언을 빙자하여, 군국주의 시대 일본은 파시즘이 아니었으며, 과거 전쟁은 일본을 지키고 아시아를 해방시키기 위한 대의명분으로 행한 전쟁이었다고 주장한다. 나아가 도조 내각에서 국방장관을 지냈던 고노에 후미마로(近衛文麿)의 영언에 기대어, 루즈벨트는 황인종 차별자였다는 점, 그가 1만 년 이상 계속된 일본 국민을 바보취급 했으므로 이를 용서할 수 없다는 점, 당시 석유공급이 끊겨서 어쩔 수 없이 개전했다는 점 등을 강변하고 있다.[46]

또한 오카와는 작가이자 보수논객인 소노 아야코(曽野綾子)의 수호령에 위탁하여, 과거 일본의 전쟁에는 대의, 즉 국가이념으로서 아시아의 해방과 태평양권의 번영이라는 이상이 있었으며, 일본이 현재 기독교화되지 않은 것은 전쟁에서는 패했으나 문화적으로는 패배하지 않은 것을 말해준다고 주장한다.[47] 나아가 오카와는 아마테라스 영의 입을 빌려 수상도 천황도 야스쿠니를 참배해야 한다고 말한다. 과거 전쟁은 아시아 해방을 내걸고 백인 우위의 사상과 유색인종 박해의 사상에 저항한 성전(聖戰)이었으며, 따라서 그 전쟁에서 싸우다 죽은 일본군들은 무모한 전쟁으로 일본을 초토화시킨 전범이 아니라 '존경할 만한 성전의 용사'이기 때문에 대동아전쟁에 대해 자부심을 가지고 그 성전에서 싸우다

---

46 大川隆法, 『「首相公邸の幽靈」の正體』, 幸福の科學出版, 2013 참조.

47 大川隆法, 『曽野綾子のスピリチュアル・メッセージ』, 幸福の科學出版, 2014 참조.

죽은 영령들의 공양을 행해야 한다고 주장했다.[48] 그러다가 2013년 8월 15일 오카와는 다음과 같이 고노 담화와 무라야마 담화를 대신하는 〈오카와 담화〉를 발표하면서 아예 자신이 직접 '성전'을 명언한다.

"우리나라는 예전에 '고노 담화'(1993년)와 '무라야마 담화'(1995년)를 일본국 정부의 견해로서 발표했는데, 이는 역사적 사실로서 증거가 없는 소문을 공식 견해로 삼은 것이다. 그 결과 과거 대동아전쟁에서 돌아가신 약 300만 명의 영령과 그 유족들에 대해 깊은 죄악감과 전후 일본 국민들에 대해 말할 수 없는 자학사관을 심음으로써 이 나라의 역사인식을 커다란 오류에 빠뜨렸음을 정부에 대해 여기서 공식적으로 반성한다. 과거 대동아전쟁은 서구 열강으로부터 아시아의 식민지를 해방하고 백인 우위의 인종차별정책을 타파함과 동시에 우리나라의 정당한 자위권의 행사로 행해진 것이다. 정부로서 힘이 미치지 못하여 원폭을 사용한 미국에게 패하기는 했을망정, 그 전쟁은 아시아의 동포를 해방하기 위한 성전(聖戰)으로서 일본 신들의 뜨거운 마음을 실천한 것이라고 생각한다. 일본은 금후 어떤 나라이든 부당한 침략주의에 의해 타국을 침략하거나 식민지화하지 못하도록 평화와 정의의 수호신이 될 것을 여기서 맹세한다. 국방군을 창설하여 자국의 평화뿐 아니라 세계의 항구평화를 위해 진력하기를 희망한다. 또한 본 담화에 의해 이전의 '고노 담화'와 '무라야마 담화'는 소급하여 무효임을 선언한다."[49]

48 大川隆法, 『天照大神の未來記』, 幸福の科學出版, 2013 참조.

49 http://special.hr-party.jp/policy2013/okawa-danwa/ 참조.

노골적으로 '성전'을 주창하는 이 〈오카와 담화〉는 위안부 문제라든가 식민지 지배 문제와 관련하여 전적으로 일본의 보수우익과 입장을 같이 하고 있다. 이제 〈행복의 과학〉의 성전 담론이 과거 전쟁을 정당화하기 위해 부정해야 할 중요한 문제가 하나 더 남아 있다. 남경대학살 문제가 그것이다. 그리하여 오카와는 영능자 에드가 케이시의 수호령을 불러내 1937년 12월 13일부터 6주간 동안의 시점으로 거슬러 올라가 남경대학살의 실체를 인터뷰한 결과, 통상 30만을 학살했다는 주장 및 아이리스 창(중국계 미국인)의 『난징의 강간』[50]에서 2만 내지 8만 명 정도의 여성이 일본군에게 강간당했다는 주장이 모두 거짓이었다고 주장한다. 당시 일본군이 남경에 입성했을 때 남은 시민들은 5만 명 정도였는데, 대부분 군대인지 민간인인지 구별이 가지 않은 상태였고 살해당한 자는 기껏해야 2백 명 정도였다는 것이다.[51]

또한 오카와는 남경대학살의 전모를 밝힌 아사히 신문기자 혼다 가쓰이치의 저서 『중국 여행』[52]과 관련하여 이 저자의 수호령으로 하여금 위 책은 중국이 준비한 증언자만으로 취재해서 쓴 것이며 실제로 남경대학살은 없었다고 증언하도록 날조하고 있다.[53] 그뿐 아니라 오카와는 남경 전투의 사령관으로서 극동전범재판에서 1급 전범으로 1948년 사형당한 후 현재 야스쿠니 신사에 합사되어 있는 마쓰이 이와네(松井石根,

50 Iris Chang, The Rape of Nanking, Penguin Books, 1997.

51 大川隆法, 『従軍慰安婦問題と南京大虐殺は本当か? 』, 幸福の科學出版, 2012 참조.

52 本多勝一, 『中國の旅』, 朝日新聞社, 1972.

53 大川隆法, 『本多勝一の守護靈インタビュー』, 幸福の科學出版, 2013 참조.

1878~1948)의 영을 초혼하여 남경대학살은 없었다고 증언하게 한다.[54]

가장 극적인 장면은 전술한 아이리스 창으로 하여금 『남경의 강간』의 내용이 남경 전투와 무관한 사진이 사용되는 등[55] 명백히 날조된 것이며, 자신이 "일본을 악인으로 낙인찍고 싶어 하는 미국과 중국에 이용되어 살해당했다"[56] 고 고백하게 만드는 오카와의 연출에서 확인할 수 있다. 예컨대 미국은 도쿄대공습과 원폭 투하를 통해 30만 이상의 일본인을 죽였는데, 이런 연유로 남경대학살에서 30만이 살해당했다는 숫자를 날조했다는 것이다. 오카와의 '영언의 제국'에서 창의 수호령은 이처럼 일본군에 의해 남경에서 살해당한 사람은 없었다고 주장하면서 "일본인 여러분, 미안합니다. 내 책은 가짜입니다. 절판해 주십시오"라고 사죄한다.[57]

위험한 동거

이상에서 살펴본 〈행복의 과학〉의 네오-내셔널리즘은 특히 3·11 이후 고조된 위기감 속에서 급격히 울트라 내셔널리즘으로 기울어지고 있다. 이런 추이를 뒷받침한 것이 바로 현재 생존하고 있는 인물들의 수호령을 인터뷰한다는 새로운 형태의 영계 사상이다. 당 교단은 팔정도를 강조하면서 "제3의 도는 '정어'(正語)이다. 불망어(不妄語), 불악구(不惡口), 불양

54 大川隆法, 『南京大虐殺と従軍慰安婦の寃罪を晴らす』, 幸福の科學出版, 2014 참조.

55 오카와는 12월의 혹한인데도 『남경의 강간』에 나오는 사진 속 인물은 하복을 입고 있다는 점을 들어, 이 책에 게재된 사진은 모두 남경대학살과는 무관한 것임이 밝혀졌다고 단언한다.

56 일반적으로 창은 위 저서 발간 후 일본 우익으로부터 지속적인 협박을 받으면서 우울증 등 정신이상으로 권총 자살했다고 알려져 있다.

57 大川隆法, 『天に誓って「南京大虐殺」はあったのか』, 幸福の科學出版, 2014 참조.

설(不兩舌), 불기어(不綺語), 이것이 네 가지 지침이다"[58] 라고 가르친다. 그런데도 신이든 인간이든, 죽은 자든 산자든, 신화적 인물이든 실제 역사적 인물이든, 일본인이든 외국인이든, 종교 엘리트든 사상가나 정치가든 수호령의 영언이라 하여 그것을 지극히 정치적인 현실과 생생하게 결부시키면서 마치 실제 인물이 한 말인 양 연출하고 있다.

〈행복의 과학〉이 이와 같은 경향을 수정하지 않는 한, 여러 측면에서 〈옴 진리교〉와 닮은꼴이라는 비판을 받는다 해도 어쩔 도리가 없을 것이다. 예컨대 양 교단 모두 불교를 표방하면서 평화로운 이미지를 유포하는 데 열심이다. 〈행복의 과학〉이 표면상 불교의 옷을 입고 있는 것은 그의 최초 종교경험이 니치렌과 밀접한 관계가 있기 때문일 것이다. 또한 양 교단은 공통적으로 종말 예언을 강조한다. 가령 『태양의 법』에 따르면 지금부터 500년 전 예언자 노스트라다무스가 "동쪽 나라에서 '태양의 법'이 설해질 때, 나의 공포스러운 종말 예언은 그 사명을 끝내고 새로운 시대가 시작될 것"이라고 적고 있는데, 그 '태양의 법'을 설하는 구세의 예언자야말로 오카와라는 것이다. 〈행복의 과학〉은 한편으로 '위대한 상식인이 되어라'는 슬로건을 내걸고 현세 지향성을 강조하면서도, 다른 한편으로는 〈옴 진리교〉와 마찬가지로 독자적인 종말론을 내세워 '인류행복화 운동'과 이상사회 건설을 강력하게 주창한다.

나아가 〈행복의 과학〉은 〈옴 진리교〉가 그러했듯이 반(反)정부적인 측면을 거침없이 노출시킨다. 가령 오카와에 따르면 국세 권력을 남용하

58 大川隆法(1986), 『仏說·正心法語』, 75~76쪽.

는 일본 정부는 이미 나치스화되어 있다.[59] 또한 오카와는 한나 아렌트의 영언을 빙자하여 일본을 전체주의 국가로 규정한다.[60] 그러면서 오카와는 아마테라스의 영언에 기대어 절체절명의 낭떠러지 끝에 서 있는 일본의 위기를 예언한다. 일본이 머지않아 내우외환의 국난에 직면하게 될 것인데, 이는 신앙심 없는 정치로 인한 재앙이라는 것이다. 소비세 인상의 문제와 사회복지 문제 등 일본의 장래 경제구조와 관련된 문제로부터 아베 정권은 막다른 골목에 이르렀는데, 보수파들 사이에서는 구국 정권이라고 불리는 아베 정권이지만 아마테라스의 눈으로 보자면 실은 포퓰리즘이라는 것이다. 요컨대 오카와는 악몽 같은 민주당 정권 이후 "일본을 되찾자"는 표어를 내걸은 자민당 정권이지만 다가올 국난을 헤쳐 갈 힘은 없으며 일본 정치는 다시금 지독한 혼돈 상태로 빠질 것이라고 내다보면서,[61] 오직 '영언의 제국'을 소유한 〈행복의 과학〉만이 그런 위기로부터 일본을 구할 수 있음을 시사한다. 과연 〈행복의 과학〉에 있어 영계 사상과 네오-내셔널리즘의 결합은 위험한 동거임에 틀림없어 보인다.

결국 극단적인 울트라 내셔널리즘적 위기의식을 조장하는 〈행복의 과학〉과 〈행복실현당〉에서의 '행복'이란 말은 종교적 사랑으로 위장한 증오의 가면이라는 혐의를 벗어나기 어려워 보인다. 그렇다면 우리는 "내가 정말 원하는 것은 행복이 아니다"라고 선언해야 할까?

---

59 大川隆法, 『カミソリ後藤田´日本の危機管理を叱る』, 幸福の科學出版, 2012 참조.

60 大川隆法, 『ハンナ・アーレントのスピリチュアル・インタビュー』, 幸福の科學出版, 2014 참조.

61 大川隆法, 『天照大神の未來記』, 幸福の科學出版, 2013 참조.

제12장

희망의 스피리추얼리티

: 종교·탈원전·공공성

3·11 동일본대진재가 일어난 지 사흘 뒤인 2011년 3월 14일, 당시 도쿄도지사 이시하라 신타로는 "미국의 아이덴티티는 자유, 프랑스는 자유와 박애와 평등인데, 일본은 그런 것이 없다. 일본인의 아이덴티티는 아욕, 물욕, 금전욕이다. 이번 쓰나미를 잘 이용해서 아욕을 한번 씻어 낼 필요가 있다. 역시 천벌이라고 생각한다"[1] 는 망언으로 많은 비판을 받자 다음 날 기자회견에서 이 천벌 발언을 철회하고 사죄하는 해프닝을 벌였다. 3·11을 천벌이라고 말해 버리는 순간 그것은 하나의 해답으로 굳어져 버리고 이제 물어야 할 것은 아무것도 남지 않게 됨으로써 사람들은 3·11로부터 조금도 앞으로 나아갈 수 없게 된다. 재해는 인간의 힘으로는 어쩔 수 없는 어떤 것과의 조우를 수반한다. 그것은 더리로 다 설명할 수 없다. 종교적 구원론으로도 어찌 할 수 없다. 이런 경우는 그저 물음을

1 "大震災は天罰", "津波で我欲洗い落とせ", 石原都知事, Asahi.com, 2011年3月14日.

던질 수밖에 없다. 종교는 분명 하나의 '해답의 설명체계'이지만, 그 안에는 항상 물음 그 자체가 내포되어 있다. 그렇지 않다면 종교는 종교로서 유효하게 기능할 수 없게 되어 버린다. 그 물음의 본질은 설명할 수 없는 것, 말할 수 없는 것을 묻지 않을 수 없는 신정론(theodicy)의 수용과 밀접한 관계가 있어 보인다. 이런 신정론적 맥락에서 일본인들은 3·11 이후 종교적으로 대응하지 않으면 안 될 그 무엇을 느꼈을 법하다. 본 장에서는 이와 같은 신정론적 맥락을 실마리 삼아 3·11 이후 일본 사회에 있어 종교, 탈원전, 공공성의 문제와 관련하여 어디에서 '희망의 스피리추얼리티'를 찾아야 할지에 관해 생각해 보고자 한다.

1. 3·11 동일본대진재와 종교

신정론적 물음을 상기시키는 3·11 진재와 원전 사고는 일본 사회에 온 사건에 못지않은 엄청난 충격을 던져주었다. 지진 다발국 일본이지만 그럼에도 원전은 절대로 안전하다는 '안전신화'가 무너진 것은 바로 이런 충격 때문이다. 안전신화의 붕괴는 단순히 과학기술에 대한 맹신이라는 '현대 일본 신화'의 붕괴만을 뜻하는 것은 아니다. 그것은 이 책의 제9장에서 언급한 일본교라는 견고한 신화에도 메우기 힘든 균열을 야기했음에 틀림없다. 이와 같은 신화의 붕괴와 신정론적 의미에서 "3·11은 종교처럼 생각할 수밖에 없다."[2] 요컨대 3·11과 원전 문제에는 심층적으로 종교 문제가 관련되어 있다는 말이다. 다음에는 3·11과 종교의 문제에 대해 (1) 3·11 이후 종교계의 대응, (2) 진재의 내셔널리즘, (3) 탈원전운동과 종교라는 세 가지 측면을 중심으로 살펴보기로 하겠다.

3·11이 터지자 일본 종교계는 과거 1995년 한신 대지진 때와는 달리 발 빠르게 구제 및 지원행동에 나섰다. 실제로 3·11 때는 한신 대지진 때와 비교해서 종교단체의 볼런티어가 양적으로 증가했고 또한 종교단체가 보다 조직적으로 기능했다. 3·11 당일부터 이미 상당수의 종교단체가 대책본부를 세우고 조사단을 파견했던 것이다. 일부에서는 결국 포교 목적이 아니냐는 의구심도 있었지만, 대부분의 종교자들은 포교를 하지 않는다는 전제하에 재해지역으로 들어갔다.[3] 여기서 무엇보다 주목할 것은 2011년 4월 1일 종교학자 시마조노 스스무 도쿄대학 교수를 대표자로 하는 〈종교자 재해지원연락회〉(宗教者災害支援連絡会)[4]가 발족한 점이다. 이 연락회는 취지문에서 피해자 지원과 관련하여 종교자들이 지원 관련정보를 서로 제공하고 그 활동을 확충하기 위해 종교계 바깥의 관련자들과 긴밀한 협조관계를 유지하면서 '종교와 종파를 넘어선 종교자들의 연락조직'으로 발족되었다. 이는 고야산 진언종, 금광교, 정토진종 본원사파, 신사본청, 정통진종 대곡파, 진여원, 천리교, 일본기독교단, 일본성공회, 입정교성회 등 주요 종교 교단을 망라하고 있으며 현재에도 페이

2 "座談會 原發と宗教", 國際宗教研究所編(2013), 『現代宗教 2013』, 8쪽.

3 "對談 宗教への期待'若者への期待", 같은 책, 236~237쪽.

4 https://sites.google.com/site/syuenrenindex/ 참조.

스북의 〈종교자 재해구원 네트워크〉(宗教者災害救援ネットワーク)[5] 와 연계하면서 지속적인 재해자 지원활동을 이어가고 있다.

이런 재해자 지원활동과 더불어 3·11 이후 일본 종교계에서는 원전 추진을 옹호한 〈행복의 과학〉 등 일부 교단을 제외하고는 대부분의 교단들이 반원전 혹은 탈원전의 입장을 표명했다. 신도계에서는 대지가 오염되고 일본 신들이 있을 곳이 파괴된다는 점에서, 그리고 불교계는 생명존중이라는 점에서 탈원전 성명을 내는 경우가 많았다. 가령 대부분의 전통적인 일본 불교 단체들이 가맹하고 있는 〈전일본불교회〉(全日本佛教會)는 2011년 12월 1일 〈원자력발전에 의존하지 않는 생활방식을 추구하며〉라는 선언문을 발표했는데, 이는 전통불교교단이 공동으로 일본 사회에 대해 공공적인 내용을 지닌 최초의 발신이었다는 점에서 일본 불교의 사회윤리적 측면의 새로운 현현이라 할 수 있다.[6] 즉 〈전일본불교회〉의 선언문은 (1) 원자력발전이 생명을 위협하는 것이라는 점, (2) 원자력발전이 누군가의 희생 위에 성립한다는 사실을 중시하고 있는 점, (3) 개인의 행복이 인류의 복지와 조화를 이루는 길을 추구한다는 점, (4) 이를 위해 한 사람 한 사람이 족함을 알고 자연 앞에 겸허할 것을 호소한다는 점 등에서 종교적 사유에 입각한 윤리적 판단을 제시하고 있다.[7]

이와 같은 불교계의 대응과 관련하여 시마조노는 새로운 형태의 공공적 기능의 양태 및 공공성의 회복에 주목한다.[8] 예컨대 3·11 이후 〈미

---

5 https://www.facebook.com/FBNERJ 참조.

6 島薗進(2013), 『日本佛教の社會倫理』, 273~274쪽.

7 島薗進(2013), "福島原發災害後の宗教界の原發批判", 111쪽.

8 島薗進(2012), 『現代宗教とスピリチュアリティ』, 제5장 〈일본 불교에 있어 공공성의 회복〉 참조.

야기현 종교법인 연락협의회〉에 속한 여러 교단들이 초종교적으로 연대하여 진재 이후 피해자의 마음의 케어를 위해 해당 지역의 종교자·의료인·연구자들로 구성된 〈마음의 상담실〉을 운영해 왔다. 또한 전통불교 사원은 지진과 쓰나미, 방사능의 피해로부터 도망친 사람들을 수용하여 보살펴준 장으로서 큰 역할을 했을 뿐 아니라, 진재 이후 일본 불교는 사자의 위령과 추도에 없어서는 안 될 에이전트임을 재확인시켜 주었다.[9] 이런 움직임을 비롯하여 특히 탈원전을 호소하는 전통불교교단의 여러 동향에 대해 시마조노는 "점차 다원화가 진행됨과 아울러 세속주의에 의해 생겨난 사회의 정신적 공백을 되묻고자 하는 추세 속에서, 일본 불교교단이 새로운 공공적 기능을 발휘하는 방향으로 나아가는 활동"[10] 이라고 그 가능성을 진단한다. 이는 일본 종교계가 사회에 대해 일정한 영향력을 가지고 새롭게 공공영역에서 종교가 나타나는 흐름을 보여준다는 것이다.[11]

이처럼 3·11 이후 일본의 종교단체들이 공익성을 매우 중시하게 된 점은 일본 종교사에서 볼 때 매우 중요한 의의를 내포한다. 역사상 일본 종교는 줄곧 현세 이익과 개인구제가 중심이었기 때문이다. 그러나 이제 종교가 공공영역에 시선을 돌리고 있다. 그것은 새로운 형태의 '종교의 재생'을 의미하는 것일까? 그런데 이런 물음과 더불어 3·11과 종교 문제에 있어 진재의 내셔널리즘을 간과할 수 없다. 가령 진재 직후 "힘내라 일본" 캠페인이 여기저기서 열광적으로 일어나고 트위터 아이콘에도 갑자

9 島薗進(2013), 『日本佛教の社會倫理』, 259~260쪽.

10 島薗進(2012), 『現代宗教とスピリチュアリティ』, 140쪽.

11 "座談會 原發と宗教", 國際宗教研究所編(2013), 『現代宗教 2013』, 7쪽.

기 욱일승천기 마크가 출현하는 등, 열도 전체가 일장기로 가득 넘치는 현상이 두드러졌다. 이보다 더 주목할 것은 3·11 이전부터 활동해 온 〈재특회〉 등 넷우익의 움직임이 진재 후 더욱 활성화되고 있으며, 그 밖에 조선학교에 대한 무상화 적용 제외, 입국 관리에 있어 외국인에 대한 범죄자 취급, 북한 미사일이 일본을 겨냥한다는 〈행복의 과학〉의 국방 캠페인 등 배외적 움직임이 증가하고 있다는 점이다. 하지만 〈재특회〉의 경우는 내셔널리즘을 언급할 거리도 안 된다. 그 근저에는 원시적인 르상티망이 존재할 뿐이다. 왜냐하면 재일 조선인에게는 일본인이 시샘할 만한 특권이라고는 전혀 없으며, 일본에서 가장 큰 특권을 가진 외국인은 재일 미군이기 때문이다.[12]

한편 3·11 이후 일본은 종교계의 대부분과 국민의 절반 가량이 탈원전을 지지함에도 불구하고 원전에서 벗어나지 못하고 있다. 그 가장 큰 이유는 경제적 요인과 더불어 일본이 원전을 가지는 것을 강하게 희망하는 미국과의 관계에 있다. 오랫동안 원전을 만들지 않고 있는 미국은 일본이 대신 원전을 만들어 세계 원전시장을 리드하기를 원한다. 즉 미국은 일본에 원전건설 기술을 수출하여 계승 발전시키고자 하는 것이다. 만일 일본이 원전을 포기하게 되면 세계 원전시장을 러시아나 중국이 지배하게 될 것이므로 미국은 어떻게든 일본이 원전을 포기하지 못하도록 압력을 행사하려든다. 게다가 이런 상황에 안주하고 있는 매스미디어들은 요미우리 신문사를 비롯하여 원전 관련기업으로부터 막대한 광고수입을 얻고 있으므로 탈원전이라는 주제 자체를 터부시해 온 것이 사실이

12 같은 글, 39쪽.

다. 이런 연유로 일본이 미국에 의존하는 방식은 마치 종교적 귀의와 유사하다는 지적도 있다.[13]

2. 탈원전의 스피리추얼리티

이 대목에서 탈원전 운동과 종교의 관계에 대해 좀 더 검토해 볼 필요가 있다. 이 문제는 '종교로서의 원전'이라는 관점에서 접근할 수 있다. 가령 나카자와 신이치에 따르면 "원자력발전소는 일신교"이며 그런 원자력에 대한 절대의존성은 신에 대한 종교적 귀의 방식과 대단히 유사하다. 다시 말해 원전은 자연계에는 없는, 즉 대단히 초월적이고 일신교적 신에 가까운 원자력 에너지를 이용한다는 점에서 일신교적이라 할 수 있다는 것이다.[14] 근래 일본에서는 스피리추얼한 것에 관심을 가지는 사람들 사이에 '어센션'이라는 말이 주목받아 왔다. 여기서 어센션(ascension)이란 지구라는 생명체·의식체의 차원 상승 혹은 개인 영혼의 진화를 가리키는 말이다. 이때 진화하지 않은, 즉 어센션에 실패한 영혼은 이 낡은 세계에 그대로 남게 되는데, 거기서는 지구의 조화하지 못하는 부분을 정화하는 작용으로서의 재해와 전쟁이 일어난다는 것이다. 그 시기는 마야력이 끝나는 2012년 12월 22일 혹은 2011년 10월 28일이 될 것이라고 갈

13 같은 글, 25~26쪽.

14 中沢新一(2011),『日本の大転換』참조.

해졌으며, 그 마지막 사이클이 시작되는 2011년 3월 9일부터 무언가가 일어날 거라고 여겨졌다. 이와 함께 어센션은 영성이 높은 일본에서 시작된다는 말도 나왔다. 이 때문에 3·11 동일본대진재가 일어났다는 것이다.[15] 요컨대 3·11 이후 한쪽에서 천벌 발언이 나왔을 때 스피리추얼리티를 말하는 다른 한쪽에서는 그것을 '지구의 정화'라고 여긴 것이다. 양자 모두 신정론적 발상이라는 점에서는 공통적인데, 그중 '정화'의 발상 밑에는 재해와 지진 혹은 전쟁이 일어나더라도 자신의 스피리추얼한 상념이 긍정적이고 깨끗하기만 하면 세상이 어떻게 되든 상관없다는 생각이 깔려 있는 듯싶다. 이는 세계와 절연된 자기완결적인 '세카이계'적 발상과 가깝다.

이에 비해 간헐적으로 전개되어 온 탈원전 데모는 2012년에 들어와 특히 6월부터 7월에 걸쳐 전국적으로 확산되기에 이른다. 가령 7월 16일 도쿄 요요기 공원에서 열린 '원전과 작별하기 위한 10만 명 집회'에는 예상을 훨씬 뛰어넘어 17만 명의 사람들이 모였다. 이들은 후쿠시마 원전 사고에도 불구하고 원전 재가동을 결정한 일본 정부에 강력히 항의했다. 또한 2012년 3월 말부터 수상 관저 앞에서는 매주 금요일 저녁마다 〈수도권 반원전연합〉 주최로 탈원전 데모가 열렸다. 이 데모 참가자 수는 한때 20만 명까지 늘어나 1960년 안보투쟁 때를 방불케 하는 장면이 연출되기도 했다. 그럼에도 동년 7월 원전이 재가동되었고, 9월에 민주당 정권은 2030년까지 원전 의존도를 제로로 하겠다는 위원회의 보고서를 채택하지 않았다. 산업계와 미국 측의 압력에 밀려 탈원전 정책이 표류하

15 堀江宗正(2012), "予言が当たったとき", 208쪽 ; 坂本政道(2011), 『東日本大震災とアセンション』 참조.

게 된 것이다. 그 후 얼마 뒤인 12월 중의원 선거에서는 원전 추진파인 자민당이 압도적 승리를 거두었다. 이는 탈원전 데모의 정치적 효과가 매우 제한적이라는 사실을 잘 보여주는 결과였다.[16]

탈원전 데모자들은 "원전을 완전히 폐지하면 경제적으로 어떻게 하지?"라는 원전 추진 측의 반론에 대해 "역시 원전은 있어야 하는 거지"라고 돌아서는 사람도 있고, "아니, 역시 가난해도 좋아. 각오는 되어 있어"라고 말하는 사람들도 있다. 이 중 후자의 경우는 대체로 전자나 일반인보다 스피리추얼한 경향이 많아 보인다. 사실 탈원전 데모에 참여한 사람들은 대부분 무종교, 고령자, 좌익정당 지지자들이 많았고, 종교인의 경우는 기독교인 또는 스피리추얼리티에 경도된 사람들이 많았다고 한다.[17] 이와 같은 탈원전 운동과 스피리추얼리티의 관계에 대해 종교학자 호리에 노리치카는 "후쿠시마 원전 사고는 정치, 경제적 사건일 뿐 아니라 일본 사회의 시스템, 일본인의 삶의 방식, 금후 문명의 향방에도 영향을 끼칠 대사건이었다. 그것은 더욱 심층적인 정신적 가치관, 종교성, 스피리추얼리티와도 관련되어 있다. 나아가 탈원전 운동 자체가 하나의 스피리추얼리티의 존재 양식을 제시해 보여준다"[18] 고 말한다. 이때 그는 탈원전 운동에 내재하는 가치관이 스피리추얼리티와 어떤 관계에 있는지를 검토하면서 특히 목숨을 뜻하는 일본어 '이노치'(いのち)의 사상과 '히피' 문화에 주목한다.

---

16 박지환(2014), "불안정과 재미의 정치학", 75~76쪽 및 86쪽.

17 "對談 宗教への期待´若者への期待", 國際宗教研究所編(2013), 『現代宗教 2013』, 260쪽 ; "座談會 原發と宗教", 같은 책, 17쪽.

18 堀江宗正(2013), "脫/反原發運動のスピリチュアリティ", 79쪽.

먼저 이노치의 사상에 대해 살펴보자. 탈원전 운동에서는 종교단체, 우익, 좌익 가릴 것 없이 흔히 "이노치를 지켜라"는 주장이 등장하곤 했다. 가령 일본 가톨릭 주교단(司教団)은 2001년에 이노치를 위험에 빠뜨리는 원전을 대신할 대체에너지 정책을 촉구한 바 있으며, 그 후 2011년 11월에는 원전폐지를 주창하는 성명을 내놓았다. 또한 전술한 〈전일본불교회〉도 이노치라는 말을 빈번히 사용하면서 원전에 의존하지 않는 삶의 방식을 촉구했다. 여기서 이노치라는 말은 사생학, 종교학, 의학, 간호 등의 분야에서 3·11 이전부터 널리 사용해 온 키워드이다. 이때 한자의 '命'이 아니라 히라가나의 'いのち'를 사용하는 것은 생물학적 개체로서의 생명을 넘어선 '보다 큰 것'를 가리키기 위한 것인데, 그 구체적 의미는 다음 세 가지로 구분될 수 있다. 즉 이노치는 (1) 생식에 의한 생명체들의 연대와 그것을 포괄하는 생태계와 대자연, (2) 생명활동의 양태와 그것을 관통하는 원리 및 나아가 자연을 총괄하는 원리로서의 신불, (3) 그것이 개별 생명체의 내외에 있어 작동하는 것, 혹은 작동해야 한다는 것을 시사한다. 이런 의미에서 일본어 이노치는 일반적인 생명 개념에서 더 나아가 대자연의 작용 자체를 가리키는 말로, 불교의 법화경 사상과 불성 사상 및 신도의 애니미즘 재평가 움직임과도 밀접한 관계가 있다. 이와 같은 이노치 사상에 따르면 인간은 이노치에 의해 '살려지고' 상호 연관되어 있으며 서로 연대하면서 이노치를 구성한다. 그리하여 일본 가톨릭 주교단과 〈전일본불교회〉의 성명은 "원전의 방사성물질과 방사성 폐기물은 장기간에 걸쳐 이노치에 해독을 끼칠 가능성이 있다. 경제적 이익을 위해 이노치를 위험에 빠뜨릴 수는 없다. 원전은 이노치의 조건인 차세대의 환경도 위협한다. 원전은 일본인에게 있어 신성하기까지 한 자연을 오염시킨다. 원전은 이노치의 평등에 반하여 일부 노동자와 발전소

주변의 주민들에게 희생을 강요한다"는 말로 요약될 만하다.

이와 같은 이노치의 사상은 다이쇼 시대의 '생명주의'까지 거슬러 올라간다. 이때 스즈키 사다미(鈴木貞美)는 생명주의를 "생명이라는 개념을 세계관의 근본원리로 삼는 경향 혹은 목적론적·기계론적 자연 정복관에 대립된 사상 경향"으로 정의 내린다. 이 생명주의는 역사적 조건에 따라 현세 이익의 강조, 모성의 강조, 생의 권력, 우생학 등 경제성장을 뒷받침하는 이데올로기가 되기도 하는가 하면, 일본 문화의 우월성을 강조한다든지 세계를 구원하는 애니미즘 사상 등에 있어 내셔널리즘과 결부되기도 한다.[19] 또한 그것은 일본 신종교에서처럼 우주를 하나의 생명으로 보고 그 근원적 생명이 인간의 본성이라고 하여 신인합일하면서 생명력 넘치는 사회를 만드는 것을 목표로 삼는 이른바 '생명주의적 구제관'[20]의 옷을 입고 나타나기도 했다. 그 밖에 환경 사상 분야에서도 1980년대 이래 심층생태학과 일본 애니미즘을 융합시킨 생명주의를 말하고 있는데, 이와 같은 다양한 생명주의가 종교자들에 의한 반원전 운동의 근거로 기능하고 있는 것이다.[21]

호리에가 '탈원전의 스피리추얼리티'의 두 번째 상징으로 들고 있는 '히피'란 현대 일본의 도시지역에 살면서 때때로 교외나 지방에서 농업적 실천을 하며 얼터너티브한 생활을 즐기는 사람들을 가리킨다.[22] 이들

---

19 鈴木貞美(2007), 『生命観の探究』 및 鈴木貞美(2008), 『日本人の生命観』 참조.

20 対馬路人他(1979), "新宗教における生命主義的救済観", 92~115쪽.

21 堀江宗正(2013), "脱/反原發運動のスピリチュアリティ", 81~83쪽.

22 일본 히피 문화의 발상지로는 나가노현(長野県) 스와군(諏訪郡) 후시미정(富士見町)이 유명하며, 그 밖에 신주쿠(新宿)에는 1960년대 히피들에게 잘 알려진 찻집 풍월당(風月堂)이 있던 곳이고, 고쿠분지(国分寺)는 예전에 히피 코뮌이 존재했던 곳으로 '호라카이'(ほら貝)라는 상점은 국제적 거점이기

의 대표적 집회로 매년 도쿄 요요기 공원에서 개최되는 '어스 가든'(Earth Garden)[23]과 '어스데이 도쿄'(Earthday Tokyo)[24] 등의 환경 박람회를 들 수 있는데, 이것들은 3·11 이전부터 조금씩 규모를 넓혀 갔다. 거기에는 환경보호단체들뿐 아니라 민족의상이나 민족음악, 유기농식품이나 자연식품, 스피리추얼한 명상 및 힐링 등과 관련된 단체들도 다수 참가한다. 3·11 직후의 데모에는 이런 히피들이 많이 참가했다. 그중 특히 2011년 4월 10일 도쿄 고엔지(高圓寺)의 〈아마추어의 반란〉(素人の乱)에 의한 탈원전 데모에 주목할 필요가 있다.

고엔지는 '일본의 인도'라 불리며 아시아계의 음식점, 잡화점, 옷가게 등이 즐비하고 뉴에이지와 정신세계에 관심 있는 사람들이 많이 살고 있는 곳이다. 〈아마추어의 반란〉은 이 고엔지 역 부근에서 중고 상품 가게, 카페, 대안대학 등을 운영하는 문화운동 네트워크로, 2005년 마쓰모토 하지메(松本哉, 1974~현재)에 의해 시작되었다. 호세(法政)대학 법학부 시절 〈호세대학의 궁상스러움을 지키는 모임〉(法政の貧乏くささを守る会)을 추진했던 마쓰모토는 2001년 대학 졸업 후 〈가난뱅이 대반란 집단〉(貧乏人大反乱集団)[25]을 결성하여 수입음반 CD 규제에 반대한다든지

도 했다. 현재에도 내추럴계의 상점이 많다. 한편 단기간에 끝난 고쿠분지 코뮌이 붕괴된 후, 히피들은 주로 중앙선 선로변 각지에 흩어졌는데 그 거점 중 하나가 니시오기쿠보(西荻窪)의 '호빗촌'(ほびっと村)이다.

23 "유기체주의와 에콜로지"를 테마로 하는 각종 이벤트 기획을 가리키며, 요요기 공원에서 계절별로 마케팅과 라이브 페스티벌이 개최되고 있다. http://www.earth-garden.jp/ 참조.

24 지구에 관해 생각하고 행동하는 날인 〈지구의 날〉(매년 4월 22일)을 기념하여 도쿄 요요기 공원에서 개최되는 시민에 의한 일본 최대의 지구페스티벌. 2014년에는 4월 19일(토)부터 20일(일)까지 개최되었다. http://www.earthday-tokyo.org/2014/ 참조.

25 마쓰모토 하지메(2009), 『가난뱅이의 역습』 참조.

반전 관련 낙서금지에 반대하는 일명 '사운드 데모'를 각각 2004년 6월과 11월에 개최했다. 여기서 사운드 데모란 악기를 가진 사람과 DJ가 음악을 크게 틀고 퍼레이드를 하는 데모 형태를 가리킨다. 이어 〈아마추어의 반란〉 운동을 시작한 이후에는 방치된 자전거의 철거를 반대하는 '내 자전거를 돌려줘 데모'(2005년 8월), 중고전자제품의 거래를 제한하는 것에 반대하는 'PSE법 반대 데모'(2006년 3월), '월세 공짜를 위한 데모 봉기'(2006년 9월), '아마추어의 반란 메이데이 데모'(2008년 5월) 등 사회적으로 소외된 계층의 사람들에게 호소력을 가지는 격차사회 문제라든가 빈곤 문제 등과 관련된 좌익계 집회를 사운드 데모의 형식으로 주최해왔다. 이와 같은 〈아마추어의 반란〉의 주도에 의해 2011년 4월 10일 일본 전역에서 처음으로 대규모 탈원전 데모가 열려 1만 5000명이 참여하는 성과를 올렸는데, 거기서는 다양한 패션을 즐기는 히피들의 참여가 두드러졌다.[26]

그러나 무엇보다 주목할 것은 이상에서 살펴본 이노치의 사상과 히피 문화가 탈원전 운동을 통해 결합되는 측면이다. 히피에 의한 탈원전 운동의 획기적 이벤트인 '이노치의 축제'(いのちの祭り)는 이 점을 잘 보여준다. 일본에 있어 탈원전 운동과 대항문화의 중요한 상징이자 야외 축제의 원조인 이노치의 축제는 1988년에 시작되어 12년마다 '용의 해'에 개최되어 왔다. 첫 번째 모임인 '이노치의 축제 88'은 1988년 8월 1일부터 8일간 나가노현 야쓰가타케(八ヶ岳) 스키장에서 약 1만 명이 모인 가운데 "핵 없는 하나의 사랑"(No Nukes One Love)이라는 주제 하에 개최되었

26 현대 일본 사회의 사운드 데모 및 〈아마추어의 반란〉에 관해서는, 박지환(2014), "불안정과 재미의 정치학" 및 박지환(2012), "동일본대지진 이후 일본의 사회운동" 참조.

다. 이는 종래의 유물론적 좌익에 의한 반핵평화운동과는 달리 이 책의 제1장에서 다룬 뉴에이지 및 정신세계와 밀접한 관계가 있었다. 그것은 2년 전인 1986년에 세계를 경악케 한 체르노빌 원전 사고를 계기로 격화된 반원전 운동의 새로운 형태였다. 회장에는 핵 없는 사회를 지향하기 위한 심포지엄이 매일 개최되었으며, 스피리추얼한 기공과 명상, 자연식과 자연에너지, 환경오염과 자연농법, 자가발전, 자급자족의 라이프스타일, 선주민의 라이프스타일에 관한 워크숍이나 민족음악 콘서트가 열리고 〈호피의 예언〉 등 메이저 영화사가 배급하지 않는 독립영화도 상영되었다. 오프닝 세리모니에서는 미국 인디언 주술사가 무대에서 기도를 올리고 일본 신도의 대지의 신의 강림이 연출되었으며 가구라(神樂)가 봉납되기도 했다.

당시 일본 청년문화의 대변자적 존재였던 잡지 〈다카라지마〉(宝島)와 〈헤이본 판치〉(平凡パンチ)뿐 아니라 〈아사히 저널〉, 〈아사히신문〉, 〈마이니치신문〉 등 주류 미디어도 앞 다투어 이 이노치의 축제를 취재했다. 특히 〈아사히 저널〉은 표지 테마로 이노치의 축제를 다루면서 그것을 '반원전 운동 뉴웨이브'라 불렀다. 다른 미디어들은 이를 '일본판 우드스톡'이라 표현하기도 했다. 1969년 8월에 사흘간 개최되었던 '우드스톡 음악과 예술 페스티벌'(Woodstock Music and Art Festival)이 1960년대 미국 서해안에서 시작된 대항문화의 상징이었던 것과 마찬가지로 이노치의 축제는 일본에서 "알 만한 사람은 다 아는" 대항문화의 상징이라 할 수 있다. 이와 관련하여 '이노치의 축제 88'을 기록한 호시카와 마리(星川まり)는 다음과 같이 적고 있다. "자기 자신의 발견, 혼의 시대, 스피리추얼리티의 시대가 시작되고 있다. (중략) 이제부터 환태평양권에서 그리고 동과 서, 남과 북의 정신을 결부시키기 위한 중요한 역할이 일본에게 주어져

있다. (중략) 종래의 경제우선으로부터 이노치 우선의 새로운 문명권으로 전환해야 한다." 이와 같은 이노치의 사상은 3·11 이후인 2012년 9월 14일부터 17일에 걸쳐 후지산 산록 캠프장에서 8000여 명이 참가한 가운데 개최된 '이노치의 축제 2012'로 계승되면서 오늘날까지 면면히 이어지고 있다.

후쿠시마 원전 사고 이후 히피들의 탈원전 운동은 이런 이노치의 축제, 즉 '반원전 운동 뉴웨이브'의 리바이벌이라고 말해도 좋을 것이다. 다시 말해 버블 경제 붕괴와 옴 사건을 거치면서 일단 사라졌던 히피들의 탈원전 운동은 2000년대 이래 스피리추얼리티의 흥륭 속에서 도시형 히피 문화에 대한 잠재적 지지자들이 생겨나는 가운데 3·11 직후의 탈원전 데모에의 참가라는 형태로 재분출되었다고 볼 수도 있겠다. 그런데 2012년 말경 수상 관저 앞 데모에서는 히피 차림을 한 사람들이 거의 보이지 않게 되었다. 여름부터 고령자 비율이 늘고 다양한 정치단체의 깃발이 등장하기 시작했고, 또한 이 데모를 조직한 〈수도권 반원전 연합〉이 스피치에서 노래와 랩과 MC 같은 정서적 어필을 억제하는 대신 '분노'의 감정을 기조로 하는 '슈프레히코아'로 바뀌고 있었다. 아마도 이런 변화에 대해 많은 히피들이 위화감을 가지고 탈원전 데모 현장을 떠난 것으로 보인다. 그렇다면 히피는 탈원전 운동에 있어 트릭스터(trickster)에 지나지 않았던 것일까? 현재 남아 있는 탈원전 데모의 소수 히피 참가자들도 이노치 중시의 사상과 자연지향적 생명주의를 모토로 하고 있다. 하지만 히피들은 그것을 정치적인 문제의식에서가 아니라 스피리추얼한 가치관으로서 자각하거나 체현할 따름이다. 따라서 히피는 탈원전 운동 전체의 담지자는 아니었지만 그 운동의 스피리추얼리티에 있어 여전히 상

징적인 존재라고 말할 수 있다.[27]

3·11 이전 일본의 스피리추얼리티 붐은 신자유주의하의 소비주의적 유행이라는 측면을 내포하고 있었다. 그것은 모든 문제를 자기책임으로 돌리는 등, 사회적 연대보다는 사생활의 충실에 집중하려는 경향을 보여주었다. 이런 경향과 관련하여 '친밀권'으로부터 '공공권'으로 향하는 '해방적 스피리추얼리티'의 가능성이 제기되기도 했으나[28] 대세를 이루지는 못했다. 또한 스피리추얼리티를 추구하는 당사자들에 의해 개인의식의 진화가 지구의식의 진화로 이어진다는 담론이 널리 유포되긴 했지만 구체적인 사회적 실천에는 이르지 못했다. 그런데 3·11 이후에는 사정이 바뀌었다. 피해자를 위한 기도, 사회적 연대를 호소, 사회적 실천에 관여하는 등, 이노치를 위협하는 원전에 반대 의사를 표명하는 스피리추얼한 사람들이 블로그와 SNS에서 두드러지게 된 것이다. 2000년대 스피리추얼리티 붐은 대항문화로서의 성격이 약한 소비주의적 서브컬처로 화해 있었다. 그러나 앞서 살펴보았듯이, 원전 사고 이후 탈원전 운동 참가자들의 가치관 속에 나타난 스피리추얼리티는 사회운동으로서의 성격을 다시금 드러내기 시작했다.

그렇다면 향후 이와 같은 탈원전의 스피리추얼리티는 어떤 방향으로 전개될 것인가? 예상컨대 탈원전 데모운동이 일본인의 정신성과 스피리추얼리티의 변화를 하나의 돌출된 형태로 표현할 가능성이 있다. 종래 스피리추얼리티의 보수적인 사생활주의와 소비주의 및 '치유로서의 자

27 堀江宗正(2013), "脱/反原発運動のスピリチュアリティ", 86~88쪽.

28 대표적으로 小池靖(2010), "親密圏とスピリチュアリティ" 및 島薗進(2007), 『スピリチュアリティの興隆』 참조.

연' 애호는 어느 것도 3·11 이후의 일본에서는 허무하게 들린다. 원전 사고의 충격을 받은 스피리추얼리티는 금후 경제만능주의를 강하게 비판하면서 희생자들과의 연대와 사회변혁을 사상과 실천의 측면에서 강화해 나갈 것으로 기대된다. 하지만 이노치를 둘러싸고 선회하는 듯이 보이는 탈원전 운동에 관한 이상의 고찰은 일시적이고 한정적인 진실만을 보여주는 것일 수도 있다. 일본 사상사 연구의 관점에서 보자면 생명주의가 때로 경제만능주의를 후원하고 편협한 내셔널리즘에 편승하는 국면이 종종 있었기 때문이다.[29] 그러나 탈원전의 스피리추얼리티가 일본 사회의 미래에 한 줄기 희망으로 비추어질 수 있을 만한 이유는 충분해 보인다. 이 점에서 '또 하나의 스피리추얼리티'를 보여주는 소노 시온 감독의 영화 〈두더지〉와 〈희망의 나라〉를 통해 이 희망의 의미에 관해 좀 더 생각해 보기로 하자.

3. 희망의 스피리추얼리티 혹은 스피리추얼리티의 희망 : 〈두더지〉와 〈희망의 나라〉

시나리오 작가이자 시인이기도 한 일본의 영화감독 소노 시온(園子溫, 1961~현재)은 국제적으로 많이 알려져 있지만 우리에게는 아직 익숙하지 않은 이름이다. 하지만 부천국제판타스틱영화제와 부산국제영화제에

29 堀江宗正(2013), "脱/反原發運動のスピリチュアリティ", 80쪽 및 117쪽.

서 〈자살클럽〉(2001), 〈노리코의 식탁〉(2005), 〈두더지〉(2011), 〈희망의 나라〉(2012) 등이 상영되면서 국내 팬들도 꾸준히 늘고 있는 추세이다. 일각에서 "1990년대 이후 일본 영화계에서 세계로 진출한 뉴웨이브 가운데 가장 독창적이고 도전적인 영화를 만들어 온 감독"[30] 으로 평가받는 소노 시온의 영화 세계는 2000년대 벽두에 내놓은 〈자살클럽〉의 대성공 이래 그 속편인 〈노리코의 식탁〉을 비롯하여 〈기묘한 서커스〉(2005) 및 '증오 3부작'이라 칭해지는 〈사랑의 노출〉(2008), 〈차가운 열대어〉(2010), 〈사랑의 죄〉(2011) 등, 시적·철학적 감성을 내장한 매우 노골적이고 자극적인 폭력과 개성적이고 그로테스크한 섹슈얼리티 묘사를 거쳐 3·11 이후 내놓은 〈두더지〉와 〈희망의 나라〉에 이르러 하나의 고원에 도달한 듯싶다. 하지만 여전히 정점은 보이지 않는다. 그가 추구하는 영화 세계는 한마디로 '카오스의 미학'이라 할 수 있겠는데, 카오스란 원래 그 끝을 알 수 없는 무정형적인 창조의 원질이기 때문이다. 이런 카오스적 의미에서 희망의 의미를 묻고 있는 작품이 바로 〈두더지〉와 〈희망의 나라〉일 것이다. 가령 모든 것이 사라진 폐허의 자리에 남는 것이 희망뿐이라면, 과연 무엇이 희망일 수 있을까? 아무런 희망이 없는 곳에서 희망을 기다리고 희망을 사랑하고 희망을 희망할 수 있을까?

30 マーク·シリング, "ロード オブ カオス", ダリオー·トマージ他編(2012), 『カオスの神′園子溫』, 8쪽.

1) 〈두더지〉와 '희망 없음의 희망'

소노 자신이 "진재에 호응한 영화라는 의미에서 내게 있어 큰 전기가 된 작품"[31] 이라고 평한 〈두더지〉는 구원의 빛이 보이지 않는 어두운 절망을 그린 후루야 미노루의 동명 만화 『두더지』가 원작이다. 그것은 빛으로 표상되는 희망의 가능성이 없는 세계를 살아가는 인간들의 심리를 묘사하고 있다. 그곳은 개인의 삶에 발전의 여지를 허용하지 않는 수용소 같은 세계로, 각자는 다만 자신의 어두운 구멍 속에서만 살아갈 뿐이다. '두더지'라는 제목 자체가 이 점을 시사한다. 그 줄거리를 좇아가 보자.

15세의 중학생 스미다는 큰 꿈도 없고 학교와 호숫가만 왕복하던서 초저생활을 하고 있다. 호숫가에는 모친이 작은 렌털 보트하우스를 운영하고 있다. 그녀는 아들을 거의 방치한 채 때때로 애인과 시간을 보내기 위해 아들을 집에서 내쫓기도 한다. 거액의 빚을 진 부친은 폭력적인 부랑자로 술에 만취하거나 돈이 필요할 때만 집에 와서 아들에게 폭언과 폭력을 일삼는다. 모친의 무관심과 부친의 폭력 사이에서 스미다의 유일한 소망은 평범한 어른이 되는 것이다. 그런 가운데 노숙자들이 호숫가에 모여든다. 이들은 후쿠시마 원전 사고의 피해자들이거나 혹은 사회로부터 소외된 마이너리티들이다. 이들은 돈도 희망도 아무것도 가지지 않았다는 공통점을 가진 자들끼리의 끈끈한 커뮤니티를 형성하-

31 園子溫(2012), 『非道に生きる』, 120쪽.

고 있다. 한편 스미다의 동급생인 차자와의 가정환경도 열악하기 짝이 없다. 모친은 집안에 교수대를 만들어 놓고는 딸에게 목을 매달라고 한다. 그럼에도 소녀는 인생을 믿고 시를 믿으며 사랑하는 사람과 함께 지내고 싶다는 꿈을 포기하지 않는다. 소녀는 스미다를 깊이 사랑한다. 하지만 소년은 아직 응답이 없다. 모친이 아들을 남기고 애인과 도망친 후 스미다의 상황은 더 악화된다. 어느 날 만취한 부친이 스미다 앞에 나타나 또 폭행을 가하자, 더 이상 분노를 참지 못한 소년이 격투를 벌이다 그만 친부를 살해하고 만다. 그러자 스미다는 이제 자신이 평범한 어른이 될 수 없다는 사실을 깨닫고 자기보다 더 악한 놈들을 벌주겠다는 생각에 사로잡힌다. 이런 광기에 사로잡힌 소년은 야쿠자에게 협박받거나, 변태로부터 피해자를 구하려 하거나, 버스 안에서 살인 현장에 말려든다. 만신창이가 된 소년은 자살하려고 집에 돌아온다. 차자와는 스미다에게 자수를 권유한다. 처음에 스미다는 이를 거부했지만, 자신을 향한 소녀의 순수한 사랑을 느끼고 마음을 바꾸어 자수할 결심을 한다. 둘은 함께 밤을 지낸 후 집을 나와 손을 잡고 달린다. "스미다, 힘내!"라고 소녀가 외친다.

"힘내라!"라는 구호는 스미다의 담임선생에게서도 나온 발언이다. 영화는 이 담임선생의 입을 통해 "일본은 지금까지 그랬던 것처럼 다시 일어설 것이다", "너희들은 우리의 미래이고 무너져 가는 일본을 일으켜 세울 희망이다. 너희들 각자가 모두 꽃이다"라고 말하면서 힘낼 것을 요청한다. 하지만 담임선생이 '꽃'이라고 부른 스미다는 "모두가 꽃은 아닙니다"라고 반박하며, 차자와 또한 "누구에게도 발견되지 못한 채 피었다가 지는 꽃도 있습니다. (중략) 꿈을 가지면 정말 꽃을 피울 수 있는 건가요?"라고 반문한다. 이 장면에서 소노는 일본이라는 국가를 학교 교실로, 일본 정부를 선생님으로, 그리고 일본 국민들을 학생들로 비유하고 있다. "힘내라!"라는 일본 정부의 구호는 영화 속에서 공허한 외침으로 반향되고 있다. 이 공허함은 스미다의 어머니가 "힘내라!"라는 메시지만 달랑 남긴 채 아들을 버리고 도망가 버린다는 설정에서도 잘 드러나고 있다. 이에 비해 스미다의 보트하우스에 기생하는 한 홈리스는 스스로를 "쓰나미로 이미 한번 죽었고, 언제 다시 죽을지 모르는 일본의 과거"로 규정하면서 스미다를 '열린 미래'라고 부른다. 이는 사람들로부터 배제당한 이 홈리스들을 받아들인 스미다야말로 '희망 없음의 희망'임을 암시하는 대목이다.

2011년 3·11 대진재가 일어날 무렵 〈두더지〉는 거의 완성되어 있었다. 하지만 소노는 시나리오를 바꾸지 않을 수 없었다. 그리하여 진재로부터 2개월이 지난 2011년 5월 하순, 그는 3·11 당시 지옥의 풍경이 그대로 남아 있는 미야기현 이시마키시(石巻市) 해안을 따라 카메라를 돌렸다. 원작의 주인공은 자살하지만, "진재 이후의 현실을 살아남지 않으면 안 될 아이들에게 있어 그것은 너무 잔인한 스토리다. 촬영 당일까지 망설인 끝에, 나는 절망적인 상황에 빠져 제방을 달리는 스미다와 그의 뒤를 따라 달리는 차자와가 '스미다, 힘내!'를 외치는 장면으로 영화를 끝내고자 했"[32]기 때문이다. 이로써 구제의 가능성이 전혀 보이지 않는 부정성이 지배적인 소노의 세계에 처음으로 희망이라는 테마가 태어난 것일까?

어쨌든 이런 소노를 많은 사람들은 곱지 않은 시선으로 보았다. 사

32 같은 책, 125쪽.

람들의 불행을 영화 제작에 이용한 혐의가 있다고 여겼기 때문이다. 하지만 소노에게는 그렇게 하지 않을 수 없었던 나름대로의 필연적 감각이 있었다. 그것은 일상과 비일상의 순환 속에서 어두운 불행을 보는 시선의 필연이다. 이 대목에서 소노는 "진재 이전의 일본은 '끝없는 일상'이고 진재 이후는 그런 일상이 끝나고 우리는 '끝없는 비일상'에 돌입했지만, 실제로는 그 후에도 끝없는 비일상 대신 새로운 '끝없는 일상'이 시작되었다"[33] 고 말한다. 그랬다. 분명 모든 불행은 "왜 하필이면 내게만 이런 불행이…"라는 비일상의 감각을 수반하지만, 시간이 흐르면서 어느새 그 비일상은 일상이 되어 버리고 만다. 그렇지 않으면 우리는 사막 같은 이 삶을 견디기 어려울 것이다.

3·11 이후 무수한 "힘내라!"라는 구호가 일본 방방곡곡에 넘쳐났다. 그러나 소노는 "힘내라!"라는 말은 누구라도 할 수 있는 무책임한 말이라고 생각하고 있었다. 그럼에도 소노는 〈두더지〉의 마지막 장면을 "힘내라!"라는 말로 끝냈다. 그 이유를 묻는 기자에게 소노는 "절망을 이긴 것이 아니라, 희망에 졌"기 때문이라고 해명했다. 그러면서 그것이 하나의 패배 선언임을 인정했다. 어쩔 수 없는 한계상황에 직면할 때 희망을 붙잡고 싶어 하는 것은 지극히 인간적인 얼굴일 것이다. 하지만 "이는 좋은 얼굴을 한 희망이 아니다. 매우 잔혹한 희망이다. 한계 상황에서 보는 사막의 신기루 같은 것이다. 그것은 실제로는 존재하지 않는 오아시스를 보는 듯한 희망이다. 그래서 '희망에 졌다'는 부정적인 표현으로밖에는

33 같은 책, 121쪽.

말할 수 없는 것이다."[34] 여기서는 희망의 의미를 묻는 것 자체가 무의미하게 느껴진다. 절망을 이길 때 희망의 의미가 존재할 수 있는 것인데, 질 수밖에 없는 것이 희망에 주어진 운명이기 때문이다. 그렇다면 3·11로 촉발된 원전 사고와 방사능 문제에 대해 일본에서 유일하게 정면 돌파를 시도한 작품인 〈희망의 나라〉에서 '희망'의 의미는 무엇이고 '희망의 나라'란 어디를 가리키는 것일까? 영화 속의 장면들을 따라가면서 이런 물음에 대해 다시 생각해 보기로 하자.

2) 〈희망의 나라〉와 '희망 없음의 희망'

2013년 1월, 나가시마(長島)현의 한 시골 마을에 노부부 야스히코와 지에코 그리고 아들 요이치와 며느리 이즈미가 함께 살고 있다. 마당에는 큰 나무와 아름다운 꽃이 만발한 정원이 있는 평온한 풍경이다. 그런데 어느 날 대지진이 일어나고 근처 원전이 폭발하면서 경찰이 금지구역 바리케이트를 치고 마을 사람들을 피신시켰다. 그 경계선은 노부부 집의 정원 한가운데를 가로지르고 있다. 그런데 노부부는 끝끝내 집을 떠나려 하지 않은 채, 아들과 며느리만 억지로 피신시킨다. 임신 중인 이즈미는 태어날 아기를 방사능으로부터 지키기 위해 온갖 노력을 다한다. 방호복을 입고도 모자라 방 유리문과 창문마다 비닐과 테이프로 밀봉하고 텐트를 친 후 그 안에서 지낸다. 한편 이웃집에 살던 미쓰루의

34 같은 책, 126~128쪽.

연인 요코의 가족이 쓰나미로 인해 죽는다. 두 연인은 무슨 일이 일어났는지 직접 보고자 오토바이를 타고 재해지역을 방문한다. 이들이 잔해 더미 사이를 걷고 있을 때 어린 시절에 들었던 비틀즈의 싱글 레코드를 찾는 두 어린 소년소녀와 만난다. 이때 요코가 "한 걸음, 두 걸음, 세 걸음"하고 큰 보폭으로 걷는 것을 본 아이는 요코에게 "그렇게 걷는 것은 볼썽사나워요. 이제부터 일본인은 한 걸음, 한 걸음, 천천히 걷는 거예요"라고 말하고는 망령처럼 스윽 사라져 버린다. 이윽고 노부부가 사는 마을 전체가 피난구역이 되었고 그래서 마을에 남은 사람은 이제 노부부뿐이다. 마당의 나무는 노부부가 결혼식 때 심은 사랑의 징표이다. 피신하라고 윽박지르는 관청 공무원에게 야스히코는 "이 나무는 무덤보다 더 중요해. 그것은 추억이 아니라 우리 부부가 함께 살아온 시간의 상징이니까"라고 말한다. 어느 날 치매 환자인 아내 지에코는 집을 나가 눈 덮인 재해지역을 방황한다. 야스히코가 아내를 발견했을 때 그녀는 '봉오도리'를 추고 있었다. 이제 아들 부부와 마지막 이별을 고한 야스히코는 맡아 키우던 이웃집 개를 풀어 주고 키우던 젖소들을 죽인다. 그러고는 지에코에게 총구를 겨누면서 아내에게 함께 죽자고 제안한다. 그러자 아내는 "당신과 함께라면 언제라도 죽을 수 있어요"라고 고개를 끄덕이며 남편과 격하게 입을 맞춘다. 한 발의 총성이 들리고 마당의 정원과 나무에 불꽃이 넘실댄다. 한편 아들 요이치는 나가시마에서 이제는 어디고 몸을 감출만한 장소가 없다는 것, 모두가 방사능의 심각한 영향하에 있다는 것을 알게 된다. 그리하여 요이치는 아내와 함께 최대한 더 먼 곳으로 갈 것을 결심한다. 차를 몰고 먼 곳으로 피신하는 둘은 갓난아기와 엄마가 보이는 어느 해변가에서 차를 세운다. 여기는 안전한 곳이라고 여긴 이즈미가 방호복을 벗고 아기 엄마와 말을 나누고 있을 때, 요이치의 방사능 측정기가 급박한 경보음을 울리기 시작한다. 이즈미에게 다가간 요이치는 아무 말도 하지 않은 채 그녀를 껴안는다. 그러자 이즈미는 "사랑이 있으니까 괜찮을 거예요. 사랑만 있으면 어떻게든 잘 될 거예요"라고 말한다. 요이치는 "그럴까? 그럴까?" 하고 자신 없는 목소리로 반문한다. 한 방울의 눈물이 이즈미의 뺨을 적신다. 일순간 장면이 바뀌자 미쓰루와 요코가 눈 위를 "한 걸음, 한 걸음, 한 걸음!" 하며 걷고 있다. 그러고는 '희망의 나라'라는 문자가 나타나면서 영화의 막이 내린다.

이 〈희망의 나라〉를 소노 감독의 다른 작품과 마찬가지로 '지옥으로의 내리막길'로 읽을 수도 있을 것이다. 하지만 한 가지 중요한 차이가 있다. 〈기묘한 서커스〉에서 〈사랑의 죄〉에 이르기까지 다른 작품들의 경우 세계의 지옥화는 보다 개인적이고 주체적인 동기로부터 일어난 것으로 설정되어 나오는 데 비해, 〈희망의 나라〉에서는 원전 사고, 피난소 운영, 정보통제 등을 둘러싼 사회적·정치적 문제로부터 세계의 카오스가 비롯되었으며, 그래서 등장인물들은 〈두더지〉보다 더 직접적인 방식으로 정부당국에 대해 시종 분노에 찬 불신감을 품고 있는 것으로 묘사된다.[35] 그리하여 감독은 치밀한 계산하에 영화의 무대를 '나가시마현'으로 설정하고 있다. 그것은 히로시마·나가사키·후쿠시마를 뒤섞은 가상 지명이다. 하지만 소노에 따르면 "이 작품을 탈원전 영화로 만들 의도는 전혀 없었다. 그렇게 되면 탈원전이 해답이 되고 말기 때문이다. 내 영화

35 ダリオー·トマージ他編, 『カオスの神' 園子溫』, 242~243쪽.

는 그렇게 단순하지 않다. 게다가 나는 본래 탈원전이라는 말 자체를 그리 좋아하지 않는다."[36] 그럼에도 소노는 2012년 말 총리 관저 앞에서의 원전 재가동 반대 데모에 참가했다. 그러나 소노는 거기서 원전 반대를 소리 높여 외치는 대신, "지금은 '노'라고 말할 선택지밖에 없다고 생각한다. 나는 바보가 되고 싶지 않기 때문에 여기에 왔다"고 말했다.[37]

3·11 이후 '해답 없음'의 현실 앞에서 바보가 되고 싶지 않았다는 소노 감독이 선택한 '노'라는 대답은 비단 원전에 대한 반대만을 뜻하는 것은 아니었다. 그것은 어떤 상황에서도 물음을 포기하지 않겠다는 의미의 '노'이기도 했다. 감독은 〈희망의 나라〉의 여러 장면들을 통해 이런 부정의 의지를 영화 미학적으로 섬세하게 묘사하고 있다. 가령 가출한 지에코를 찾아내어 등에 업고 집으로 돌아가기 전에 노부부가 함께 눈 덮인 재해지 위에서 봉오도리를 추는 장면은 비극적인 서정성을 유감없이 노출시키고 있다. 그것은 흰 눈이라기보다는 방사능 물질로 뒤덮인 '대지의 노래'이자 가히 '봉오도리의 스피리추얼리티'라 불릴 만한 서정성이다. 실제로 소노는 처음에 〈대지의 노래〉라는 제목으로 이 영화의 대본을 쓰기 시작했다고 한다.[38] 이 책의 제4장에서 언급했듯이 스즈키 다이세쓰는 '어머지 대지'의 스피리추얼리티야말로 '일본적 영성'의 진수라고 찬미했지만, '봉오도리의 스피리추얼리티'는 돌아갈 곳이 없는 사자들의 진혼곡을 들려주는 듯하다. 치매증을 앓는 아내 지에코는 집에 있으면서도 늘상 "집으로 돌아가자"고 말한다. 이는 돌아갈 곳이란 현실 세계 어디에

36 園子温(2012), 『非道に生きる』, 140쪽.

37 松江哲明他(2012), 『園子温映畫全研究 1985~2012』, 209쪽.

38 園子温(2012), 『非道に生きる』, 130쪽.

도 존재하지 않음을 시사한다. 만일 존재한다면 그곳은 이곳도 저곳도 아닌 경계 영역 외에는 달리 없을 것이다.

영화는 노부부의 집 앞마당을 보호구역과 비보호구역의 경계선으로 설정하고 있다. 거기에는 꽃밭이 있고 그 한가운데는 결혼 때 심은 나무가 서 있다. 노부부의 동반자살을 암시하는 장면에서 아내 지에코는 자신에게 총을 겨누고 있는 야스히코를 보면서 아무렇지도 않은 듯이 "이 꽃 좀 봐요. 완전 시들어 버렸잖아. 뭔가 팔다리가 뜯긴 기분이야"라고 말한다. 이 시든 꽃은 〈두더지〉의 스미다와 동일시된 그 꽃과 크게 다르지 않다. 꽃밭과 함께 불타오르는 나무는 노부부의 삶의 시간과 그 모든 사랑의 상징인 '생명나무'에 다름 아니다. 그것은 곧 불타버린 잿빛 희망이기도 하다.

한편 비틀즈의 싱글앨범을 찾아다니면서 재해지를 배회하는 소년 소녀의 캐릭터는 돌아갈 곳이 없는 사람들의 망령일 것이다. 비틀즈는 제5장에서 언급한 "스피리추얼하지만 비종교적인 사람"(SBNR)의 범주에 들어갈 만한 아티스트로, 1960~70년대에 동양 종교와 사상전통에서 스피리추얼한 해답을 찾고자 했던 많은 서구인 가운데 가장 유명한 인물이다. 1963년 비틀즈가 데뷔한 시기와 일본에 최초로 원전이 세워진 시기가 일치하는 것은 그저 우연에 지나지 않는 것일까? 비틀즈의 싱글앨범은 어떤 노래를 염두에 둔 것일까? 소노 감독이 시청자의 상상에 맡긴 채 앨범명을 특정하지 않은 것은 고도의 의도된 전략에 의한 것이리라. 아마도 1970년에 나온 싱글앨범 〈렛잇비〉(Let it be)가 아닐까?

"내가 근심의 시기에 처해 있을 때 / 내가 암흑의 시간 속을 헤매고 있을 때 / 성모 마리아가 다가와 / 지혜의 말씀을 해주었지 / 순리에 맡기렴/그대로 놓아두렴/세상을 살아가며 상심한 사람들이 좌절을 할 때에도/답은 있어/순리에 맡기렴/왜냐하면 비록 헤어지더라도/다시 만날 수 있는 기회는 아직 남아 있기 때문이지/구름 덮인 밤일지라도/다음 날이 밝을 때까지/나를 밝혀 줄 등불은 여전히 있지/순리에 맡기렴/그대로 놓아두렴."

이렇게 노래하는 〈렛잇비〉에서의 희망은 소노에게 과연 어떤 희망이었을까? 아마도 그것은 영화 속 등장인물이 말하듯이 한 발, 두 발, 세 발이 아니라 한 발, 한 발, 한 발이라고 세어야 하는 '기다림으로서의 희망' 혹은 '물음으로서의 희망'일 것이다. 다음과 같은 소노의 발언은 이 점을 뒷받침해 준다. "그렇다고 내가 이 영화에서 '이것이 희망이다'라고 제시하려는 생각은 전혀 없다. (중략) 일방적으로 무언가를 '희망'이라고 말한다는 것은 강압적이다. 나는 영화가 '해답'을 제시해서는 안 된다고 생각한다. 영화는 거대한 '물음'의 질문서 혹은 '영화의 옷을 입은 편지' 같은 것이다."[39] 요컨대 오시마 나기사 감독의 작품 타이틀 〈사랑과 희망의 거리〉를 연상시키는 소노의 〈희망의 나라〉는 역설적이게도 '희망이 없는 나라'를 묘사한 '희망 없음의 희망'을 묻고 있는 것이 아닐까? 그것이야말로 마지막 희망의 스피리추얼리티 혹은 앞에서 다루었던 모든 스피리추얼리티의 희망일지도 모른다.

39 같은 책, 132쪽 및 141쪽.

맺음말 • 3·11 이후 일본 사회와 종교 지형의 향방

이상에서 우리는 현대 일본 사회의 학계 및 대중문화 속에 나타난 스피리추얼리티 붐에 주목하면서 '스피리추얼리티'라는 키워드를 중심으로 옴 사건의 의미, 다양한 스피리추얼리티 담론, 영성적 지식인의 문제, 종교 담론, 일본교의 개념, 〈행복의 과학〉을 비롯한 신신종교와 밀접하게 연관된 네오-내셔널리즘의 현상, 나아가 3·11 이후 탈원전의 움직임 및 희망의 의미 등에 대한 고찰을 통해 현대 일본 사회의 심층으로 내려가 그 멘탈리티를 들여다보고자 시도했다. 그 과정에서 우리는 일본의 전후 질서가 흔들리는 가운데 삶의 불확실성과 불안정성이 증가되는 사회적 조건하에서 종교 붐·정신세계·스피리추얼리티 붐의 담지자들과 같은 새로운 사회문화운동의 주체가 등장하고 있음을 확인할 수 있었다. 그런데 이와 같은 주체들은 3·11의 충격 이후 어떤 변모를 겪었으며 또한 일본 사회는 과연 얼마만큼 변화했을까? 여러 데이터를 보면 분명 많은 일본인들의 의식이 일순 변한 것처럼 보이기도 한다. 그리하여 혹자는

3·11 직후 일본 사회가 정신적 행복을 추구하는 스피리추얼한 사회로 바뀐 듯한 느낌을 받았을지도 모른다.

하지만 1995년 한신 대지진 때 그랬던 것처럼 3·11 이후 일본 사회가 마치 확 변한 것처럼 보일지라도 실은 그다지 변하지 않았다는 데 실망했다는 사람들의 이야기도 여기저기서 들려오고 있다. 혹은 그와 같은 통상적인 3·11 담론처럼 "변했느냐 안변했느냐"가 아니라 "바꾸어야 한다, 바꾸지 않으면 안 된다"고 말해야 한다는 목소리도 있다.[1] 무엇보다 지속적인 탈원전 운동에도 불구하고 일본 정부는 국민들의 암묵적인 동의하에 진재 지역의 원전 재가동 정책을 적극적으로 추진하고 있다. 이에 대해 일본의 정신문화가 크게 변화할 것을 기대하고 촉구하면서 무라카미 하루키의 말대로 분노할 줄 아는 정신이 필요하다는 소리도 없지 않다.[2] 3·11 이후 도호쿠 지방에서는 미야자와 겐지의 〈비에도 지지 않고〉(雨ニモマケズ)라는 시가 종종 말해졌다. "비에도 지지 않고/바람에도 지지 않고/눈에도 여름의 혹서에도 지지 않고/건장한 몸으로/욕심 없이/결코 화내지도 않고/늘 조용히 웃고 있다."[3] 어쩌면 이처럼 결코 화내지 않으면서 난관을 극복하는 것이 일본인들에게 더 익숙하고 편안한 분노 방식일지도 모른다. 어쨌거나 위기의 시대를 보수 우경화의 물결로 뒤덮으려는 일련의 움직임 속에서 분노의 소리는 점차 사그러들고 있고, 근본적으로 변한 것은 별로 없어 보인다.

물론 3·11을 계기로 종교의 공공성이 되살아나고 있는 것은 희망적

---

1 "對談 宗教への期待´若者への期待",國際宗教研究所編(2013),『現代宗教 2013』, 269쪽 및 276쪽.

2 島薗進(2012), "福島原發災害と日本人の宗教性·靈性", 24~26쪽.

3 島薗進(2013),『日本佛教の社會倫理』, 267쪽 이하.

이다. 현대 일본 사회의 『논어』 붐[4] 이라든가 공공철학 붐[5] 도 이런 추세를 뒷받침해주고 있다. 그런데 이 논어 붐과 공공철학 붐은 결코 별개의 것이 아니다. 양자는 옴 사건과 3·11 이후 일본 사회가 겪고 있는 심각

---

4 『논어』는 사색보다는 실천을 중시한 일본인이 오랫동안 가장 애독해 온 책 중의 하나라 할 수 있는데, 오늘날 일본에서는 대형 서점에 가면 『논어』 관련 신간 서적들이 서가를 빼곡히 채우고 있을 만큼 그 인기가 식을 줄 모르고 있다. 특히 3·11 진재 후의 『논어』 붐은 리더와 인재양성이라는 관점을 점점 더 강화하는 형태로 한층 저변을 넓혀가고 있다. 이와 관련하여 하부카 시게키는 '공공성을 말하는 책' 또는 '공공성의 교과서'로서 『논어』를 자리매김한다. 요컨대 공공성을 주제로 하는 『논어』가 곧 오늘날 일본인의 윤리관과 공공심의 원류라는 말이다. 일본 자본주의의 아버지로 불리는 시부사와 에이이치(渋沢栄一, 1840~1931)는 『논어』와 공공성의 이와 같은 밀접한 관계를 가장 상징적으로 보여주는 구체적인 사례라 할 수 있다. 최근 일본에서는 기업의 사회적 책임과 공공성을 강조한 이 시부사와의 이른바 '도덕·경제합일설'이 다시금 각광을 받고 있다. 羽深成樹(2014), 『論語と「やせ我慢」』, 17~29쪽 및 152쪽.

5 일본 사회는 1980년대에 들어서면 '미이즘'(meism)라 불리는 사생활주의의 만년에 의한 '공'과 '사'의 괴리 및 그것의 전형적인 표출로서 가족이나 지역공동체와 같은 중간집단의 쇠퇴가 두드러지게 된다. 이어 90년대에는 개인주의와 경쟁을 주축으로 하는 신자유주의적 시장원리주의 및 경제중심의 글로벌리즘의 발상이 세력을 얻어 목적 달성을 위해서는 수단을 가리지 않는 풍조가 공공성의 무대를 잠식하고 사적인 생활 세계에까지 깊이 침투하게 된다. 목적을 위해 수단을 가리지 않는 태도가 가장 극단적인 형태로 나타난 것이 바로 1995년 옴 사건이었다고 볼 수 있다. 그 후 90년대 말 오부치 케이조 내각 때 '공이냐 사이냐'라는 공사 문제가 정계의 중심 문제로 부각된 사회적 배경하에서 김태창의 주도하에 〈공공철학 교토포럼〉이 발족하기에 이른다. 김태창은 1998년 4월 사사키 다케시(佐々木毅) 전 동경대 총장 및 주식회사 펠리시모의 대표 야자키 카츠히코(矢崎勝彦)와 함께 〈교토포럼〉을 창시하여 현재까지 일본 국내외의 2000여 명이 넘는 일급 전문학자들을 끌어들여 공공철학 붐을 불러일으킨 장본인이다. 이 〈공공철학 교토포럼〉이 종래의 멸사봉공(滅私奉公)적 공공성뿐 아니라 멸공봉사(滅公奉私)적 미이즘의 문제점을 비판하면서 그 대안을 모색하기 시작한 시기는 일본에서 '공공철학'이라는 말이 사회적으로 침투하기 시작한 시기와 거의 일치한다. 물론 일본의 공공철학 또는 공공성 담론은 이와 같은 〈교토포럼〉만의 전매특허가 아니다. 이와 무관하게 리쓰메이칸대학, 와세다대학, 지바대학 등 일본의 여러 곳에서 동시다발적으로 일어난 공공철학 담론도 많이 있다. 그중 특히 지바대학의 공공철학 연구자들이 진행해 온 '학문연구의 구조개혁을 지향하는 공공철학 운동'으로, 고바야시 마사야를 중심으로 하는 〈공공철학 네트워크〉에 주목할 만하다. 이와 더불어 지바대학 대학원 인문사회과학연구과는 2004년 12월부터 계간지 〈공공연구〉를 발행하여 공공철학 담론을 확산시키는 데 큰 역할을 하고 있다. 공공철학 담론에 관해서는, 박규태(2014), "현대 일본 공공철학 담론의 의의" ; http://public-philosophy.net/ 〈공공철학 네트워크〉 홈페이지 참조.

한 위기의식의 음화라는 점에서 공통분모를 가지기 때문이다. 그런 위기의식의 한가운데 '멸공봉사'(滅公奉私), 즉 공(公)의 붕괴와 이기주의적 사(私)의 팽창에 대한 일본인의 자의식이 자리잡고 있다. 그 자의식이 정점에 도달했을 때 자폐적인 성벽을 뚫고 표출되어 나온 것이 논어 붐과 공공철학 붐이 아닌가 싶다. 이는 하나의 가능성을 보여주는 현상임에 틀림없다.

그렇다면 공공성과 스피리추얼리티는 어떤 관계일까라는 의문이 든다. 옴 사건 또는 후쿠시마 원전 사고에 의해 잠시 중단되기도 했지만, 스피리추얼리티 담론의 계보는 지금도 계속되고 있다. 실제로 영성적 지식인이라 불릴 만한 논자들이 포스트-옴 혹은 포스트-후쿠시마 시대에도 여전히 활약하고 있다. 가령 나카자와 신이치는 일본에 〈녹색당〉을 세우고자 진력하고 있다. 또한 우메하라 다케시는 2011년 4월 11일 일본 정부에 의해 설립된 15인 위원으로 구성된 동일본대진재 부흥구상회의의 명예의장으로 임명된 이래, 〈주간 아사히〉 2011년 5월 6~13일호의 기사에서 재해 극복을 위해 일본의 오래된 태양신앙 및 전통적인 초목과 대지와의 공생 사상을 주창했다. 하지만 겝하르트는 이를 시대착오적인 것이라고 비판한다. 우메하라는 전력회사로부터 지원받았음을 고백함으로써 어용학자임을 스스로 공표하지 않을 수 없었기 때문이다. 이와 더불어 토착적 아이덴티티를 요청하는 스피리추얼리티 담론을 편협한 것으로 비판하는 겝하르트는 진재 이후의 '부흥 내셔널리즘'을 극복해야만 할 대상으로 간주한다.[6]

---

6 リゼット・ゲーパルト(2013),『現代日本のスピリチュアリティ』, vi~viii쪽.

확실히 일본 중심주의적인 네오-내셔널리즘은 종종 공공적 스피리추얼리티까지도 삼켜 버리는 블랙홀이 될 위험성을 내포하고 있다. 아소 다로(麻生太郎) 전 수상은 2006년 야스쿠니 신사를 참배하여 전몰자 위령을 하는 것이 '스피리추얼'한 일이라고 발언한 적이 있는데, 이런 발상이 자연스럽게 받아들여지는 풍토가 일본 사회에 갈수록 확산되고 있는 것도 부정할 수 없는 사실이다. 3·11 이후 탈원전 데모 참여자에 대한 앙케이드 조사에서 "당신은 일본에 태어나서 다행이라고 생각합니까?"라는 내셔널리즘 항목의 질문에 "그렇다"는 대답이 86퍼센트에 달했는데,[7] 이와 같은 '부흥 내셔널리즘'이 과연 일본 사회의 향방에 플러스로 작용할지 마이너스로 작용할지는 좀 더 지켜볼 일이다.

이와 관련하여 마루야마 마사오는 일찍이 "내셔널리즘 자체는 '악'이 아니므로, 소속 내셔널리즘을 '일신이 독립하여 일국이 독립한다'는 내셔널리즘으로 바꾸어가는 것, 이와 같은 내셔널리즘 '구조' 자체의 변혁이 과제라고 생각한다"[8] 고 말한 바 있다. 물론 국민국가를 부정하지 않는 한, 내셔널리즘 자체가 '악'이 아니라는 마루야마의 말은 타당해 보인다. 하지만 이 대목에서 "일신이 독립하여 일국이 독립한다"는 후쿠자와 유키치의 테제를 들이대는 것은 어딘가 어색해 보인다. 현대 일본의 위기는 서구 열강에 의해 일본의 독립이 풍전등화의 위기에 처했다고 느낀 후쿠자와의 시대와는 전혀 다르기 때문이다. 그럼에도 이 정도로 후쿠자와에 집착하는 마루야마의 태도는 전후 일본의 진보적 지식인을 대표하는

7 "座談會 原發と宗教", 國際宗教研究所編(2013), 『現代宗教 2013』, 40쪽.

8 丸山眞男(1979), "日本思想史における「古層」の問題", 214쪽.

마루야마의 면모에 다소 어울리지 않는 느낌이다.

마루야마가 1970년대 말에 '소속 내셔널리즘'이라고 명명한 것, 즉 일본교적 내셔널리즘의 뿌리 깊은 사유 경향은 오늘날 네오-내셔널리즘의 옷을 입고 다시 나타나고 있다. 이 책은 그 극단적인 사례로 〈행복의 과학〉의 울트라 내셔널리즘을 다루었다. 복잡한 일본 국내외 정세 속에서 내셔널리즘의 향방을 예단하기란 대단히 어렵겠지만, 이 책의 문제의식에서 볼 때 그것이 앞으로도 어떤 형태로든 일본교적인 것과 계속 연동하리라는 예측은 가능할 것같다. 이런 의미에서 일본교는 마루야마가 말한 '고층'(古層)에 가까운 것일 수도 있다. 마루야마는 고층의 불변성과 선험성을 시사하면서도 동시에 "고층이 지속되는 조건은 없어져 갈 것"[9] 이라고 예단했지만, 이 예단이 실현되기까지는 아직 더 많은 시간이 필요할 것 같다. 어쨌든 종교와 결탁한 현대 일본의 네오-내셔널리즘(어떤 의미에서 스피리추얼리티 붐은 그 음화라 할 수 있다)이 3·11 이후의 위기의식 속에서 태동한 부흥 내셔널리즘과 결부되면서 어떤 전개를 보일지가 일본 사회의 향방에 중요한 시금석이 될 것이다.

『계몽과 영성』의 저자인 종교학자 후카사와 히데타카는 "정도의 차이는 있겠지만, 자기 오리엔탈리즘 없이 자기 문화를 표상할 수는 없을 것이다. 이는 일본 혹은 비서양이 안고 있는 비극이다"[10] 라고 말한다. 하지만 내셔널리즘 없이 자기 문화를 표상하는 일은 정말 불가능한 것일까? 우리는 지금 계몽주의도 스피리추얼리티도 모두 필요한 그런 시대를

---

9 같은 글, 222쪽.

10 深澤英隆(2004), "日本の「靈性的知識人」をめぐる二著作", 116쪽.

살고 있다. 양자의 균형이 유지될 수만 있다면 적어도 공격적이고 허망한 내셔널리즘으로부터의 자유를 확보할 수 있지 않을까? 그런 자유의 자리야말로 곧 '희망 없음의 희망'이 숨을 쉬는 장소가 될 것이기 때문이다. 이 책의 제5장에서 "종교는 다친 작은 새를 보호하고 치료한 뒤 새장 안에 가둔다. 스피리추얼리티는 다친 작은 새를 보호하고 치료한 뒤 새장에서 바깥으로 날아가게 한다"는 말을 인용한 적이 있는데, 이 새는 필경 '희망 없음의 희망'을 향해 날아갈 것이다. 그런데 희망은 절망과 마찬가지로 도미노적이다. 이런 의미에서 3·11 이후의 일본이 그런 희망을 향해 가까이 다가갈수록 세월호 이후의 한국도 그만큼 더 희망의 의미에 열려진 사회가 될 것이다.

그렇다면 포스트-옴 시대, 포스트-후쿠시마 시대 일본 사회의 종교지형은 스피리추얼리티와 관련하여 어떤 모습을 보여줄 것인가? 이 책에서 다룬 스피리추얼리티는 정신세계, 신신종교, 신영성운동 등의 개념과 더불어 일본 현대 종교의 변용을 말해주는 대표적인 아이콘이라 할 수 있다. 그것들은 서로 중첩되면서도 각기 고유한 영역을 가지는 범주이자, 일본의 현대 종교에 관한 나침반으로서의 역할을 해 주는 범주라 할 수 있다. 중요한 것은 그런 개념적 용어들의 실체성이나 특수한 용법보다는 왜 그런 새로운 범주들이 요청되었느냐 하는 이유를 이해하는 데 있다. 이런 관점에서 이 책은 정신세계, 신영성운동, 신신종교를 현대 일본 종교의 새로운 종교적 코드로 보고 있다. 새로운 시대적 상황에 따라 새로운 코드가 요청되는 것은 지극히 자연스러운 일이다. 그렇다면 정신세계, 신영성운동, 신신종교는 무엇을 나타내는 코드일까? 이 책의 제7장에서 다루었듯이 그것은 무엇보다 종교 개념의 지도가 바뀌고 있음을 보여주는 징후에 다름 아니다.

예컨대 서구의 뉴에이지와 일본의 정신세계를 포괄하면서 신신종교의 일부와 중첩되는 개념인 신영성운동은 역사종교와 서양의 근대과학 및 합리주의를 대신하는 새로운 지구적 규모의 비전을 제시하면서 기존 종교를 넘어서는 스피리추얼한 '초종교'(super-religion)를 지향하는 듯이 보인다.[11] 앞에서도 여러 번 등장한 초종교라는 말은 일찍이 〈생장의 가〉의 창시자 다니구치 마사하루(谷口雅春)의 저술 『초종교를 세우기까지』(1940년)에서도 선보인 바 있는데, 이후 초종교 관념은 기존 종교의 한계에 대한 비판을 수반하면서 스피리추얼리티 붐이 만연하는 현대 일본에 이르기까지 면면히 지속되고 있다. 가령 문화인류학자 이와타 게이지(岩田慶治)는 『가미와 신(神): 애니미즘 우주의 여행』(1984) 및 『애니미즘 시대』(1993)에서 애니미즘적 가미(神)체험이야말로 가장 근원적인 종교이며 모든 종교의 뿌리가 되는 초종교인데 그것은 곧 본래의 자신과 만나는 체험이라고 주장한다. 또한 종교학자 가마타 도지는 1980년대 이래 초종교적인 기공운동을 일본 전역에 확산시켰으며, 쓰무라 다카시와 공동편집한 『덴카와 만다라: 초종교에의 통로』(1994)라는 책을 통해 '종교 넘어서기', 즉 초종교를 강조하고 있다.

이들의 스피리추얼한 초종교 담론이 입각하고 있는 종교 비판의 관점은 다음과 같이 요약될 수 있다. 첫째, 종교는 본래 개개인이 자유롭게 만나야 할 종교체험, 신비체험을 왜곡하고, 어떤 고정된 진리를 강요하며 계시와 교의의 틀에다 사람을 끼워 맞추며, 개개인이 거기에 따르고 그것을 신앙할 것을 강제한다. 둘째, 종교는 사람들에게 카리스마적 지도자

11 島薗進(1996), 『精神世界のゆくえ』, 299쪽.

와 교단 조직 등의 일원적 권위에 의존, 복종할 것을 강요함으로써 자유로운 사고와 실천을 방해한다. 또한 종교는 약자에 대한 차별을 정당화하거나 집단 바깥의 사람들을 적대시하게 만든다. 셋째, 종교는 오직 인간만이 초월자에게 접근할 수 있다 하여 인간의 특권을 주장하면서 다른 자연적 존재의 가치를 폄하한다. 그럼으로써 인간에 의한 자연지배와 착취를 정당화하고 자연과의 조화로운 교류를 저해한다. 넷째, 종교는 인간의 악과 고통을 강조함으로써 체념하는 태도를 조장하고 구원의 약속을 과장하여 위선적인 만족을 부여한다.[12]

하지만 지금 우리에게 꼭 있어야 할 것은 초종교로의 수렴도 아니고 신념의 통일도 아니다. 특히 새로운 것에 대한 희구가 종종 일본 회귀에의 강박관념과 결부되어 나타나곤 하는 일본에게 정말 필요한 것은 '새로움'에의 재인식에 입각한 목표의 재설정이 아닐까? 뉴에이지(정신세계), 신영성운동, 신신종교, 새로운 스피리추얼리티 등을 수식하고 있는 '새로움'이란 결국 시간이 지나면 유행처럼 잊혀져 갈 붐일 수도 있다. 일본사에서 그런 붐은 늘 새로운 것의 수용 양식과 밀접한 관계가 있다. 흔히 일본인은 무엇이건 새로운 것을 쉽게 수용하여 일본화하는 능력에 뛰어나다고 말해지곤 한다. 야마모토 시치헤이는 이처럼 모든 것을 일본화시킴으로써 장의 평형상태를 유지하려는 일본적 수용 양식을 '일본교'라고 부른 것이다. 그런데 이처럼 새로운 것을 재빨리 쉽게 수용하여 기존의 것과 공존시키거나 변용시키는 능력은 다른 한편으로 새로운 것을 진지하고 무겁게 받아들이지 않는 낙천적인 정신성에 대한 반증이기도 하다.

---

12 같은 책, 304~320쪽.

이와 관련하여 메이지 일본을 몸으로 체험한 이방인 라프카디오 헌은 "일본인은 모두 자신의 신앙을 가볍고 명랑하게(cheerfully) 생각하고 있다"[13] 고 말하면서, 가장 진지하고 심각한 종교적 세계까지 일상의 유희적 관점에서 접근하는 일본인의 낙천성을 지적한 바 있다. 옴 사건의 본질적인 비극성은 이런 낙천성과 결코 무관하지 않다. IQ84의 세계에 떠 있는 두 개의 달은 어쩌면 일본적 수용 양식을 둘러싼 새로운 것과 낡은 것의 메타포일지도 모른다. 포스트-옴 시대, 포스트-후쿠시마 시대의 일본에 있어 목표의 재설정 작업은 그런 IQ84의 세계를 벗어나는 데서부터 출발해야 하지 않을까?

---

13 Hearn(1927), *Glimpses of Unfamiliar Japan I*, p.46.

후기

어디서든 사람들은 유행을 타는 경향이 있지만, 일본에는 유독 붐이 많다. 본서에 언급된 것만도 종교 붐·뉴에이지 붐·정신세계 붐·스피리추얼리티 붐을 비롯하여 이야시 붐·오헨로 붐·기공 붐·요괴 붐·에하라 붐·세카츄 붐·겨울연가 붐·순애 붐·쇼와 붐·해공선 붐에서 최근의 논어 붐·공공철학 붐·파워스포트 붐에 이르기까지 매우 다채롭다. 이런 다양한 붐들은 특히 튀지 말고 사(私)를 억제하면서 남들과 똑같이 각자의 자리와 본분을 겸허하고 성실하게 지키는 것이야말로 최대의 미덕으로 여겨지는 일본 문화의 풍토와 무관하지 않은 현상일 것이다. 그 중에는 현세 이익적이고 다분히 상업적인 대중적 붐들이 다수를 차지하지만, 정신세계 붐이나 스피리추얼리티 붐에는 한편으로 남들과 다르게 살고 싶어 하는 욕망이 묻어나고 있다. 그 밖에 논어 붐이나 공공철학 붐처럼 공공선을 추구하는 건강한 붐이 있는가 하면, 해공선 붐 같은 좌익 성향의 붐도 없지 않다. 어쩌면 〈재특회〉의 '헤이트 스피치'를 위시한 혐한론이라든가 네오-내셔널리즘 담론들 또한 우익 성향적 붐의 일종일지도 모르겠다.

어쨌거나 일본 사회의 다양한 붐 현상은 본서를 집필하게 된 주요 동기 중의 하나라 할 수 있다. 본서는 무엇보다 붐 현상에 내포된 '새로운 것'에 대한 일본적 감수성에 주목하고 있다. 가령 '새로운 스피리추얼리티'라든가 '신영성운동'에 대한 일본 학계의 관심은 남다른 구석이 있으며, 특히 '신신종교'라는 표현은 일본 이외의 다른 나라에서는 찾아보기 힘들다. 이런 '새로운 것'에 대한 감수성이 일본적 수용 양식뿐 아니라 일본 사회의 향방과도 밀접한 관계가 있으리라는 점을 시사하는 본서의 집필에 있어 필자는 시마조노 스스무(島薗進) 선생님께 가장 큰 빚을 졌다. 도쿄대학 종교학과 유학 시절 필자의 지도교수였던 시마조노 선생님은 일본 (신)신종교와 신영성운동에 관한 독보적인 연구자로서 근래에는 국가신도에 대한 비판적인 연구라든가 생사학 관련 연구에 집중하는 한편, 특히 3·11 이후 현재에는 재해복구운동 및 탈원전운동의 선두에 나선 실천적인 투사로 변신 중이다. 필자에게 시마조노 선생님은 늘 종교라는 창구를 통해 일본 사회를 균형 있게 보고자 애쓰는 담백한 학자로 기억되고 있다. 본서가 종교라는 창구를 통해 과연 얼마만큼 입체적으로 현대 일본 사회를 기술했는지는 자신할 수 없지만, 이 자리를 빌려 은사에 대한 깊은 감사의 마음을 표하고 싶다.

본서 중 새로 집필한 머리말과 제4장·제5장·제6장·제10장·제12장 그리고 맺음말 이외의 아래 장들은 기존에 발표한 글들의 전문 혹은 일부를 포함하여 대폭 수정 보완했으며, 그 출처는 다음과 같다.

제2장 "오옴진리교 사건에 비추어본 일본문화와 '악의 문제'", 『일본의 언어와 문학』 6, 단국일본연구학회, 2000 ; "현대 정보화사회에서의

종교와 폭력: 오옴진리교와 '가상의 현실화'", 『종교와 문화』 6, 서울대 종교문제연구소, 2000 ; "일본의 현대종교와 미국: 옴 사건·정신세계·서브컬처", 서울대학교 일본연구소편, 『일본 비평』 창간호, 그린비, 2009 ; "현대 일본 종교와 '마음'(心)의 문제: '고코로나오시'와 심리통어기법에서 마인드컨트롤까지", 『신종교연구』 27, 한국신종교학회, 2012

제3장 "『1Q84』의 세계에 떠오른 두 개의 달: '옴 문제'·시스템·가이너리티", 『일본 비평』 8, 서울대학교 일본연구소, 2013

제7장~제9장 "일본교와 스피리추얼리티: 현대 일본인의 '정신'세계를 종교의 저울에 달아본다", 『일본 비평』 5, 서울대 일본연구소, 2011 ; "일본교와 섹슈얼리티: 미시마 유키오·천황제·에로티시즘", 한국종교문화연구소편, 『종교문화비평』 23, 청년사, 2013

제11장 "〈행복의 과학〉연구: 영계사상과 네오-내셔널리즘을 중심으로", 한국종교문화연구소편, 『종교문화비평』 27, 청년사, 2015

끝으로 본서 출간을 지원해 준 한양대학교 출판부 관계자 여러분께 심심한 감사의 뜻을 전하고 싶다. 나름대로 한국 연구자의 시선을 통해 현대 일본 사회를 들여다보고자 노력했지만, 그 평가는 전적으로 독자 제현의 몫일 것이다. 아낌없는 지적과 비판을 기대한다. 비판받는 것은 늘 아프지만, 아픔 없이는 어떤 성숙도 가능치 않기에.

그리운 딸 하얀이의 남모를 아픔과 아내의 아픔을 기억하며

70주년 광복절을 앞두고 에리카 연구실에서

박규태

참고문헌

국내 문헌

가와이 하야오·나카자와 신이치(2004), 『불교가 좋다』, 김옥희 옮김, 동아시아.

가토 노리히코 외(2009), 『1Q84 어떻게 읽을 것인가』, 박연정 옮김, 도서출판예문.

강상중(1997), 『오리엔탈리즘을 넘어서』, 이경덕·임성모 옮김, 이산.

고마쓰 가즈히코(2009), 『일본의 요괴학 연구』, 박전열 옮김, 민속원.

고모리 요이치(2007), 『「해변의 카프카」를 정독하다: 무라카미 하루키론』, 김춘미 옮김, 고려대학교출판부.

권연수(2005), "한류지속을 위한 현지화 전략연구: 일본을 중심으로", 『인문콘텐츠』6, 인문콘텐츠학회.

김석(2007), 『에크리』, 살림.

김성건(2010), "종교, 영성과 건강", 『종교문화연구』15, 한신인문학연구소.

김용해(2008), "현대 영성의 초월철학적 이해", 『가톨릭철학』, 2008년 4월호.

김준양(2006), 『이미지의 제국: 일본열도 위의 애니메이션』, 한나래.

김청균(2011), "무라카미 하루키의 『1Q84』론", 『일본학보』87, 한국일본학회.

김춘미(2008), "한국에서의 무라카미 하루키: 그 외연과 내포", 『일본연구』8, 고려대일본학연구센터.

김홍중(2009), "하루키에 대한 몇 가지 단상들", 『문학동네』61, 2009년 겨울호.

나쓰메 소세키(2003),『그 후』, 윤상인 옮김, 민음사.
______(2005),『풀베개』, 오석윤 옮김, 책세상.
나카자와 신이치(2003),『신화, 인류 최고의 철학』, 김옥희 옮김, 동아시아.
______(2003),『곰에서 왕으로』, 김옥희 옮김, 동아시아.
______(2004),『사랑과 경제의 로고스』, 김옥희 옮김, 동아시아.
______(2005),『신의 발명』, 김옥희 옮김, 동아시아.
______(2005),『대칭성 인류학』, 김옥희 옮김, 동아시아.
______(2009),『나카자와 신이치의 예술인류학』, 김옥희 옮김, 동아시아.
다카하시 데쓰야(2005),『야스쿠니 문제』, 현대송 옮김, 역사비평사.
러셀 T. 맥커천(2015),『종교 연구 길잡이』, 김윤성 옮김, 한신대학교출판부.
레비스트로스(1990),『야생의 사고』, 안정남 옮김, KBS사업단.
______(2000),『신화와 의미』, 임옥희 옮김, 이끌리오.
루스 베네딕트(2000),『일본인의 행동패턴』, 서정완 옮김, 소화.
______(2008),『국화와 칼: 일본 문화의 유형』, 박규태 역주, 문예출판사.
마루야마 마사오(1998),『일본의 사상』, 김석근 옮김, 한길사.
마쓰모토 하지메(2009),『가난뱅이의 역습』, 김경원 옮김, 아루.
매릴린 퍼거슨(1995),『뉴에이지 혁명: 물병자리시대의 공모』, 김용주 옮김, 정신세계사(원저는 1987년).
멀치아 엘리아데(1998),『성과 속』, 이은봉 옮김, 한길사
무라카미 하루키(2009), "벽과 알", 예루살렘 수상식 연설문,『문학동네』61, 2009년 겨울호.
______(2010),『언더그라운드』, 양억관 옮김, 문학동네.
______(2010),『약속된 장소에서: 언더그라운드2』, 이영미 옮김, 문학동네.
무라카미 하루키 롱인터뷰(2010), "하루키, 하루키를 말하다",『문학동네』64.
무라카미 하루키·가와이 하야오(2004),『하루키, 하야오를 만나러 가다』, 고은진 옮김, 문학사상사.
미나미 히로시(1996),『일본적 자아』, 서정완 옮김, 소화.
박규태(1996), "일본 종교의 현세 중심적 에토스: 막말기 신종교를 중심으로",『종교학연구』제15집, 서울대 종교학연구회.
______(1999), "새천년은 신종교의 세기인가?",『신종교연구』창간호, 한국신종교학회.
______(2000), "일본의 현대 종교에 관한 몇 가지 쟁점",『신종교연구』3, 한국신종교학회.
______(2000), "엘리 비젤과 '이야기'의 구원론적 의미",『문학과 종교』5(2), 한국문학과 종교학회.

______(2000), “현대 정보화사회에서의 종교와 폭력: 오옴진리교와 ‘가상의 현실화’”, 『종교와 문화』제6호(서울대 종교문제연구소)
______(2000), “오옴진리교 사건에 비추어본 일본 문화와 ‘악의 문제’”, 『일본의 언어와 문학』제6집, 단국일본연구학회.
______(2002), “일본신종교와 종말 예언”, 『종교와 문화』8, 서울대학교 종교문제연구소.
______(2005), 『상대와 절대로서의 일본: 종교와 사상의 깊이에서 본 일본 문화론』, 제이앤씨.
______(2005), 『애니메이션으로 보는 일본: 소녀와 마녀 사이』, 살림
______(2006), “일본 여신신화의 중층구조”, 『일본사상』10, 한국 일본 사상사 학회.
______(2007), “일본의 종교와 종교정책”, 『종교 연구』46, 한국종교학회.
______(2007), “일본 종교학의 전개와 특징”, 『종교 연구』48, 한국종교학회.
______(2008), “한류담론과 일본 문화”, 『일본학연구』24.
______(2008) “야스쿠니의 신화: 현대 일본의 종교와 정치”, 『종교 연구』50, 한국종교학회.
______(2009), 『일본 정신의 풍경』, 한길사.
______(2009), “모노노아와레 · 일본 문화론 · 애니메이션: 덧없음과 체념의 주체성”, 『일본사상』17, 한국 일본 사상사 학회.
______(2011), “일본교와 스피리추얼리티: 현대 일본인의 ‘정신’세계를 종교의 저울에 달아본다”, 『일본비평』5, 서울대 일본연구소.
______(2011), “현대 일본의 회사종교: 회사신사를 중심으로”, 『일본사상』20, 한국 일본 사상사 학회.
______(2012), “현대 일본 종교와 ‘마음’(心)의 문제: ‘고코로나오시’와 심리통어기법에서 마인드컨트롤까지”, 『신종교연구』27, 한국신종교학회.
______(2012), “모토오리 노리나가의 모노노아와레론 재고: 감성적 인식론의 관점에서”, 『일본연구』17, 고려대 일본연구센터.
______(2012), “모토오리 노리나가의 『고사기』신화 읽기와 ‘노리나가문제’: 모노노아와레의 문헌학”, 『일본역사연구』36, 일본사학회.
______(2013), “아네사키 마사하루와 종교학: 근대일본 지식인에게 있어 종교와 국가”, 『동아시아문화연구』54, 한양대학교 동아시아문화연구소
______(2013), “라프카디오 헌의 신도관: 내셔널리즘과 신국표상을 중심으로”, 『동아시아문화연구』55, 한양대학교 동아시아문화연구소.
______(2014), “일본의 종교학과 현황과 전망”, 『종교문화연구』23, 한신대학교 종교와문화연구소.
______(2014), “현대 일본 공공철학 담론의 의의: 김태창을 중심으로”, 『비교일본학』31, 한양대

학교 일본학국제비교연구소.
______(2014), “국가신도의 국체신학과 공사(公私)관념: 『국체의 본의』를 중심으로”, 한국종교문화연구소 편, 『종교문화비평』26, 청년사.
박용구(1999), “일본 문화론의 해체: 우메하라 다케시의 기층문화론의 작위성을 중심으로”, 『일본의 언어와 문학』4, 단국일본연구학회.
______(2002), “국제화시대 이데올로기로서의 심층 문화론”, 『일본의 언어와 문학』10, 단국일본연구학회.
박전열(2005), “요괴생성의 메커니즘과 문화산업”, 중앙대학교 한일문화연구원 편, 『일본의 요괴문화』, 한누리미디어.
박전열·임찬수 외(2014), 『현대 일본의 요괴문화론』, 제이앤씨.
박지환(2012), “동일본대지진 이후 일본의 사회운동: ‘아마추어의 반란’의 탈원전 데모를 중심으로”, 『일본연구논총』36호.
______(2014), “불안정과 재미의 정치학: 사운드 데모와 탈원전운동”, 서울대학교 일본연구소 심포지엄 『상실의 시대를 넘어서: 포스트 고도성장기 일본의 사상 문화 표상』 자료집.
박희준(2007), “일본 학계의 영성 연구동향”, 『한국정신과학학회 제26회 춘계학술대회 논문집』.
버트런드 러셀(2005), 『행복의 정복』, 이순희 옮김, 사회평론.
브라이언 윌슨(1984), 『현대의 종교변용』, 윤원철 옮김, 전망사.
사에키 다카히로(2014), “일본의 유령·요괴: 연구사와 일본인의 괴이관 변천”, 『귀신·요괴·이물의 비교문화론』, 신이와 이단의 문화사 팀(고대 민족문화연구원), 소명출판.
수전 J. 네피어(2005), 『아니메: 인문학으로 읽는 재패니메이션』, 임경희·김진용 옮김, 루비박스.
슬라보예 지젝(2002), 『이데올로기라는 숭고한 대상』, 이수련 옮김, 인간사랑.
______(2007), 『How to Read 라캉』, 박정수 옮김, 웅진지식하우스.
시마조노 스스무(1997), 『현대 일본 종교문화의 이해』, 박규태 옮김, 청년사(원저는 『現代救濟宗敎論』, 1992).
______(2004), “종교학의 현재와 동아시아 종교학의 역할: 전몰자 추도문제 및 국가신도의 개념”, 한국종교학회, 『종교 연구』37.
아마 도시마로(2000), 『일본인은 왜 종교가 없다고 말하는가』, 정형 옮김, 예문서원(원서는 1996).
아베 긴야(2005), 『일본인에게 역사란 무엇인가: ‘세켄(世間) 개념을 중심으로』, 이언숙 옮김, 길.

아시다 데쓰로(2004), "신신종교로부터 정신세계로", 『현대 문화론』, 이노우에』 편, 최샛별 옮김, 이화여자대학교출판부.

아쿠타가와 류노스케(2000), 〈신들의 미소〉, 『서방의 사람』, 하태후 옮김, 형설출판사.

앤소니 기든스(1996), 『현대 사회의 성·사랑·에로티시즘: 친밀성의 구조변동』, 배은경 외 옮김, 새물결.

야규 마코토(2004), "마루야마 마사오의 'basso ostinato'에 대한 일고찰", 『일본사상』5, 한국일본 사상사 학회.

야나기타 구니오(1989), 『선조의 이야기』, 최길성·노성환 옮김, 광일문화사.

야마모토 시치헤이(2012), 『일본인이란 무엇인가』, 고경문 옮김, 페이퍼로드.

야마오리 데쓰오(2009), 『근대 일본인의 종교의식』, 조재국 옮김, 소화.

에밀 뒤르켐(1992), 〈종교생활의 원초적 형태〉, 노치준·민혜숙 역, 민영사.

우혜란(2004), "서구의 '뉴에이지' 연구동향", 한국종교문화연구소편, 『종교문화비평』5, 청년사.

유아사 야스오(2011), 『융과 그리스도교』, 이한영 옮김, 모시는사람들.

______(1992), "기의 연구와 인체과학", 유아사 야스오 편, 『氣와 인간과학』, 손병규 옮김, 여강출판사.

월터 J. 옹(1995), 『구술문화와 문자문화』, 이기우·임명진 옮김, 문예출판사.

윌리엄 페이든(2005), 『성스러움의 해석』, 이민용 옮김, 청년사.

이창익(2011), "신화로 그리는 마음의 지도", 한국종교문화연구소, 『종교문화비평』20, 청년사.

이혁배(2013), "나카자와 신이치의 경제적 성령론", 『신학사상』163.

임현수(2006), "조나단 스미스의 비교이론과 방법", 한국종교문화연구소 편, 『종교문화비평』10, 청년사.

전명수(2009), 『뉴에이지 운동과 한국의 대중문화』, 집문당.

제임스 프레이저(2005), 『황금가지』1/2, 박규태 역주, 을유문화사.

조관자(2012), "전후 일본의 문화정책과 인문학", 『한림일본학』20.

질 들뢰즈·펠릭스 가타리(2001), 『천개의 고원』, 김재인 옮김, 새물결.

친깡(2008), "전후 일본의 왜곡 속의 무라카미 하루키: 소설 『해변의 카프카』와 고모리 요이치의 정독에 대해", 『일본연구』8, 고려대 일본학연구센터.

해외 문헌

麻原彰晃(1988),『超能力「秘密の開發法」』, 大和出版(增補版).

______(1992),『生死を超える』, 大和出版(增補改訂版).

阿部謹也(1995),『世間とは何か』, 講談社現代新書.

安部正路(1981),『日本の妖怪たち』, 東書選書.

安部幸弘(1997), "究極の´そして最も幸福なアマチュア : マンが家としての宮崎駿", 『ユリイカ 宮崎駿の世界』, 青土社.

飯田史彦(1996),『生きがいの創造: 「生まれ変わりの科学」が人生を変える』, PHP研究所.

イザヤ·ベンダサン(1970),『日本人とユダヤ人』, 山本書店.

______(1975),『日本教について』, 山本七平譯, 文春文庫.

______(1976),『日本教徒: その教祖と現代知識人』, 角川書店.

______(2013),『日本教は日本を救えるか: ユダヤ教·キリスト教と日本人の精神構造』, 山本七平譯編, さくら舍.

伊藤雅之(1997), "ニューエイジと精神世界", 『宗教と社會』別冊, 「宗教と社會」學會.

______(2003),『現代社會とスピリチュアリティ』, 溪水社.

井上順孝(1992),『新宗教の解讀』, ちくまライブラリ.

______(1997), "〈新新宗教〉概念の學術的有效性について", 『宗教と社會』3,

「宗教と社會」學會.

______(1999),『若者と現代宗教』, ちくま新書.

______編(2011),『情報時代のオウム真理教』, 春秋社.

磯前順一(2003),『近代日本の宗教言說とその系譜: 宗教·國家·神道』, 岩波書店.

______(2007), "戰後宗教學の展開", 『宗教研究』80(4), 日本宗教學會.

______(2012),『宗教概念あるいは宗教學の死』, 東京大學出版會.

磯前順一·深澤英隆(2002),『近代日本における知識人と宗教: 姉崎正治の軌跡』, 東京堂出版.

岩田慶治(1993),『アニミズム時代』, 法藏館.

林瓚洙·安煇繡(2013), "TRIZで見る日本妖怪の類型研究", 『日本學研究』39, 단국대학교 일본연구소.

梅原猛(1967),『地獄の思想』, 中公新書.

______(1976),『日本文化論』, 講談社學術文庫.

______(1983),『日本の深層 縄文·蝦夷文化を探る』, 佼成出版社.

______(1991),『〈森の思想〉が人類を救う』, 小学館.

______(1995),『心の危機を救え: 日本の教育が教えないもの』, 光文社.

______(1996), "地球と人類を救う東方思想と文明",『講座 文明と環境 第15巻 新たな文明の創造』, 朝倉書店.

______(1997),『癒しとルサンチマン: 思うままに』, 文藝春秋.

______(2000),『天皇家の"ふるさと"日向をゆく』, 新潮社.

______(2002),『美と宗教の発見』, ちくま学芸文庫.

______(2004),『日本の霊性: 越後·佐渡を歩く』, 佼成出版社.

海野弘(1998),『世紀末シンドローム: ニューエイジの光と闇』, 新曜社.

江藤淳(1993),『成熟と喪失: '母'の崩壊』, 講談社文藝文庫.

遠藤周作(1966),『沈黙』, 新潮社.

オウム真理教信徒救済ネットワーク(1995),『マインドコントロールからの解放』, 三一書房.

大川隆法(1986),『仏說·正心法語』, 幸福の科學出版.

______(1987),『内村鑑三靈示集』, 土屋書店.

______(1987),『神靈界入門』, 幸福の科學出版.

______(1987),『黄金の法』, 土屋書店.

______(1989),『太陽の法』, 土屋書店.

______(1991),『アラーの大警告』, 幸福の科學出版.

______(1991),『ノストラダムス戰慄の啓示』, 幸福の科學出版.

______(1995),『新生日本の指針: 新時代への国家選択』, 幸福の科學出版.

______(2009),『新·日本国憲法試案: 幸福実現党宣言4』, 幸福の科學出版.

大久保正·大野晋編(1969),『本居宣長全集』4, 筑摩書房.

______(1972),『本居宣長全集』8, 筑摩書房.

大塚英志(1992), "ぼくたち自身の中に未だ克服しがたいものとしてある〈少女まんが〉的な元型をめぐって",『イマーゴ』2, 青土社.

______(2004),『「おたく」の精神史: 1980年代論』, 講談社現代新書.

大澤眞幸他(1996), "オウム·消費·メディア", 島薗進他編,『消費される宗教』, 春秋社.

大村英昭·西山茂編(1988),『現代人の宗教』, 有斐閣.

折口信夫(1955), "大嘗祭の本義",『折口信夫全集3』, 中央公論社.

葛西賢太(1998), "〈精神世界〉を支持する〈ゆるやかな共同性〉",『宗教と社會』第4号,「宗教と社會」學會.

加藤周一(1999),『日本文學史序說』上, ちくま文庫.

加藤洋人/赤堀正卓(1997), "メディアに媒介される「精神世界」",『宗教と社會』別冊,「宗教と社會」學會.
桂島宣弘他編(2001),『日本思想史辭典』, ぺりかん社.
樫尾直樹(1996), "精神世界とオウム眞理敎",『宗教と社會』別冊, 「宗教と社會」學會.
______編(2002),『スピリチュアリティを生きる』, せりか書房.
______(2008), "江原啓之と日本の靈性の未来",『宗教と現代がわかる本 2008』, 平凡社.
______(2010),『スピリチュアリティ革命』, 春秋社.
鎌田東二(1995),『宗教と靈性』, 角川選書.
______(1996),『聖なる場所の記憶: 日本という身体』, 講談社学術文庫.
______(2003),『神道のスピリチュアリティ』, 作品社.
______(2004), "「日本的靈性」の批判的考察",『宗教研究』77(4).
______(2007), "「靈」あるいは「靈性」の宗教思想史", 鎌田東二編著,『思想の身體 靈の卷』, 春秋社.
______(2011),『現代神道論: 霊性と生態智の探究』, 春秋社.
鎌田東二·津村喬編(1994),『天河曼陀羅: 超宗教への水路』, 春秋社.
鎌田東二·玄侑宗久(2012),『原子力と宗教』, 角川oneテーマ21.
カレル·ヴァン·ウォルフレン(2000),『人間を幸福にしない日本というシステム』, 篠原勝譯, 新潮OH! 文庫.
香山リカ(2007), "ポップソングにも頻出する「生まれ変わり」「奇跡」「運命」「生まれた意味」",『宗教と現代がわかる本 2007』, 平凡社.
河合隼雄(1976),『母性社會日本の病理』, 中央公論社.
______(1982),『中空構造日本の深層』, 中公叢書.
______(1984),『日本人とアイデンティティ: 心理療法家の眼』, 創元社.
______(2000),『日本文化のゆくえ』, 岩波書店.
______(2001), "開かれたアイデンティティ: 佛教の役割を求めて",『愛知學院大學禪研究所紀要』29.
______(2002),『「日本人」という病』,『河合隼雄著作集第Ⅱ期』10, 岩波書店.
______(2002),『日本人と日本社会のゆくえ』,『河合隼雄著作集第Ⅱ期』11, 岩波書店.
河上肇(1987), "日本独特の国家主義",『河上肇評論集』, 岩波文庫(원저는 1911).
川村二郎(1994),『幻談の地平』, 小沢書店.
菅野覺明(2001),『神道の逆襲』, 講談社現代新書.
木村龍夫(1998), "マルクス主義退潮の餘波で発生したオカルト文化人の憂うべき跳梁跋扈",『噂の眞相』1998年7月号 別冊『日本の文化人』.
倉澤幸久(2011), "湯浅泰雄『身體論: 東洋的心身論と現代』再考",『人體科學』20(1).

クリストファー･パートリッジ編著(2009),『現代世界宗教事典: 新宗教･セクト･代替スピリチュアリティ』, 井上順孝監譯, 悠書館.
小池靖(2010), "親密圈とスピリチュアリティ",『宗教研究』84(2).
鴻上尙史(2009),『「空氣」と「世間」』, 講談社現代新書.
國際宗教研究所編(2006),『現代宗教 2006』, 東京堂出版.
______(2013),『現代宗教 2013』, 東京堂出版.
小寺敦之(2011), "「パワースポット」とは何か",『人文･社會科學論集』29, 東洋英和女學院大學.
小松和彥(1994),『憑靈信仰論: 妖怪硏究への試み』, 講談社學術文庫.
______(1997),『神々の精神史』, 講談社學術文庫.
______(2015), "妖怪硏究の新たな出發にむけて", 小松和彥編,『怪異･妖怪文化の傳統と創造』, 國際日本文化研究センター.
佐伯彰一(1992),『神道のこころ』, 中公文庫.
坂口安吾(1957),『墮落論』, 角川文庫.
相良亨(1989),『日本の思想』, ぺりかん社.
坂本政道(2011),『東日本大震災とアセンション: 地球の高次意識からのメッセージ』, ハート出版.
桜井義秀(1996), "オウム眞理教現象の記述をめぐる一考察: マインドコントロール言說の批判的檢討",『現代社會學研究』9.
佐藤壯廣(2007), "癒しの見本市「すぴこん」",『宗教と現代がわかる本 2007』, 平凡社.
島薗進(1992),『新新宗教と宗教ブーム』, 岩波ブックレット.
______(1994), "マインドコントロール考",『こころの科学』56.
______(1995),『オウム眞理教の軌跡』, 岩波ブックレット.
______(1996),『精神世界のゆくえ: 現代世界と新靈性運動』, 東京堂出版.
______(1996), "新靈性運動･ニューエイジ･精神世界",『新宗教時代⑤』, 大藏出版.
______(1997),『現代宗教の可能性: オウム眞理教と暴力』, 岩波書店.
______(1997), "時代の兆候を讀みとる: ある時期の運動の集合體を「新新宗教」とよぶ意義",『宗教と社會』3,「宗教と社會」學會.
______(1998), "日本における'宗教'概念の形成",『日本人はキリスト教をどのように受容したか』, 山折哲雄他編, 國際日本文化センター.
______(2001),『ポストモダンの新宗教: 現代日本の精神狀況の低流』, 東京堂出版.(국역본은『포스트모던의 신종교』, 이향란 옮김, 한국가족복지연구소, 2010)
______(2001), "'宗教'と'religion'",『悠久』87.
______(2001), "國家神道と近代日本の宗教構造",『宗教研究』329.

______(2001), "19世紀日本の宗教構造の變容", 『岩波講座 近代日本の文化史1 コスモロジーの近世』, 島薗進他編, 岩波書店.
______(2001, 研究代表者), 『近代的'宗教'概念と宗教學の形成と展開』, 平成10-12年度科學研究費助成研究成果報告書.
______編(2006), 『思想の身體 惡の卷』, 春秋社.
______(2007), 『スピリチュアリティの興隆: 新靈性文化とその周邊』, 岩波書店.
______(2010), 『國家神道と日本人』, 岩波新書.
______(2012), 『現代宗教とスピリチュアリティ』, 弘文堂.
______(2012), "福島原發災害と日本人の宗教性·靈性: 祈りと責任を問うこと", 『MIND -BODY SCIENCE』22.
______(2013), 『日本佛教の社會倫理』, 岩波書店.
______(2013), "福島原發災害後の宗教界の原發批判", 『宗教研究』87(2), 日本宗教學會.
島薗進他編(2010), 『宗教學事典』, 丸善.
島薗進·鶴岡賀雄編(2004), 『'宗教'再考』, ぺりかん社.
島田裕巳(2007), 『中沢新一批判, あるいは宗教的テロリズムについて』, 亞紀書房.
宗教法人オウム眞理教(1994), 『ヴァジラヤーナコース 教學システム教本』, オウム出版.
末木文美士(2006), 『日本宗教史』, 岩波新書.
鈴木貞美(2007), 『生命観の探究: 重層する危機のなかで』, 作品社.
______(2008), 『日本人の生命観』, 中公新書.
鈴木大拙(1972), 『日本的靈性』, 岩波書店.
______(1999), "靈性的日本の建設", 『鈴木大拙全集』9, 岩波書店(增補新版).
______(1999), "日本の靈性化", 『鈴木大拙全集』8, 岩波書店(增補新版).
鈴木範久(1979), 『明治宗教思潮の研究: 宗教學事始』, 東京大學出版會.
関口榮(1978), 『火の洗禮: 神の經綸が示す人類の未来』, たま出版.
______(1992), 『日本よ'靈的先進國たれ』, 現代書林.
園子溫(2012), 『非道に生きる』, 朝日出版社.
高橋和夫(2003), "鈴木大拙の「靈性」の概念について", 『人體科學』12(1).
武田道生(1996), "現代の終末豫言宗教·オウム眞理教の終末論研究の意味と課題", 『宗教と社會』別冊, 「宗教と社會」學會.
龍村仁(2007), "おおいなるもの'目に見えないものをいかに映像化するかが最大の挑戦です", 『宗教と現代がわかる本 2007』, 平凡社.
田中聡(2002), 『妖怪と怨靈の日本史』, 集英社新書フェア.

谷崎潤一郎(2012),『陰翳禮讚』, 中公文庫.

ダリオー·トマージ他編(2012),『カオスの神'園子溫』, FILM ART.

田原嗣郎他校注(1973),『日本思想大系50 平田篤胤·伴信友·大國隆正』, 岩波書店.

築山修道(2010), "鈴木大拙の靈性的自覺の一考察",『宗教研究』84(2).

チェンバレン(1969),『日本事物誌』1, 高梨健吉譯, 平凡社(원저는 1890).

塚田穂高(2009), "新新宗教における文化的ナショナリズムの諸相",『宗教と社会』15,「宗教と社會」學會.

津城寬文(2005),『'靈'の探究: 近代スピリチュアリズムと宗教學』, 春秋社.

対馬路人他(1979), "新宗教における生命主義的救濟觀",『思想』665.

土屋博(2010), "作業假說としての「スピリチュアリティ」の可能性と限界",『宗教研究』84(2).

土居健郎(1971),『「甘え」の構造』, 弘文堂.

富岡幸一郎(2007), "日本文學と真実の靈性の再發見",『宗教と現代がわかる本 2007』, 平凡社.

中沢新一(1983),『チベットのモーツァルト』, せりか書房(講談社学術文庫, 2003).

______(2003),『精靈の王』, 講談社.

______(2004),『對稱性人類學』, 講談社選書メチエ.

______(2011),『日本の大轉換』, 集英社.

中沢新一·鎌田東二(2007), "對論〈靈〉とは何か",『思想の身體 靈の卷』, 春秋社.

中沢新一·ラマ·ケツン·サンポ(1993),『虹の階梯』, 中公文庫(改稿. 원저는 1981년).

中曾根康弘(1988), "新しい日本の主體性",『中曾根總理大臣演說集』, 日本廣報協會.

中野孝次(1997),『現代人の作法』, 岩波新書.

中林伸浩(1999), "新宗教の日本イメージ", 青木保他編,『情報社會の文化1 情報化とアジア·イメージ』, 東京大學出版會.

中村元(1962),『東洋人の思惟方法3 日本人の思惟方法』, 春秋社.

______(1992), "'宗教'という譯語",『日本學士院紀要』46(2).

中村雄二郎(1998),『日本文化における惡と罪』, 新潮社.

西田公昭(1995),『マインドコントロールとは何か』, 紀伊國屋書店.

西山茂(1997), "'新新宗教概念の學術的有效性について'へのリプライ",『宗教と社會』3.「宗教と社會」學會.

沼田健哉(1990), "幸福の科學の研究",『桃山學院大學社會學論集』24(2).

根本幸夫他編(1995),『現代人の心と神: 日本人の心のルーツを探る』, 同友館.

羽深成樹(2014),『論語と「やせ我慢」』, PHP.

長谷川櫂(2010),『和の思想』, 中公新書.

濱口恵俊(1982),『間人主義の社会日本』, 東洋経済新報社.

早川紀代·川村邦光(2005),『私にとってオウムとは何だったのか』, ポプラ社.

朴奎泰(2006), "日本の宗教文化における悪と他者", 島薗進編著,『思想の身體 惡の巻』, 春秋社.

比較思想史研究會編(1975),『明治思想家の宗教觀』, 大藏出版.

尾藤正英(1992),『江戸時代とは何か』, 岩波書店.

久野収(1992), "終始, 市民に生きる : いま, 知識人になにが問われているか",『季刊 窓』11, 1992 Spring.

平山朝治(2002), "母性社會論の脫構築",『日本研究』24, 國際日本文化研究センター.

深澤英隆(1997), "宗教の同一性問題に寄せて",『比較宗教思想研究會年報』9.

______(2001), "宗教·宗教研究の臨界?",『宗教と社會』7.

______(2004), "日本の「靈性的知識人」をめぐる二著作",『宗教と社會』10,「宗教と社會」學會.

______(2006),『啓蒙と靈性: 近代宗教言說の生成と變容』, 岩波書店.

藤田庄市(2012), "オウム眞理教「事件」が「歷史」になった日", 渡邊直樹編,『宗教と現代がわかる本 2012』, 平凡社.

藤本由香里(2007), "少女マンガとスピリチュアルな世界",『宗教と現代がわかる本 2007』, 平凡社.

文化廳編(2013),『宗教年鑑』.

文藝春秋(1991), "大川隆法インタビュー:「宗教界は企業努力が足りない」",『文藝春秋』1991年8月号.

星野靖二(2012),『近代日本の宗教概念: 宗教者の言葉と近代』, 有志舍.

堀一郎(1985),『日本の宗教』, 大明堂.

堀江宗正(2003), "靈性からスピリチュアリティへ",『國際宗教研究所ニュースレター』38.

______(2007), "日本のスピリチュアリティ言說の狀況", 湯浅泰雄他編,『スピリチュアリティの心理學: 心の時代の學問を求めて』, せせらぎ出版.

______(2010), "スピリチュアリティとそのアンチ: 江原番組の受容をめぐって", 石井研士,『バラエティ化する宗教』, 青弓社.

______(2012), "予言が当たったとき: アセンション信奉者の震災後の態度",『宗教研究』85(4).

______(2013), "脫/反原發運動のスピリチュアリティ",『現代宗教 2013』, 國際宗教研究所.

前川理子(1998), "ニューエイジ類似運動の出現をめぐって",『宗教と社會』4,「宗教と社會」學會.

真鍋裕子(1992), "「近代」をめぐる新·新宗教の一考察: もうひとつの應答形式としての「幸福の科學」",『年報筑波社會學』4.

松江哲明他(2012),『園子溫映畫全研究 1985~2012』, 洋泉社.

松葉裕子編集責任(1990),『マハーヤーナ』31, オウム出版, 1990年 6月号.

松本麗華(2015),『止まった時計: 麻原彰晃の三女·アーチャリーの手記』, 講談社.

丸山眞男(1972), "歴史意識の「古層」", 『丸山眞男集』10, 岩波書店, 1996.
______(1979), "日本思想史における「古層」の問題", 『丸山眞男集』11, 岩波書店, 1996.
見田宗介(1995), 『現代日本の感覺と思想』, 講談社學術文庫.
三島由紀夫(2005), 『英靈の声』, 河出書房.
______(2006), 『文化防衛論』, ちくま文庫.
宮崎駿(1997), "インタヴュー, 宮崎駿 NOW and then", 『ユリイカ 宮崎駿の世界』 青土社.
宮島喬·島薗進編(2003), 『現代日本人の生のゆくえ: つながりと自律』, 藤原書店.
宮田登(1970), 『ミロク思想の研究: 日本における傳統的メシア觀』, 未來社.
______(2002), 『妖怪の民俗学: 日本の見えない空間』, ちくま学芸文庫.
村上春樹(2009~2010), 『1Q84』Book1/2/3, 新潮社(국역본은 양윤옥 옮김, 문학동네, 2009~2010).
______(2010), 『夢を見るために毎朝僕は目覚めるのです: 村上春樹インタビュー集』, 文藝春秋.
村上興匡(2008), "「千の風になって」の大ヒットと葬儀觀の變化", 『宗教と現代がわかる本 2008』, 平凡社.
村山保史(2011), "鈴木大拙の「大地」概念", 『宗教研究』84(4).
窪寺俊之(2000), 『スピリチュアルケア入門』, 三輪書店.
百川敬仁(2000), 『日本のエロティシズム』, ちくま新書.
リゼット·ゲーパルト(2013), 『現代日本のスピリチュアリティ: 文學·思想にみる新靈性文化』, 深澤英隆他譯, 岩波書店.
柳田國男(1956), "妖怪談義", 『定本柳田國男集』4, 筑摩書房, 1968.
柳川啓一(1991), 『現代日本人の宗教』, 法藏館.
山折哲雄(1982), 『日本人の心情: その根底を探る』, NHKブックス.
山折哲雄·鎌田東二(1987), 『オカルト·ジャパン』, 平凡社.
山本七平(1977), 『「空氣」の研究』, 文藝春秋.
______(1978), 『日本人の人生觀』, 講談社學術文庫.
______(1981), 『日本教の社會學』, 小室直樹 對談集, 講談社.
湯浅泰雄(1990), 『身體論: 東洋的心身論と現代』, 講談社學術文庫.
______(2003), 『スピリチュアリティの現在: 宗教·倫理·心理の觀點』, 人文書院.
______(2007), "共時性からスピリチュアリティへ", 『人體科學』16(1).
湯浅泰雄他監修(2005), 『科學とスピリチュアリティの時代: 身體·氣·スピリチュアリティ』 BNP.
弓山達也(2007), "「いのち」に一歩踏み込んだ全小·中學生に配布された「心のノート」", 『宗教と現代がわかる本 2007』, 平凡社.
善川三朗編(1985), 『日蓮聖人の霊言』, 潮文社.

______(1986),『天照大神の靈言』, 潮文社.

吉本隆明他(1995),『日本人は思想したか』, 新潮社.

和田眞二(2007), "鈴木大拙の'靈性'三部作の意義とその問題点",『宗教研究』80(4).

______(2004), "鈴木大拙の'日本的靈性なるもの'について",『宗教研究』77(4).

渡邊直樹編(2010),『宗教と現代がわかる本 2010』, 平凡社.

Asad, Talal(1993), *Genealogies of Religion : Discipline and Resons of Power in Christianity and Islam*, Baltimore and London : The Johns Hopkins University Press.

Astrow, A. et al.(2001), "Religion, Spirituality, and Health Care : Social, Ethical, and Practical Considerations", *American Journal of Medicine 110*.

Befu, Harumi(2001), *Hegemony of Homogeneity : An Anthropological Analysis of Nihonjinron*, Melbourne : Trans Pacific Press.

Bellah, Robert(1975), *Broken Covenant : American Civil Religion in Time of Trial*, New York : Seaby Press.

Berger, Peter L.(1999), "The Desecularization of the World : A Global Overview", *The Desecularization of the World : Resurgent Religion and World Politics*, ed. by P.L. Berger, Washinton, D.C. : Ethics and Public Center.

Bown, J. and S. Williams(1993), "Spirituality in Nursing : A Review of the Literature", *Journal of Advances in health and Nursing Care 2(4)*.

Carrette, J and R. King, (2005), *Selling Spirituality : The Silent Takeover of Religion*, London and New York : Routledge.

Castella, Tom de(2013), "Spiritual, but not religious", *BBC News Magazine*, 2013.1.3.

Chamberlain, B.H.(1912), *The Invention of a New Religion,* London : Watts and Co.

Cobb, Mark R. et al.(2012), *Oxford Textbook of Spirituality in Healthcare*, Oxford University Press.

Cour, Peter la et al.(2012), "Six Understandings of the Word 'Spirituality' in a Secular Country", *Archive for the Psychology of Religion 34*.

Davis, Winston(1976), "Civil Theology of Watsuji Tetsuro", *Japanese Journal of Religious Studies 3*.

______(1983), "The Hollow Onion : The Secularization of the Japanese Civil Religion", ed. by H. Mannari and H. Befu, *The Challenge of Japan's Internationalization : Organization and Culture*, Nishinomiya : Kwansei Gakuin University.

______(1992), *Japanese Religion and Society : Paradigm of Structure and Change*, Albany : State University of New York Press.

Demerath Ⅲ, N.J.(2007), "Secularization and Sacralization Deconstructed and Reconstcted", James A. Beckford and N.J. Demerath Ⅲ, ed., *The Sage Handbook of the Sociology of Religion*, London : Sage Publications.

Durkheim, Emile(2005), Suicide, trans. by John A. Spaudling and George Simpson, London and New York : Routledge(원저는 1897).

Elkins, D.N. et al.(1988), "Toward a Humanistic Phenomenological Spirituality Definition, Description, and Measurement", *Humanistic Psychology 28.*

Eliade, Mircea(1976), *Occultism, Witchcraft, and Cultural Fashions*, Chicago : The University of Chicago Press.

Fuller, Robert C.(2001), *Spiritual but not Religious : Understanding Unchurched America*, Oxford University Press.

Gebhardt, Lisette(2002), "Constructing the 'Other Modernity' : Religion and 'Indigenous Identity' in Contemporary Japanese Cultural Discourse", Hiroshi Kubota et al. ed., *Religion and National Identity in the Japanese Context*, Tuebingen intercultural and linguistic studies on Japan.

Geertz, Clifford(1983), *Local Knowledge : Further Essays in Interpretive Anthropology*, BasicBooks.

Hai-Ran, Woo(2009), "New Age in South Korea", *Journal of Alternative Spiritualities and New Age Studies5.*

Harootunian, H.D.(1988), *Things Seen and Unseen : Discourse and Ideology in Tokugawa Nativism*, University of Chicago Press.

Hearn, Lafcadio(1927), *Glimpses of Unfamiliar Japan 1* , London : Jonathan Cape.

Heelas, Paul(1992), "The Sacralization of the Self and New Age Capitalism", in Nicholas Abercrombie and Alan Warde(ed.), *Social Change in Contemporary Britain*, Cambridge : Polity Press.

Heelas, Paul(1996), *The New Age Movement : The Celebration of the Self and the Sacralization of Modernity*, Oxford : Blackwell Publishers.

Hill, Peter C. et al.(2001), "Conceptualizing Religion, and Spirituality : Points of Commonality, Points of Departure", *Journal for the Theory of Social Behaviour 30(1).*

Houtman, Dick and Stef Aupers(2007), "The Spiritual Turn and the Decline of Tradition : The Spread of Post-Christian Spirituality in 14 Western Countries, 1981-2000", *Journal for the*

Scientific Study of Religion 46(3).

Lévi-Strauss, Claude(1986), *The Raw and the Cooked : Introduction to a Science of Mythology1*, trans. by John and Doreen Weightman, Penguin Books.

Mac-Donald, Mary N.(2005), "Spirituality", Lindsay Jones ed., *The Encyclopedia of Religion, Vol.13*, New York : Macmillan Publishing Company, Second Edition.

Mohr, Wanda K.(2006), "Spiritual Issues in Psychiatric Care", *Perspectives in Psychiatric Care 42(3).*

Mullins, Mark R.(2012), "The Neo-Nationalist Response to the Aum Crisis : A Return of Civil Religion and Coercion in the Public Sphere?", *Japanese Journal of Religious Studies 39(1)*, Nanzan Institute for Religion and Culture.

Prohl, Inken(2000), *Die "spirituellen Intellektuellen" und das New Age in Japan*, Hamburg : Gesellschaft für Natur und Vörkerkunde Ostasiens e.V.

______(2002), "Prophets of salvation coming out of the forests of Japan : Introducing some of the so called 'spiritual intellectuals'", Hiroshi Kubota et al. ed., *Religion and National Identity in the Japanese Context*, Tuebingen intercultural and linguistic studies on Japan, Lit.

Reader, Ian(2000), *Religious Violence in Contemporary Japan : The Case of Aum Shinrikyo, Curzon.*

Roof, W.C.(1993), *A Generation of Seekers : The Spiritual Journeys of the Baby Boom Generation*, San Francisco : Harper.

Saucier, Gerard & Katarzyna Skrzypinska(2006), "Spiritual But Not Religious? Evidence for Two Independent Dispositions", *Journal of Personality 74(5).*

Sheldrake, Philip(2007), *A Brief History of Spirituality*, Oxford : Blackwell.

Shneiders, Sandra M.(1986), "Theology and Spirituality", *Horizons 13.*

______(1989), "Spirituality in the Academy", *Theological Studies 50.*

Smith, Jonathan Z.(1978), *Map is not territory : Studies in the History of Religions*, Leiden : E.J. Brill.

______(1982), *Imagining Religion : From Babylon to Jonestown*, Chicago and London : The University of Chicago Press.

Sukman, Jang(2013), "The Death of the Concept of Religion and of Religious Studies by Isomae Jun'ichi ", *Journal of Religion in Japan, Vol.2, Issue1.*

Susumu, Shimazono(1993), "New Age and New Spiritual Movements : the Role of the Spiritual Intellectuals", *Journal of Alternative Religion and Culture1(1-2).*

______(1995), "In the Wake of Aum", *Japanese Journal of Religious Studies 22(3-4).*

______(1999), "'New Age Movement' or 'New Spirituality Movements and Culture'?", *Social Compass 46(2)*.

Sutcliffe, Steven(2003), "Category Formation and the History of 'New Age'", *Culture and Religion4*.

Tatsuya, Yumiyama(1995), "Varieties of Healing in Present-Day Japan", *Japanese Journal of Religious Studies 22/3-4*.

Turner, R.P. et al.(1995), "Religious or spiritual problem : A Culturally sensitive diagnostic category in the DSM-IV", *Journal of Nervous and Mental Disease, vol.183*.

Vaughan, F.(1991), "Spiritual issues in psychotherapy", *Journal of Transpersonal Psychology, vol.23*.

Vogel, Ezra F.(1979), *Japan As No.1 : Lessons for America*, Harvard University Press.

Wainwright, Geoffrey(1987), "Christian Spirituality", M. Eliade ed., *The Encyclopedia of Religion vol.3*, New York : Macmillan.

Warner, R. Stephen(2013), "In Defense of Religion", H. Paul Douglass Lecture, http://link.springer.com/article/10.1007/s13644-014-0187-9#.

Wong, Yuk-Lin Renita et al.(2009), "Speaking from the Margins : A Critical Reflection on the 'Spiritual-but-not-Religious' Discourse in Social Work", *British Journal of Social Work 39*.

Zinnbauer, Brian J. et al.(1997), "Religion and Spirituality : Unfuzzying the Fuzzy", *Journal for the Scientific Study of Religion 36(4)*.

인터넷 사이트

http://ja.wikipedia.org/wiki/%E3%82%B9%E3%83%94%E3%83%AA%E3%83%81%E3%83%A5%E3%82%A2%E3%83%AA%E3%83%86%E3%82%A3 : "スピリチュアリティ" 항목.

http://en.wikipedia.org/wiki/Spirituality : "Spirituality" 항목.

http://preventdisease.com/news/10/092910_religion_spiritualty.shtml : 〈질병예방〉 홈페이지.

http://en.wikipedia.org/wiki/Spiritual_but_not_religious : "spiritual but not religious" 항목.

http://www.isejingu.or.jp/ : 〈이세신궁〉 홈페이지.

http://www.aleph.to : 〈아레프〉 홈페이지.

http://www.joyus.jp/hikarinowa : 〈히카리노와〉 홈페이지.

http://special.hr-party.jp/policy2013/okawa-danwa/ : 오카와 류호 담화문.

http://the-liberty.com/ : 〈더 리버티웹〉 홈페이지.

http://happy-science.jp/ : 〈행복의 과학〉 홈페이지.

http://www.sinseiren.org/ : 〈신도정치연맹〉 홈페이지.

http://www.nipponkaigi.org/ : 〈일본회의〉 홈페이지.

https://sites.google.com/site/syuenrenindex/ : 〈종교자 재해지원 연락회〉 홈페이지.

https://www.facebook.com/FBNERJ : 〈종교자 재해구원 네트워크〉 페이스북 홈페이지.

http://www.earth-garden.jp/ : 〈Earth Garden〉 홈페이지.

http://www.earthday-tokyo.org/2014/ : 〈Earthday Tokyo〉 홈페이지.

http://public-philosophy.net/ : 〈공공철학 네트워크〉 홈페이지.

http://www.nichibun.ac.jp/ : 〈국제일본 문화연구센터〉 홈페이지.

http://www.tenkawa-jinja.or.jp/ : 〈텐카와신사〉 홈페이지.

http://green-active.jp/ : 〈그린 액티브〉 홈페이지.

찾아보기

ㄴ

ㅇ

1

A

박규태 서울대학교 독어독문학과를 졸업했다. 동 대학원 종교학과에서 문학석사 학위를 받았고, 일본 도쿄대학 대학원 종교학과에서 문학박사 학위를 받았다. 현재 한양대학교 일본언어문화학과 교수로 재직 중이다. 주요 저서로 『일본 정신의 풍경』, 『상대와 절대로서의 일본』, 『아마테라스에서 모노노노케히메까지』, 『일본의 신사』, 『애니메이션으로 보는 일본』 등이 있고, 주요 역서로 『일본문화사』, 『국화와 칼』, 『황금가지』, 『세계종교사상사 3』, 『일본 신도사』, 『신도, 일본 태생의 종교 시스템』, 『현대 일본 종교문화의 이해』 등이 있다.

한양학술총서 001

포스트-옴 시대 일본 사회의 향방과 '스피리추얼리티'

— 옴 사건·일본교·네오-내셔널리즘

펴낸날 2015년 8월 25일 초판 1쇄 · 2016년 8월 30일 초판 2쇄

지은이 박규태 · **펴낸이** 이영무

펴낸곳 한양대학교출판부 · **출판등록** 제4-7호(1972.2.29)

주소 서울 성동구 왕십리로 222 · **전화** 02.2220.1432-4 · **팩스** 02.2220.1435

홈페이지 press.hanyang.ac.kr · **이메일** presshy@hanyang.ac.kr

디자인·편집 정준기 · **인쇄** 현문

이 도서의 국립중앙도서관 출판예정도서목록(CIP)은

서지정보유통지원시스템 홈페이지(http://seoji.nl.go.kr)와

국가자료공동목록시스템(http://www.nl.go.kr/kolisnet)에서 이용하실 수 있습니다.

CIP제어번호 : CIP2015022867

ISBN 978.89.7218.471.3 (94300)

978.89.7218.470.6 (세트)